합격비법
100문 100답

합격비법
100문 100답

37개 자격증 소지자의 시험 합격비법 모두 공개!

곽상빈 지음

평단

Contents

chapter 02

열등생에서 최우등생으로

chapter 03

시험의 첫걸음

chapter
04

모든 시험의 노하우

chapter
05

객관식 시험

주관식 시험

chapter 07 공무원 시험

chapter 08 전문직 시험

chapter 09

내신과 학점

수능

부록

곽상빈의 자기 관리 비법 인사이트

'나만의 공부법'으로
'나의 인생'도 바꿀 수 있기를!

누구에게나 시험은 '골치 아픈 놈'임에 틀림없다. 나도 시험이라는 것만 생각하면 가슴이 먹먹해지고, 골치가 아픈 것이 사실이다. 그러나 어쩌겠는가? 우리 모두는 자기가 원하는 것을 얻고, 바라는 일을 하기 위해서 수많은 시험을 치러야 한다. 그 시험을 통과해야 그다음 단계로 나아갈 수 있는 경우가 대부분이다.

그런 까닭에 우리의 교육현실에서는 시험 경쟁률도 치열하고 합격을 갈망하는 열기도 뜨겁다. 공부를 잘하기 위해 학원에도 가고 상담을 받기도 하며, 각종 공부법 책을 보면서 자신의 부족한 점을 채워 시험에 합격하려고 애쓴다. 시중에는 다양한 공부법 책이 나와 있지만 모든 시험, 모든 사람에게 적용될 수 있는 공부법은 찾아보기 어렵다.

이 책은 그에 대한 아쉬움에서 비롯되었다. 나는 우리가 살아가면서 치르는 어떠한 시험에서든 최대한 좋은 결과를 낼 수 있는 '최고의 방법'은 없을까 하는 고민에서 이 책을 쓰기 시작했다. 이 책의 특징은 시험과 합격에 대한 접근법이 다른 공부법 책과 다르다는 데 있다. 나는 공부에 대한 본질적 질문에서부터 시작해 구체적인 공부 노하우까지 모두 꼼꼼히 담아내려고 했다.

공부를 처음부터 잘했던 사람은 열등생의 마음을 이해하기 어렵다. 사실 나는 어릴 때부터 열등생이었던 데다 머리도 그리 좋은 편이 아니었다. 하지만 끊임없이 '나만의 공부법'을 고민하고 시도한 결과 많은 시험에서 좋은 성적으로 합격의 영광을 얻었다.

물론 처음부터 쉬웠던 것은 아니다. 가난한 집안 형편에 IMF 금융위기로 아버지의 사업까지 망하면서 나는 교육을 제대로 받을 수 없는 유년기를 보냈다. 당시에는 공부에 전혀 관심이 없는 데다 잘하지도 못해서 항상 '나는 머리가 나쁘고 공부에 소질이 없다'고 생각했다. 그래서 초등학생 때부터 아르바이트를 시작했고, 중학생 때는 장사도 했으며, 실업계 고등학교에 진학해서는 벤처기업 창업이라는 도전과 실패도 경험했다.

그러다 정말 우연한 계기로 공부를 시작했고, 어떻게 하면 시험에 합격할 수 있을지 치열하게 고민했다. 그 결과 연세대학교 경제학과 최우등 졸업과 함께 자격증 30개, 공인회계사·감정평가사·손해사정사·경영지도사 등 전문직 5관왕을 거머쥘 수 있었다. 그 과정에서 수많은 시행착오를 겪었고, 나는 마침내 '나만의 공부법'을 터득할 수 있었다.

이 책에 담긴 내용은 그 과정에서 이루어낸, 누구에게도 공개하기 힘든 나의 '진짜' 이야기다. 나의 이야기가 공부로 어려움을 겪고 있는 많은 분의 공감을 얻어낼 수 있으리라 생각한다. 또한 각자 마주하고 있는 어떤 난관 앞에서도 '이겨낼 수 있다'는 희망을 품게 해주기를 소망한다.

뒤돌아보면 결코 쉽지 않은 도전의 연속이었다. 당장 눈앞의 '시험에 합격한다'는 목표와 그 연장선상에서 '인생의 꿈을 이룬다'는 큰 목표를 이루며 합격을 거머쥐었다. 그 과정에서 나는 '이렇게 했다면 조금 더 빨리 합격했을 텐데' 하는 내용과, 내가 사용한 시험 준비 방법 가운데 가장 효과적인 방법을 선별해서 이 책에 실었다.

'나만의 공부법'을 찾으려면 일단 공부를 해보는 수밖에 없다. 그래야만 자기에게 맞는 공부법을 발견할 수 있다. 누구든지 '좋은 방법'으로 꾸준히 노력하면 합격이 그리 멀지 않다고 나는 믿는다. 내가 권하는 방법을 적용해보고 더 좋은 방법을 발견했을 때는 언제든 블로그에 글을 남겨주기를 바란다. 나도 항상 공부하고 배우는 상황인 만큼 이 책을 시작으로 여러분과 함께 더 발전해나가고 싶다.

집필에 도움을 주신 분들에게 감사합니다

처음 나의 공부법을 책으로 풀어내면서 적잖이 고심했다. 자칫 주관적인 관점이 지나치게 개입되는 것은 아닐까 하는 우려 때문이었다. 그래서 좀 더 많은 분에게 도움을 받았고, 그 결과 나의 공부법은 물론 객관적인 입장에서의 조언과 각 분야에서 인정받는 '공부법 대가'들의 노하우까지 적극 반영하기에 이르렀다.

이 책에는 회계사업계의 절친한 동지인 박순풍 회계사님, 안수현 회계사님은 물론 여러 현직 변리사, 변호사, 감정평가사님들의 과목별 공부 노하우가 담겨 있다. 그분들과의 인터뷰로 과목별 시험 공부 방법을 더욱 구체화할 수 있었던 점을 감사하게 생각한다.

또한 원고내용 중 민감한 부분에 대한 법률적 조언과 저작권 검토를 해준 신석준 변호사에게 감사드린다. 감정평가사와 손해사정사 수험생활을 함께한 김규승 평가사님, 이찬 손해사정사님과 한미회계법인·하이테크법인과 인연이 있는 세무사, 변리사 등 각종 전문직 종사자분들의 인터뷰에도 감사드린다. 그 덕분에 현직 전문가들의 생활과 의견을 폭넓게 반영할 수 있었다.

이 책의 공무원 공부법 섹션을 위해 주말에도 인터뷰에 응해주신 공군 신임 군무원 여러분과 지방직 9급 공무원 여러분에게도 진심으로 감사의 인사를 전한다. 그 덕분에 공무원 시험 과목별로 구체적인 공부법을 소개할 수 있었을 뿐 아니라 실제 공무원 생활에 대한 내용도 담을 수 있었다.

또한 같은 소대에서 장교훈련을 받았던 5급 행정고시 최연소 합격자 박보현 사무관, 함께 재정 특기교육을 받았던 김연태 사무관의 인터뷰에도 깊이 감사한다. 아울러 한때 회계사 시험 수험생이었던 차지현 하사, 미국 회계사 시험을 준비 중인 동생 최정우, 장교 후배인 세무사 수험생 하종원, 홍승남 소위의 의견을 반영해서 필요한 내용을 추가하는 한편 수험생의 마음을 좀 더 깊이 이해하고 원고를 수정할 수 있었다.

간단하게나마 시험제도에 대한 소개가 필요하겠다는 의견을 주신 로이즈학원 최정섭 실장님, 내가 열등생에서 우등생으로 변화된 과정을 구체적으로 소개하는 게 좋겠다고 조언해준 2017년도 장교 초급과정 교육생들 덕분에 해당 정보도 요약해서 싣게 되었다. 모든 분에게 고마운 마음을 전하고 싶다.

이 책을 쓰는 동안 많은 분의 도움을 받으며 나는 스스로 공부와 인생에 대해 다시 한번 점검해볼 수 있는 기회를 얻었다. "혼자서는 할 수 없는 위대한 일도 여러 사람이 힘을 합치면 이룰 수 있다"는 사실도 새삼 깨달았다.

　모쪼록 이 책에 담긴 다양한 공부법과 이야기들을 잘 활용해서 좋은 결과를 얻을 수 있기를 바란다. 끝으로 꼭 전하고 싶은 말은, 시험은 인생의 꿈을 이루기 위한 하나의 목표에 지나지 않는다는 것이다. 이 책 역시 '모든 시험에 합격하기 위한 공부법'을 담았지만, 그 밑바탕에는 인생의 꿈을 이루는 방법론이 자리하고 있다.

　이 책을 읽는 수험생들이 시험에 합격하고, 궁극적으로는 인생을 바꿀 수 있기를 바란다.

2017년 8월

곽상빈

공부를
해야 하는
이유

공부는 단순히 책상에 앉아 책을 보는 작업이 아니다. 책을 보고 생각하고, 사람들과
이야기하며 새로운 지식을 만들어내고, 시험에 합격하고, 또 다른 부가가치를 창출해내
는 과정이다. 이 점을 잘 알고 공부한다면 대한민국을 이끌어갈 리더로 성장할 수 있을
것이다.

상위 1%가 말하는
시험공부

"꿈과 목표를 가시적으로 만드는 가장 확실한 일"

변호사 신석준

신석준 변호사와는 로스쿨 동기로 만나 내가 군장교로 복무하는 동안 지속적으로 연락을 주고받았다. 그가 공부하는 모습을 보면서 참 독하다는 생각을 했다. 그는 변호사가 된 뒤 안양의 법무법인에서 기업사건을 담당하며 법조계에서 활약하고 있다.

　내가 아는 신석준 변호사는 사법 시험 준비기간 3년과 로스쿨 3년 동안 쉬지 않고 공부한 집념의 사나이다. 그는 수험생으로 지낸 3년 동안 오직 공부와 운동만 하며 버텼다고 한다. 운동을 매일 했던 이유를 물으니 "운동은 정신을 맑게 해줄 뿐만 아니라 공부에 필요한 지구력을 키워주기 때문"이라고 답했다. 한 달만 공부하는 시험이라면 굳이 운동이 필요 없지만, 3년을 버텨야 하는 큰 시험은 운동과 공부를 적당히 병행해야 오래갈 수 있다는 것이다. 이 것이 그의 수험생활 비결 중 하나다.

그에게 공부는 "우리나라 지역경제를 살리는 변호사가 되겠다"는 자신의 꿈을 이루게 해주는 가장 확실한 수단이다. 그는 우선 변호사가 되어야겠다는 1차 목표를 향해 쉬지 않고 공부했다. 공부를 하면서 매일 새벽 독서실로 향하는 발걸음이 비교적 가벼울 수 있었던 것도 꿈이 있었기 때문이다.

그는 막상 공부를 끝내고 변호사 시험에 합격하고 나니 그동안의 공부 과정이 짧게 느껴진다고 말했는데, 이는 나 역시 공감하는 바다. 시험을 치르기 전까지는 그 기간이 참으로 고통스럽고 길게 느껴지지만, 막상 그 기간은 빠르게 지나간다. 하루는 길어봐야 24시간이고 한 시간은 길어봐야 60분이 아닌가. 공부 과정도 그렇게 빠르게 지나가며, 그 과정이 꼭 필요하다고 생각한다면 후회하지 않도록 노력해야 한다.

그는 지금 변호사로서 다양한 의뢰인과 만나며 일을 배워 나가고 있다. 상담은 단순한 소송업무를 넘어 세금에 대한 고객의 니즈와 인간관계에 대한 니즈를 해결하는 데까지 확장된다. 그는 고객들이 단순히 법률 상담만을 원하는 것은 아니며, 더 큰 가치를 만들어주는 것이 변호사의 역할이라고 생각하고 있다.

어쩌면 시험에 합격하는 것은 꿈과 목표를 달성하는 가장 쉬운 방법일지도 모른다. 막상 업계에 나와서 일하다보면 사람들 간의 관계를 다루는 일이 공부보다 더 힘들게 느껴질 때가 많다고 한다. 고객들 중에는 정말 말도 안 되는 것을 요구하는 경우가 있고, 이로 인한 스트레스는 공부할 때 받는 스트레스와는 차원이 다르다는 것이다. 이런 점에서 공부를 하는 수험생활은 스스로를 성장시키는 행복한 과정이라고 생각해볼 수도 있다. 공부가 힘들게 느껴질 때는 이런 선배들의 조언을 듣고 더 힘을 내보는 게 어떨까.

"안 될 것 같다는 생각을 넘어설 때 성취가 있다"

영상의학과 의사 정희영

영상의학과 레지던트 정희영은 경영학과를 졸업하고 의학전문대학원으로 진학했다. 공부가 어떤 의미인가 하는 질문에 난처한 표정을 짓던 그녀는 공부는 하고 싶은 일을 이루기 위한 수단이므로 공부 자체의 의미보다는 공부를 통해 무엇을 이루고 싶은지, 그 목표를 달성할 만큼의 의지를 가지고 있는지가 더 중요한 것 같다고 했다. 의사라는 직업의 특성상 공부는 그녀가 평생 동안 함께해야 하는 직업상의 의무이기도 하다.

그녀가 특히 강조하는 이야기는 스스로에게 한계를 지우지 말라는 것이다. 의학전문대학원 인터뷰가 있던 날, 어느 강의실에 앉아 대기하고 있던 그녀의 눈에 책상 서랍의 종이 뭉치가 들어왔다. PPT를 4장 묶음으로 프린트한 강의 자료였는데, 자료가 너무 두꺼워서 일주일 치쯤 되겠다고 생각했다. 그런데 놀랍게도 그것은 한 시간짜리 강의 자료였다. 의대에서 공부할 분량이 방대하리라는 것은 짐작하고도 남았지만 막상 입학해서 보니 그 분량이 상상 이상이었던 것이다.

아무리 최선을 다해도 그녀가 아는 것은 공부해야 할 내용의 극히 일부에 불과해서 스스로 바보 같다고 느낄 때가 많았다. 이런 감정은 특히 시험기간, 다음 날 서너 과목의 시험이 몰려 있는 날 밤 11시쯤 최고조가 되었다. 물론 평소에도 공부를 해놨지만, 암기 과목의 특성상 시험 전날 얼마나 많이 외우느냐 하는 것이 절대적이었다. 자정이 다 되었는데 세 과목 중 두 과목도 끝내지 못한 상태여서 잠은 이미 포기했고, 그녀의 입에서는 탄식이 절로 흘러나왔다.

어떨 때는 너무 절망적이어서 기출문제를 외우다가 눈물을 흘리기도 했다. 그녀는 매번 시험을 볼 때마다 '이렇게 준비를 못 하고 시험을 치르기는 처음이야!' 하고 생각했다고 한다. 그런데 신기하게도 '정말 진심으로 이번 시험은 망했다'고 생각해도 포기하지 않고 밤을 새우고 나서 막상 시험을 치르면 생각보다 결과가 나쁘지 않았다. 그녀는 이런 경험을 여러 번 겪으면서 "안 될 것 같다는 생각을 넘어설 때 성취가 있다"는 것을 깨달았다고 한다.

지금도 여전히 시험을 치를 때는 막막하고 불안하지만, 이전과 달라진 것은 스스로에 대한 믿음이 생겼다는 점이다. 어떤 시험을 준비하든 누구에게나 이런 순간이 있을 것이다. 지금껏 나름대로 열심히 한다고 노력했는데 난 무엇을 해온 걸까, 내 방법이 잘못되었구나, 더 열심히 해야 했는데 이제 와서 내가 무엇을 할 수 있을까 하며 포기하고 싶은 순간들 말이다. 그녀는 그때가 바로 스퍼트를 낼 순간이라고 말한다. 스스로를 믿고 불태우면 스스로 생각한 것보다 자신의 한계가 낮지 않다는 것을 매번 느끼게 될 것이기 때문이다.

또 하나 명심할 것은 모두 다 힘들다는 것이다. 경영학과를 졸업한 그녀는 자연과학이나 공과계열의 동기들에 비해 아무래도 기본기가 부족할 수밖에 없었다. 게다가 나보다 더 성실한 친구, 나보다 더 머리 좋은 친구, 도저히 따라잡을 수 없을 것 같은 친구가 항상 그녀 주변에 있었다. 가끔은 그런 동기들의 멋지고 우아한 모습에 비해 자신이 초라하게 느껴진 적도 있었다. 하지만 그녀는 마음을 고쳐먹었다. 그들도 각자 한계를 이겨내며 공부하고 있는 것이라고. 그들은 나의 경쟁자인 동시에 이 고통스러운 순간을 공유하는 동행자라고.

나만 힘들다고 생각하면 더욱 힘이 빠지게 마련이다. 그녀처럼 순간의 힘듦이나 외로움에서 관심을 돌리는 것도 지혜로운 방법이 아닐까.

"젊을 때의 공부는 미래에 대한 가장 확실한 투자"

공인회계사 안수현

공인회계사 안수현은 2013년에 함께 컨설팅 회사를 창업하면서 다양한 경험을 공유해온 동료로 지금도 진로에 대한 고민을 함께 나누고 격려를 아끼지 않는 관계를 유지하고 있다. 그는 지금 국내 유일의 책임컨설팅 회사인 하이테크컨설팅의 대표이사로 회계사, 변리사, 감정평가사들과 함께 업계에서 활발히 활동 중이다. 전문직 비즈니스의 강점을 잘 활용하고 있는 개척자이자 10억대 매출 성공신화의 주인공이기도 하다.

그는 20대에 공부를 해둔 것이 지금의 자신을 만들어주었다고 말한다. 부산대학교 출신인 그는 부산에서 자라면서 경남지방에 연고를 두어 관련 네트워크도 그가 업계에서 뻗어나가는 데 도움이 되었다. 공인회계사 시험을 준비하며 축적한 전문지식과 카투사 복무 시절 쌓은 영어실력에 인맥까지 결합해 활발한 영업활동을 이어가고 있다.

그는 인터뷰에서 현재 전문직 업계가 힘들다고는 하지만 아직 기회가 많다는 점을 누누이 강조했다. 전통적인 회계시장은 포화상태를 넘어 어렵지만 그것에서 벗어나 창의적으로 기업의 니즈를 발굴하고 컨설팅하는 영역을 개척한다면 아직 승산이 있는 기회의 땅이라는 것이다.

수험생들에게 들려주고 싶은 이야기를 해달라는 말에 그의 대답은 명쾌했다. 공부가 당장은 고통스럽고 인생에 크게 도움이 될지도 의문이겠지만, 10년이 지나서 생각해보니 그것이 가장 중요한 인생의 투자였다는 것이다. 공부는 눈에 보이지 않는 지식을 스스로 적립하는 과정이다. 그 과정은 힘들고, 외로울 수도 있으며, 회의감이 들 수도 있다. 그러나 그 기간을 지나 성숙에 이르고 합격을 경험한 다음에는 적립해놓은 지식을 꺼내 쓰게 된다. 더욱이 그 지식은 주변 사람들을 위해서 꺼내 쓸 때마다 고갈되는 것이 아니라 확장된다. 그것이 공부의 매력이자 위대함인 것이다.

그는 회계지식은 물론이고 실무를 하며 각종 보험과 금융에 대한 지식도 쌓은 사람이다. 보험사 FC로도 활동해보았고, 절세를 갈망하는 다양한 자산가들에게 보험과 세무를 혼합해 솔루션을 제공하기도 했다. 최근에는 변리사들과 스터디를 하면서 무형자산에 금액을 부여하고 그것을 통해 절세하는 새로운 시장도 개척해냈다. 이것만 봐도 그가 공부한 것을 얼마나 잘 활용하는지 알 수 있다.

그는 30대로 넘어와서는 너무 바빠서 책을 거의 보지 못했다고 솔직히 고백한다. 하지만 20대에 공인회계사 시험을 치르면서 봤던 엄청난 양의 책과 자료들, 그리고 실무를 하며 읽어둔 다양한 전문서적이 지금도 시너지를 보이며 그의 창의성을 이끌어내고 있다고 한다.

공부는 단순히 책상 앞에 앉아 책을 보는 작업이 아니다. 책을 보고 생각하고, 사람들과 이야기하며 새로운 지식을 만들어내고, 시험에 합격하고, 또 다른 부가가치를 창출해내는 과정이다. 이 점을 잘 알고 공부한다면 대한민국을 이끌어갈 리더로 성장할 수 있을 것이다.

우선
평생직업을
그려라

경제가 어려워질수록 경쟁은 치열해진다. 청년 실업률이 급상승하고 구조조정의 칼바람도 거세게 불어오고 있다. 경제성장이 저성장 기조로 돌아서면서 취업 이후에도 안전한 직장은 더 이상 찾아보기 힘들다. 전 세계적으로도 기업의 평균수명이 20년을 넘기지 못하는 것을 보면 '취업'만을 위한 '스펙'은 100세까지 살아야 하는 우리에게 별 의미가 없다.

그런 만큼 취업 자체에 지나치게 큰 의미를 부여하지는 않았으면 한다. 취업은 어떻게 보면 스펙의 한 부분을 차지하는 것 이상의 의미가 없다. 회사가 내 인생을 보장해주지도 못하고 내가 퇴직을 하거나 회사가 망하면 그것으로 끝이다. 앞으로는 취업을 하고도 다른 회사를 알아봐야 하는 상황이 더 많아질 것이다. 끊임없이 이직을 하면서 자신의 인생을 설계해나가야만 하는 시대가 도래한 것이다. 이럴 때일수록 취업보다는 '직업career'에 집중해야 한다.

취업이 어떤 회사에 갈지에 대한 고민이라면 직업은 '어떤 일을 할지'에 대한 고민이다. 회사의 수명은 길어봐야 20년이고, 공무원을 제외하고는 입사를 해도 정년까지 근무할 것으로 기대하기는 어렵다. 그런데 직업은 어떤 회사에 가든 평생 내가 할 수 있는 '업業'이다. 즉, 평생에 걸쳐서 할 수 있는 일이다. 내가 가진 전문성과 경험을 나타내는 것이 바로 직업인 것이다.

직업은 내가 가진 역량과 스펙으로 입증되며, 이를 필요로 하는 회사를 선택해 평생 일하면서 살 수 있도록 미리 진로설계를 해두어야 행복한 인생을 계획할 수 있다.

나의 행복을 위한 직업을 만드는 과정이 공부이고, 그 결과물이 스펙이다. 스펙은 직업에 대한 역량을 세분화해 객관적으로 입증하는 증거라 할 수 있다. 많은 사람이 학교, 학점, 어학성적, 봉사활동을 스펙의 대표항목으로 꼽는데, 사실 이것들은 스펙에서 아주 작은 부분에 해당한다.

실제로 대학생들에게 설문조사를 해보면 위에 나열된 스펙만 쌓으면 된다고 생각하는 것으로 나타난다. 그런데 그렇게만 생각해서는 기업에서 원하는 스펙을 쌓지 못할 뿐 아니라 평생직업을 만드는 것도 불가능하다. 여기에는 직업을 위한 스펙이 빠져 있기 때문이다.

상대적으로 기업의 인사담당자들에게 설문조사를 해보면 위에 나열된 스펙의 경우 최소조건만 만족되면 크게 영향을 미치지 않는다고 한다. 인크루트나 잡코리아에서 조사한 바에 따르면, 기업에서 가장 많이 보는 스펙으로 직무와 관련된 경험, 관련분야 전공, 업무관련 자격증을 꼽았다.

이렇게 학점, 영어성적, 봉사활동 등이 큰 비중을 차지하지 않는데도 여기에 시간을 투자하는 학생들의 심리는 간단하다. 수많은 경쟁자가 이 점수에 목을 매는데 나만 안 하면 뒤처진다는 불안감이다. 이런 불안감을 해소하는 좋은 방법은 뒤에 설명할 몇 가지 요령으로 스펙을 유기적으로 설계하고 확신을 가지는 것이다.

취업을 어떻게 하면 잘할 수 있는지에 대해 말하고 싶지는 않다. 남들이 좋다고 하는 대기업이나 공기업에 취업만 하면 된다는 단기적 목표에 치중하는 사람이 자신의 꿈과 목표를 더 빨리 달성할지는 미지수다. 다만 100세 시대를 살아가려면 당장은 남들보다 늦을 수 있어도 훨씬 오랫동안 자신의 직업에서 성공할 수 있는 힘을 기르는 것이 중요하다고 말하고 싶다.

커리어 설계와 관리는 직무와 직업에 대한 정보를 맛보고, 무식하고 용감하게 실행에 옮기고act, 목표를 세우고goal setting, 목표를 달성하고actualize goal, 전문화하고professionalize, 경력을 관리하는experience 단계로 이루어진다. 따라서 평생직업을 만들고 업으로 성공하기 위해서는 내가 좋아하는 일이 무엇인지 찾는 데서 시작해야 한다. 그러려면 어떤 직업이 있는지부터 알아야 하지 않겠는가?

다음에서 구체적으로 직무와 직업을 살펴보는 방법을 소개해볼 테니 웹사이트에 들어가서 반드시 찾아보기를 바란다. 이 작업을 하지 않으면 방황할 가능성이 크다.

1. 잡이룸(www.joberum.com) 사이트를 이용한 직무분석

잡이룸 사이트에는 직무별로 간략한 소개와 세부적 업무, 직무역량이 자세히 나와 있다. 각자의 적성에 맞는 직무를 찾도록 도와주는 시스템도 갖춰져 있으니 이용해보면 도움이 될 것이다. 다음에 구체적인 과정을 소개해본다.

1) 잡이룸 사이트에 접속하면 홈페이지가 이렇게 뜬다.

2) 홈 화면 우측 아래 직무사전으로 들어간다.

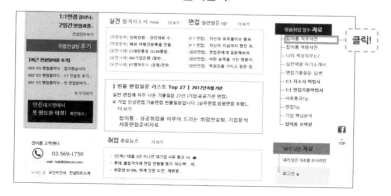

3) 잡이룸 직무사전이 뜨고 하단 직무요약표에 직종별로 직무가 나열되어 있다. 그 직무 중에서 궁금한 것을 클릭하면 해당 직무에 대한 정보 페이지로 넘어간다.

4) 직무요약표에서 마케팅, 상품개발 직무를 클릭해보겠다.

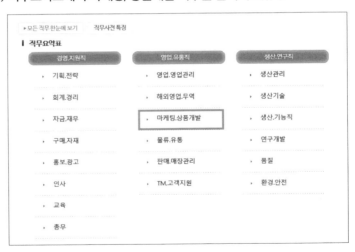

5) 그러면 직무개요와 주요업무가 뜬다. 주요업무에서는 하는 일에 대한
소개뿐만 아니라 면접에서 자주 나오는 질문에 대한 팁까지 알려준다.

6) 상단 직무내역 우측의 '필요역량'을 클릭하면 이 직무를 수행하기 위해
필요한 주요 역량과 자격증, 이 역량이 왜 필요한지를 알 수 있다.

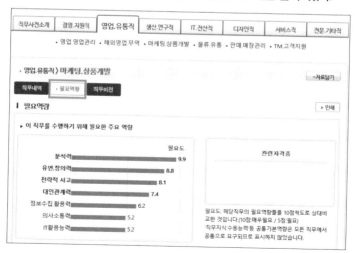

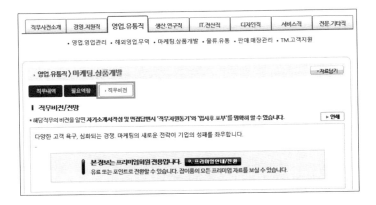

역량명	필요도	역량정의
분석력	9.9	모호한 현상·문제에 대해 정보를 분석하고 논리적으로 추론하여 구체화할 수 있다.
유연·창의력	8.8	환경변화에 유연하게 대처하고, 새로운 아이디어로 성과에 기여할 수 있다.
전략적 사고	8.1	외부동향과 내부특성을 파악하여 목표달성을 위한 최적의 방안을 도출할 수 있다.
대인관계력	7.4	평소 원만한 인간관계를 형성하고, 필요시 상대방의 협조를 이끌어낼 수 있다.
정보수집·활용력	6.2	일을 처리하는 데 필요한 정보를 수집·가공하여 이를 효과적으로 활용할 수 있다.

7) 직무비전 탭을 클릭하면 그 직무의 비전과 전망을 알아볼 수 있다.

이와 같이 잡이룸 사이트를 통해 직무에 대한 전반적 정보를 수집하고 관심이 가는 직무에 대한 역량에 맞게 스펙을 준비하면 된다.

2. 워크넷(www.work.go.kr) 한국직업정보시스템을 활용한 직무분석

1) 워크넷 사이트에 접속해 직업·진로 하부 메뉴의 직업정보에서 한국직업정보를 클릭한다.

2) 한국직업정보 하단의 분류별 찾기 직업분류 1차 선택에서 관심이 있는 분류를 클릭한다.

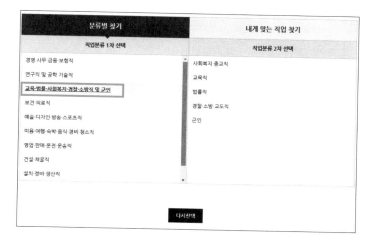

3) 직업분류 2차 선택에서 또 하나를 선택하면 해당 직업이 뜬다.

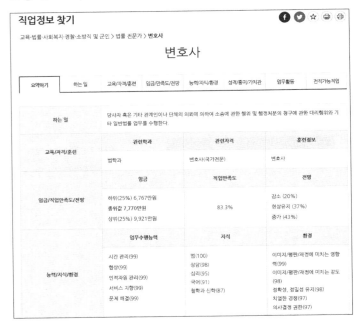

4) 해당 직업에 대한 상세한 정보가 뜬다. 하는 일, 교육/자격/훈련, 임금/직업만족도/전망, 능력/지식/환경, 성격/흥미/가치관 등 자세한 정보를 제공하고 있으니 이를 찾아보고 스펙설계에 대한 계획을 세우면 좋다.

해당 직무에 대한 정보를 자세히 수집하고, 직업마다 공통되는 스펙을 우선적으로 개발하고, 내가 정말 하고 싶은 업무에 맞는 스펙을 구체적으로 설계해 자격증, 학위, 경력을 만들어가면 시행착오를 줄일 수 있다.

　나도 참 오래 걸렸다. 고등학교를 졸업하자마자 IBM이나 유명 외국회사에 취업해서 잘나가는 친구도 있고, 내가 고시공부를 하는 동안 대학을 졸업하고 이미 대기업에 자리를 잡은 친구도 있다. 그리고 사회적 기업을 창업해서 CEO로 활약하는 친구도 있고, 한국은행에 입사해 자부심을 느끼며 다니는 친구도 있다.

　그 친구들에 비하면 당장은 내가 늦은 편이다. 나는 창업, 대기업, 개업, 학원강사를 두루 경험하고 얼마 전에는 김앤장 변호사로 근무하다가 퇴사하여 법무법인을 개업하였으니 아직도 준비기간이라고 볼 수 있다. 다만 100세까지 내 분야에서 일할 수 있는 탄탄한 평생직업을 만들어놓았다고 자부할 수 있다. 대기업이나 금융권으로 간 친구들도 가끔 이직을 준비하거나 불안을 느낄 때가 있다고 하는데 나는 오히려 여유가 있다. 장기적인 안목으로 공부하면서 미래를 구체적으로 그려왔기 때문이다.

　이렇게 자신이 가야 할 방향을 확실히 잡고 어떤 능력을 길러야 할지 알게 된다면, 그것이 비록 항상 가장 빠른 길은 아닐 수 있어도 공부하면서 길을 잃는 일은 없을 것이다.

우리는 끊임없이 시험을 받고 있다

우리는 초등학교 때부터 정규교육을 받기 시작한다. 기억이 날지 모르겠지만 초등학교에 입학하면 곧바로 시작하는 것이 쪽지시험이나 받아쓰기 시험이다. 이것보다 더 이전에는 시험이 없었는가. 아니다. 어머니 배 속에서 세상으로 나오는 순간부터 우리는 매 순간 시험 아닌 시험에 직면해왔다. 어렸을 때부터 밥은 어떻게 먹고, 말은 어떻게 하고, 소변은 어디서 보는지 등을 부모에게 배우는 데서 시작해 학교를 거쳐 세상이 만들어놓은 틀에서 타인과 어떻게 소통해야 하는지를 배우고 시험을 받아온 것이다.

유년기를 지나 10대가 되면서 더 형식적인 시험에 직면하게 된다. 학교에서는 내신관리를 위해 중간고사와 기말고사를 치른다. 대학에 입학하기 위해 수학능력시험을 3년 동안 준비해야 하며, 대학에 가서도 시험은 끊이지 않는다. 자격증을 취득하려면 반드시 시험을 치러야 하고, 어학능력을 검증받으려면 토익이니 텝스니 하는 시험을 치러야 한다.

공무원 시험, 전문직 시험, 대학원 진학 시험, 졸업 시험 등 공부해야 할 분량은 갈수록 많아지고 난도도 높아진다. 물론 이때부터 어떤 시험을 치르느냐는 개인의 자유다. 그냥 시험과 무관하게 살아갈 수도 있지만, 언제 어떤 시험을 보게 될지 모르는 것이 복잡해진 우리 사회의 현실이다. 한 예로 대기업에 취업하면 시험이 다 끝난 줄 알았는데 승진시험이 기다리고, 창업을 하면 시험이 없을 줄 알았는데 프레젠테이션과 각종 보고서로 시험을 받게 된다.

001

왜 공부를 해야 하는가

"공부가 너희를 자유케 하리라"

우리가 사는 세상은 다양한 규칙으로 서로 관계를 맺고 있다. 그 규칙을 빨리 터득하고 잘 활용하는 사람은 생존가능성이 높을 뿐만 아니라 더 좋은 기회를 얻을 수 있다. 반면 그 규칙에 적응하지 못하거나 배움에 서투른 사람들은 뒤처질 수밖에 없다. 기술을 잘 다루는 사람은 타인에 비해 더 많은 소득을 얻고 풍요를 누릴 가능성이 높다. 분야마다 필요한 능력이 다르지만, 그 능력을 만들려면 피나는 노력과 공부를 통해 자기 나름의 지적 수준을 만들어야 한다.

만약 A라는 직업을 원한다면 그 직업에 맞는 자격요건을 갖춰야 하지 않겠는가. 그것은 학위가 될 수도 있고 자격증이 될 수도, 경력이 될 수도 있다. 자격요건을 갖추기 위해 최소한의 시험을 치를 수밖에 없다면 시행착오 없이 합격하는 것이 좋을 것이다.

그리고 시험은 세상이 만들어놓은 성공을 위한 기회이기도 하다. 그 기회를 잡는 방법은 노력을 통한 합격일 것이고, 몇 번의 실패가 따르더라도 합격을 하는 순간 그 혜택을 고스란히 누리게 된다. 빌 게이츠Bill Gates도 "공부밖에 할 줄 모르는 '바보'에게 잘 보여라. 어쩌면 그 밑에서 일할지도 모른다"고 하지 않았던가. 이처럼 공부의 성패는 사회적 위치를 결정하는 중요한 요소일 수 있다. 시험에서 꼭 일등을 해야 하는 것은 아니지만, 이왕이면 시험을 잘 보는 것이 자신의 분야에서 성공하는 데 유리한 것은 분명한 사실이다.

줄탁동시啐啄同時라는 사자성어가 있다. 병아리가 부화하기 위해서는 어미 닭이 밖에서 알을 쪼고, 병아리가 안에서 알을 함께 쪼아야 한다는 내용이다. 이 말처럼 우리는 세상에서 우리의 성공을 위해 만들어진 기회와 같은 방향을 힘차게 공략해서 합격해야 한다. 그 합격은 노력과 실패의 산물이다.

나도 수능을 세 번이나 치른 끝에 원하는 대학에 갔고, 1차 시험 세 번 만에 공인회계사 시험에 합격했다. 그 뒤로는 더 효율적인 공부법을 연구해 시험 합격기간을 단축함으로써 전문직 5관왕이 되었다. 어찌 보면 나는 기회가 왔을 때 악착같이 달려들어 최대한 기회를 잡았던 것 같다. 그리고 그 기회를 잡는 가장 좋은 방법은 당연히 공부였다.

002

시험공부만큼
현실도 치열하다

우리의 머릿속에서 시험은 '어려운 것', '하기 싫은 것'으로 굳어져 왔다. 적어도 내 주변에는 시험공부가 즐겁다고 하는 사람이 거의 없다. 시험공부는 고통을 유발하고 우리를 구속한다는 생각이 그 자체에 대한 거부반응을 일으키게 되는데, 실제로도 공부 과정은 쉽지 않다. 고시촌이나 독서실 생활을 해본 사람은 그 고통을 잘 이해할 것이다. 오죽하면 '수험생은 인간 이하의 존재'라는 우스갯소리가 나왔겠는가.

그런데 공부와 시험 없이 성공하는 게 쉬울까. 내 생각에는 더 힘들 것이 분명하다. 세상은 정말 치열하고 힘든 곳이니까. 자본주의사회에서 생존하려면 한정된 자원을 가지고 싸우는 수밖에 없다. 자원이 무한하다면 사람들이 경쟁할 이유가 없고, 아마 경제학이라는 학문도 탄생하지 않았을 것이다. 그런 세상에서는 남의 것을 빼앗을 이유도 경쟁할 필요도 없을 것이다. 그러나 그런 세상은 천국밖에 없고, 현실은 정반대다.

나도 중학교 때까지 공부는 뒷전이었다. 공부를 해도 어차피 꼴찌를 할 것 같아서 제대로 하지 않았다. 시험을 칠 때마다 성적도 좋지 않고 집안 형편도 어려워서 공부보다는 사업이나 장사 쪽에 관심이 있었다. 그냥 공부는 내 적성이 아닌 것 같았고, 공부를 잘하는 게 성공과 무슨 관련이 있는지도 의문이었다. '수학을 잘한다고 돈을 잘 버는 건 아니잖아?' 하는 생각에 수학시간에는 아예 잠을 자기도 했다. 때로 선생님이 좋아서 공부를 한 적도 있지만 그것도 일시적이었다.

나는 빨리 사업을 시작해 성공하고 싶었다. 그래서 중학교 시절에 이미 인터넷 쇼핑몰과 홈페이지 제작업으로 사업자등록을 해 돈을 벌었고, 고등학교도 실업계로 진학했다. 하지만 비즈니스의 세계에서는 더 치열한 경쟁이 기다리고 있었다. 나 같은 초짜는 딱 잡아먹히기 좋은 지옥이었다. 결국 중학교 때부터 고등학교 졸업 전까지 3번이나 폐업을 했고 남은 것은 허탈감뿐이었다. 사업이 시험보다 쉬울 줄 알았는데 그게 오산이었던 것이다.

다시 원점으로 돌아와 수능을 준비하면서 시험공부가 사실은 가장 마음 편하고 해볼 만한 경쟁이라는 것을 깨달았다. 독서실에 틀어박혀서 공부만 해야 했지만 시험이라는 제도는 공정했다. 점수만 잘 받으면 내가 원하는 대학에도 가고 원하는 직업을 얻을 수 있는 가능성이 열렸다. 그 점수를 만들려면 공부를 하고 시험에 대한 요령을 익혀야 했는데, 이는 노력으로 충분히 가능한 일이었다.

우리는 무한경쟁시대에 살고 있다. 각자 자신이 가진 것으로 경쟁을 하고 제한된 자리를 얻기 위해 많은 사람이 달려든다. 시험도 만만한 경쟁이 아니다. 하지만 어느 분야든 서로의 것을 갈구하는 싸움을 피할 수는 없다. 이런 상황에서 우리가 원하는 목표를 이루려면 구체적인 방법, 즉 전략이 필요하다. 나는 특히 시험이라는 분야에서 경쟁하는 전략에 대해 이야기해보고 싶다.

시험은 제한된 자원을 쟁취하기 위한 틀에 박힌 경쟁이다. 그것은 다른 경쟁보다는 단순하다. 그냥 열심히 공부해서 시험을 치르고 합격을 하면 되는 것이다. 공부와 시험을 치는 기술과 전략이 뛰어나면 합격은 자연히 얻어지는 열매다. 그런데 그것이 말처럼 쉽다면 누구나 큰 시험에 합격하고 누구나 원하는 직장에 들어가겠지만 공부 역시 '누구나' 잘할 수 있는 것은 아니다.

그래도 공부를 잘하는 방법은 있다. 그 방법으로 노력을 하면 합격 가능성이 다른 것으로 성공할 확률보다 높아진다. 이것이야말로 남는 장사가 아니겠는가.

003

인생에 전략이 없다면
시험도 실패다

시험을 어떻게 선택해야 하는가. 나는 시험을 선택할 자유도 개인에게 있다고 생각한다. 다른 목표가 있다면 대학에 안 가면 되고, 시험 없이도 원하는 길이 있다면 그것을 좇아가면 된다. 궁극적으로 시험을 볼지 말지를 제대로 판단하고 결정해야 시험에 임하는 태도가 달라진다. 정말 원하는 꿈을 이루기 위해 시험을 준비하는 이에게는 시험을 위한 공부 과정도 고통스럽지만 행복한 시간일 테니까.

그러면 어떤 기준으로 시험을 선택해야 할까.

우선은 내가 어떤 분야에 진출해 어떻게 살고 싶은지 인생의 목표와 꿈이 정해져야 시험을 선택할 수 있다. 아무 시험이나 마구잡이로 치른다면 실패할 것을 미리 예정하고 도전하는 것과 같다. 이럴 때는 차라리 도전하지 않는 것이 시간낭비를 줄이는 일이다. 치열한 현실에서 승리자가 되려면 내 목표와 맞는 시험을 선택할 줄 알아야 한다. 그 방법 가운데 하나가 경제학에서 자주 활용하는 역진귀납법_{backward induction}이다.

역진귀납법은 경제학 분야에서 게임이론이라는 한 분야의 구체적 방법론으로서 기업들이 사업의 추진 여부를 두고 의사결정을 할 때 유용하게 사용하는 전략기법이다. 이것을 우리에게 적용해보면, 기업이 투자할지 말지를 결정하는 것은 우리가 공부를 시작할지 말지를 결정하는 것과 같은 맥락이다. 공부를 시작하면 필연적으로 시간과 비용이 들어가고 합격이라는 수익을 기대할 수 있다. 그리고 수익이 창출되는 기간을 단축할수록 수익률은 높아지게 된다.

우리나라 초등학교에서는 오래전부터 장래희망에 대한 조사를 실시해왔다. 장래희망을 기초로 학생을 지도하기 위해서다. 우리도 20년 뒤 내가 무엇을 하고 싶은지 스스로에게 물어봐야 한다. 일종의 장래희망인 셈이다. 그것이 확정되면 다시 역으로 돌아오면 된다. 즉, 20년 뒤에 내가 희망하는 일을 하려면 10년 뒤에는 어떤 위치에 있어야 하는지 물어보는 것이다. 그리고 다시 5년 뒤 어떤 위치에 있어야 할지를 정하고 3년, 1년으로 거슬러 오면서 계획을 세우면 된다.

예를 들어 20년 뒤 대법관이 되는 것이 목표라면 10년 뒤에는 최소한 판사가 되어야 한다. 그러려면 현행 제도하에서는 변호사 시험에 합격해 로펌에서 일하거나 재판연구원에 가서 경력을 쌓아야 한다. 그럼 5년 뒤에는 변호사 시험 합격과 거의 동시에 재판연구원에 합격해야 한다. 참고로 로스쿨 3학년 때 재판연구원 시험을 치르게 되어 있고 그와 더불어 변호사 시험을 치러야 한다. 그러려면 단기적으로 로스쿨 입학시험에 합격해야 하고, 이를 위해서는 학점과 토익점수, 법학적성시험 점수를 최대한 높여야 한다. 그러려면 지금 당장 공부를 시작해야 한다.

이와 같이 역진귀납법을 이용하면 현재 무엇을 해야 하는지 뚜렷한 해법을 찾을 수 있다. 자신의 꿈과 목표부터 확정하고 역으로 거슬러 와서 어떤 시험을 치를지 확실하게 정해야 성공 가능성이 높아진다. 단순히 남들이 한다고 따라 한다면 필연적으로 실패를 경험하거나, 합격해서 그 일을 하게 되더라도 불만족스러울 수 있다.

물론 역진귀납법을 사용하더라도 자신이 원하는 삶을 살지 못할 수도 있고, 원하는 삶이라 믿고 도전한 것에 만족하지 못할 수도 있다. 하지만 적어도 꿈과 목표에 다가갈 확률을 높여주는 방법임에는 틀림없다.

자신이 치러야 할 시험을 확정하고 난 다음에는 전략적으로 어떤 시험이 내게 더 유리한지를 따져보아야 한다. 예를 들어 토익과 텝스 가운데 고를 수 있고, 학점관리의 측면에서는 과목선택 시 전공과목의 비율을 조정할 수 있다. 또 내가 수학에 강하면 거기에 강점을 두고 학점을 신청하거나 그 과목에 올인할 수도 있다.

이렇게 전략적으로 역진귀납법을 활용하면 구체적이고 명확한 목표를 설정할 수 있다. 그냥 막연히 '나는 A가 될 거야'라고 말해서는 그 목표를 달성할 확률이 거의 없다. 역진귀납법을 활용해 장기적인 목표와 단기적인 계획을 세우고 그와 관련된 시험을 염두에 두고 준비한다면 길을 잃지 않고 꾸준히 공부를 이어 나갈 수 있을 것이다. 반면 목표와 전략 없이 막연하게 공부를 시작하면 도중에 흥미를 잃거나 우왕좌왕하게 될 가능성이 크고, 그렇게 되면 방황하면서 허송세월할지도 모른다.

그러니 공부를 잘하려면 먼저 내가 합격하고자 하는 시험을 왜 치러야 하는지를 알고 인생 전반에 대한 전략을 세워야 한다. 추상적으로 접근하지 말고 구체적으로 내가 무엇을 잘하고 어떤 시험이 내 적성에 맞는지, 어떤 일을 하려고 공부를 하는지를 직접 그려보는 것이 좋다. 이러한 작업은 분명 시간을 많이 줄여주고 인생에서 우리의 행복을 증진해줄 것이다.

004

실패는
많이 할수록 좋다

나는 에이브러햄 링컨Abraham Lincoln을 좋아한다. 그는 미국 역사상 가장 존경받는 대통령이자 실패에 좌절하지 않고 결국 '실패는 성공의 어머니'임을 몸소 증명해낸 사람이다. 링컨은 가난한 농부의 아들로 태어나 23세에 사업에 실패했고, 24세에는 주의회선거에서 낙선했으며, 25세에 사업을 해서 또 파산했고, 26세에는 약혼자의 죽음을 겪고, 28세에는 신경쇠약으로 병원에 입원했다. 또한 30세에 주의회 의장선거에서 낙선하고, 32세에 정부통령 선거위원에 출마해 또 낙선했다.

링컨은 총 27회에 걸쳐 엄청난 실패를 경험했다. 하지만 그는 실패할 때마다 더 의연하게 행동했고, 즐거운 생각을 하며 더 맛있는 음식을 먹었다고 한다. 이처럼 수많은 실패를 통해 자신을 단련한 결과 그는 52세에 대통령에 당선돼 미국 역사상 가장 위대한 대통령으로 남았다.

빌 포터Bill Porter의 일화도 내가 강의할 때마다 자주 언급하는 사례 중 하나다. 빌 포터는 우리에게 실패에 대한 태도가 얼마나 중요한지를 보여준다.

그는 뇌성마비로 몸이 불편한 가운데서도 화장품 판매 영업사원으로 취업해 판매왕의 자리에 오른 인물이다. 그는 항상 새벽 4시 50분에 일어나 아침 8시부터 오후 6시까지 하루도 거르지 않고 끈기 있게 100가구를 방문해 판매를 이어간 것으로 유명하다. 일부러 영업하기가 가장 어려운 지역에 지원했고, 수많은 거절과 멸시에도 굴복하지 않은 채 끝내 매출 1억 원을 달성해냈던 것이다.

이러한 사례는 하루하루 숨 막히게 살아가는 우리 청춘에게 시사하는 바가 많다. 가장 큰 교훈은 아무리 어려운 상황에서도 결코 포기해서는 안 된다는 것이다. 또한 실패를 거듭하더라도 끝까지 버티면 성공의 열매를 맛볼 수 있다는 것, 누구보다 열심히 버텨내야 최고의 자리에 오를 수 있다는 것도 보여준다.

실패는 성공을 위해서는 꼭 필요한 과정이다. 한 번도 실패하지 않고 사는 사람은 이 세상에 없으며, 어쩌면 인생은 실패의 연속이라고 해도 과언이 아니다. 우리는 수많은 실수와 실패를 경험하며 살고 있다. 나도 물론 예외가 아니다. 나는 아버지의 사업실패로 어려움을 겪었고, 사업에 도전해서 어린 나이에 폐업을 여러 번 경험했다. 또 회계법인에 잘 다니다가 사정이 생겨서 중도에 퇴사했고, 이안택스라는 회사를 개업했다가 군대 문제로 접어야 했다. 수능도 2번은 원하는 점수가 나오지 않아 3번을 봐야 했고, 회계사 시험에서도 3번이나 낙방을 경험했다.

이처럼 누구나 할 것 없이 실패의 과정을 겪게 마련이지만, 문제는 그 과정에서 무엇을 배우고 어떻게 실패를 극복했느냐 하는 것이다. 실패는 자연스러운 성공의 과정이고 성공을 위해서는 더 열심히 도전해 더 많은 실패를 경험해야 한다. 그리고 그 과정을 견디면서 더 큰 힘을 쌓아야 한다. 내가 사용한 방법이 잘못되었다는 것만 깨달아도 절반은 성공한 셈이다. 좀 더 가능성이 높고 훌륭한 방법을 적용해서 재도전하면 되기 때문이다.

정말 치열하게 산 사람일수록 더 고통스럽고 힘든 경험과 실패를 겪을 수도 있다. 하지만 넘어지고 깨지고 창피했던 순간들이 오히려 자신의 잠재력을 일깨우기도 한다. 다시는 그렇게 실패하지 않겠다는 의지가 자신의 잠재력을 깨워서 더 높은 도전을 이끌어내는 원동력이 되는 것이다. 사람은 위험에 처했을 때 초인적인 힘을 발휘하는 존재가 아닌가.

도전 과정에서 실패의 순간이 온다면 그것에 감사하자. 그 실패는 분명 또 다른 기회와 도전, 그리고 성공과 합격을 만들어줄 것이기 때문이다.

005

공부는
꿈을 위한 수단일 뿐

요즘 청년들도 공부가 인생의 전부인 것처럼 교육을 받으며 컸을까. 나는 그랬다. 사실 어릴 때는 반에서 꼴찌만 안 해도 다행이었지만, 그래도 성적이 나쁠 때마다 부모님의 한숨소리는 커져만 갔다. 학교에서도 공부를 잘하는 아이들은 선생님의 칭찬과 격려를 한 몸에 받았고, 나처럼 뒷자리에서 딴짓만 하는 아이들은 자주 혼나거나 청소당번 같은 것에서 불이익을 받았다. 실제로 중학교 때 전교 1등을 하던 친구는 항상 청소에서 열외가 되는 혜택을 누렸다.

우리는 비록 이런 분위기에서 성장했지만 한 가지 확실히 알아둘 것이 있다. 공부가 인생의 전부도 아닐뿐더러 시험 합격은 '꿈'이 아니라 하나의 과정일 뿐이라는 사실이다. 물론 공부가 꿈을 이루는 가장 좋은 수단인 것은 분명하다. 그 자체로는 목표가 될 수 없지만 가장 손쉬운 수단인 셈이다.

청소년들에게 꿈을 물어보면 대부분 직업을 이야기하거나 가고 싶은 회사를 말한다. 내 주변에서도 마찬가지였다. 군대에서 병사들에게 꿈을 물어보아도 가고 싶은 직장을 이야기하곤 했다. 가끔 대학원에 가는 것이 꿈이라는 친구도 있고 언론인이 되는 것이 꿈이라는 친구도 있었지만, 그것 역시 직업이나 상징이 꿈으로 표현되는 것은 마찬가지였다.

이는 마치 "어떤 음식을 먹고 싶어요? 맛은 어떨까요?" 하고 묻는데 "파리바게뜨요!" 하고 대답하는 것과 같다. 여기에는 자신이 어떤 모습으로 살아가고, 사회에서 어떤 관계 속에서 어떤 역할을 하고 싶은지가 빠져 있다. 그냥 상징화된 직업이나 이름이 꿈이 되어버린 것이다.

공부도 마찬가지다. 시험을 잘 보는 게 목표가 되어버리면 공부를 지속하기가 힘들다. 오히려 그렇게 공부하면 시험에 합격하는 것이 더 어려워질 수 있다. 시험 자체가 목표가 되어버리면 장기적 목표를 잃게 되고 쉽게 지쳐버리는 상황이 오기 때문이다. 정말 내가 원하는 삶의 모습이 꿈이 되고 그것을 위해 열심히 공부하게 되면 공부는 하나의 수단이자 즐겁게 감당할 수 있는 과정이 된다. 아무리 공부가 힘들고 시험이 어려워도 이를 버틸 수 있는 꿈이 있다면 공부를 포기하는 일은 쉽게 일어나지 않는다.

나와 꽤 친했던 친구 A는 부모님이 바라던 수험공부를 포기하고 사회적 기업을 창업했다. 다른 친구들이 수험공부에 열을 올리고 있는 동안 A는 동아리와 학회를 만들고 '역전의 신'이라는 브랜드를 론칭하기도 했다. 많은 사람들의 역전에 대한 이야기를 들려주고 싶다는 의도에서 나와도 인터뷰한 적이 있는데, 나는 친구가 그런 일을 한다는 것 자체가 존경스러웠다.

A는 그 뒤 기업에 취직해서도 비슷한 일을 꾸준히 이어가고 있으며, 아울러 자신이 하고자 하는 일을 위한 공부도 계속하고 있다. A와 같이 자신이 원하는 삶의 모습을 추구하는 것은 멋진 일이다. 그리고 그 과정에서 하는 다양한 공부는 재미를 넘어 경이롭기까지 하다.

나도 고등학교 때 벤처기업을 그만둔 뒤 더 분명한 꿈이 생겼다. 기업들이 실패하는 것은 전문성의 부족 때문이니 회계사가 되어 기업들을 도와줘야겠다는 것이 내 소박한 꿈이었다. 더 나아가 우리나라의 제도를 바꿀 수 있는 자리에 간다면 기업들을 위해 다양한 정책에 대한 목소리를 내보고 싶었다. 이런 꿈이 생기자 공인회계사 시험공부를 하러 도서관으로 향하는 새벽 7시는 내게 설렘의 연속이었다. 그 뒤 우여곡절 끝에 시험에 합격했고, 중소기업 정책에 대한 논문을 써서 상도 받았으며, 동반성장위원회를 통해 정책에 대한 목소리도 냈다. 이때만큼 공부가 재미있었던 적도 없었던 것 같다.

공부는 자신이 가슴 뛰는 일을 할 수 있게 도와주는 조력자이자 일종의 도구다. 그 도구가 좋을수록 꿈과 목표의 달성도 쉬워질 것이다. 공부를 잘하고 싶다면 이러한 본질적 고민부터 다듬고 시작하기를 바란다.

006
합격은
또 다른 공부의 시작

시험에 합격하면 더 이상 공부를 하지 않아도 될 거라고 착각하는 수험생들이 참 많다. 그런데 막상 전문직이든 공무원이든 합격하고 나면 수험생 때보다 더 많이 공부를 해야 한다. 지속적으로 실무 이슈를 파악해야 하고, 법규가 바뀔 때마다 새로운 정보를 습득해야 한다. 새로운 기술이 도입되면 새로 공부를 해야 다른 동료들에게 뒤처지지 않는다. 그래서 사회생활도 수험생활 못지않게 치열하다.

전문직의 경우에는 더 심하다. 매년 수백 명의 전문자격사들이 쏟아져 나오고, 저마다 전문영역 능력을 개발하기 위해서 치열하게 공부한다. 취직을 하면 영어공부는 기본이고 추가 자격증이나 실무능력을 위해 교육을 받게 된다. 사내 교육도 받아야 하고 스터디에도 많이 가입해야만 한다. 동료들이 열심히 자기계발을 해서 승진하는데 나만 가만있을 수 있겠는가.

그래서 수험생활을 할 때부터 공부에 취미를 붙이는 것이 좋다.

새로운 지식을 거부감 없이 받아들이는 것이 중요한 덕목이자 능력이다. 바쁜 가운데서도 지속적으로 뉴스를 체크하고 정리해 공부하는 습관을 들여야 하는 것이다. 이렇게 공부해두면 나중에 새로운 지식을 습득하는 데 매우 큰 자산이 된다. 그러므로 대충 공부해서는 안 된다.

가끔 시험장에서 나오면 다 까먹어도 좋다고 말하는 수험생들을 본다. 그들은 시험을 위한 공부만을 염두에 두고 수험생활을 하는데, 막상 이런 생각으로는 시험에 합격하기가 힘들고 합격하더라도 이후의 삶에서 크게 뒤처지게 된다. 직업의 세계에서 살아남아 성공하고 싶다면 수험생 때부터 철저하게 공부해야 한다.

이를테면 나는 수험생 때 공부한 회계학을 어디에서든 잘 써먹고 있다. 책을 쓰는 데도 써먹고 재무제표와 관련된 실무에도 많이 써먹는다. 심지어는 강의를 하거나 사람들과 농담을 할 때도 사용한다.

한번 제대로 공부해두면 평생 가는 것이 지식이다. 지금부터 공부를 할 때는 평생 활용한다는 생각으로 하자.

007

메타인지,
공부와 성공의 열쇠

메타인지metacognition가 교육학에서 주목을 받은 지는 꽤 오래되었고, 최근에는 자기주도적 학습법에 활용되면서 용어가 널리 알려지게 되었다. 메타인지가 구체적으로 등장한 것은 1979년 존 플라벨John Flavell의 연구에서였다. 그는 메타인지를 개인이 획득한 주변 세계에 대한 지식이라고 말하면서 지식과 경험으로 나누어 설명하고자 했다. 이후는 더 정교한 논문들이 발표되면서 메타인지는 '자신의 사고에 대한 사고'로 정의되었으며(쇤펠드Schoenfeld), 자기가 자신의 사고 과정을 얼마나 정확히 기술할 수 있느냐 하는 것으로 개념화되었다.

즉, 이전에 우리는 공부라고 하면 '알고 있는 것'에 대해서만 관심을 기울였다. 그러다가 내가 알고 있는 것이 정확한 앎인지에 대한 지능인 메타인지가 조명을 받기 시작했다. 그리고 나아가 자신이 얼마나 아는지 모르는지를 잘 인식해야 효율적으로 시험에 대비할 수 있다는 논의까지 발전하면서 메타인지에 대한 관심이 폭발적으로 증가한 것이다.

메타인지를 활용해서 학습을 한다는 것은 지금 내가 알고 있는 지식이 어떤 것인지를 스스로 생각해보는 것에서 시작한다. 그것을 대입해서 문제를 해결할 수 있는지를 예견하고 비슷한 문제와 비교하여 적절한 전략을 택해서 문제를 해결하고 스스로 다시 평가를 해보는 과정을 거친다. 더 좋은 해결을 위해서 조건이나 정보를 수정하고 자신의 지식을 강화하는 과정을 거치면서 보다 완전한 지식을 만들게 된다.

— 이은숙, 서울교육대학원 석사학위 논문(2013년) 중에서

이러한 과정을 잘 활용하면 공부의 성과를 높일 수 있을 뿐만 아니라 다른 일을 할 때도 큰 성공을 거둘 수 있을 것이다.

우리가 공부 과정에서 시행착오를 겪는 이유도 자신이 아는 지식을 어떻게 활용해서 문제를 해결할 수 있는지를 제대로 알지 못하기 때문인 경우가 많다. 게다가 우리가 알고 있다고 생각한 지식일지라도 제대로 안다고 확신할 수 없기 때문에 내가 실제로 활용할 수 있는 지식인지 판단하기 어려운 것이 현실이다. 그래서 문제를 해결하는 데 애를 먹는 것인지도 모른다. 만약 제대로 알지 못하는 지식이라는 판단이 선다면 지식수준을 높이려고 노력할 텐데 말이다.

한편, 내가 해당 지식을 제대로 알고 있다고 확신할 정도가 되더라도 다른 문제가 발생한다. 즉, 이 지식을 어떻게 활용하는지에 대한 문제다. 요즘 대부분의 시험은 단순히 암기한 것을 확인하는 수준을 넘어 유사한 문제와 사례를 해결하라는 수준까지 나아간다. 지식을 어떻게 활용할지를 시험하는 것이다.

이러한 사례문제를 해결하려면 해당 지식이 적용된 사례(법학에서는 판례, 실무시험에서는 예규나 해석)를 분석하고 스스로 내가 아는 지식을 접목할 수 있는지 판단할 수 있어야 한다. 그리고 해당 사례가 내가 아는 지식과 어떤 관계가 있는지를 정리해서 다시 지식 덩어리로 만들 필요가 있다.

최근에는 수능에서도 복잡한 정보를 주면서 내가 가진 기존의 정보와 더불어 문제해결 방법까지 접목해야 해결할 수 있는 문항이 많이 개발되고 있다. 또한 고등교육 수준에서는 전문직 시험이나 국가고시에서도 사례를 어떻게 해결할지에 대해 다양한 관점으로 묻고 있다. 이에 대해 메타인지가 잘 발달한 사람은 자신이 가진 지식을 잘 활용해서 문제를 훨씬 잘 해결할 것이고, 그만큼 시험에 합격할 가능성도 높아질 것이다.

그렇다면 메타인지를 어떻게 개발해야 할까? 앞에서 메타인지가 좋다는 것은 충분히 이해했다. 그리고 "너 자신을 알라"고 한 소크라테스Socrates의 말에서도 알 수 있듯이 어쩌면 메타인지는 아주 오래전부터 중요한 원리로 인식되어왔는지도 모른다. 그런데 메타인지를 어떻게 개발해야 하는지에 대한 구체적 접근방법은 아직까지 정리되지 않은 상태다. 일부 방법론이 있긴 하지만 확실히 입증되지 않은 방법이 대부분이다.

나는 메타인지가 높을까? 이러한 의문을 해결하기 위해 나는 오래전 내가 메타인지를 이해하기도 전에 했던 경험에서 몇 가지 방법을 착안해보았다. 그것은 나의 지식의 위치를 스스로 잘 인지하고 있는지, 내가 모르는 것을 확실히 인지했는지를 스스로 검증해본 경험이다.

대학에서 경제학 전공시험을 준비할 때 나는 수업도 듣고 복습도 하고 문제도 여러 번 풀어본 상태에서 새로운 문제를 구해서 풀어보았다. 그런데 완벽하게 안다고 생각했던 부분에서 틀린 문제가 많았다. 또 문제해결에 사용한 방법도 잘못된 모형인 경우가 있었다. 즉, 나는 알았다고 생각했지만 실제로는 제대로 알지 못했던 것이다.

여러모로 노력을 많이 기울인 덕분인지 시험에서는 좋은 성과를 많이 거두었다. 대학을 최우등으로 졸업하면서 나는 스스로 메타인지를 보완하기 위해 여러 가지 방법을 시도했다는 것을 뒤늦게 깨달았다. 나의 경우 시험에서 좋은 성과를 거두면서 메타인지를 높이는 가장 좋은 방법은 바로 '스터디'와 '설명'이었다. 나는 스터디를 통해서 내가 아는 지식을 다른 친구들에게 설명해주었고, 이 과정에서 메타인지를 확실히 잡았다.

나는 혼자서 공부하기보다는 다른 사람들을 통해서 공부하는 습관이 있다. 즉, 내가 공부하고 확신한 지식을 상대에게 완벽히 이해시킬 만큼 설명해보는 것이다. 이 과정에서 설명을 제대로 못하는 지식은 내가 어렴풋이 아는 추상적 지식인 셈이다. 이런 경우에는 최대한 문제를 많이 풀고 강의도 복습하면서 구체적 지식으로 만들어야 한다. 아울러 스스로 확신이 서지 않는 지식은 설명을 해보면서 구체적 지식으로 만드는 노력을 병행했다.

나는 스터디를 모집하지 못하면 집에서 거울을 보고 설명하거나 어머니 앞에서 설명해보기도 했다. 이렇게 내가 아는 지식을 정리해 발표하는 과정에서 내가 모르는 것을 발견하고 무엇을 해야 하는지도 깨닫게 되었다. 이러한 활동이 메타인지를 정교하게 만드는 역할을 했다고 생각한다.

메타인지는 공부뿐만 아니라 일을 할 때도 큰 효력을 발휘했다. 내가 아는 지식이 어느 정도이고 내 능력이 어느 정도인지를 정확히 알고 해결방안을 예상할 수 있어야 위험성은 낮고 수익성은 높은 업무를 수임할 수 있다. 내가 할 수 있다고 생각해서 덜컥 일을 맡았다가 일처리를 제대로 못할 경우 나에 대한 신뢰는 바닥으로 떨어진다. 반대로 내가 업무를 수임해서 제대로 해결하는 순간 주변 지인들까지 소개를 받을 수 있다. 결국 메타인지는 우리 업무에서도 의사결정을 도와주는 셈이다.

메타인지가 얼마나 중요한 역할을 하는지 알았다면 이제 달라져야 한다. 지금이라도 나의 메타인지가 어느 정도인지를 파악하고, 이를 개발하기 위해서 스터디를 해보고 내가 아는 것을 남들에게 설명해보는 습관을 가져보는 게 어떨까.

008

가난은
공부의 또 다른 기회

가난하면 공부를 못할 것이라는 선입견이 있다. 공부를 하고 싶어도 더 많은 현실적 문제를 넘어야 한다는 측면에서는 맞는 말이다. 그런데 오히려 가난하고 배가 고플수록 공부를 할 동기부여는 충만해진다. 나처럼 넉넉지 않은 형편에서 늘 아르바이트를 하며 공부하는 친구들에게는 '헝그리정신'이 있다. 이 정신을 잘만 활용하면 공부를 정말 잘할 수 있다. 남들은 생각지 못할 정도로 독하게 열심히 공부할 수 있는 것이다.

　나는 가난한 친구들이 독기를 품고 정말 열심히 공부하는 것을 많이 보았다. 내가 아는 연세대학교 경영학과 후배도 형편이 어려운 가운데 과수석으로 졸업을 했고, 연세대학교 로스쿨에 진학했고 그곳에서도 최상위권을 유지하여 지금은 대형로펌에서 변호사로 활약하고 있다.

　그러니 가난을 부정적으로만 볼 일도 아니다. 나도 어릴 때 집안 형편이 어려워지는 바람에 학원은커녕 책도 제대로 사볼 수 없었는데, 그럴수록 성공해야겠다는 의지가 단단해졌다. 그 의지는 내가 나중에 마음먹고 공부를 시작했을 때 전혀 지치지 않고 미친 듯이 공부하게 하는 원동력이 되었다.

요즘 경제상황이 어려워진 가운데 다시금 청년실업 문제가 대두되고 있다. MZ세대의 문화가 자리 잡고 있지만 코로나19 이후 경제상황이 좋지 않아 각종 시험준비를 하는 성인들도 늘어나고 있다. 명문대를 나와도 좋은 직장에 들어간다는 보장이 없고, 수험공부도 갈수록 치열해지고 있다. 정말 청년들이 살아가기 힘든 환경임이 분명하다.

사실 이러한 현실에서 청년들에게만 책임을 묻기는 어렵다. 현실 개선을 위해서는 사회 차원에서 꾸준한 논의와 지속적 노력이 이루어져야 할 것이다. 그러나 지금 당장 현실과 맞서 있는 개인 차원에서는, 더 독해져야 한다.

나는 자아성취를 위해서 하고 싶은 일을 하자는 의견에 공감한다. 그러려면 인내심을 가지고 꾸준히 노력하는 것이 필수다. 그냥 하고 싶은 일을 건드려보는 식으로는 결과물을 낼 수 없다. 고통 없이는 그 무엇도 얻을 수 없다.

지금 상황이 매우 안 좋은가? 가난이 공부를 방해한다면 역으로 가난을 내 의지를 불태우는 데 사용해보자.

009

뭐든지 많이 하면
늘게 된다고?

얼마 전 후배에게서 메시지를 받았다. 좋은 글귀라면서 보내준 그 메시지의 내용에 나는 충격을 받았다. 이런 내용이었다.

공부를 많이 하면 공부가 늘고
운동을 많이 하면 운동이 늘고
요리를 많이 하면 요리가 느는 것처럼
무언가를 하면 할수록 늘게 된다.
그러니 걱정하지 마라,
더 이상 걱정이 늘지 않게.

이 글은 짧지만 강렬하다. 처음에는 공부를 하면 공부가 는다는 명제에서 시작해 다른 모든 것도 할수록 는다는 것을 거쳐 걱정도 하면 할수록 는다는 것을 보여주고 있다.

인생에서 가장 좋은 습관은 계획을 세우고 무엇이든 도전해보는 습관이라고 생각한다. 일단 해보지 않으면 아무것도 얻을 수 없고 값진 것도 경험하지 못하기 때문이다. 그런데 걱정만 하고 어떠한 것도 시도해보지 않는 태도가 습관이 되면 걱정도 늘게 된다. 우리 주위에도 습관처럼 걱정을 달고 다니는 사람이 생각보다 많다.

"나처럼 공부를 못하는 사람이 시험에 합격할 수 있을까?"

"내가 만약에 떨어지면 다른 사람들이 어떻게 생각할까?"

"지금 시작하면 너무 늦은 것은 아닐까?"

이런 걱정과 고민은 우리의 생각을 지배하고, 걱정은 하면 할수록 꼬리에 꼬리를 물게 돼 있다. 물론 예방적 차원에서의 걱정은 그 나름의 장점이 있다. 아무런 계획 없이, 걱정도 없이 실행할 경우 실패할 가능성도 시간을 낭비할 가능성도 그만큼 크다.

우리는 모두 꿈을 꾸고 성공하기 위해서 노력한다. 공부를 잘하는 것이 우리의 꿈을 이루어주리라는 보장은 없지만, 공부를 많이 하는 사람은 그만큼 자신의 꿈에 다가갈 가능성이 높다. 공부를 많이 하는 사람은 그 분야에 대해 남보다 잘 알 수밖에 없고, 더 많은 부가가치를 창출할 가능성도 높기 때문이다.

확실히 알고 모르는 것의 차이는 크다. 많이 알수록 많은 연결고리를 만들어낼 수 있고, 그러면서 남들이 보지 못하는 새로운 점을 분석할 수 있게 된다. 남들과 차별화되고 부가가치가 높은 사람은 당연히 더 생산적일 수밖에 없다. 같은 평면에서 경쟁하더라도 성공 가능성이 더 큰 셈이다.

내가 원하는 목표가 합격이고 더 큰일을 하는 것이라면 거기에 맞게 내 실력을 키워야 한다. 하면 할수록 는다는 것이 우리에게는 축복이다. 늘려서 필요한 수준까지 도달하면 될 것 아닌가. 반대로 늘어서는 안 되는 걱정과 나태함 등은 최대한 절제해야 한다. 그 훈련의 과정이 공부가 아닐까.

010

공부를 많이 할수록
창의적인가

창의성은 지식과 경험을 기초로 발현된다. 새로운 것을 창조하려면 지금 어떤 상황인지 분석할 수 있어야 한다. 기존 상황에 대한 지식이 있어야 새로운 것도 나오는 것이다. 그리고 지식은 책을 통한 공부와 경험을 통한 다양한 자극에서 형성된다. 즉, 가만히 앉아서 책을 읽는 것도, 현장에서 몸으로 익히는 경험도 하나의 지식을 형성한다. 이 모든 것이 공부다. 지식과 경험이 쌓일수록 창의성이 발현될 확률이 높아지고 새로운 조합을 통해 문제해결 가능성도 커지는 것이 사실이다.

공부하고, 그것을 통해서 경험하고, 다시 새롭게 변형해보고 도전하면서 실패도 해보는 동안 우리는 그 나름의 지식을 축적한다. 지식경영의 대가 노나카 이쿠지로는 형식을 띠는 지식을 '형식지'로, 몸으로 체화된 지식을 '암묵지'로 분류했다. 형식지와 암묵지의 상호작용을 통해 전체 지식이 확장되고, 이러한 지식의 조합과 확장은 새로운 것을 만들어내는 힘을 지닌다. 이것이 창의성이라고 볼 수 있다.

창의적인 사람은 보통 것을 보통이 아닌 것으로 탈바꿈시키는 재주가 있는 사람이다. 기발하고 독창적인 생각으로 문제를 놀랍게 해결하기도 하고, 생각지도 못한 방법으로 부가가치를 만들어내기도 한다. 그런데 그 생각지도 못한 방법 역시 기존의 지식과 방식을 통해 생성된다는 점에서 기존 지식에 대한 공부는 필수다. 책이나 강의는 지식을 형성하는 가장 빠르고 효율적인 방법이다. 그렇기 때문에 이를 무시하고는 성과를 내는 데 다소 어려움이 있을 것이다.

얼마 전 대전의 창조혁신센터에서 '디자인 싱킹design thinking'이라는 강의를 8시간에 걸쳐 들었다. 새로운 사고방식을 만들기 위해 다양한 사람들이 생각을 교류하고 조별로 문제를 해결해보기도 했다. 참여한 사람들의 지식수준도 살아온 경험도 제각각이었지만 공통의 문제해결 과제를 두고 다 함께 힘을 합쳐야 했다.

우리 팀원 가운데 나는 분석기술적인 지식이 많은 편이었고, 어느 팀원은 인문학 지식이 많았으며, 실무적 경험이 풍부한 팀원도 있었다. 이렇게 다양한 지식이 한 팀에 모여 지식을 공유하는 과정에서 의견 마찰도 있었지만, 그만큼 새로운 조합과 해결방안을 찾아내고 생각지도 못한 결과물을 만들어낼 수 있었다. 기업에서 제품을 개발할 때 사용하는 기법을 활용해서 각자의 지식을 묶어 난감한 문제를 해결하다보니 지식과 경험의 중요성을 새삼 느낄 수 있었다.

공부는 한 개인이 지식과 문제해결력을 키워나가는 기나긴 과정이다. 그 과정을 통해 새로운 방안을 만들어낼 가능성도 커진다. 이처럼 스스로 성장하는 과정이 공부다. 경제학에서 말하는 수익률 높은 인재가 되기 위한 과정도 공부인 셈이다. 공부를 많이 할수록 오히려 기존의 틀에 갇히게 된다는 말도 있지만, 공부를 많이 해서 지식을 풍부하게 만들면 다양한 해결가능성이 탄생하므로 오히려 자유로워진다고 생각한다.

기존의 틀에 갇히고 폐쇄적으로 될 것인가 아닌가는 공부의 양보다 개인의 심리적 특성과 관련이 있다고 생각한다. 창의적 인재가 되고 싶다면 다양한 분야를 꾸준히 공부하길 바란다.

공부의
투자론적 접근법

"합격에 대한 예상 투자수익이 투자비용보다 작으면

공부하기 어렵다"

현대사회에서 국가마다 지상과제로 삼는 것은 경제성장과 불황극복이다. 일본은 10년 이상의 장기적 경기침체를 경험하고 있고, 우리나라도 경제성장률이 지속적으로 하락하고 있다. 중국도 10%의 고성장을 지나 서서히 경제성장률의 하락을 경험하는 중이다. 경제를 일으키려면 기업의 화끈한 투자가 뒷받침돼야 한다. 경제학 이론에 따르면 시장에서 가장 변동성이 크고 총공급을 늘릴 수 있는 부분이 바로 기업의 투자다.

　기업은 투자로 예상되는 수익이 투자비용보다 커야 확실하게 투자를 할 수 있다. 기대되는 수익이 투자비용보다 작으면 분명 손실이다. 이 경우 합리적 기업이라면 투자를 하지 않고 현상유지만 하는 것이 바람직하다. 그런데 기업만 이런 의사결정을 하는 것은 아니다. 모든 경제주체는 자신의 수익으로 대변되는 효익效益과 행복을 증진하기 위해서 노력한다. 마찬가지로 자신이 투입해야 하는 비용보다 행복의 증가분이 커야만 그 행동이 옳다고 생각해서 추진할 수 있다.

공부도 따지고 보면 미래에 대한 투자라 할 수 있다. 그런데 공부를 할 때 첫 번째 투자비용은 불합격에 대한 위험이다. 분명 공부는 시간과 돈이 많이 들어가는 일임에 틀림없다. 공부를 하려면 생활비, 학원비, 책값, 독서실비 등 다양한 비용이 들어가는 것은 물론 황금 같은 시간도 소비하게 된다. 그래서 결코 투자비용이 작다고 할 수 없는 것이 공부다.

사람들은 누구나 공부를 잘해서 원하는 시험에 합격하고, 원하는 직업을 얻고, 또 원하는 기업이나 기관에서 일하고 싶어 한다. 하지만 현실적으로 합격의 문은 그리 넓지 않다. 많은 지원자와 경쟁해서 시험을 통과해야 하기 때문에 합격 가능성과 공부에 투자되는 비용을 비교해서 합격 가능성이 비용을 상쇄하고도 남을 정도가 되어야 확실하게 공부에 올인할 수 있다. 그렇지 않다면 공부를 하면서도 항상 오늘 하루 내가 공부를 하면서 포기해야 하는 다양한 기회가 떠올라 잠을 이루지 못할 수도 있다.

우리가 100세까지 산다고 가정하면 인생 전체를 통틀어 소득을 창출하고 행복을 증진하기 위해 투자를 해야 한다. 그런데 투자수익이 작거나 투자수익이 실현될 가능성이 낮다면 그 비용은 고스란히 나의 손해로 돌아온다. 이런 상황에서는 불안해서 투자를 할 수 없다. 공부도 마찬가지로 투자한 만큼 확실히 합격할 수 있어야 할 뿐만 아니라 합격을 통해서 미래에 대한 확신이 서야 한다.

이 때문에 우리는 공부를 시작하기 전 공부에 들어가는 비용과 합격 가능성을 따져 보고 신중하게 결정해야 하는 것이다. 다만 이것은 확실하다. 젊을 때는 공부만큼 확실하게 소득 창출 기회를 넓혀주는 수단이 별로 없다는 것이다. 그러나 시험에 합격할 확률을 높이는 것은 개인의 몫이다. 그래서 확실히 시험에 합격하는 전략을 세우고 그것에 대한 확신이 서야 공부를 할 수 있는 것이다.

> "나무를 많이 베려거든 나무를 베는 것보다
> 도끼를 가는 데 시간을 많이 사용하라"

링컨은 역사상 가장 위대한 미국 대통령으로 알려진 인물이다. 링컨이 남긴 이야기 가운데 "나무를 벨 때 내게 10시간을 준다면 도끼를 가는 데 5시간을 사용하겠다"는 말이 있다. 즉, 어떤 일을 성공적으로 수행하려면 준비하고 방법을 찾는 데 공을 들여야 한다는 말이다.

 공부를 잘하고 싶고 시험에 합격해서 원하는 삶을 살고 싶은데 공부하는 방법과 준비를 게을리해서는 그 목표를 달성할 수 없다. 공부도 상당한 기술과 요령, 준비가 필요한 작업이다. 그런데 이러한 기술과 요령을 익히지도 않고 준비도 철저히 하지 않은 채 시작한다면 정말 무책임한 행동이다. 아니, 차라리 공부보다는 조금 더 현실적인 일을 구상하는 편이 나을 것이다.

앞에서 공부도 일종의 투자이고, 투자수익을 비용보다 높여야 공부에 오롯이 집중할 수 있으며, 그 방법은 철저하게 공부법을 점검하고 준비한 뒤 공부에 올인하는 것이라고 소개했다. 일단 충분히 고민하고 철저히 준비해서 도전했다면 절대 포기해서는 안 된다. 중간에 포기하면 죽도 밥도 안 된다. 포기하는 순간 그동안 투자한 시간과 비용은 모두 매몰비용이 되어버린다. 즉, 아무것도 회수할 수 없다는 말이다.

이 책에서 소개하는 방법이 여러분에게 일종의 길잡이가 되어 제대로 '준비'할 수 있게 도울 수 있기를 바란다. 또한 공부에 투자하는 비용은 낮추고 수익은 극대화하는 역할을 할 수 있다면 더할 나위 없겠다.

열등생에서
최우등생으로

공부만 해야겠다는 결심 자체도 중요하지만, 결심보다 더 중요한 것은 그것을 어떻게든 지키는 일이다. 그리고 그것을 지키기만 하면 뭐라도 건질 수 있다. 비록 시험에 합격하지 못한다 해도 그 지식이 어디 가지 않는다. 다음에 다시 도전하면 된다. 이런 생각으로 계속 노력하면 언젠가는 합격하게 돼 있다.

지금이라도
결심하면 된다

"3개월 동안 공부만 한다고 해서 손해 볼 거 없지"

내가 처음으로 공부다운 공부를 시작한 것은 2004년 12월이다. 춥디추운 겨울날 나는 처음으로 나 자신과 마주했다. 나는 방문을 걸어 잠그고 거의 두 달 동안 밖에 나가지 않았다. 솔직히 말하면 마땅히 할 게 없어서 공부를 시작했다. 왜? 내 꿈이 사라져버렸기 때문이다. 누군가가 내게 지금까지 살아오면서 가장 힘들었던 때가 언제냐고 물어본다면 고등학교 3학년 올라가기 전 그 겨울이라고 답할 것이다.

내 꿈은 원래 벤처사업가, 그것도 청소년 벤처사업가였다. 나는 초등학교 때부터 준비를 해서 고등학교에 입학하자 창업을 했다. 꿈에 부풀어서 공부는 일찌감치 접었다. 그냥 스스로의 힘으로 서고 싶었다. 공부를 하려면 돈이 들어간다고 생각하고 공부는 마음속에서 지웠다. 빨리 돈을 벌고 싶었다.

그런데 어릴 때부터 준비했던 그 사업을 고등학교 2학년 말에 접을 수밖에 없었다. 인간관계 미숙, 판로개척 실패, 기술력 실패, 미성년자라는 한계 등이 요인으로 작용해 실패하고 만 것이다. 그때 이야기를 하자면 할 말이 많지만 남 탓을 하고 싶지는 않다. 그냥 내가 부족해서 실패했다고 보는 것이 정확하다.

당시 내가 창업한 회사는 데모닉스라는 회사였는데, 나는 그전에도 쇼핑몰과 홈페이지 제작업체를 시작했다가 폐업한 적이 있었다. 그래서 충격이 좀 덜할 것이라고 생각했는데, 데모닉스는 처음으로 여러 명을 거느리고 시작한 사업이었기 때문에 실패의 충격에서 두 달이나 헤어나지 못했다.

충격에 빠져 있던 나는 마지막 지푸라기라도 잡는 심정으로 홀로서기를 시작했다. 다른 방식으로 성공을 해야 했다. 아니, 정확히 말해 먹고살 준비를 제대로 해야만 했다. 그렇게 열여덟 살에 처음 시도해본 공부는 두렵기까지 했다.

벤처창업의 실패로 공부를 시작했기 때문에 나는 그 실패에 감사하면서 살고 있다. 간절함이 컸기 때문에 나는 막연한 두려움을 떨치고 공부를 시작해야겠다고 결단할 수 있었다. 일단 딱 3개월만 해보자는 생각으로 방문을 걸어 잠그고 정말 공부만 해봤다. 나는 IT국제자격증 공부를 선택했고, 3개월 만에 10개를 취득했다. 이 자격증에 대해서는 이런저런 이야기가 많지만 그 당시 시스코사의 CCNA 시험은 고등학생이 따기에 결코 쉬운 자격증이 아니었다. 그것도 1개월 만에 말이다. 나는 그때 자신감의 위력을 경험했다. 일단 3개월 동안 해보니 처음 걱정했던 것보다 공부가 할 만하다는 생각이 들었고, 성취를 맛보고 나니 재미도 있었다.

"결심보다 더 중요한 것은 그것을 지키는 것"

공부만 해야겠다는 결심 자체도 중요하지만, 결심보다 더 중요한 것은 그것을 어떻게든 지키는 일이다. 그리고 그것을 지키기만 하면 뭐라도 건질 수 있다. 비록 시험에 합격하지 못한다 해도 그 지식이 어디 가지 않는다. 다음에 다시 도전하면 된다. 이런 생각으로 계속 노력하면 언젠가는 합격하게 돼 있다.

어찌 보면 스스로 약속하는 것 자체는 쉽다. 그런데 그 약속을 지키기는 생각보다 쉽지 않다. 웬만한 독기 없이는 일정 기간 공부만 하며 지내기가 힘들기 때문이다. 그런데 마음을 강하게 먹고 3개월 동안 TV, 게임, 친구들, 여행 등을 모두 포기한 채 공부만 했더니 정말 성과가 났다. 그렇게 자신과의 약속을 지켜내는 맛을 일단 알고 나니 다시 그것을 지켜내는 것은 그리 어렵지 않았다.

나는 이 3개월간의 경험을 바탕으로 이후 고등학교를 마칠 때까지 공부만 했다. 정말 하루도 놀지 않고 공부만 했냐고? 그렇다. 놀고 싶은 유혹보다 공부를 통해 얻게 될 성공이 더 매력적이고 간절해서 인터넷, TV, 게임, 소풍 등 다양한 유혹을 포기할 수 있었다. 공부를 하고 있으면 성공한 사람이 될 것이라는 확신이 들기도 했다.

공부를 하지 않았을 때의 불안감과 위기감도 다양한 유혹을 이겨내게 한 힘이었다. 지금 공부를 하지 않으면 당장은 편하고 즐거울 수 있겠지만 내일 더 큰 불안감이 나를 지배할 것만 같았다. 하루만 더 참으면 공부량을 채울 수 있고, 적어도 밥벌이는 하는 사람이 될 거라고 생각했다. 이렇게 매일 "하루만 더!"를 외치며 버티다보니 어느새 일 년이 지나 있었다.

공부만 하는 생활이 한두 달쯤 지났을 때는 아직 내가 잘하고 있는지 확신할 수 없었고, 모의시험을 봐도 점수가 크게 오르지는 않았다. 그런데 6개월 정도가 지나니 정말 놀라운 변화가 일어났다. 점수도 수직상승하고 습관이 붙어 공부에 재미를 느낄 정도가 된 것이다. 게임을 계속하는 사람을 게임중독자라고 하는데, 사실 공부도 계속하면 게임처럼 중독이 된다. 그리고 당연히 계속하면 할수록 잘하게 된다.

처음을 잘 버티는 것이 중요하다. 지금까지 공부를 잘 못했다면 6개월을 목표로 한번 버텨보자.

011

나는 수능 6등급의
열등생이었다

나는 원래 공부를 잘하던 사람이 아니다. 아니, 오히려 공부를 너무나 못하는 사람이었다. 초등학교 4학년이 될 때까지 구구단을 완전히 암기하지 못해 혼나기도 했고, 중학교 때는 컴퓨터에 빠져 성적이 바닥을 기었다. 자원해서 실업계 고등학교로 진학한 뒤에도 공부는 거의 안 하고 벤처사업에만 몰두했다. 그 결과 고등학교 3학년 때 처음 치른 수능 전국 모의고사에서 평균 6등급을 기록했다. 공부로만 따지면 전국 하위권 수준이었는데, 여기에는 그 나름의 사정이 있었다. 이에 대해서는 차차 밝히겠다.

어쨌든 공부에는 소질이 없다고 생각하며 공부를 지지리도 못하던 내게 하나의 사건이 발생했고, 그로 인해 나는 지금 '고시의 제왕', '공부천재'라는 타이틀을 달게 되었다. 그 사건은 바로 내가 창업한 벤처기업에서 쫓겨난 일이다. 즉, 사업에서 실패를 겪었다는 말이다. 한 가지 다행스러운 점은 그 실패를 열여덟 살이라는 어린 나이에 겪었다는 것이다.

사실 초등학교에 다닐 때부터 사업이 하고 싶었다. 집안 형편이 어려웠기 때문에 경제적으로 일찍 독립해서 안정을 찾고 싶었던 것이다. 피자가게 전단지 붙이기 아르바이트부터 시작해서 잡다한 일들을 정말 많이 해봤다. 그리고 내린 결론은 빨리 사장님이 되어야겠다는 것이었다. 그래서 선린인터넷고등학교에 진학한 뒤 그동안 준비한 사업에 도전했는데, 채 3년도 되기 전에 폐업하는 신세가 되고 말았다.

그런 상황에서 고등학교 2학년을 마치고 겨울방학이 되었다. 나는 너무 막막했다. 그전까지 나는 '16세 벤처사업가'라고 사람들에게 주목도 받고 언론에도 보도되었으며, 중소기업청에서 사업자금 지원도 받아서 이것으로 엄청나게 성공할 줄 알았다. 그런데 갑자기 실패를 겪으니 우울증까지 생기고 인생의 밑바닥으로 내동댕이쳐진 느낌이었다.

여기에서 무너지면 죽을 것 같았고, 이대로 죽기엔 너무 아깝다는 생각이 들었다. 나는 그동안 쌓은 컴퓨터 기술로 밥은 먹고살아야겠다고 마음먹었다. 취업을 하려면 자격증이 필요하고 미국 자격증을 따면 유학도 갈 수 있다는 말을 친구에게서 들었다. 그 당시 우리 학교에는 '미국 IT유학반'이 있었는데, 변수민이라는 친구와 유학반 친구들이 IT국제자격증에 대한 정보를 알려주었다.

나는 겨울방학 3개월 동안 내 분야의 자격증을 되도록 많이 따야겠다고 마음먹었다. 이때 CCNA부터 공부를 시작하려고 했는데, 학원 수강비도 없고 시간도 너무 부족해서 막막했다. 일단 필기시험과 실기시험에 대한 기본서를 사려고 서점에 갔더니 모두 합쳐서 1,500페이지가 넘었다. 덜컥 겁이 났지만 이대로 포기할 수는 없었다.

친구에게 부탁해서 문제집의 기출문제와 예제, 해답을 복사했다. 필기는 1,000문제 정도였고 실기는 문제풀이 동영상 CD를 구할 수 있었다. 시험 날짜를 선택할 수 있어서 연습 삼아 2주 후에 보는 시험을 등록했다. 그런 다음 내 방의 침대를 없애고 책상과 의자를 뺀 다음 책상 밑 공간에 스탠드를 가져다놓아 이불을 깔고 엎드려서 공부할 수 있게 꾸몄다.

'딱 2주만 방에서 나가지 말고 이 문제들을 암기해서 시험장에 가자. 기본서도 안 보고 학원도 안 다녔는데 당연히 떨어지겠지. 그래도 잃을 건 없어.'

문제에 답을 미리 체크해두고 답을 10번씩 읽고 문제를 보면서 이해가 되지 않아도 계속 읽었다. CD를 틀어 실습 동영상을 아주 짧은 시간에 수십 번 반복했다. 그렇게 하니 밥을 먹으러 잠깐 방 밖으로 나올 때도 방금 본 100문제 정도가 머릿속에서 속삭이듯 떠올랐다. 반복을 하니 놀랍게도 이해가 되는 듯했다.

이런 식으로 2주 동안 문제와 답만 반복하고 시험장에 갔다. 그런데 기적이 일어났다. 1년 동안 공부한 친구는 떨어져서 재시험을 봤는데, 2주밖에 공부를 안 한 나는 990점 만점에 986점으로 합격한 것이다. 딱 시험에 나올 개념과 문제들만 미친 듯이 반복한 결과였다.

이후 다른 시험을 치르면서도 비슷한 방법과 생활패턴을 만들어 시행착오를 겪으면서 남들과 다른 내 방식의 공부법을 체득해 나갔다. 그리고 수많은 도전을 통해서 나는 '연세대학교 경제학과 상위 1% 최우등 졸업', '공인회계사 3학년 재학 중 합격', '전문직 5관왕', '1년 만에 금융자격증 12개 취득' 등 전에는 생각조차 할 수 없던 결과를 이뤄냈다.

나와는 달리 중·고등학교 때 모범생이었던 친구들 가운데는 대학에 입학하고 나서부터 성적이 하락세를 보이는 경우가 있었다. 이 친구들의 공통점은 학창시절 굴곡이 없었고 남들이 하는 대로 착실하게, 시키는 것 위주로 잘해왔다는 것이다. 반면 나는 밑바닥을 경험했고, 절박한 시점에서 어차피 잃을 게 없다는 생각으로 남다른 시도를 해왔다.

이 글을 읽는 분들은 아마 공부에서 새로운 도전이나 전환이 필요한 시점에 있을 것이다. 아니면 합격을 경험하고 싶다는 절박감을 느끼고 있을 것이다. 어쩌면 내 이야기에 거부감이 들 수도 있다. 왜냐하면 일반 선생님들이 하는 이야기와는 조금 다를 것이기 때문이다. 내가 썼던 방법이 마음에 들지 않는다면 자신에게 맞는 방법을 취하면 된다. 또한 그전까지 잘못된 방법을 써왔다면 내 이야기를 통해서 개선하는 계기로 삼았으면 좋겠다.

012

인생의 쓴맛을 본 사람은
뭔가 다르다

달동네에서 불우한 어린 시절을 보내다

나는 초등학교 2학년 때까지 구로구 고척동에 살았다. 집 바로 앞에 구치소가 있었다. 범죄자들이 탈옥할까봐 보초를 서는 탑이 있었고, 매일 아침저녁으로 나팔소리가 울려 퍼졌다. 철조망 뒤로는 노역을 하거나 운동을 하는 죄수들이 보였다. 나는 어린 마음에 구치소를 지나갈 때마다 겁이 나서 뒤도 안 돌아보고 막 뛰어가곤 했다.

집과 가까운 곳에는 구로공단도 있었다. 아버지는 그곳에서 건설회사에 펌프를 납품하는 사업을 하셨다. 유치원에 다닐 때 아버지 사업장에 놀러 가면 신기한 펌프들을 만지면서 놀 수 있어서 좋았다. 여섯 살 어린 여동생이 태어난 뒤로는 내가 여동생을 지켜야 한다는 생각에 매일 데리고 다녔다. 어린애가 혹시라도 길을 잃을까봐 방울을 달아주고 보호자 역할을 자처했던 기억이 난다.

구로구 고척동은 그리 잘사는 동네가 아니었다. 친구들은 대부분 산중턱에 지은 주택에서 살았고, 나는 그나마 작은 아파트에 살았기 때문에 친구들의 눈에는 우리 집이 부자처럼 보였을 것이다. 나는 사업을 하는 아버지가 자랑스러웠고, 나도 커서 사업가가 되어야겠다고 생각했다.

나는 어릴 때부터 콜라와 빵을 좋아했다. 매일 텔레비전 앞에 누워서 과자와 빵을 먹거나 탄산음료를 쉬지 않고 먹다보니 아토피 같은 피부병도 생겼다. 지금은 영어유치원도 있고 학원도 다양해서 다니는 아이들이 많지만, 내가 어릴 때만 해도 그런 것은 상상하기 어려웠다. 우리 동네는 공부하는 친구가 있으면 이해하지 못하는 분위기였다. 나는 하루 종일 옆집 사는 친구와 딱지치기를 하며 놀았고, 누워서 뒹굴뒹굴하며 빵을 먹었다.

그러던 어느 날, 갑자기 아버지의 사업이 부도가 났다며 어머니가 우시는 것을 보았다. 어머니는 빚쟁이가 쫓아올 수도 있으니 숨어 다니라고 나에게 신신당부하셨다. 그때 나는 초등학교 2학년이었다.

며칠 뒤 우리 집 집기와 비품에 압류딱지가 붙기 시작했다. 뉴스에서는 IMF 국가부도위기라고 매일 떠들어댔다. 나는 매일 밤 부모님이 싸우고 울고 힘들어하는 것을 지켜보며 불안에 떨었다. 우리 가족은 집을 비워야 했고 거리로 나앉을 형편이 되었다. 얼마 뒤 서울에서 반대편 끝자락인 노원구 상계동의 외할머니 댁으로 이사를 갔고, 방 하나짜리 작은 집 거실에서 다섯 명이 함께 생활해야 했다.

이후 정말 가난한 생활이 이어졌다. 나는 공부를 할 여유가 없다고 생각했다. 마음 같아서는 당장 학교를 그만두고 생업에 뛰어들고 싶었다. 부모님에게 조금이나마 보탬이 되기 위해 전단지 붙이기 아르바이트를 하기도 했다. 동네 피자가게에서 아이들을 시켜 전단지를 붙인다고 해서 찾아갔더니 전단지 한 장당 10원을 준다고 했다. 나는 하루 2만 원을 벌기 위해 방과 후 전단지 2천 장을 가방 한가득 받아와 아파트 단지를 돌아다녔다. 경비아저씨에게 들켜 쫓겨나거나 주민신고를 당할 때는 정말 서러웠지만 몇 푼이라도 내 힘으로 벌고 싶어서 한동안 그 일을 계속했다.

고도비만으로 정신병에 시달리다

상계동으로 이사하고 난 뒤 나는 스스로 참 불행하다고 생각했다. 학교가 끝나 집에 돌아오면서 혹시라도 빚쟁이가 올까봐 숨어 다니기도 했다. 당연히 학교생활도 순탄치 않았다. 나는 그 스트레스를 먹는 것으로 풀기 시작했다. 매일 화가 나거나 불안할 때면 콜라 1.5리터를 들이켜면서 마음을 달래곤 했다.

방과 후 아르바이트를 하지 않으면 집에 와서는 아예 누워 지냈다. 그러다보니 살이 마구 쪄서 초등학교 4학년 즈음 몸무게가 90킬로그램을 넘어버렸다. 불안증세도 심해져서 매일 밤 몽유병 환자처럼 돌아다니거나 소리를 지르거나 화장실에서 구토를 하기도 했다. 하루하루 사는 게 정말 지겨웠다.

학교에서도 괴롭기는 마찬가지였다. 공부를 못하는 내게 선생님이 관심을 보일 리 없었다. 나는 맨 뒷자리에 앉아 인생을 한탄하거나 다른 생각만 했다.

그러다가 스쿠터를 훔쳐서 타거나 온갖 지저분한 행동을 하고 다니는 불량학생들과 어울리게 되었다. 내가 덩치가 크고 몸무게도 성인보다 더 나가다보니 다른 학교 학생들과 패싸움을 할 때면 아이들이 나를 앞에 내세웠다. 내게는 '슈퍼뚱땡이', '골리앗'이라는 별명이 붙었다. 그래도 덩치가 큰 덕분에 싸움에 자신감이 붙은 나는 불량학생들과 어울려 다니는 것 외에는 별 재미를 느끼지 못했다.

그러던 어느 날 두통이 너무 심해지고 밤마다 수면 중 호흡곤란이 와서 병원에 갔다가 충격적인 이야기를 들었다. 내가 고도비만인 데다 우울증에 시달리고 있다는 것이었다. 살을 빼지 않으면 수면 중 무호흡 상태로 죽을 수도 있다는 말까지 들었다. 이때 정신과 치료를 병행하라고 해서 정신병원에 갔는데 상담치료비가 너무 비쌌다. 나는 운동을 열심히 하겠다고 하고 자가치료를 하기로 결심했다.

성적은 거의 꼴찌인 데다 고도비만으로 운동도 못하는 내가 반 친구들 사이에서 놀림감이 된 것은 당연했다. '이렇게 살아서 뭐 하나' 하는 생각에 가끔 죽고 싶다는 충동마저 일었다. 끔찍한 나날이었다.

013

세상에서 가장
쉬운 것이 공부다

나는 지금도 먹고사는 문제를 고민하며 치열하게 일하는 것보다
는 공부할 때가 좋았다는 생각을 많이 한다. 돈을 바짝 모아서 공
부만 하던 시절에는 시험 합격이라는 한 가지만 신경 쓰면 되었다.
그런데 경제활동을 하다보면 너무나도 많은 불확실성 속에서 일을
해내야 하고, 다양한 사람들과의 갈등을 해결하는 것 자체가 스트
레스다.

　나는 어릴 때부터 아르바이트란 아르바이트는 다 해봤다. 전단
지 붙이기부터 시작해서 서빙과 신문배달도 해보았고, 덩치가 크
고 힘이 세다보니 물류센터에서 짐 나르는 일도 했다. 초등학교에
올라가서는 조금 발전해 홈페이지 제작 아르바이트를 했고, 중학
교 때는 옥션이라는 쇼핑몰에서 장사도 해봤다. 그렇게 어릴 때부
터 산전수전을 겪으면서 나는 공부가 가장 쉽다는 것을 뒤늦게 깨
달았다.

초등학교 시절 – 생계형 사업구상, 그리고 좌절

초등학교 5학년 때 나는 새로운 세계를 경험했다. 바로 학교에서 실시한 컴퓨터 수업이다. 486 컴퓨터가 가정에 보급되던 그 시절에 처음으로 컴퓨터에 대해서 배웠고, 그 무렵 집 앞에 PC방도 생겼다. 물론 초등학교 2학년 때 달동네 사는 친구가 286 컴퓨터를 구해서 게임하는 것을 본 적은 있지만, 그때는 컴퓨터가 도스라는 운영체제로 돌아갔고 검은 바탕에 글씨밖에 없었다.

이후 초등학교 고학년 무렵에 처음으로 인터넷이라는 것을 알게 되었고 홈페이지를 직접 만드는 실습도 해봤다. 정말 신세계였다. 당시에는 윈도 97을 사용했는데, HTML코딩과 베이직을 방과 후 학교에서 배웠다. 나는 컴퓨터에 빠져 매일 컴퓨터 생각만 했고, 그러다 어머니를 졸라서 중고 컴퓨터를 한 대 구입했다. 그 뒤로 학교에서는 컴퓨터 책을 보고, 집에서는 홈페이지도 만들고 프로그래밍 연습도 했다.

그렇게 컴퓨터 공부를 유난히 열심히 하다보니 자연스레 학교 컴퓨터 선생님과 친해졌다. 선생님은 나를 집으로 데려가 웹 프로그래밍과 인터넷 게시판 만드는 법 등을 가르쳐주었다. 나는 선생님이 가르쳐주는 대로 밤을 새워가며 나만의 작품을 만들어 나갔다.

그 당시 텔레비전에서는 빌 게이츠의 성공신화가 자주 나왔고, '이찬진 컴퓨터교실'과 '안철수 백신연구소' 등이 생겨나고 있었다. 나는 컴퓨터 사업을 하면 부자가 될 수 있겠다고 생각했다. 비로소

'꿈'이라는 것이 생긴 것이다.

배우는 김에 컴퓨터 프로그래밍과 홈페이지 제작으로 돈도 벌고 싶어 아르바이트를 찾아다녔다. 하지만 홈페이지 제작을 의뢰하는 사람이 별로 없어서 전단지를 만들어 뿌려보기로 했다. 나는 "홈페이지를 단돈 40만 원에 제작합니다"라고 적힌 전단지를 만들어 상가와 가게에 뿌리고 다녔다.

그렇게 영업을 하고 다니니 신기하게도 횟집과 학원 몇 군데에서 연락이 왔다. 그래서 포토샵까지 공부해 기본적인 포맷을 만들고 게시판과 방명록까지 제작해 홈페이지를 만들어주고 돈을 받았다. 그 뒤 드림위즈, 한미르 등 인터넷 무료계정을 제공하는 포털사이트를 통해 쉽게 홈페이지 제작 아르바이트를 하다보니 더 큰 목표가 생겼다. 내 기억으로는 그 당시 500만 원 정도를 모았던 것 같다. 나는 그 돈으로 서버를 구입하고 웹서버 구축까지 공부하기로 했다.

초등학교를 졸업할 때 즈음 나는 홈페이지 제작, 컴퓨터그래픽, 웹 프로그래밍 분야에서 취업을 할 만큼의 수준에 올랐다. 또 인터넷 커뮤니티를 통해 내 작품과 포트폴리오 실적이 알려지면서 유명세도 탔다. 나는 '꼬맹이 엔지니어'로 통했고, 나에게 일감을 주려는 사람들도 생겼다. 그래서 '이왕 하는 거 사업을 하자'는 생각에 돈을 벌 수 있는 방법을 연구하기 시작했다.

이미 공부는 뒷전이었다. 학교 성적은 바닥이었고, 심지어 수학은 시험지를 백지로 내서 영점을 받기도 했다. 게다가 고도비만이 갈수록 심해져 사람들을 대하는 데 자신감이 없었고, 친구들에게

왕따를 당하기도 했다. 언제 학교를 그만둘지 고민하던 정말 힘들고 억울한 나날이었다.

나는 어떻게든 이 상황에서 벗어나고 싶었다. 마치 끝이 보이지 않는 터널을 달리는 기분이었다. 지금도 그때를 생각하면 아무리 힘든 일도 쉽게 느껴질 정도다.

중학교 시절 – 가출과 사업자등록

중학교는 집에서 가까운 노원중학교로 배정받았다. 중학생이 되어서도 매일 컴퓨터 사업 궁리만 하며 지냈다. 먹고 앉아서 컴퓨터만 하다보니 살은 더 쪄서 몸무게가 이미 100킬로그램을 넘긴 상태였다. 하루는 맨 뒷자리에서 웹사이트 설계를 하고 있는데 내 무게를 견디지 못해 의자가 부서지고 말았다. 그야말로 충격적인 사건이었다.

나는 갈수록 학교생활이나 친구들과는 거리를 두었다. 그보다는 인터넷 쇼핑몰연합에 가입하고 정기모임에서 쇼핑몰 사장님들과 소통하며 노하우를 배웠다. 중학교 1학년 여름방학 때는 양재동 물류센터에 입주해 있던 365DC라는 업체에서 어떻게 물건을 조달하고, 어떻게 쇼핑몰을 통해서 판매하는지를 배웠다. 친구들이 학원에 가서 공부할 때 나는 물류센터에서 아르바이트를 하며 내 쇼핑몰을 차릴 계획을 세우고 있었다.

이렇게 노하우를 배운 뒤 옥션이라는 사이트를 통해 물건을 팔기 시작했고, 마케팅 방법에 대해서도 연구했다. 당시 인터넷 비즈니스 커뮤니티에도 가입하는 등 활동범위를 넓혀 나갔다.

나는 중학교 2학년 때부터 컴퓨터 사업을 할 거라고 학교에 이야기하고 다녔고, 그러다보니 같이 해보고 싶어 하는 친구를 만날 수 있었다. 이때 함께하기로 했던 친구가 이상호와 김성진이었다. 우리는 인터넷 쇼핑몰과 유통을 위한 웹호스팅 및 웹사이트 개발 업체를 만들기로 뜻을 모은 뒤 사업자등록을 내고 바로 사업계획을 세웠다. 사업은 방학 때 본격적으로 시작하기로 하고 인터넷 커뮤니티를 통해 청소년 창업멤버를 찾았다. 그러던 중 우리에게 사무실을 빌려주겠다는 곳이 나왔다. 부천시 원미구 벤처센터에 입주한 창공디자인이라는 업체였다.

방학이 되자 나는 가출을 결심했다. 성공한 사업가인 정주영 회장님도 젊을 때 가출해서 사업을 시작하지 않았던가. 나는 그동안 아르바이트로 모아둔 돈과 내 컴퓨터 세 대를 미리 사무실로 옮겨놓았다. 부모님께는 돈을 벌어오겠다는 쪽지를 남긴 채 가출을 감행했다. 벤처센터에는 수면실과 샤워실도 있었다. 옷은 매일 같은 옷을 입으면 되니 크게 신경 쓰지 않았다.

결국 나는 가출을 했고, 함께하기로 한 친구들은 재택근무를 했다. 나는 밤을 새워가며 쇼핑몰 시스템을 개발하고 고객도 찾아다녔다. 우연히 인터넷을 통해 알게 된 청소년 창업팀이 있었는데, 바로 고물북닷컴www.gomulbook.com의 창업멤버들이었다. 그 대표가 이부호라는 고등학생 형이었는데, 생각이 참 독특하고 참신했다.

"우린 10대에 사업을 일군다"

모든 헌책은 고물북으로 통한다

온라인 헌책방 '고물북(www.gomulbook.com)' 운영자는 고등학교 2년생 5명이다. 이부호(군포 수리고 2년) 군 등 5명의 팀원들은 지난 5월부터 공부를 하는 틈틈이 고물북 사업에도 매달려왔다. 고물북은 이번에 서울시립 문래청소년수련관(서울YMCA영등포지회)이 주관하고 문화관광부가 주최한 '청소년 벤처 모의 창업게임'에서 최우수상의 영예를 차지했다. 모의 창업게임이라고 하지만 참가한 청소년들의 사업은 만만치 않다.

고물북은 청소년들이 인터넷을 통해 서로 헌책을 교환하거나 필요한 책을 구입하는 헌책방 문화를 되살려보고자 기획된 사업이다. 판매 위주로 하는 기존의 온라인 헌책방과 달리 학교 시스템을 창안해 시간 없는 청소년들이 학교에서 같은 학교 학생끼리 책을 교환할 수 있도록 했다. 학생들을 위한 소설, 판타지, 만화, 교과서, 자습서 등이 준비되어 있고, 예약구매도 가능하며 책값은 책 원가의 50%를 넘지 않는다. 지난달부터 운영되기 시작해 이미 회원 150여 명을 확보했다.

– 〈한겨레신문〉 2002. 2. 10.

나는 이들과 창업을 하기로 결심했다. 그 아이템은 인터넷 헌책방이라는 가상의 공간으로 일종의 헌책 장터였다. 우리는 중간에 수수료를 받고 광고비를 받는 비즈니스모델을 설계했다.

　나와 친구들이 주로 웹사이트 디자인과 개발을 맡아서 했고, 부호 형과 다른 멤버들은 기획과 마케팅을 했다. 이렇게 웹사이트를 론칭한 뒤 매스컴도 탔다. 당시 '생방송 화제집중'이라는 텔레비전 프로그램에도 출연하면서 하루 만에 1만 명의 회원을 모집할 수 있었다. 성공이 눈앞에 있는 것 같았다.

　그 무렵 나는 중학교 3학년이 되었고, 고등학교에 갈 준비를 해야 했다. 고등학교에 가기 싫어 고민이 되었다. 결국 적당한 시점에 부모님께 중학교 자퇴라는 중대 발표를 할 생각이었다. 그런데 고3이 된 고물북닷컴 멤버 형들이 수능을 준비하겠다고 했다. 대학에 가서 새롭게 시작할 생각이었던 것이다. 결국 사업은 흐지부지되었고 나의 갈등은 깊어졌다.

고등학교 시절 - 이제 내 사업을 제대로 하자

나는 막연하게 내 사업을 하기 위해 학업을 그만둘 생각이었다. 그러던 중 나와 같이 고물북과 사업을 했던 친구가 선린인터넷고등학교에 대한 정보를 알려주었다. 특성화고 가운데 유일하게 벤처창업을 지원하는 학교라고 했다.

　나는 곧장 선린인터넷고등학교에 전화를 했다. 인터넷으로 검색을 해보니 전자상거래과에 가면 정말 창업을 할 수 있을 것 같았다. 이 고등학교에 가면 체계적으로 벤처창업을 배울 수 있다는 생각에 흥분이 되었다. 약속한 날짜에 학교 견학을 갔는데, 입학 기준이 되는 성적이 생각보다 높았다. 나는 성적이 별로 안 좋았기 때문에 어떻게 해야 할지 고민이 되었다. 그러다가 반드시 입학해야겠다는 생각으로 구상 중이던 사업계획서와 그동안의 작품들을 교장선생님께 보냈다. 운 좋게도 특별전형을 거쳐 컴퓨터 분야의 수상경력 등으로 입학의 기회가 열렸다.

나는 중학교 3학년 때 공부를 하는 대신 각종 홈페이지 경연대회, 프로그래밍 경연대회, 올림피아드 등에 출전해 수상실적을 쌓았다. 정말 잠도 자지 않고 이 일에 올인했다. 그것만이 당시의 상황을 바꿀 수 있는 유일한 길이라 생각했기 때문에 미친 사람처럼 쉬지 않고 달렸다. 그렇게 착실히 준비한 덕분에 나는 선린인터넷 고등학교에 진학해 벤처기업을 창업할 수 있었다.

창업을 하고 나서부터는 숨 막힐 정도로 빡빡한 생활의 연속이었다. 2시간 가까이 걸리는 통학길은 지옥 같았고, 학업과 사업을 병행하는 것도 만만치 않았다. 리스크를 감수하고 사업을 한다는 것은 정말 큰 부담이었다. 그것은 공부해서 시험에 합격해야 한다는 압박감과는 차원이 다른 문제였다.

014

꾸준함이 생명이다

수험생이 고통스러운 수험 과정을 지속하는 데는 크나큰 의지가 필요하다. 공부를 처음부터 좋아하는 사람은 거의 없다. 뭔가 자극이 되어 공부를 계속하는 것이다. 그런데 일시적으로 해서는 성과를 얻을 수 없다. 즉, 공부를 바짝 열심히 하고 쉬어서는 시험에 합격할 수 없다. 보통 공부를 열심히 하던 학생이 중간에 쉬거나 슬럼프에 빠지는 이유는 게을러지려는 습관 때문인 경우가 많다.

공부를 처음 시작했으면 엄청난 양을 한 번에 하려 하기보다는 꾸준히 쉬지 않고 하겠다고 생각하는 쪽이 합격에 유리하다. 많은 양을 한 번에 하다가는 반드시 과부하가 걸리게 돼 있다. 엄청난 의지로 이를 극복하고 절대량을 늘려서 지속할 수 있다면 좋겠지만, 처음부터 그랬다가는 무리일 수 있다.

꾸준히 하려면 일정 기간 단위로 공부할 분량을 할당하는 것이 좋다. 다만 매일 시간과 분 단위로 세세히 계획을 짜서 공부하면 실패한다는 것은 수많은 경험을 통해서 증명되었다. 수험생은 기계가 아니다. 인간의 속성상 꾸준히 공부를 하기 위해서는 일정량을 일정 기간에 끝내면서 이것이 재미있어야 한다. 공부하면서 가장 재미있을 때는 실력이 오르는 것을 느낄 때다. 수험생은 그 과정에서 보람을 느끼며, 합격에 대한 기대가 커질수록 그만큼 노력할 가능성도 커진다.

의미 없는 시간을 최소화하면서 공부를 꾸준히 하려면 일부러라도 부지런해질 필요가 있다. 아침에 남들보다 10분이라도 일찍 교실에 가서 공부를 한다거나 점심시간을 단축하고 짬을 내서 공부하는 등 게으름을 의도적으로 없애야 한다. 그렇게 하면 공부에 탄력이 붙고 노력하는 것 자체가 습관이 된다. 게을러질 틈이 없어지는 것이다.

재미있는 것은 나도 이렇게 해서 시험에 합격했는데, 시험에 합격하고 업무를 할 때도 이렇게 짬을 내서 리서치를 하고 더 잘하려고 노력한다는 것이다. 게으름이 없는 것이 일상화된 것이다. 이것이 습관이 되면 당장은 성과가 보이지 않더라도 1개월, 1년, 10년이 지나면서 그 효과는 어마어마해진다.

015

평범한 학생에겐
일탈이 필요하다

나는 평범한 학생이었다. 아니, 평범하다기보다는 열등한 편이었다고 하는 게 맞는 표현이다. 공부를 정말 못했을 뿐만 아니라 게으르고 뚱뚱한 '덕후'였으니 말이다. 누구나 자신의 습관과 성격을 바꾸는 데는 큰 저항을 겪게 되어 있다. 그러나 의식적으로라도 변화를 시도해야 한다. 작은 습관을 바꾸는 데서 시작하는 것도 효과가 있겠지만, 근본적으로 나 자신의 패러다임을 바꾸려면 큰 결단이 필요하다.

나는 중학교 방학 때 가출해서 사업에 대한 한을 풀어본 적이 있다. 집에서 2시간이 넘게 걸리는 부천시 벤처센터의 사무실을 무료로 사용할 기회를 얻어 집을 나갔고, 그곳에서 두 달 넘게 숙식을 하면서 홈페이지 제작 및 쇼핑몰 제작 사업을 했다. 그것이 나로서는 첫 일탈이었다. 공부를 위한 일탈은 아니었지만 그 덕분에 세상의 쓴맛을 보았다.

고등학교를 실업계로 선택한 것도 큰 일탈이었다. 당시에는 집에서 가까운 인문계 고등학교에 진학해 친구들과 학원에 다니면서 공부하는 것이 일반적이었다. 고3이 될 때까지 보습학원에 다니면서 수능공부를 하는 것이 주변 친구들의 전형적인 코스였다. 나는 그런 삶에서 탈피해 새벽에 등교해야 하는 고등학교에 진학했다. 그리고 세 번째 일탈은 벤처창업이었는데, 기대와는 달리 실패의 아픔을 겪고 끝났다.

세 번의 일탈을 통해서 나는 공부가 얼마나 필요한지를 확실히 깨달았다. 이후 체중을 40킬로그램이나 줄이고 삭발을 한 뒤 공부를 시작했다. 수능을 6등급에서 1등급으로 올리기까지 수백 권의 문제집을 풀었고, 손에 물집이 잡힐 정도로 쉬지 않고 공부를 했다. 일탈의 효과였을까. 뭐든 대충대충 하던 그전의 습관은 사라지고 나는 아주 옹골찬 사람이 되어 있었다. 잠을 줄이고 기계적으로 하루 16시간 이상을 공부해도 끄떡없는 정신력의 소유자가 된 것이다.

결국 이러한 변화가 씨앗이 되어 나는 최우등생이 되었다. 전문직 자격증도 5개나 취득했고, IT금융자격증도 모두 합쳐 30개를 취득하면서 대학도 상위 1%로 졸업했다. 변화가 필요한데 의지가 잘 생기지 않을 때는 이런 일탈과 실패의 경험이 새로운 일을 시작하는 동력이 되기도 한다.

016

우등생 DNA를
빨리 만드는 방법

생각해보면 열등생이었던 내가 공부를 잘하게 된 결정적 시작점은 의외로 단순하다. 성취 경험이 쌓이면서 공부에 재미를 느꼈고, 결국 그것이 누적돼 최상위권까지 갈 수 있었던 것이다. 여기서 성취 경험은 공부에 대한 것인데, 책 한 권을 스스로 끝냈을 때 이런 느낌이 생긴다. 이런 느낌이 반복되면 우등생 DNA가 생겨서 어딜 가나 성취를 위해 공부하는 학생으로 변하게 된다.

첫 시작은 어떤 종류의 책이어도 상관없다. 내 경우는 고등학교 때 영어 그림책 한 권을 내 힘으로 끝낸 것이 공부 DNA 만들기의 시작이었다. 이때 전제조건은 절대로 타인의 강요나 학원과 같은 외부의 도움을 받지 않고 스스로의 필요에 따른 것이어야 한다는 점이다. 남이 시켜서 하면 시키는 사람이 없을 때 공부 지속력이 급격히 떨어지며, 타인의 도움을 받아서 하다보면 혼자서는 어떻게 공부해야 할지 모르는 바보가 되기 때문이다.

우등생이 되고 싶다면 최대한 빠른 시일 안에 끝낼 수 있는 책을 한 권 구하자. 그리고 밑줄을 그어가며 끝까지 한 번 읽고, 다 끝냈을 때의 기분을 책에 메모하거나 일기장에 적어두는 것도 좋다. 이렇게 기록을 해두어야 나중에 몇 권을 보고, 얼마나 공부했는지 뒤돌아보면서 보람도 느끼고 스스로 동기부여도 할 수 있다.

이렇게 스스로 한 권을 완전히 끝냈다면, 다음에는 준비 중인 시험의 수험서 가운데 가장 얇은 문제집(기출문제집이 가장 좋다)을 사서 처음부터 끝까지 이해가 되지 않더라도 밑줄을 그어가면서 다 풀어보자. 풀리지 않아도 상관없다. 해설을 읽으면서 대략적으로 이해만이라도 하고 넘어가면 된다. 이렇게 문제집 한 권을 끝내고 난 뒤 과목별로 이 작업을 한 바퀴 돌린다. 아마 다 끝내고 나면 5권 이상의 문제집을 끝낸 스스로에게 놀라게 될 것이다. 나도 그랬다.

이렇게 한 권, 두 권 쌓이다보면 수십 권을 순식간에 훑듯이 풀어볼 수 있다. 이때 '나도 합격할 수 있겠구나' 하는 느낌이 들기 시작한다. 자신감이 점점 상승하는 것도 느껴질 것이다. 이런 상태에서 이미 본 문제집을 회독수를 늘려가며 반복하면 내용이 점점 내 것이 된다. 이렇게 공부하는 습관을 들여놓으면 어떤 공부도 두려움 없이 시작할 수 있다. 어떤 공부를 해도 잘할 수 있는 우등생 DNA가 만들어져 있기 때문이다.

017

가장 효과가 좋은 과목부터
마스터하자

공부에도 우선순위가 있다. 나도 "무슨 과목부터 시작해야 하느냐" 는 질문을 정말 많이 받았다. 내가 '합격의 신'처럼 알려지면서 블로그나 이메일로 아직도 물어오는데, 나는 준비하는 시험에서 가장 중요한 과목부터 시작하라고 권한다. 암기과목부터 시작했다가 시험에서 오랫동안 합격하지 못했던 나의 경험에서 나오는 권유다.

보통 수능의 경우는 '수학〉영어〉국어'일 텐데, 사람마다 강약이 다르기 때문에 이 순서는 다를 수도 있다. 회계사 시험의 경우에는 회계학이 1차 시험과 2차 시험 통틀어 배점이 가장 크고 다른 과목에 대한 영향력이 막강하므로 그것부터 시작해야 한다. 변호사 시험의 경우에는 민법이 가장 양도 많고 영향력이 큰 과목이므로 민법부터 공부하는 것이 답이다. 또한 공무원 시험에서는 공통과목인 국어, 영어, 한국사 등에서 고득점이 나와야 수월하게 합격할 수 있으니 이런 과목부터 제대로 마스터해야 한다.

모든 시험에는 중요한 과목과 덜 중요한 과목이 있다. 모든 과목에 같은 강도로 접근하면 과목 간의 시너지 효과도 누리지 못할 뿐만 아니라 1, 2차 시험으로 나뉘어 있는 시험의 경우 1차 시험을 붙고 2차 시험 합격에는 오래 걸리는 최악의 상황에 처하게 된다. 내가 많은 시험에서 동차 합격을 할 수 있었던 비결 가운데 하나도 가장 핵심적이고 투입 대비 효과가 좋은 과목부터 마스터했기 때문이 아닐까 생각한다.

018

뛰어난 경쟁자가 많은
환경으로 들어가기

나는 수험생활을 새로 시작할 때마다 나보다 그 공부를 잘하는 사람들이 있는 곳으로 들어갔다. 경쟁의식 없이는 열심히 공부할 동기를 유지하기 어렵다는 것을 알기 때문에 일부러 경쟁자들이 많이 모이는 곳에서 공부한 것이다. 나는 같이 공부하는 사람들이 나보다 똑똑하고 아는 게 많다고 느껴야 그들을 따라잡기 위해 몇 배나 더 노력하게 된다고 믿었다.

대학에 입학해서 처음 공인회계사 시험에 도전했을 때 정보도 얻을 겸 경쟁자들도 많은 고시반에 지원했는데 1학년이라고 받아주지 않았다. 어찌 보면 고시반은 초짜인 내가 들어갈 곳은 아니었던 것 같다.

그래서 도서관에서 스터디그룹을 모집해 장수생 형들과 함께 공부할 기회를 만들었다. 그리고 그 형들보다 잘하려고 노력한 덕분에 내 실력은 빠르게 상승했다. '열심히 하지 않으면 도태된다'는 마음가짐은 내가 공부를 지속하는 데 큰 원동력이 되었다.

이와 같이 경쟁적인 환경은 공부에 중요한 영향을 미친다. 요즘 명문대에 가려면 외고나 과학고, 자립형 사립고 등 명문고에 가야 한다고들 말한다. 실제로도 일반 고등학교에 비해 그런 고등학교에서 상위권 대학에 보내는 비율이 월등히 높다. 왜 그럴까? 명문 고등학교 선생님들의 실력이 뛰어나기 때문일까, 아니면 커리큘럼이 특별하기 때문일까?

물론 그럴 수도 있지만, 내가 생각하기에는 뛰어난 학생들 사이에서 경쟁하는 환경의 영향이 크다고 본다. 명문 고등학교에서는 우수한 학생들이 모여서 경쟁을 하기 때문에 스스로에 대한 기대치도 더욱 높아지게 마련인 것이다.

감정평가사 시험을 준비하며 스터디를 할 때도 가능하면 나보다 공부 경험이 많고 배울 점이 있는 수험생들을 한 명 이상 포함시켰고, 일주일에 한 번 정도는 경쟁하는 분위기를 조성했다. 나보다 지식이 많거나 수험 경험이 많은 사람들과 문제를 풀고 답안지를 비교하다보면 자연스레 자극을 받아 더 열심히 해야겠다는 다짐을 하곤 했다.

학원 모의고사반도 경쟁적인 환경을 만들기에 좋은 수단이었다. 나는 매주 모의고사반에서 모의고사를 풀고 등수를 확인하면서 조금이라도 등수를 올리기 위해 엄청나게 노력했다. 이렇게 지속적으로 스스로를 자극하니 자연스럽게 고된 일과와 공부를 마치고 잠들기 전에도 어떻게 하면 성적을 올릴 수 있을지 고민하게 되었다.

경쟁적인 환경에서 나보다 실력이 뛰어난 사람들과 스스로를 비교하고 그들과 노하우를 공유하면 더 좋은 수단과 방법을 강구하게 돼 있다. 그러다보면 누가 시키지 않아도 공부는 저절로 하게 마련이다.

019

수동적 공부를 넘어서

경제학과 4학년 때, 이왕이면 내가 공부하는 분야에서 최고가 되고 싶다는 생각이 들었다. 현실에 적용할 수 있는 실력을 쌓고 싶었고, 전공에 대해서는 누구보다 자신감 있는 졸업생이 되고 싶었다.

그래서 일부러 대학원 진학자들을 위한 고급 과목을 들었다. 수업은 노벨 경제학자들의 논문 및 학계에서 영향력을 인정받은 논문들로 진행되었고, 수학적으로 엄밀하고 이해하기 힘들 만큼 어려운 수식으로 가득했다. 교수님이 과제로 문제를 내면 학생들은 어떻게든 답을 제출해서 평가를 받아야 했다.

나는 풀리지 않는 과제를 어떻게든 풀어내기 위해 도서관에서 논문을 찾는 데 대부분의 시간을 들였고, 이때 연습장에 문제를 10번은 넘게 썼던 것 같다. 그리고 스터디를 만들어서 다른 학생들과 문제가 해결될 때까지 토론을 하고 정답에 가까운 솔루션을 도출해 나갔다. 나중에는 학생들이 모두 이 과목 자체를 이기기 위해 연합했다. 그 결과, 답은 없지만 답에 근접한 솔루션과 증명들로 답안을 채울 수 있었다.

　나는 이때 단순히 시험을 위한 수험공부와는 다른 차원의 공부를 경험했다. 최고의 학생이 되려면 답을 암기하고 현출하는 수험공부 방식은 기본이고, 논리를 짜서 답을 도출할 수 있는 수준에까지 도달해야 한다. 어쩌면 당장의 합격이라는 장애물이 너무 높아서 이런 공부 방식이 사치라고 느껴질 수도 있겠지만, 실제로는 수동적 공부를 넘어선 경험이 수험공부에도 큰 도움이 된다.

　나는 이 수업에서의 훈련 덕분에 손해사정사 시험에서 모르는 문제가 나왔을 때 문제의 단서만 보고 답을 도출해 제출함으로써 과락을 면할 수 있었다. 또한 감정평가사 시험에서도 다들 어려워했던 문제의 답을 나의 논리로 정리해 제출할 수 있었다.

　어느 정도 수준에 오르면 사실 공부는 양보다 질의 문제다. 물론 그 수준까지 가려면 많은 연습과 훈련이 필요하기 때문에 많은 양의 공부로 기초를 튼튼히 해야 한다. 하지만 기초를 넘기는 것을 목표로 하되 수동적 공부를 넘어서는 경험도 중요하며, 이것이 궁극적으로 시험 결과에도 반영된다는 점을 기억하자.

020
언제 어디서든
공부할 수 있도록

사실 장소가 마땅치 않아 공부를 못한다는 것은 핑계다. 나는 어두운 곳에서 손전등을 켜고 공부를 한 적도 있고, 화장실에서 공부한 적도 있으며, 심지어 목욕을 하면서 공부한 적도 있다. 버스나 지하철로 이동할 때 책을 손에서 놓지 않는 것은 일상이 되었다. 급하면 어디서든 공부를 하게 되고, 그런 마음가짐이 상위권으로 가게 만드는 원동력이다.

꼭 정자세로 앉아서 공부해야만 공부가 잘되는 것은 아니다. 나는 침대에 누워서 공부하기도 했고 자주 엎드려서 공부했다. 장소와 자세를 따지느라 낭비되는 시간을 최소화하고 장소와 상관없이 손에 책을 든다는 자세로 공부하기 바란다. 그런 마음으로 공부할 때 최상위권으로 거듭날 수 있다.

연애를 할 때의 일이다. 여자친구와 데이트는 정말 하고 싶고 공부도 꼭 해야 하는 딜레마가 자주 반복되었다. 공부와 연애를 병행할 수는 없을까? 고민에 고민을 거듭한 끝에 내가 택한 방법은 여자친구와 함께 공부하는 것이었다. 따로 공부를 할 때는 일주일에 한 번 데이트 시간을 마련하기도 했다.

하지만 시험이 가까워지면 데이트 도중에도 마음이 초조해지곤 했다. 그래서 여자친구와 데이트를 하면서도 틈틈이 공부를 했다. 버스 안에서 책을 보기도 하고, 영화관에서 영화 상영시간을 기다리는 동안 짬짬이 책을 보기도 했다. 사실 이것은 여자친구가 이해해주었기에 가능한 일이었다.

나는 공부는 태도가 절반 이상을 좌우한다고 생각한다. 어떻게든 합격해야 한다는 마음으로 방법을 강구하고 공부에 몰입하는 자세를 지닌 사람은 언제든 합격하게 되어 있다. 이런 태도로 공부를 하고 연습하는데 당연히 실력과 점수가 오르지 않겠는가.

물론 사람마다 공부가 더 잘되는 장소나 상황이 있을 수 있고, 가능하면 그런 환경에서 공부하는 것이 최선일 것이다. 하지만 '나는 이런 환경에서는 공부를 못해' 하는 생각을 버리고, 언제 어디서든 공부할 수 있다는 자세로 무장할 필요가 있다. 이와 관련해 도움이 될 만한 팁을 뒤에서 좀 더 자세히 소개하겠다.

시험의
첫걸음

내가 정말 부족하다고 느끼지 않으면 공부를 시작하기가 힘들다. 내가 이미 성공했고 잘
나가는데 목숨 걸고 공부를 해야겠다는 동기부여가 되겠는가. 나의 부족함이 절실하게
느껴질 때가 바로 죽어라 공부해볼 기회다.

누구에게나
공부하고 싶을 때가 있다

"서럽도록 부족함을 느꼈을 때가

바로 공부할 때"

내가 정말 부족하다고 느끼지 않으면 공부를 시작하기가 힘들다. 내가 이미 성공했고 잘나가는데 목숨 걸고 공부를 해야겠다는 동기부여가 되겠는가. 나의 부족함이 절실하게 느껴질 때가 바로 죽어라 공부해볼 기회다.

데모닉스에서의 실패로 나는 바닥을 경험했다. 새로운 길을 가기에는 아무것도 가진 게 없었다. 남들은 이미 저만큼 앞서가고 있는데 나는 잘못된 길을 돌고 돌아 막다른 골목의 끝에 선 기분이었다. 서럽고 막막했다. 바로 이때, 나는 공부밖에는 대안이 없다고 느껴 공부를 시작했고, 지푸라기라도 잡는 심정으로 공부에 매달렸다.

정말 부족하다고 느낄 때, 그리고 실패와 좌절을 경험했을 때가 공부를 죽어라 해볼 타이밍이다. 공부를 하되 제대로 기본부터 시작해야 한다. 처음에는 굉장한 고통을 느끼고 좌절감이 들겠지만 나중에는 다행이라고 생각하게 될 것이다. 주식시장에서도 주가가 바닥을 칠 때 주식을 사야 수익률이 높지 않은가. 공부도 내가 가장 못한다는 생각이 들 때 무섭게 달려들어야 한다.

시험을 너무 높게 생각지도, 우습게 보지도 말 것

대학 수업시간에 처음으로 회계사라는 직업을 알게 되었다. "회계사야말로 기업을 제대로 알 수 있는 전문가"라는 교수님의 말을 듣고 회계사 시험을 준비해야겠다고 생각했다. 그러고는 막상 서점에서 1,000페이지가 넘는 분량의 수험서를 보고는 '어떻게 합격하지?' 하고 얼어붙었던 기억이 난다.

그런데 막상 공부를 시작하니 생각보다는 할 만했다. 시험은 아무리 어려워도 상대평가다. 경쟁자들보다 조금만 더 잘하면 합격할 수 있다. 사람이라면 누구나 합격할 수 있다. 시험이 외계인이나 초능력자를 위해서 만든 제도가 아니라는 뜻이다. 물론 시험을 너무 쉽게 생각해서는 곤란하다. 다른 사람보다 몇 배나 더 열심히 하는 것은 생각보다 쉬운 일이 아니기 때문이다.

시험에 대해서는 자신감을 가지고 준비하되, 너무 자만하거나 우습게 생각해서 노력을 게을리하는 우를 범하지 않으면 된다. 이게 단순한 말 같지만 공부를 하다보면 가장 지키기 힘든 덕목이다.

조금이라도 공부를 해본 사람은 다 알 것이다. 공부가 밑 빠진 독에 물 붓기와 비슷하다는 것을. 이상하게 시험기간만 되면 긴장이 되고, 그럴수록 공부하는 내용을 어떻게든 암기하려고 노력한다. 그런데 이상하게도 다음 날이 되면 전날 공부한 내용이 정확히 기억나지 않는다. 이를 우리의 용어로 '까먹었다'고 표현한다. 몇 번이나 반복을 하는데도 우리는 지속적으로 공부한 내용을 까먹는다. 이런 망각을 어떻게든 억제하고 싶은데 그게 생각처럼 쉽지 않다.

공부는 역시 밑 빠진 독에 물을 붓는 것이고, 시험은 밑 빠진 독에서 물이 조금이라도 덜 빠져나갔을 때 치러야 합격할 수 있다. 아! 정말 밑 빠진 독이라는 표현이 피부에 와닿는다.

나도 공부를 할 때마다 '왜 틀린 문제를 공부해도 또 틀릴까?' 하는 의문과 답답함 때문에 스트레스를 받은 적이 있다. 대학 전공 시험을 준비할 때는 경제학 내용이 너무 어려워서 그냥 암기해버리자 생각하고 10번을 보았는데, 그러고도 답안지에 그대로 현출하기가 매우 힘들었다. 내 머리로는 적어도 20번은 반복해야 그나마 제대로 쓸 수 있는 것 같았다.

그래서 나는 공부 전략을 바꿨다. 독에서 물이 빠져나가는 속도는 내 두뇌의 한계상 일정하니 물을 여러 번 붓는 방법으로 설정한 것이다. 망각하는 속도보다 더 많은 지식을 뇌에 넣자는 생각이었다. 그러자 놀라운 일이 벌어졌다. 그 어렵다던 생산관리 시험, 산업과 전략이라는 경제학 고급과목에서 만점이 나온 것이다.

누구나 아이큐나 기억력이 다를 것이다. 하지만 그 기억력이 버리는 지식보다 더 많은 지식을 넣을 각오로 공부하면 어려운 시험에서도 만점을 받을 수 있다. 오히려 독에 물이 차고 넘쳐 시험장에서 콧노래를 부르며 나올지도 모를 일이다.

021

빨리 합격하려면
절대 하면 안 되는 것

빨리 합격하려면 해서는 안 되는 행동들

1. 합격이 불가능하다는 생각

2. 나에 대한 평가는 필요 없다는 자만심

3. 왜 이걸 공부해야 하느냐는 의구심

4. 시험에 떨어지면 어쩌지 하는 불안감

5. 자신이 최고라고 떠벌리는 행동

6. 다른 사람들과 정보를 공유하지 않는 폐쇄적 행동

빨리 합격하기 위해서는 절대로 해서는 안 될 것들이 있다. 다음 내용을 읽어보고 내가 빨리 합격하려면 어떤 행동을 취해야 할지 생각해보자.

1. 합격이 불가능하다는 생각

주변에 큰 시험에 합격한 사람들이나 유명한 학자들을 보면 대부분 긍정적인 사고가 몸에 배어 있는 것을 본다. 나도 낙관주의자라는 평을 들으면서 살아왔다. 시험에 합격할 수 있다는 긍정적인 생각과 노력은 실제로도 좋은 성과를 가져다준다. 그만큼 적극적으로 공부하게 하는 동기부여가 되기 때문이다.

합격이 불가능하다고 생각하면서 공부하면 공부에 대한 회의에 빠지게 되는데, 이를 보통 '슬럼프'라고 한다. '내가 할 수 있을까' 하는 부정적인 생각으로 공부를 하면 큰 시험에 도전하기로 해놓고도 공부를 게을리하게 된다. '어차피 나는 안 될 놈'이라는 생각으로 무력감에 빠지기 때문이다.

일단 공부를 시작했으면 최대한 긍정적으로 생각하자. 그래야 합격할 확률도 높아진다.

2. 나에 대한 평가는 필요 없다는 자만심

이런 생각은 나의 약점을 발견하지 못하게 해서 계속 합격을 못하게 만든다. 공부를 10년 이상 하는 장수생들을 보면 대부분 스스로의 약점을 노출하기를 꺼린다. 또 시험준비를 오래 하면서 자존심이 강해질수록 자신보다 공부가 짧은 사람들을 무시한다.

이럴 경우 자만심 때문에 모의고사나 실전연습을 통해 자기검증과 피드백 받는 것을 두려워하게 된다. 겉으로는 자만심으로 보이지만 사실 속은 두려움으로 가득하다. 빨리 합격하고 싶다면 이런 자만심을 내려놓고 겸손해질 필요가 있다.

3. 왜 이걸 공부해야 하느냐는 의구심

가장 위험한 생각이 '내가 이걸 공부해서 뭐 하냐' 하는 생각이다. 이는 자칫 공부에 소홀하거나 노는 것을 정당화해서 지속적인 게으름에 빠지게 할 위험이 있다. 나도 한때는 성적이 잘 나오지 않는 과목이 있으면 '이걸 공부해서 뭐에 써먹냐'고 생각한 적이 있다. 당연히 그 과목은 매년 과락이 났다.

  나에게 그런 과목이 바로 경영학이었다. 실무에서 써먹지도 않는 지식을 왜 알아야 하느냐는 짧은 생각을 했던 것이다. 나중에 컨설팅을 하면서 가장 많이 사용한 지식인데 말이다. 모든 과목이 그나름대로 의미가 있고 도움이 된다는 생각을 해야 시험에 빨리 붙을 수 있다.

4. 시험에 떨어지면 어쩌지 하는 불안감

불안감은 우리의 합격 가능성을 좀먹는 아주 나쁜 습관이다. 나도 인간인지라 시험공부에 돌입하면 불합격에 대한 불안을 느꼈다.

또 주변 사람들의 평판에 불안해하기도 했다. 그러나 이런 생각을 오래 하는 것은 공부에 전혀 도움이 되지 않는다. 수험생활 동안은 합격할 수 있다는 생각으로 무장할 필요가 있다.

실제로 나는 수험생활을 함께한 사람들과는 매번 합격할 수 있다는 자신감을 교류했고, 결과적으로 이런 '멘탈 관리'의 혜택을 톡톡히 보았다. 스트레스를 최소화하면서 빠르게 합격했으니 말이다.

5. 자신이 최고라고 떠벌리는 행동

자신이 최고라고 떠들고 다니는 사람들이 많은데, 그런 사람들을 멀리하거나 그런 사람이 되지 않는 것이 수험생활을 단축하는 데 도움이 된다. 나도 한때 '내가 최고'라고 생각하는 영역이 있었다. 바로 회계학이다. 이런 생각으로 더 열심히 공부하면 상관이 없지만, 이런 생각은 항상 실수를 유발한다. 최고라고 생각하는 과목은 다른 과목에 비해 신경을 덜 쓰게 되고, 그러면 그 과목의 성적이 떨어진다.

어쨌든 시험은 공정하다. 성적은 내가 공부한 양에 비례해 오르게 되어 있다. 내 노력이 줄어드는 순간 성적도 폭락한다. 그래서 노력이 줄어드는 행동을 경계해야 하는 것이다.

6. 다른 사람들과 정보를 공유하지 않는 폐쇄적 행동

수험생들이 수험공부에서 가장 많이 저지르는 오류가 다른 사람들을 모두 경쟁자로 생각해서 어떤 정보도 공유하지 않는 행동이다. 이는 명백한 오류고 실수다. 다른 사람들에게 먼저 내 것을 공개해야 나도 좋은 정보나 자료를 얻을 수 있다.

수험은 정보의 싸움이라고 할 수도 있다. 최신 트렌드가 시험에 자주 출제되기 때문이다. 따라서 스터디를 하게 되면 적극적으로 내가 가진 것을 다른 사람들과 나눠야 한다. 그래야 나도 도움을 받을 수 있다.

022

수험생활 비용부터
계산하기

이것만은 꼭 기억하자!

| 인강+교재 | 월세 | 독서실 | 식비 |
| 월 50만 원 이상 | 월 50만 원 이상 | 월 15만 원 이상 | 월 45만 원 이상 |

최소비용 : 약 160만 원

수험생활 비용은 어떻게 준비하느냐에 따라 천차만별이다. 나는 대학생 때 장학금을 받으면서 아르바이트로 자금을 조달해 공인회계사 시험준비를 해서 합격했다. 이때 처음 계산했던 최소비용보다는 비용이 더 많이 들어갔다. 단순하게 인터넷 강의와 교재비용만 계산해서는 안 된다. 그것은 정말 최소비용이다. 학원종합반이나 단과를 다니면 비용이 그보다 몇 배로 늘고, 여기에 생활비를 추가하면 1년에 1천만 원이 훌쩍 넘는 돈이 들어간다.

수험생의 입장에서 수험생활 비용은 현실적 문제이므로 공부를 시작하기 전부터 이를 어떻게 조달할지 고려해보아야 한다. 실제로 경험에 기초해서 이 비용을 계산해준 책은 어디에서도 찾을 수 없었다. 공인회계사 시험준비를 예로 들어 설명해볼 테니 다음에 소개한 방식에 따라 자신이 준비하려는 시험의 추정비용을 계산해보고 공부예산을 짜보자.

1. 최소비용 : 교재비 + 인터넷 강의

1) 1차 시험

기본이론
회계원리 : 김현식 교재 30,000원 + 인터넷 강의 100,000원
중급회계입문 : 김현식 교재 25,000원 + 인터넷 강의 120,000원
중급회계 1+2 : 김현식 교재 49,000원 + 인터넷 강의 200,000원
고급회계 : 김현식 교재 30,000원 + 인터넷 강의 100,000원
정부회계 : 김현식 교재 18,000원 + 인터넷 강의 40,000원
원가관리회계 : 김용남 교재 35,000원 + 인터넷 강의 180,000원
세법 1+2 : 이승철 교재 54,000원 + 인터넷 강의 230,000원
경영학 : 김윤상 교재 42,000원 + 인터넷 강의 180,000원
재무관리: 김종길 교재 45,000원 + 인터넷 강의 65,000원
경제학 : 김판기 교재 42,000원 + 인터넷 강의 190,000원
상법 : 심유식 교재 35,000원 + 인터넷 강의 130,000원
합계 : 1,940,000원

객관식
재무회계 : 김현식 교재 37,000원 + 인터넷 강의 220,000원
원가관리회계 : 김용남 교재 28,000원 + 인터넷 강의 120,000원
세법 : 이승철 교재 49,000원 + 인터넷 강의 230,000원
경영학 : 김윤상 교재 27,000원 + 인터넷 강의 140,000원
재무관리 : 김종길 교재 30,000원 + 인터넷 강의 150,000원
경제학 : 김판기 교재 50,000원 + 인터넷 강의 170,000원
상법 : 심유식 교재 32,000원 + 인터넷 강의 120,000원
합계 : 1,403,000원

＊ 1차 시험 최소비용 : 1,940,000 + 1,403,000 = 3,343,000원

2) 2차 시험

재무회계 : 김현식 교재 40,000원 + 인터넷 강의 230,000원
원가관리회계 : 김용남 교재 42,000원 + 인터넷 강의 200,000원
세무회계 : 이승철 교재 50,000원 + 인터넷 강의 240,000원
재무관리 : 김종길 교재 50,000원 + 인터넷 강의 230,000원
회계감사 : 권오상 교재 33,000원 + 인터넷 강의 230,000원

* 2차 시험 최소비용 : 1,345,000원

* 최소비용 합계 : 1차 + 2차 = 4,688,000원(390,667원/월)

이렇게 최소비용의 합계가 약 470만 원 정도라는 것을 알아보았다. 다음으로 생활비도 고려해야 한다. 부모님이 도와주는 경우에는 이 고민을 덜해도 되지만, 스스로 자금을 조달하는 입장이라면 생활비도 무시하지 못한다.

2. 최소 생활비

방값 : 월세 평균 500,000원
독서실 이용료 : 월평균 150,000원
식비(고시식당 이용) : 월평균 450,000원(3끼×30일×5,000원)

* 최소 생활비 합계 = 1,100,000원

결국 학원비와 최소 생활비를 계산하면 월 1,500,000원 정도가 들어간다. 여기서 인터넷 강의를 듣지 않고 스터디만으로 공부한다면

월 200,000원 이상을 줄일 수 있지만, 그것을 제외하더라도 만만치 않은 액수다. 결국 한 달에 100만 원이 훌쩍 넘는 돈이 들어가야 하므로 시험을 준비할 생각이라면 자금 형편을 고려해 철저하게 계획하고 시작해야 할 것이다.

023

스터디그룹을
200% 활용하는 방법

스터디그룹의 조직	스터디그룹의 운영방식
1. 스터디 구성원 중 적어도 두 명은 2년 이상 공부한 사람일 것 2. 조장은 전업수험생으로 할 것 3. 운영방식은 모두 모여서 정할 것 4. 고집이 세거나 소극적인 사람은 제외할 것	1. 시간을 재고 문제를 풀고 답을 맞힌 뒤 서로 해설해주기 2. 우수한 답안은 공유해서 연구해보기 3. 교재를 정해서 함께 말로 떠들면서 회독수 높이기

스터디그룹이라면 나는 전문가에 가깝다. 스터디그룹을 조직하고 공부해서 단기간에 고시급 시험에 여러 개 합격하고 난 뒤 혼자 공부하는 것보다 스터디그룹을 활용하는 것이 얼마나 중요한지 체득했기 때문이다. 다음에서는 스터디그룹의 조직과 운영, 시험 직전에 시너지를 내는 방법까지 설명해보려 한다.

1. 스터디그룹의 조직

스터디그룹을 만들 때는 시험을 치기 직전까지 함께 공부할 사람들을 모으는 것인 만큼 신중해야 한다. 무턱대고 초심자들만 모아 놓으면 공부에 열의가 있는 사람은 잘 따라가지만 대부분은 분위기만 흐리고 떠난다. 그래서 이왕이면 공부를 2년 이상 한 사람을 두 명 이상 포함시켜야 스터디그룹을 지속적으로 운영할 수 있다. 또한 전업으로 공부하는 사람일수록 스터디에 정신적으로 몰입할 수 있기 때문에 조장은 전업수험생이 맡아서 하는 것이 좋다.

스터디그룹의 장점은 공부를 오래 한 사람은 초심자에게 가르쳐 주면서 실력이 늘고 초심자는 고수에게 공부법을 배울 수 있다는 데 있다. 한마디로 윈윈win-win 전략인 셈이다. 그렇기 때문에 구성원이 모두 장수생일 필요는 없다. 다만 모든 멤버가 성실하고 반드시 합격해야 한다는 의지를 가지고 있어야 한다. 그리고 혼자 공부하는 것을 선호하거나 대인기피증세가 있는 사람, 지나치게 오래 공부해서 고집이 센 사람, 타인을 무시하거나 성격적 결함이 있는 사람은 제외하는 것이 좋다.

스터디그룹의 구성은 3~5명이 적당하다. 인원이 너무 많거나 처음부터 2명밖에 없으면 운영이 어렵다. 인원이 너무 적을 경우 한 명이 사정이 생겨서 빠지거나 준비를 해오지 않으면 스터디 자체가 의미가 없어지기 때문이다. 아울러 모임 횟수와 공부할 범위, 스터디용 교재나 자료, 목표로 하는 회독수, 스터디 진행방식 등은 다 같이 모여서 결정해야 한다.

2. 스터디그룹의 운영방법

스터디그룹은 매주 일정한 시간에 모여 진도를 얼마나 나갈지 정해야 한다. 나는 개인적으로 스터디에서는 함께 시간을 재고, 문제를 풀고, 답을 맞혀보고, 생각을 공유하는 공부와 교재 하나를 선택해서 함께 떠들며 회독수를 높이는 것을 병행하는 것이 좋다고 생각한다.

혼자서 시간을 재고, 문제를 풀고, 답을 맞혀보는 것은 사실 부담스럽기도 하고 귀찮은 일이다. 그런데 스터디를 통해서 하면 강제로라도 주기적으로 답안작성 연습을 하는 효과가 있다. 틀린 문제는 서로 알려주고 더 좋은 답안은 서로 공유하며 연구해볼 수 있으므로 이 방법은 스터디에서만 할 수 있는 최고의 공부방법이 아닌가 생각한다.

또한 교재를 하나 정해서 같이 말로 설명하면서 진도를 나가고 회독수를 늘리는 공부방법도 매우 좋다. 말로 떠들면서 공부하면 그 내용이 머릿속에 빠르게 구조화되는 효과를 누릴 수 있다. 강의를 하면 더 빨리 실력이 는다고 하지 않는가. 게다가 강제로 진도를 나가기 때문에 나태한 사람은 억지로라도 진도를 빼는 효과도 있다.

3. 스터디그룹의 막판 활용법

시험 막바지에는 시험 전날 한 바퀴를 돌릴 수 있게 내용이 추려져 있어야 한다. 즉, 하루 안에 전 범위를 볼 수 있게 내용을 압축해야 하며, 이는 기출문제를 가지고 하는 것이 가장 효과적이다. 스터디그룹에서 이런 압축작업을 하면 혼자 할 때보다 훨씬 빠르게 해낼 수 있다.

각자 한 과목씩 맡아서 기출문제마다 최적의 해답을 만들고, 기출에는 빠져 있지만 최근 중요하게 대두되는 이슈는 추가해서 서브노트를 만든다. 이렇게 하면 그 과목에 최적화된 교재를 만들 수 있으며, 또 한 명당 한 과목씩 만들면 집중도도 높고 시간도 절약할 수 있다.

이렇게 정리한 서브노트로 막판 한 달 동안 5회독 정도를 하면 엄청난 효과를 경험할 수 있을 것이다.

024

문제집 많이 풀기 VS
한 권만 여러 번 보기

> 나는 과목당 문제집을 5권 푸는 것보다는
>
> 문제집 한 권을 5번 이상 푸는 것이 더 낫다고 본다.
>
> 이것은 내 실패 경험에서 찾은 소중한 깨달음이다.

시험은 '남들보다 잘하면' 붙는다. 남들보다 정확하게 풀고, 빠르게 풀고, 게다가 답안지의 체계까지 갖추어 풀면 그것만큼 좋은 게 없다. 그렇다면 남들보다 빠르고 정확하게 푸는 방법은 뭘까? 나는 뇌에 근육이 생길 때까지 연습하고 반복하는 것이라고 생각한다.

헬스트레이닝을 해본 사람들은 잘 안다. 보통 운동기구 하나당 3세트에서 5세트를 반복한다. 너무 많은 기구를 골고루 하다가는 근육을 집중적으로 만들기 어렵다. 공부도 마찬가지다. 문제집을 여러 권 푼다고 해서 그 내용이나 풀이방법이 내 것이 되지는 않는다. 적어도 10번 정도는 반복했을 때 내 몸에 체화體化되어 비로소 내 것이 된다. 그래서 문제집을 여러 권 푸는 것보다는 한 권을 반복하는 것이 중요하다.

나도 2008년부터 공인회계사 시험을 공부하면서 3번이나 떨어진 경험이 있다. 가장 큰 실패요인은 바로 시중에 있는 문제집을 모두 풀려고 했던 나의 욕심이었다. 그 당시 나는 당장 손에 잡은 문제집도 제대로 풀지 못하면서 남들보다 많이 공부해야 한다는 욕심에 수험가에 있는 문제집을 한 권씩 풀고 버렸다. 돈이 많이 들고 남는 것은 없는 공부방법이었다.

문제집을 한 권씩 풀고 버릴 때마다 풀었다는 사실 외에 구체적인 내용은 머릿속에 남지 않았다. 적어도 두세 번을 반복하고 버렸다면 조금 나았을 것이다. 그렇게 과목당 문제집을 5권 이상 풀었지만 성적은 오르지 않았다. 왜 성적이 제자리를 맴돌았을까? 돌이켜보면 그때 나는 '밑 빠진 독에 물 붓기'를 하고 있었다. 근육은 키우지 않고 뇌에 살만 찌우고 있었던 것이다.

만약 시중에 나와 있는 문제를 많이 풀고 싶다면, 우선 가장 기본이 되는 문제집을 10번 이상 본 뒤 모의고사 차원에서 보기를 바란다. 처음부터 여러 권을 사서 덤벼들면 뇌의 공부근육이 자라지 못하기 때문이다.

025

시험준비를 시작하기 전
체크할 것들

1. 시험준비의 본질

시험에는 두 가지 부류가 있다. 하나는 시험의 난이도는 보통이지만 경쟁률이 매우 높아서 합격하기 힘든 시험이고, 다른 하나는 시험의 난도가 높고 공부량이 어마어마하게 많아서 절대량을 채우기도 버거운 시험이다.

1) 경쟁률이 높은 시험

난도는 높지 않지만 경쟁률이 높은 시험의 경우 경쟁자가 지나치게 많기 때문에 상대평가의 속성이 강하다. 우리나라 공무원 시험이 이런 유형에 해당한다. 경쟁률이 100 대 1이 넘는 시험이 요즘의 공무원 시험이 아닌가. 이런 시험은 100점에서부터 누가 덜 깎이는지를 경쟁하게 된다. 대부분 한두 문제에서 당락이 갈리기 때문에 실수를 최소화하는 전략을 짜야 한다. 이런 유형의 시험은 처음에는 공부에 대한 접근성이 높고 개념학습이 쉬울 수 있지만 시험 막판에 불확실성이 커지는 특성이 있다.

2) 난도가 높은 시험

난도가 매우 높고 공부량이 많은 시험의 경우에는 커트라인이 45점에서 60점 정도에서 형성된다. 회계사시험은 1차 시험에서 평균 60점을 넘기면서 한 과목이라도 40점 아래인 과목이 없어야 합격이며, 2차 시험도 마찬가지다. 그러나 60점을 넘기는 것 자체가 매우 어려울 뿐만 아니라 만점자는 한 해에 한 명도 없다. 또한 감정평가사 2차 시험의 경우 커트라인이 45점 정도로 모든 과목이 과락인 40점만 넘으면 합격이라는 말도 과언은 아니다.

이렇게 공부량이 많은 시험은 0점에서 시작해서 40점을 넘길 정도의 실력이 되면 합격을 바라볼 수 있다. 그러나 전 과목에서 평균 40점을 받을 정도로 공부량을 채우는 것이 결코 쉬운 일은 아니다. 즉, 하루에 15시간씩 꾸준히 공부를 해도 모자랄 만큼 어렵다.

경쟁률이 높은 시험은 공부가 수월한 만큼 만점에 가까운 점수를 내기가 힘들고, 경쟁률이 낮은 고시는 공부의 절대량을 채우는 데 몇 년을 투자해야 한다. 이미 2~3년씩 투자한 사람들도 수두룩하기 때문에 경쟁률이 5 대 1이라고 해도 이미 공부량을 채운 수험생들 간의 경쟁이 되는 것이다. 신규 진입자들이 시험의 난이도 때문에 40점의 과락점수를 넘기지 못하고 탈락하는 이유가 여기에 있다.

2. 시험에 도전하려면

공무원 시험은 9급, 7급, 5급 공개채용시험이 있고 민간경력자 채용고시가 따로 있다. 자격증이 따르는 전문직 시험은 공인회계사 시험, 변호사 시험(구 사법 시험), 변리사 시험, 감정평가사 시험, 세무사 시험, 노무사 시험, 법무사 시험, 손해사정사 시험, 보험계리사 시험, 경영지도사 시험 등 종류가 다양하다.

이런 시험은 빨리 합격하는 사람은 1년 만에도 합격하지만 늦으면 10년 이상 걸릴 수도 있을 만큼 많은 노력과 인내를 수반하는 공부다. 어찌 보면 수능이나 학점, 내신에 비해 훨씬 공부방법이 중요한 시험이 고시일 수 있다.

수험생활에 입문하려면 많은 것을 따져보아야 한다. 무엇보다 먼저 목표로 하는 시험과 나의 적성이 잘 맞는지부터 따져보아야 한다. 사실 시간은 어떻게든 만들면 되고, 비용은 벌어서라도 충당할 수 있다. 그런데 자신과 맞지 않는 공부를 하게 되면 시간과 돈을 낭비할 뿐 아니라 청춘을 다 날리고 폐인이 될 수도 있다.

수험생활을 시작하려면 먼저 그 시험에 대해서 알아보아야 한다. 그렇다면 어떻게 자료를 수집해야 할까? 나는 인터넷 검색엔진으로 내가 보려는 시험을 검색한 다음 관련 인터넷 커뮤니티에 가입해서 기본적인 정보를 수집한다. 예를 들어 공인회계사 시험을 생각하고 있다면, 시험제도와 절차를 인터넷으로 검색해보고 다음카페인 '회계동아리'에 가입해 자유게시판 등에서 궁금한 것을 물어보거나 시험관련 글을 살펴보고 참고하는 것이다.

고시에 도전할지를 고려할 때 구체적으로 따져보아야 할 항목이 몇 개 있다. 앞서 말했듯이 내가 그 시험에 맞는지를 따져보는 것이다. 이를테면 대학 전공과의 연계성, 시험에서 요구하는 최소기준 충족 여부, 공부를 하루 종일 할 수 있는지 등을 종합적으로 따져보아야 한다. 다음에 제시하는 체크리스트를 활용하면 더 좋을 것이다.

이 체크리스트는 수험생활을 시작하려는 사람에게 매우 유용한 항목만 추린 것이다. 이 질문에 대해 '예'가 8개 이상인 사람은 공부를 시작하면 승산이 있을 것 같다. 반면 '예'가 5개도 안 되는 사람은 공부를 해도 장기간 합격하지 못할 수 있다.

이 체크리스트 가운데 1번 항목은 해당 시험에 대한 관심정도를 나타내고, 2번 항목은 시간자원, 3번 항목은 자신의 적성, 4번 항목은 주변 사람의 지지도를 나타낸다. 5번 항목은 금전자원이 있는지를 묻는 것인데, 비용이 많이 드는 공부의 특성상 안정적 경제력은 중요한 요소다.

6번 항목부터 8번 항목까지는 의지력에 관한 것인데, 나는 이것이 다른 요소보다 우선돼야 한다고 생각한다. 이 정도의 마음가짐 없이는 아무리 다른 자원이 풍부해도 합격을 기대하기 힘들기 때문이다. 9번과 10번 항목은 공부능력과 체력에 관한 것으로 잘 갖출수록 어느 시험에서나 유리하게 작용하는 요소다.

□ 수험공부 시작 전 체크리스트

핵심 질문	예	아니요
1. 해당 시험제도, 과목, 학원, 교재 등에 대해 조사해보았는가?		
2. 공부하기에 충분한 시간(하루 8시간 정도)을 확보할 수 있는가?		
3. 해당 시험이 나의 전공과 관련 있거나 대학에서 들어본 과목이 다수 포함돼 있는가?		
4. 주변에 나의 공부를 정신적으로 지지해주는 사람이 있는가?		
5. 학원비, 교재비 등에 투자할 금전적 여유가 있는가?		
6. 정말 미친 듯이 공부할 자신이 있는가?		
7. 대인관계를 끊을 수 있는가?		
8. 수험공부를 위해서 다른 즐거움을 포기할 수 있는가?		
9. 이미 다른 공부에서 두각을 나타내본 적이 있는가?		
10. 쉬지 않고 공부하며 1년 이상을 버틸 수 있는가?		

이렇게 자신의 상태를 점검해본 뒤 공부를 시작할지를 결정하기

바란다. 막연히 변호사나 회계사가 멋있어서, 공무원은 안정적이라는 이유만으로 공부를 시작했다가는 비참한 결과를 낳을 수도 있다. 시작이 반이라는 말이 있듯이 수험공부를 시작할 때도 신중하게 따져봐야 한다는 것을 명심하자.

026

수험생활을 위해
명심해야 할 것들

1. 수험공부는 철저히 알아보고 시작하자.

2. 합격과 불합격은 모두 내 책임이라고 생각하자.

3. 겸손해지자, 배우는 입장에서는 모두가 스승이다.

4. 연습 또 연습! 내공보다는 외공이 합격을 만든다.

사실 꿈이 확실한 사람은 가만히 두어도 어떻게든 그 꿈을 이루기 위해 고민하고 실천하게 돼 있다. 그래서 자신의 꿈이 고시합격과 관련이 있는지, 그리고 그에 대해 확신이 있는지 자문해볼 필요가 있다. 고시급 전문직 5과에 합격한 선배로서 공부할 때 꼭 기억해야 할 것을 다음에 소개한다.

1. 수험공부는 철저히 알아보고 시작하자

일반적으로 고시에 합격하기까지 3년 이상이 걸린다. 사람마다 시작하는 시기는 다르지만 대부분 청춘의 가장 아름다운 날들을 투자해야 하는 것이 고시다. 인생에서 가장 소중한 시기를 공부에 투자하고, 가치 있는 것들을 많이 포기해야 하므로 고시에서 실패한다는 것은 엄청나게 고통스러운 일이다. 그래서 합격 후의 진로, 소화해야 할 공부량, 예상되는 수험기간, 공부에 들어가는 비용, 최적의 공부법 등을 모두 따져보고 수험생활을 시작해야 한다.

2. 합격과 불합격은 모두 내 책임이라고 생각하자

대체로 고시를 준비하는 수험생들 중에는 한때 공부를 잘했던 사람들이 많기 때문에 자기 자신을 맹신하는 경우가 많다. 이들은 고시에 맞는 방법으로 공부를 하지 않고 오래전에 자신이 공부했던 방법으로 계속하려고 한다. 그렇게 해서 고시에 합격하지 못하면 자신의 공부법이 잘못되었다고 생각하기보다는 시험이 이상하게 출제되었다고 비난하기 일쑤다. 이런 마음가짐으로는 합격하기 힘들다.

일단 합격하지 못하면 모두 내 책임이라고 생각해야 한다. 시험장에서 너무 긴장해서 실수를 했다면 떨지 않는 방법을 강구해야 하고, 공부량이 적었다면 공부를 더 많이 해야 한다. 또 문제 푸는 연습이 부족했다면 스터디라도 조직해서 문제를 많이 풀어보아야 하고, 시간이 부족하면 공부시간을 늘릴 방법을 고민해야 한다. 이렇게 자기의 책임이라 생각하고 노력해야 더 발전할 수 있고 합격의 열매를 맛볼 수 있다.

3. 겸손해지자, 배우는 입장에서는 모두가 스승이다

수험생에게 공부는 생활이자 일상이다. 잠에서 깨는 순간부터 공부가 시작되어야 정상이다. 하루 동안 배울 내용을 생각하고 어제 배운 내용을 수시로 떠올려야 한다. 모르는 게 있으면 선생님에게 물어보는 것이 가장 좋지만, 후배나 어린 동생들에게도 적극적으로 물어보아야 한다. 자존심 때문에 질문을 꺼려서는 안 된다. 겸손해져야 내게 필요한 부분을 다른 사람들에게 최대한 많이 배울 수 있다.

공부를 하다보면 지나치게 자존심이 강한 사람을 많이 본다. 수험공부의 세계에서는 더욱 그렇다. 보통 5년 이상 수험생활을 하면 '내가 모든 지식을 알고 있다'는 착각에 빠지게 된다. 겸손이라는 미덕을 잃게 되는 것이다. 겸손을 잃고 자만심이 생기는 순간, 더이상의 발전은 없다. 내가 옳다는 생각으로 좋은 공부법이나 필요한 내용을 아는 사람을 무시하면 내 스승을 잃게 된다. 이런 사람은 필연적으로 노장이나 장수생, 심각하게는 합격불가능자가 되고 만다.

공부를 할수록 겸손해지면 모든 게 배울 거리가 된다. 공부를 하면서 내공이 쌓이면 과감하게 다른 친구들에게 알려주고 나도 그들에게 좋은 것을 배워야겠다는 생각을 가져야 한다. 같이 공부하는 사람들에게 하나라도 더 배우려고 할 때 나의 실력도 일취월장할 것이다.

4. 연습 또 연습! 내공보다는 외공이 합격을 만든다

나는 2개월 만에 감정평가사 1차 시험에 합격하고 10개월 정도 공부를 더 해서 2차 시험에 최종합격을 했다. 그것도 일을 하면서 하루에 4시간씩만 공부해서 이뤄낸 성과로, 이는 내공보다 외공에 집중한 결과였다.

지식을 많이 쌓는 것을 수험공부라고 착각하는 사람이 많은데, 이는 내공에만 집중하는 부류의 오류다. 물론 내공이 없으면 시험장에서 써먹을 콘텐츠가 부족해서 답안지가 다소 부실하거나 두루뭉술해질 수도 있다.

그러나 내공만으로는 고시에서 요구하는 답안지를 정해진 시간 안에 멋지게 작성해낼 수 없다. 사실 시험에서는 내가 아는 것보다 훨씬 더 좋은 답안지를 써내야 합격할 수 있다. 답안의 형식을 갖추고 제약된 시간 안에 물음에 맞는 답안지를 작성해야 기본점수라도 건질 수 있다. 여기에 자신의 내공이 더해질 때 풍부한 답안을 제출할 수 있는 것이다.

지식을 쌓는 것만큼이나 연습도 중요하다. 나는 내용적인 지식은 부족했지만 답안 형식을 고민하고 기출문제로 최대한 연습한 결과 생각보다 좋은 점수를 받았다. 답안지 내용은 핵심적 부분을 추려서 반복한 후에는 이해의 깊이가 많이 드러나지 않는다. 연습과 반복으로 절도 있는 답안작성을 많이 할수록 답안지에 티가 난다는 점을 명심하자.

027

직장인과 대학생을 위한
수험생활 조언

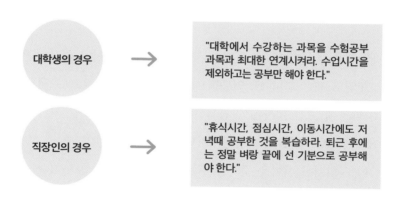

대학생의 경우 → "대학에서 수강하는 과목을 수험공부 과목과 최대한 연계시켜라. 수업시간을 제외하고는 공부만 해야 한다."

직장인의 경우 → "휴식시간, 점심시간, 이동시간에도 저녁때 공부한 것을 복습하라. 퇴근 후에는 정말 벼랑 끝에 선 기분으로 공부해야 한다."

다른 스케줄을 잡고 공부는 남는 시간에 해야겠다고 생각하는 순간 공부하지 않는 자신을 발견하게 된다. 수험공부를 시작한 이상 공부가 최우선순위가 되어야 한다. 사실 시간이 없다는 것은 일종의 핑계다. 공부가 최우선순위가 된다면 밥 먹는 시간도 아끼고 친구들과의 모임이나 수다도 미루게 된다. 가족들에게도 양해를 구하고 공부에만 전념하게 될 것이고, 명절에도 공부를 하게 된다. 심지어 걸어 다니면서도 공부를 할 것이다.

수험생에게 공부는 직업이고 의무다. 스스로와 약속한 계약이기도 하다. 공부시간의 확보가 어려울 정도로 다른 데 관심이 많다면 수험공부를 하면 안 된다. 합격도 어려울 뿐만 아니라 수험생 본인도 비참해진다. 그러나 어쩔 수 없이 다른 일을 병행해야 하는 상황이고 합격이 진실된 꿈과 목표라면 최대한 상황에 맞게 공부해야 할 것이다.

1. 휴학을 하지 않은 대학생의 경우

대학생은 공부만 할 수 없다. 학교에서 수업도 들어야 하고 과제와 조모임도 해야 한다. 또 의무적으로 참석해야 하는 프로그램도 있기 때문에 그런 행사에도 참석하다보면 앉아서 공부할 시간이 줄어들 수밖에 없다. 이런 상황이라면 어떻게 해야 할까?

나도 회계사 시험을 준비할 때 휴학을 하지 않고 공부했다. 학교 수업을 듣고 예습과 복습에 시간을 쓰고 나면 나머지 시간에는 죽어라 수험공부에 매달려야 했다. 적어도 하루에 4시간 이상은 꾸준히 공부해야 하기 때문에 어떻게든 공부시간을 확보하려고 노력했다. 그래서 수험공부를 하기로 작정했다면 대학 수업도 최대한 내가 준비하는 시험의 과목과 연계해서 듣는 것이 좋다. 예를 들어 회계사 시험을 준비할 경우 1차 시험에 회계학, 세법, 상법, 경제학, 경영학이 있으니 대학에서 개설된 과목과 적절히 연계해서 들으면 된다. 회계학은 경영학과 수업에서 많이 개설되고 상법과 세법은 법학과 수업에서 개설되므로 수강신청 기간에 이를 고려해서 시간표를 짜면 된다.

사실 휴학을 할 생각이 아니라면 학교 수업과 수험공부를 최대한 맞추는 것이 현명하다. 그러지 않으면 둘 중 하나를 포기해야 하기 때문이다. 나는 공인회계사 시험을 준비하기 위해 일부러 경영학 이중전공을 택했지만, 사실 그렇게까지 할 필요는 없다. 고시에 합격하면 학점이 필요 없는 경우도 많기 때문에 학교 수업시간에 그냥 수험공부를 해도 상관은 없다. 다만, 유학을 준비 중이거나 대학원에 갈 생각이 있다면 나중에 학점 때문에 불이익을 받지 않도록 조금은 성의를 보이는 것이 좋다.

2. 수험공부를 병행하는 직장인의 경우

나도 직장생활을 하면서 전문직 고시를 치러본 경험자다. 직장과 고시를 병행하는 것은 두 가지 이외의 생활은 모두 포기해야 한다는 뜻이다. 고시에서 합격을 하고 싶다면 그렇게 해야 한다. 대부분의 직장인은 아침에 출근해서 저녁 6시에 퇴근하지만, 야근이나 회식 등이 잡히면 밤늦게 퇴근할 수도 있다. 게다가 주말에도 쉬지 못하고 하루 종일 수험공부에 시간을 쓰게 되면 나를 위한 휴식시간은 전혀 없다. 이렇게 체력적으로, 정신적으로 지치지 않고 완주할 자신이 있다면 수험공부를 해도 좋다.

하루 24시간 중에서 잠자는 시간 7시간을 제외하면 17시간이 남는다. 여기에서 직장에 있는 시간 11시간을 제외하면 6시간만 남는다. 그리고 저녁식사나 이동하는 시간을 감안하면 6시간 이하로 줄어든 시간에 공부를 해야 한다는 뜻이다.

그래서 직장생활과 수험공부를 병행하려면 독해져야 한다. 밥 먹는 시간에도 공부를 할 수 있어야 하고, 퇴근 후 잠드는 시간까지는 최대한 집중해서 공부를 해야 한다. 그리고 자투리시간, 즉 휴식시간이나 점심식사 직후, 산책시간 등을 최대한 활용해서 전날 저녁에 공부한 내용을 복습이라도 해야 한다. 부족하면 이동시간에도 공부를 해야 한다.

이렇게 주중에 빠듯하게 공부를 하고 주말에 충분히 모의고사 등을 풀면 합격이 가까워진다. 물론 운도 따라줘야 하지만, 이 정도로 하루도 쉬지 않고 버틸 의지가 있는 사람은 얼마가 걸리든 반드시 붙게 되어 있다.

028

공부계획은
최대한 단순하게 짜라

> "공부계획을 자세히 세우는 것은 그 자체로 낭비다.
> 어차피 세세하게 시간 단위, 분 단위로 계획을 세워봤자
> 지키지 못할 게 뻔하다."

계획을 아주 꼼꼼히, 그리고 자세히 세우는 사람은 공부로 톱클래스에 가기 힘들다. 자세한 계획이 나쁘다는 말은 아니니 오해하지 말기를 바란다. 다만 공부는 지속할 때 합격이라는 선물을 우리에게 안겨주는데, 너무 세세하고 꼼꼼한 계획은 공부의 지속을 방해한다는 게 문제다.

　나는 '공부 아마추어'일 때는 시간표 그리기를 좋아했다. 초등학교 때는 방학만 되면 시계 모양의 동그란 일일시간표를 그렸다. 아침 8시에 일어나서 9시까지 산수문제풀이, 9시부터 12시까지 영어

암기, 12시부터 1시까지 휴식…… 이렇게 장황하게 계획을 세우고도 나중에는 이 시간표를 지키지 않는 나를 발견했다.

중학교 때도 마찬가지였다. 일주일에 해야 할 일을 작성하고 하루를 12등분해서 시간별로 공부할 내용을 적었다. 그리고 이것을 지키지 못할 때마다 스트레스를 받았고, 결국 '다음 주에는 지켜야지' 하면서 이번 주 계획은 무시하곤 했다. 계획을 너무 자세히 세우면 꼭 이런 문제가 생겼다.

나중에 고등학교 3학년으로 올라가기 전 IT국제자격증을 취득할 때는 아주 단순하게 계획을 세웠다. '1주일에 한 과목씩 문제집 10번 보기'와 같이 계획을 대충 세우고는 행동으로 옮기는 데 에너지를 집중했다. 그렇게 하다보니 1주일 계획을 세운 것보다 더 많이 풀 때도 있었고, 대부분의 계획을 지켜낼 수 있었다. 계획을 지킬 때마다 뿌듯한 것은 물론, 시험에도 합격하고 나니 정말 신이 났다.

이처럼 1주일이나 2주일 단위로 한두 가지의 큰 계획을 세워 생활을 단순화하니 당연히 계획도 달성할 수 있었고, 동기부여도 되어 참 좋았다.

계획은 세우는 것보다 지켜질 때 의미가 있다. 시간 단위, 분 단위로 계획을 세운다고 생각해보자. 단언컨대 1개월 이상 그대로 지키는 사람은 아무도 없을 것이다. 아니, 지킨다는 것 자체가 잘못일 수도 있다. 큰 틀에서 보면 시험에 합격하거나 성적을 올리는 것이 목표인데, 그 목표와는 상관없이 계획에 매몰돼 공부할 필요가 없는 부분을 파고들 수도 있기 때문이다.

계획은 한 달 단위로 '이달에는 수학 개념원리 문제집 2번 풀기'

또는 '민법 기본서 1회독 및 동영상 강의 완강'과 같이 단순하게 짜야 한다. 그리고 그것을 지키기 위해 하루하루를 치열하게 사는 것이 중요하다. 행동으로 이끌어내는 전략을 강구하는 것이 더 현명하다는 말이다.

나는 하루가 지나면 스터디 체크를 하고 일주일 단위로 정산했다. 예를 들면, 달력에 하루에 공부한 양을 체크하고 일주일 동안 공부한 양을 체크한다. 사후적으로 이렇게 정산하면 자신이 남은 3주 동안 얼마나 노력해야 한 달 주기로 세운 목표를 달성할지 가늠할 수 있다. 그리고 또 1주일 동안 치열하게 달리고 난 뒤 다시 2주일 동안 했던 공부 분량을 체크한다. 이렇게 하면 남은 2주 동안 해야 할 공부량이 나온다. 이렇게 계획한 목표량으로 접근해가는 것이 가장 현실적이고 동기부여도 잘된다.

만약 내가 계획보다 잘해서 목표를 조기에 달성했다면 스스로에게 보상을 해주고 다음 목표는 좀 더 도전적으로 세우면 된다. 이렇게 계획을 조정하고 4주 정산을 하면 놀랍게도 공부량을 달성하는 것이 습관이 된다. 그래서 나중에는 엄청난 분량의 공부도 즐겁게 소화해낼 수 있다.

029

공부시간을
확보하는 방법

> "공부시간 활용은 하루 24시간을 어떻게 활용하는지의 문제로 귀결된다. 정말 공부를 잘하고 싶다면 공부에 모든 에너지와 시간을 쏟아야 한다. 하루 24시간 중에서 자는 시간을 제외하고는 어떻게든 자습하는 시간을 만들어 내야 하는 것이다."

공부는 일단 습관이 들어야 하루 종일 해도 지치지 않는다. 사실 사람에게 공부할 수 있는 절대 시간은 동일하다. 하루는 누구에게나 24시간이기 때문이다. 이 중에서 수면을 취하는 7시간을 제외하면 17시간이 남는다. 나는 수면은 절대로 줄여서는 안 된다고 생각한다. 수면을 줄여서까지 공부하겠다는 의지와 태도는 높이 살 만하지만 수면 한 시간을 줄이면 하루 종일 공부에 대한 집중력이 나오지 않는다. 최소한 7시간은 자는 게 전체적인 공부 리듬을 유지하는 데 좋다.

그럼 나머지 17시간을 어떻게 활용해야 할까? 17시간 중에서 나머지 시간을 그야말로 싹싹 긁어모아서 써야 한다. 학교에서 수업을 듣거나 학원강의를 듣는 시간은 공부하는 시간이 아니다. 순수하게 내가 자습하는 시간을 공부시간으로 보아야 한다. 이런 자습시간을 확보하는 것이 중요한 과제인데, 나는 하루 자습시간을 최소 8시간 이상 확보하려고 무진장 애를 썼다.

나는 등굣길 버스나 지하철에서 문제집을 풀거나 단어를 암기하고 학교에 도착해서 자리에 앉자마자 문제집을 풀었다. 수업시간이 하루에 7시간 정도 되었는데, 그 시간에도 최대한 집중해서 수업을 듣고 수능과 관계없는 수업은 과감하게 영어나 수학복습에 사용했다. 하루 8시간을 자습으로 확보한 뒤에는 그 시간 안에 내가 약한 과목을 집중적으로 공부했다. 나는 내가 못하는 과목에 최우선 순위를 두고 자신감을 회복하면서 다른 과목으로 넘어가는 방식을 취했다.

어찌 보면 공부시간 확보도 자신의 의지에 달려 있다. 하루 17시간 중에 수업시간이 8시간이라면 나머지 9시간은 최대한 자습에 사용해야 한다. 밥을 먹으면서도 공부하고, 심지어 이동시간에도 할 수 있는 공부를 해야 한다. 시간이 부족하다는 것은 일종의 핑계다. 이렇게 생각하고 스스로 생활패턴을 공부에 맞추길 바란다.

| 24시간 | − | 수면 7시간 | − | 수업 8시간 | = | 최소한 자습에 투자해야 할 시간 |

030

공부를 점화하는
나만의 장소 만들기

"이상하게 집중이 잘되는 곳이 있지 않은가? 어떤 사람은 화장실에 가서 변기에 앉으면 집중이 잘된다고 하는데, 그렇다고 화장실에서 공부를 하기는 힘들지 않겠는가. 다만, 자신이 어디에서 공부가 저절로 되는지를 아는 것은 중요하다. 왜냐하면 그곳에서 공부를 시작하고 그 느낌으로 공부를 지속하면 되기 때문이다."

내게는 공부를 점화하는 곳이 여러 군데 있다. 그곳에만 가면 이상하게 그냥 공부를 하고 있다. 공부를 하지 않더라도 글을 쓰거나 건설적인 일을 하게 된다.

대표적인 곳이 바로 침대다. 남들은 이상하게 생각할지 모르지만, 나는 학교를 마치고 집에 오면 줄곧 침대에 누워서 공부를 했다. 어릴 때는 살이 쪄서 오래 앉아 있기 힘들어 그랬지만, 나이를 먹고 나서도 침대가 공부하기에 가장 좋았다. 침대에 누워서 책을 보면 몸도 마음도 편하고 지루함도 덜하다.

나는 대학 때도 침대에 엎드려서 공부하다가 뒹굴다가를 반복하면서 공부하곤 했다. 침대는 나만의 공부를 시작하는 점화장소인 것이다. 이런 장소가 있으면 공부하기 싫거나 슬럼프에 빠졌을 때도 그 장소에서는 저절로 공부를 시작할 수 있다는 점이 좋다.

그런 장소가 두 군데 더 있는데, 하나는 식사를 하는 거실 테이블이고, 다른 하나는 화장실에 붙어 있는 욕조다. 나는 어릴 때부터 식사시간에 책 보는 것을 좋아했다. 그러다보니 가족들은 내가 밥 먹을 때 말을 걸지 않는다. 나는 식탁에 앉아서 책을 다 볼 때까지 천천히 밥을 먹곤 했다. 또한 아침식사를 하면서부터 공부를 하다보니 자연스럽게 하루를 공부로 시작할 수 있었다.

욕조는 사람들이 의아하게 생각할 만하다. 보통 내가 목욕하면서 책을 보는 버릇이 있다고 하면 변태라고 놀린다. 그런데 변태라고 하기 전에 한번 해보라고 권하고 싶다. 반신욕을 하면서 가볍게 프린트나 책을 보면 정말 집중이 잘된다.

고대 그리스의 철학자 아르키메데스의 이야기를 들어보면 아주 오래전에 욕실을 연구실로 사용한 사람도 있다는 것을 알게 될 것이다. 아르키메데스가 그 유명한 원리를 발견한 곳도 욕실이었다. 이상하게 욕실에서 목욕하는 동안에는 시간이 멈춘 것 같다. 그곳에서 책을 보면 시간과 공간의 방 속에서 나 혼자 지식의 세계를 지배하고 있다는 느낌이 든다.

이처럼 '공부를 시작해야지' 하고 생각하면 바로 공부할 수 있는 자신만의 공부 점화장소를 만들면 힘들이지 않고도 공부를 시작할 수 있다. 그리고 슬럼프가 오거나 괴로운 일이 있을 때도 그 장소를 이용하면 된다.

031

두뇌 활성화 비법
미라클 러닝

"미라클 러닝의 첫 번째 조건은 아침에 일어나자마자 운동하는 것이다. 이것이 어렵다면 점심시간에는 운동을 해야 한다. 머리를 많이 쓴 이후인 저녁이나 밤에 하면 효과가 떨어진다. 헬스클럽이나 운동장까지 가기 어렵다면 도서관 또는 직장 주변을 걷거나 대중교통으로 이동하면 계단을 오르내리는 것도 도움이 된다. 이때 적어도 30분 정도는 걸어야 효과를 볼 수 있다."

걷기나 달리기를 꾸준히 하면 뇌가 창의적으로 발달한다고 한다. 많은 연구결과에 따르면 고강도 유산소운동은 뇌의 전두엽을 활성화해 기억력까지 좋아지게 하는 효과가 있다고 한다. 나 역시 달리기 등의 운동을 하면서 톡톡히 덕을 본 적이 있다. 예를 들어 학기 중 학점을 관리해야 하거나 자격증 2차 시험·고시급 시험 등을 준비하는 동안 달리기를 하며 키워드를 암기하고 스마트폰으로 인강을 들었더니 모든 과목에서 A+를 받고 시험에 합격하는 등 놀라운 성과를 낼 수 있었다.

그 이후 나는 매일 꼼짝하지 않고 앉아서 12시간씩 공부하는 것보다 밀도 높은 운동을 병행하며 6시간 동안 공부하는 편이 훨씬 강력한 효과를 낸다고 믿게 되었다. 나 스스로 경험했을 뿐만 아니라 다수의 실험으로 운동이 학습에 긍정적 효과를 미친다는 사실이 입증되었기 때문이다. 그래서 시험을 준비하거나 중요한 브리핑 또는 대회에 출전하는 등 프로젝트를 수행할 때 활용할 수 있도록 미라클 러닝running 프로세스를 만들었다. 말 그대로 기적을 부르는 운동법인데 그 루틴을 소개하면 다음과 같다.

미라클 러닝의 첫 번째 조건은 아침에 일어나자마자 운동하는 것이다. 이것이 어렵다면 적어도 점심시간에는 꼭 운동을 해야 한다. 이미 공부나 훈련, 업무 등이 끝나서 머리를 많이 쓴 이후인 저녁이나 밤에 하면 효과가 떨어진다. 물론 안 하는 것보다는 훨씬 낫다. 하지만 탁월한 효과를 보려면 아침에 하는 것이 가장 좋다. 이왕이면 헬스장이나 운동장에 가서 가볍게 뛰며 공부하는 것을 추천하며 빠른 보폭으로 걸으면서 해도 된다. 뛰면서 공부를 한다니 제정신이냐는 분도 있겠지만 이 루틴이 매일 쌓이면 엄청난 효과를 낸다.

그럼 30분 이상 운동한다고 했을 때 어떤 공부를 같이하면 좋을까? 한 과목을 가장 콤팩트하게 요약한 뒤 암기장을 만들어 보거나 시험 직전용으로 만든 강의 요약본을 듣는 것을 추천한다. 기출문제를 풀어주는 강의도 좋지만 운동할 때 손을 쓰면 오히려 머리

쓰는 데 방해가 되므로 피하는 것이 좋다. 이때 강의를 듣는다면 반드시 1.5배속 내지 2배속으로 빠르게 들어야 한다. 이 단계의 목표는 회독수를 늘리고 무의식에 내용을 투입하여 나중에 같은 내용을 다시 볼 때 이해도를 몇 배 더 높이는 것이다. 내용을 명확하게 이해하지 못하더라도 운동할 때는 한번 훑어낸다는 생각으로 가볍게 진도를 나가는 것이 포인트다.

만약 내신관리를 해야 한다면 매일 수업 내용을 미리 정리해 스마트폰으로 보면서 운동해도 좋고 복습용으로 수업 내용을 녹음해 2배속으로 들어도 좋다. 중요한 것은 무조건 이 작업을 해야 한다는 것이다. 운동 시간 따로, 공부 시간 따로 하려고 하면 둘 다 제대로 못 하기 십상이다.

오전 시간 또는 최소한 점심시간에는 매일 미라클 러닝을 해야 한다. 이것이 일주일, 한 달, 100일 이상 쌓이면 그 효과는 은행 복리처럼 불어난다. 그러고 나면 다른 사람들보다 천재적인 성과를 내는 스스로를 보게 될 것이다. 먼저 딱 100일만 해보고 더할지 결정해도 되지만 장담하건대 멈출 수 없을 것이라 확신한다.

헬스클럽이나 운동장까지 가기 어렵다면 도서관 또는 직장 주변을 걷거나 그마저도 힘들면 대중교통으로 이동하면서 계단을 오르내리는 것도 도움이 된다. 이때 적어도 30분 정도는 걸어야 효과를 볼 수 있다. 이 단계에서 중요한 것은 매일 동영상 강의 한두 개 또는 특정 파트를 정리한 요약 노트를 만들어 1회독을 하는 것이다. 이때 더 하려고 욕심을 내는 것은 그야말로 과유불급過猶不及이다. 미라클 러닝 중에는 딱 이만큼만 하는 것이 적당하다.

모든 시험의
노하우

이번 장에서는 어떻게 하면 시험에 좀 더 효율적으로, 제대로 합격할 수 있는지에 대해서 구체적으로 소개해보려고 한다. 내가 사용한 방법과 시험에 대한 나의 노하우를 밝히는 것인 만큼 각자가 스스로 판단해서 공부에 적용해보기를 바란다. 모두 자신만의 효율적 공부법을 찾아 합격의 기쁨을 맛보게 되기를…….

독서실 원시인이
되고 싶은가

언젠가 〈동아일보〉를 보다가 깜짝 놀랐다. '독서실 원시인의 하루'라는 주제로 우리나라 취업준비생 또는 공무원 시험 준비생들의 힘든 일상을 사실적으로 보여주는 글이었다.

공시생의 하루

오전 6시 30분에 일어나서 씻고 복장을 갖춰 입으면 일과가 시작된다. 오전 7시 반에는 고시식당에서 밥을 먹고 방송 뉴스를 본다. 이게 고시생에게는 사회와 소통하는 유일한 통로란다. 오전 8시에는 공부 계획을 세우고 한숨 한 번 내쉬고 스스로 오늘도 잘하자는 다짐을 한다. 오전 8시 10분부터 영어, 국어, 국사처럼 공통과목 공부를 시작하고 오전 11시 반에 컵밥으로 점심을 때운다. 점심식사를 최대한 빨리 끝내야 한 글자라도 더 볼 수 있다는 생각에 여유가 없다. 독서실로 복귀한 후 12시 반부터 전공과목 공부를 하고 공부가 잘되지 않으면 인터넷 강의를 듣거나 공부법 강의를 듣는단다. 오후 내내 공부를 하다가 저녁식사는 역시 도시락으로 때운다. 저녁때는 오늘 하루 동안 공부했던 것들을 복습하고 밤에 취침하기 전에 하루에 대한 후회 속에서 잠든다.

이 기사를 본 독자들은 "비참하다", "불쌍하다", "절망적이다" 등 동정의 댓글을 달았다. 하지만 많은 이들에게 이 삶은 신문기사가 아니라 그들이 실제로 이겨내야 하는 현실이다.

이 생활이 언제 끝날지 한숨만 나오는 끝이 보이지 않는 지옥 같은 생활……. 수험생들은 시험장에서 좋은 성적을 거둘 때까지 끝없는 고뇌와 고통 속에서 이러한 수험생활을 다람쥐 쳇바퀴 돌듯 반복해야 한다.

독서실 원시인 이야기의 결말은 합격이어야 한다

아무도 이야기의 결말이 시험의 포기가 되길 원치 않는다. 그만큼 수험생들은 합격을 위해서 노력하고 스스로를 구속해가며 하루라도 낭비하지 않기 위해 달린다. 나도 그랬다. 누구나 자신을 단련하면서 수험생이라는 고치를 깨고 나와 나비가 되어 훨훨 날아가고 싶을 것이다.

나도 지금의 자격증들을 얻기까지 많은 시간 동안 공부를 했다.

매번 수험생활이라는 것에 진저리를 쳤다. 수능을 세 번 치르면서 '원하는 대학에 가면 다시는 이런 공부를 하지 않을 것'이라고 다짐했다. 그리고 대학 때 공인회계사 수험생활 기간에는 '이것만 붙으면 다 끝'이라는 생각으로 이를 악물고 공부했다. 그런데 합격하고 법인에 취업한 뒤에도 일하면서 시간을 쪼개어 공부를 계속했다.

각각의 수험생활을 돌이켜보면, 순간순간이 고통의 시간이었다. 예를 들어 직장과 공부를 병행할 때는 스스로 사람이기를 포기한 것 같은 느낌이었다. 새벽 6시에 일어나 출근하면서도 책을 펼쳐보고, 점심시간에도 시간을 내 틈틈이 공부를 했다. 일과가 끝나면 곧바로 카페에 가서 책을 보고 밤 12시가 돼서야 침대에 눕는 날이 많았다. 그런데 시험이 끝나고 나면 어느새 이런 고통을 다 잊은 듯 새로운 목표를 향해 또다시 도전을 시작하곤 했다.

주변 사람들은 내가 공부를 좋아해서 그러는 줄 안다. 공인회계사 시험에 합격하고도 다른 시험들을 준비한다고 하자 어떤 이들은 그 힘든 걸 왜 또 하느냐고, 공부가 취미인 모양이라고 했다. 하지만 그 시간들이 내게는 정말 목숨을 건 사투였다. 경험이 쌓이면서 조금 나아지기는 했지만, 쉽게 생각하고 대충 공부해서 합격할 수 있는 시험은 이 세상에 없다.

그렇게 수험생활이 힘들다는 것을 경험으로 잘 알면서도 하나의 시험이 끝나면 다른 목표를 세워 시험을 준비할 수 있었던 이유는 무엇일까. 첫째, 과거의 수험생활을 겪으면서 지금의 수험생활이 비록 힘들더라도 합격이라는 결과를 얻는다면 모두 지나가는 과정일 뿐이라는 것을 진심으로 알게 되었기 때문이다. 둘째, 수많은 시행착오를 거쳐 좀 더 효율적인 공부법을 개발하고 활용하게 됨으로써 그만큼 자신감이 붙었기 때문이다.

나는 독서실 원시인들을 존경한다. 지금 독서실에 틀어박혀서 하루하루를 버티는 수험생들은 미래에 위대한 일을 할 준비를 하고 있는 것이다. 똑같이 힘든 과정을 경험한 동지로서 그들에게 지금의 고난도 지나갈 뿐이라는 말을 꼭 해주고 싶다. 그리고 내가 조금이라도 도움을 주는 길은 그동안 내가 경험을 바탕으로 얻은 노하우를 공유하는 것이라고 생각한다.

이번 장에서는 어떻게 하면 시험에 좀 더 효율적으로, 제대로 합격할 수 있는지를 구체적으로 소개해보려고 한다. 내가 사용한 방법과 시험에 대한 나의 노하우를 밝히는 것인 만큼 각자가 스스로 판단해서 공부에 적용해보기를 바란다. 모두 자신만의 효율적 공부법을 찾아 합격의 기쁨을 맛보게 되기를……

032

합격의 공식,
공부의 삼박자!

"나는 고시라고 불리는 여러 개의 시험을 패스하면서 시행착오도 많이 겪었다. 결국 가장 빨리 합격하는 방법은 딱 세 가지를 충실히 이행하는 것밖에 없다는 결론을 내렸다. 기본서나 요약집을 반복해 내용을 최대한 흡수하고 문제집을 반복, 숙달하면서 근육을 키우는 것은 기본이다. 그리고 가장 중요한 것은 기출문제로 방향을 잘 잡으면서 위 두 가지를 지속하는 것이다."

대학교 3학년 2학기에 공인회계사 시험에 합격했을 때 합격수기를 의뢰받은 적이 있다. 합격수기를 쓰면서 3년 6개월을 돌아보니 세 가지 활동으로 합격이라는 열매를 맺었다는 것을 알 수 있었다. 그 뒤로 다른 공부를 할 때도 이 활동을 반복해서 좋은 결과를 내곤 했으니 이는 내 합격의 비결이기도 하다.

우선, 기출문제와 모의고사문제를 구해서 분석해보는 작업이다. 처음에 기출문제를 본 이유는 나를 알고 적을 알아야 시험에서 이길 수 있다는 생각 때문이었다.

기출문제는 지금까지 출제자가 시험에서 묻고자 한 것들의 기록이자 시험의 큰 방향이라고 볼 수 있다. 기출문제를 분석한다는 것은 앞으로 나올 문제를 예측하고 대비한다는 의미가 크다. 한마디로 기출문제는 수험생활에서 가장 좋은 전략집이다. 기출문제를 분석하고 자주 나오는 주제와 문제유형, 패턴을 가지고 공부전략을 세우는 게 수험생활을 단축하는 지름길이다.

많은 학생이 기출문제의 중요성을 간과한다. 또는 좀 더 지식을 쌓은 뒤에 보겠다고 미뤄두거나, 시험 볼 준비를 마치고 마지막에 체크하기 위해 '아껴두는' 이들도 많다. 개인적으로는 기출문제를 가장 먼저 풀어보고 분석하는 방법을 추천하다. 그리고 공부하면서 여러 번 반복할 것을 권한다. 만약 시간이 없다면 기출문제와 해답, 해설집의 풀이를 이해하고 외우는 데 집중하라.

기출문제가 외워져서 이후 감각이 떨어질까봐, 시험 직전 나의 위치를 정확히 평가하지 못하게 될까봐 걱정인가? 그렇다면 쓸데없는 걱정이라고 말해주고 싶다. 설사 그런 문제가 있다고 해도 초반부터 기출문제를 여러 번 보고 적절한 방향을 잡아 공부하는 편이 훨씬 이득이 크다.

어떤 이들은 기출문제를 직접 보지 않아도 학원이나 여러 공부 서적을 통해 방향을 설정할 수 있다고 한다. 그런데 본인이 직접 기출문제를 확인해보지 않으면 자칫 쓸데없는 부분에 시간을 낭비하고 먼 길을 돌아가게 될 수도 있다.

둘째로, 기본서의 반복이다. 기본서는 일종의 지식이다. 그리고 지식이 없이는 문제를 풀 수 없을 것이다. 기본서는 읽으면 읽을수록 내용이 새롭게 이해된다. 기출문제에서 중요하다고 판단한 주제와 유형들을 기초로 기본서를 반복한다면 방향을 명확히 잡으면서 내용 이해의 깊이 또한 깊어질 수 있다. 기본서는 운동에 비유하자면 영양분 섭취와 같다. 운동선수가 시합에서 기량을 발휘하기 위해서는 충분한 영양섭취가 필수다. 너무 먹지 못해서 호리호리해진 선수는 실전에서 힘을 내지 못한다. 주기적으로 양질의 영양분을 섭취하는 것은 전략과 기술 못지않게 중요하다.

셋째로, 문제집을 이용한 문제풀이 연습이다. 문제집을 푸는 작업은 지식을 꺼내는 연습이다. 그리고 문제를 자주 풀면서 숙달하는 것은 시험에서의 적응력을 높여준다. 기본서를 통해서 배운 내용을 시험장에서 상기하고 문제를 적절하게 풀어내는 것은 평소의 연습으로 가능하다.

이는 마치 운동선수가 근육을 키우는 것과 같다. 위에서 기본서를 영양분 섭취에 비유했는데, 영양분만 섭취하고 운동을 하지 않으면 살만 찌게 된다. 시합에서 제대로 뛸 근육이 없기 때문에 달리지 못한다. 시합에서 달리지 못하면 당연히 실패할 수밖에 없다. 어찌 보면 영양분 섭취보다 더 중요한 작업인 것이다.

맞다. 시험은 사실 연습을 부지런히 했느냐를 평가하는 것이다. 그래서 문제풀이 연습은 필수적인 작업이다.

033

거꾸로 생각하면
합격이 빨라진다

"수험생활은 일종의 항해와 같다. 무작정 길을 떠나면 길을 잃거나 좌초되어 비참한 최후를 맞게 된다. 지도와 나침반을 가지고 항해를 해야 길을 잃지 않는다. 결국 지도와 나침반은 기출문제다. 여기서 시작해야 시간을 단축할 수 있다. 기본서는 나중에 보는 것이다. 이 사실을 알고 남들과 다른 계획을 세울 때 초단기간에 합격할 수 있다."

수험생은 기본적인 지식을 머리에 입력하는 데서 시작해 시험문제를 풀어내는 출력까지 일련의 과정을 훈련해야 한다. 이 과정을 효율적으로 해야 시험장에서 겁먹지 않고 남들보다 정확하게 문제를 풀어낼 수 있다. 그래야 합격하는 것이다. 이를 위해서는 수험공부에 대한 계획도 효율적으로 세우고 단계별로 공부를 해나가야 한다.

수험생활의 첫 단계는 기출문제를 훑어보는 데서 시작해야 한다고 이미 언급한 바 있다. 기출문제는 그 시험의 나침반과 지도의 역할을 해주기 때문이다. 보통 수험생들은 교과서를 충실히 보고 암기와 이해가 충분히 된 상태에서 문제를 풀어보고 숙달이 되면 기출문제를 가장 마지막에 보고 시험장으로 간다는 계획을 세운다.

● **보통 수험생들의 수험계획**
교과서 마스터 → 문제집 풀이 → 파이널 정리 → 기출문제 분석 → 시험장

그런데 이 순서대로 계획을 세우는 순간 당신은 장수생이 될 가능성이 높아진다. 나도 한때 공인회계사 시험공부를 하면서 이런 시행착오를 겪은 바 있다. 이 때문에 수험생활을 3년이 넘게 했다. 처음에 기본서만 반복해서 처음부터 끝까지 보는 데 1년이 소요되었다. 학원강의를 이용한다고 해도 양이 워낙 많기 때문에 회계학(회계원리, 중급회계, 고급회계, 원가관리회계)만 300시간을 들어야 하고, 복습과 정리까지 하려면 최소한 600~700시간이 걸렸다. 다른 과목도 이런 식으로 하면 기본서를 마스터하는 데만 거의 1,500시간이 걸린다는 걸 알 수 있다.

더 큰 문제는 문제집을 푸는 것도 기본서를 공부하는 것만큼 오래 걸린다는 점이다. 교과서를 마스터하려고 이미 1년을 사용했어도 문제를 푸는 것은 지식만으로 잘 안 된다. 문제풀이에는 푸는

연습이 필요하고, 문제를 푸는 데 사용하는 지식이나 노하우는 기본서에 있는 내용 중 일부만을 사용한다. 결국 시험문제를 푸는 데 사용하지도 않는 내용까지 공부하느라 시간을 낭비한 셈이 된다.

기본서를 다 본 상태에서 다시 지식의 범위를 좁혀서 문제집을 여러 권 풀고 문제풀이 강의를 듣다보면 이것만으로도 6개월 이상 소요된다. 그런데 재미있는 점은 기출문제와 강사들이 만든 문제는 유형과 보는 관점이 다를 수 있다는 사실이다. 이렇게 시간을 이중으로 보내고 기출문제 분석으로 넘어가면 당연히 기출문제의 배경이 되는 기본이론과 문제풀이 방법은 익혔지만 너무나도 오랜 시간이 걸려서야 기출문제를 풀 수 있는 상태에 도달하게 된다.

나의 공인회계사 수험생활도 다른 합격생들과 비교해서 짧은 편은 아니었다. 그런데 재미있는 것은 방법을 바꾸고 나니 다른 시험에서는 4개월 내지 1년 만에 합격할 수 있었다. 물론 회계사 공부를 하며 얻은 지식이 이후 시험에 도움이 되었을 수는 있으나, 내가 느끼기엔 공부방법의 변화가 가장 큰 차이를 냈다고 생각한다. 내가 처음부터 특별한 방법을 사용했다면 합격을 훨씬 앞당겼을지도 모른다.

그럼 단기간에 시험에 합격할 수 있는 수험계획은 어떤 것인가? 나는 먼저 기출문제를 빠른 시간 안에 체계적으로 5번 훑어보고, 문제별로 빈도수를 체크해서 등급을 매긴 뒤 기본서에 챕터별 등급을 매기고 강약을 조절하며 기본서 회독수를 높여가는 순서를 추천한다. 이 계획은 많은 시간을 절약해줄 뿐만 아니라 좀 더 안전하게 합격하도록 도와줄 것이다.

● 내가 주장하는 수험계획

기출문제 5번 훑기 → 교과서 챕터별 등급 체크 → 빈출주제 회독수

늘리기 → 파이널 정리 → 시험 전날 1회독 → 시험장

거꾸로 공부법이
답이다

"거꾸로 공부법을 적용해야

엄청난 양의 공부와 시험을 무사히 마칠 수 있다"

의대 출신들을 인터뷰하면서 많은 이야기를 들었는데, 그 어렵다는 의대 공부에도 거꾸로 공부법을 적용해야 엄청난 양의 공부와 시험을 무사히 마칠 수 있다고 한다.

의대 입학의 문턱이 높은 만큼 새내기 의대생들은 이미 공부로는 그 나름의 노하우를 쌓아왔기 마련이고, 각자의 공부법에 대해 자신감이 넘치는 경우가 많다. 그런데 이 새내기 의대생들이 입학 후, 특히 본격적으로 공부를 하게 되는 본과에 올라가기 전 선배들에게 가장 많이 듣는 조언 가운데 하나는 "기존 공부법을 버려라"다. 그리고 "족보(기출문제)는 진리다"라는 말을 귀에 딱지가 앉을 만큼 듣는다. 또 이런 말도 듣는다고 한다. "교과서 읽고 있다간 시험장에서도 읽고만 있다."

하지만 많은 새내기 의대생들은 끝없는 노력과 지구력을 바탕으로 했던 각자의 경험에 입각한 노하우를 고집한다. 그러다가 결국 난생처음 보는 낮은 석차를 경험하고 나서야 거꾸로 공부법을 수용하게 된다.

단순암기의 비중이 높고 양이 많기로는 의대 공부가 단연 악명이 높지만, 다른 고시나 시험공부도 크게 다르지는 않다. 기출을 봐야 방향이 보인다. 기출문제가 그대로 나오지 않더라도 기출문제 근처에 새로 출제될 문제의 답이 있다. 양이 많으면 많을수록, 공부할 기간이 짧으면 짧을수록 지체되는 시간 자체가 굉장한 손해다. 이런 손실을 줄일 수 있는 가장 좋은 묘책은 기출문제를 암기하면서 시험에 다시 출제될 부분을 확실히 해서 좋은 성적을 받을 확률을 높이는 것이다.

034

기출문제와
기본서를 보는 방법

"기출문제와 기본서를 그냥 아무렇게나 보는 것은 비효율적이다. 기출문제를 빠르게 먼저 반복해 잔상을 남기고, 중요한 부분만 찾아서 기본서를 읽고 뇌에 새기는 과정을 몇 번 반복하면 금방 실력이 상승한다. 구체적으로 내가 사용했던 방법을 소개해볼 테니 참고하기 바란다."

기출문제부터 5번 보는 방법

일단 5년에서 10년 치의 기출문제를 구한다. 서점에서 기출문제만 따로 모아둔 책을 구입하는 게 효과적이다. 책을 고를 때는 기출문제와 해설이 한눈에 보이는 책을 선택하는 게 좋다. 그렇지 않으면 기출문제에 답을 일일이 체크해야 하는 번거로움이 있다. 그리고 과목별로 기출문제와 답을 그냥 훑어본다. 처음 3회독은 무조건 기출문제와 답을 훑어보는 데서 시작해야 한다. 이때 해설은 보지 않는다. 다만 계산문제의 경우 답만 보는 것은 아무 의미가 없기 때문에 해설도 간단히 훑어본다. 이 작업을 적어도 1주일 이내에 끝내야 한다.

머릿속에 기출문제에서 물어보는 물음과 답이 박혀 있다면, 그 다음에는 해설을 본다. 해설은 손을 사용하는 것이 효과적이다. 말 문제의 경우에는 해설에 밑줄을 긋는 방식을 사용하고, 계산문제의 경우에는 문제의 빈칸에 해설을 옮겨 적거나 노트에 옮겨 적으면서 2번 정도 반복한다. 이렇게 하면 문제와 답, 해설이 그물처럼 연결될 것이다. 문제와 답이 노드node라면 해설은 그 노드를 연결해 주는 네트워크network가 된다. 앞선 단계에서는 가볍고 빠르게 반복했다면, 이 단계에서는 좀 더 집중력 있게 접근해서 이러한 네트워크가 머릿속에 유기적으로 형성되도록 하자.

이 작업도 최대한 속도감 있게 진행하는 게 좋지만, 2주 정도는 투자해도 나쁘지 않다. 그 뒤 기출문제별로 자주 나오는 챕터와 주제 등을 검토한다. 2년에 한 번 이상 반복되는 주제는 A등급으로 표시하고, 3~4년에 한 번 출제되는 주제는 B등급으로 표시한다. 어쩌다 한 번 나온 주제는 불의타('불의의 타격'이라는 뜻으로, 미처 생각지도 못하게 사고를 당했을 때 쓰는 표현) 문제이므로 버려도 된다.

기본서에 주제별 빈도 표시하기

기출문제 정리가 완료되었다면 이제 과목별로 기본서 또는 참고서를 한 권 구하자.

범위가 정해져 있는 객관식 시험을 준비하는 경우 기본서는 최대한 요약정리가 잘되어 있고 연습문제와 해설이 한눈에 보이는 책을 고른다. 그렇다고 두꺼운 책을 고르면 안 된다. 시험은 범위를 좁히고 반복해서 반응속도를 높여야 승리하는 싸움이다. 따라서 두꺼운 책을 고르면 공부하는 내내 고통스러울 뿐만 아니라 시험을 위한 반복학습이 매우 어렵다.

주관식 논술형 시험의 경우에는 주제별로 목차와 내용이 간결하고 잘 정리된 책을 사는 게 좋다. 논술형 시험은 목차와 키워드를 가지고 답안지를 작성하는 게 유리하므로 목차와 키워드 표시가 잘되어 있는 책이 좋은 책이다. 그리고 키워드별 설명이 간략하게 가시적으로 되어 있는 책, 레이아웃이 눈에 잘 들어오게 되어 있는 책을 고르면 된다. 이왕이면 기출문제와 기출 연도표시가 돼 있는 책이면 더 좋다.

그다음 해야 할 작업은 기출문제에서 했던 빈도수 체크를 토대로 과목별 기본서에 챕터마다 등급을 정하는 일이다. 그리고 기출에서 답으로 제시된 내용이 보인다면 그것도 본문이나 제목에 별표 등의 중요표시를 하는 게 좋다.

내가 학원강사를 하면서 책을 만들고 모의고사를 출제해보니 문제 출제의 패턴을 파악할 수 있었다. 대부분의 시험이 기출에 냈던 것을 다시 내는 경향을 보였고, 자주 나오는 주제는 다시 나오게 되어 있었다. 그래서 기출에서 자주 나오는 부분만 잘 표시해두고 자주 읽어서 암기해두는 것이 시험장에서 득점하는 데 유리하다.

하루에 과목별 기본서 1회독하기

이미 앞에서 기출문제를 5개년 이상 구해서 5번 이상 훑어봤고, 기본서에 빈도별 등급표시를 해두었다. 이제 과목별로 하루를 잡고 기본서 전체를 훑어보는 작업을 해야 한다. 양이 방대한 과목의 경우 이틀이 걸려도 좋지만 3일을 넘기면 안 된다. 처음 1회독은 속도가 생명이고 머릿속에 이해보다는 잔상을 남기는 게 중요하다.

우선 A등급 표시를 한 챕터를 먼저 훑어본다. 자세히 읽을 필요는 없다. 기출문제와 답을 떠올리면서 이해가 안 되면 그냥 넘기면서 한 번 훑어본다. 대충 읽어보는 수준이지만 중요한 것은 기출문제를 상기시켜야 한다는 점이다. 자세히 떠올릴 필요도 없고, 그냥 기출문제를 봤던 느낌만 떠올려도 된다. 이렇게 하면서 문제로 출제되는 느낌과 내용을 연결한다.

그다음에는 B등급으로 표시한 챕터를 훑어본다. 이 부분을 훑어볼 때 주의해야 할 점은, 뇌를 비우고 빠르게 눈으로 보고 넘긴다는 점이다. 절대로 시간을 끌거나 멍하니 있어서는 안 된다. B등급은 A등급을 읽을 때와는 달리 눈으로만 읽고 아무것도 떠올리지 않아도 된다. 1페이지당 30초를 넘기지 않을 정도로 빠르게 해야 한다. 집중력을 높이고 최대한 짧은 시간 내에 끝낸다는 심정으로 훑어 나간다.

이렇게 한 번 책을 읽어 나가는 데 하루에서 이틀이 소요되면 성공한 것이다. 과목수에 따라 걸리는 시간이 다르겠지만, 보통 이 작업도 1주일에서 2주일 사이에 끝내야 한다.

다시 기출문제로 돌아가기

기본서의 중요주제를 한 번 훑어보았으니 이제 다시 기출문제로 온다. 기본서를 보면서 기출 때 봤던 주제의 스토리를 맛만 봤으니 이제 다시 문제와 답 그리고 해설을 보면서 그것을 떠올려본다. 이 작업에서는 기본서를 빠르게 훑으면서 보았던 키워드나 도표 또는 기억나는 느낌 정도만 상기해도 좋다. 자세히 떠오르지 않으면 넘어가도 된다. 절대로 내용에 집착해서 찾아보면 안 된다. 그럴 경우 시간이 지체되면서 목표한 잔상을 남기기가 어려워진다.

이 작업은 굉장한 효과를 나타낸다. 기본서에서 대충 보았던 내용들을 문제와 답으로 확인하면서 내용과 느낌이 떠오르거나 기억 속에서 연결되는 느낌을 받을 것이다. 또한 집중하면 할수록 재미를 느낄 것이다.

기출문제를 다시 보는 과정에서 자세히 풀어보는 것도 나쁘지는 않지만 시간을 너무 많이 할애해서는 안 된다. 풀리지 않으면 바로 해설을 보고 넘어가는 게 좋다. 최근 5년 치 기출을 1주일 안에 보면서 해설도 읽어보고 밑줄을 긋는다. 이번엔 표시를 확실하게 하면서 낙서하듯 보아도 좋다. 이렇게 문제와 답, 해설을 꼼꼼하게 읽어보려고 노력한다.

기본서 2회독은 좀 더 자세히 읽기

앞에서 기출문제를 5번 보았고, 기본서에 챕터별로 등급을 체크한 후에 강약을 조절하며 기본서를 훑어보았다. 그리고 기출문제를 간단히 풀어본 상태라 자주 나오는 주제에 대해서는 뇌 속에 큰 줄기와 살이 붙었을 것이다. 나도 자격증 시험을 치를 때나 고시공부를 할 때 이 작업을 하고부터는 신기하게 어떤 내용이 문제로 나올 것 같다는 감과 확신이 들었다. 어렴풋이 자신감이 생기면서 공부를 더 자세히 해보고 싶다는 생각이 들기도 했다.

이제부터는 기본서를 조금 더 자세히 읽는다.

A등급이라고 표시한 부분은 예제와 연습문제도 풀어본다. A등급 표시를 한 챕터는 읽으면서 중요하다고 생각하는 부분에 연필로 밑줄도 긋고 표시도 하면서 따라 읽는다. 처음 읽을 때와는 달리 읽는 속도도 빨라졌을 것이다. 그리고 문제도 풀어보고 안 풀리면 해설을 바로 읽어도 좋다.

B등급의 경우에는 문제를 풀지 않는다. 빠르게 읽어내려 가면서 중요하다고 생각하는 부분에 밑줄 정도를 표시하면서 훑어본다. 너무 자세히 읽거나 이해가 되지 않는다고 깊이 생각하지는 말자.

아직 그럴 단계가 아니다.

기본서 3회독은 챕터별 리뷰로 머리에 새기기

기본서 3회독부터는 고득점으로 가는 한 가지 요령을 알려주겠다. 이제 다시 챕터별로 중요도를 표시한 것과 별표시한 것을 기준으로 강약을 조절해 가면서 앞으로 나올 내용을 상상하며 읽어내려간다. 그리고 챕터에 있는 연습문제와 예제를 한 번 풀어보고 해설도 읽어보면 된다. 여기서 반드시 해야 할 일이 하나 있다.

각 챕터가 끝날 때 바로 다음 챕터로 넘어가지 말고 5분을 할애해서 방금 끝낸 챕터의 핵심 키워드와 중요한 내용을 말로 떠들어보자. 이왕이면 휴식시간을 내서 방금 공부한 내용을 가지고 10분쯤 떠들어도 좋다. 같이 공부하는 사람을 대상으로 해도 좋고 혼자 떠들어도 좋다.

나의 경우 이 방법의 효과를 엄청나게 느꼈다. 심지어 3회독의 단계에서 챕터 한 장을 끝낼 때마다 주요 내용을 주변 사람들에게 설명해주거나 혼잣말을 하다보니 그 내용에 대해 강의를 할 수 있을 정도로 빠삭해졌다. 그리고 시험장에 가서도 이때 요약했던 내용에 대해 빠르게 답할 수 있었다.

3회독의 단계에서 이 작업을 시작하는 이유가 있다. 처음부터 챕터를 끝낼 때마다 이렇게 요약 리뷰를 하면 오히려 고통스럽고 좌절감만 느끼게 된다. 처음부터 이렇게 요약해서 떠드는 건 불가능하고, 뭐가 중요한 내용인지 모르는 상태에서 이렇게 하는 건 혼란 속에 빠지는 지름길이다.

3회독의 단계에서 이 작업을 하면 서브노트를 만들지 않아도 저절로 요약을 반복하는 효과를 얻을 수 있다. 그것도 나의 언어로 요약하는 습관이 들어 주관식 시험에서 더 큰 위력을 발휘한다. 이렇게 하다보면 3회독부터는 시간이 오래 걸릴 수 있지만 이미 회독수를 올려놓은 상태라서 살을 붙이고 근육을 만드는 과정으로 효과적이다.

나는 크로스핏이라는 운동을 좋아하는데, 30분 폭발적으로 운동하고 5분간 리뷰하고 또 30분 폭발적으로 하고 마치면서 근육량이 엄청나게 늘어난다. 3회독 단계는 크로스핏을 하는 과정과 비슷하다고 보면 맞다.

기본서 4회독부터 문제집과 병행하기

이렇게 기본서를 3회독 하고 나서 4회독에 돌입한다. 지금부터는 B등급의 주제도 꼼꼼히 살핀다. 이왕이면 B등급의 문제도 한 번 풀어보고 깊이 생각해보면 좋다.

이 단계에서는 학원에서 하는 문제풀이 강의와 병행하는 게 좋다. 굳이 강의를 듣지 않더라도 문제집을 한 권 정도 사서 푸는 것을 추천한다. 문제를 푸는 작업은 머리에 입력된 지식을 출력하는 연습이다. 시험장에서는 이런 작업을 짧은 시간 내에 지치지 않고 해내야 하므로 이 연습을 많이 할수록 시험에 대한 반응속도와 적응도도 높아진다.

그리고 이미 3회독을 거치면서 중요한 내용은 머릿속에 입력한 상태이다. 이 단계에서 시험을 위한 출력연습을 꾸준히 해야 시험에 적응할 수 있다.

어려운 시험일수록 응용문제의 비중이나 난도가 높기 때문에 문제를 푸는 스킬이 중요할 수도 있다. 따라서 지식이 어느 정도 정리된 상태에서는 문제 푸는 연습을 다각도로 해보는 것이 좋다. 나는 보통 이 정도 단계에서 문제집을 한두 번 풀어보면서 스스로 반응속도를 체크했다. 중간중간 전국 모의고사나 학원 모의고사를 더 한다면 이런 대응력을 더 올릴 수 있지만 혼자서도 충분히 할 수 있다.

만약 강의를 듣는다면 문제풀이 강의 선택은 수험생들이 가장 많이 듣는 강사의 강의를 듣자. 문제집도 마찬가지로 가장 인기 있는 문제집을 푸는 것이 좋다. 나만 특별해지겠다고 아무도 듣지 않는 강의를 듣거나 특이한 문제집을 푸는 것은 매우 위험한 태도다. 수험생이 많이 보는 책이나 강의에는 그 나름의 이유가 있다.

시험 전날 모든 과목을 한 번에 볼 수 있도록 정리하기

시험에서 안정적으로 합격하려면 시험장에서 시험 범위의 내용이 모두 떠오르게 하는 것이 좋다. 이것은 주관식 시험의 경우 더 분명하다. 시험장에서 나올 만한 주제에 대해서 어떤 것을 물어봐도 빠르게 답할 수 있다면 무조건 합격이다. 다만, 그렇게 되기 위해서는 시험 전날 한 번 머릿속에 모든 범위의 내용을 팝업시켜야 한다. 이러려면 시험날 모든 범위를 한 번 볼 수 있도록 양을 줄이고 또 줄여놔야 한다.

어느 정도 기본서 반복이 되고 나면 요약집이나 서브노트를 별도로 구해서 반복하는 것도 하나의 방법이다. 아니면 보고 있던 기본서나 문제집에서 불필요한 부분을 뜯어버리고 자주 나오는 A등급과 B등급의 주제만 미리 10회독 이상 해두어 시험 전날 순식간에 훑어볼 수 있으면 된다. 어떻게든 자신에게 유리한 방법으로 준비하면 된다고 생각한다.

035

공부한 내용을
말로 떠들어라

"공부한 내용을 말로 떠들고 또 떠들자. 글로만 읽고 문제집이나 모의고사를 푸는 방식으로는 내가 아는 것이 제대로 된 이해인지 알 수 없고, 맞고 틀리는 정도의 확인밖에 할 수 없다."

자기가 공부한 내용을 출력하는 게 시험이다. 이런 출력을 훈련하는 방법은 여러 가지다. 객관식 문제를 풀면서 쌓은 지식을 머릿속에서 순간순간 꺼내보는 게 대표적인 방법이다. 그리고 손으로 써보는 것도 출력의 전통적인 방법이다. 내가 주로 출력하는 데 쓰는 방법은 입을 사용하는 것이다. 이상하게 남에게 들은 내용보다 내가 떠들어본 내용은 기억에 오래 남는다. 학원강사를 할 당시 강의에서 다룬 내용에 대해서는 지금도 그대로 떠들 수 있을 정도로 생생하게 기억하고 있다.

배운 내용을 말로 떠드는 것은 자기의 실력을 체크하는 수단으로도 의미가 있다. 보통 사람들은 책을 몇 번 읽으면 자기가 완벽하게 안다고 착각하는 경향이 있다. 그런데 그 내용을 설명해보라고 하면 꿀 먹은 벙어리가 된다. 책에서 방금 보았던 내용을 말해보라고 해도 잘 대답하기 어렵다.

확실히 글로 쓰는 것보다 말로 표현하는 게 배운 내용을 더 오래 기억하게 만드는 것 같다. 말로 표현하는 과정에서는 더 즉각적으로 출력해야 하기 때문에 순발력이 필요하다. 게다가 대답이 막히는 부분은 다시 찾아보고 공부하면 내가 모르는 부분을 촘촘하게 메워 나갈 수 있다. 지식의 공백을 없애는 효과도 있는 것이다.

그럼 누구를 상대로 떠들어야 할까? 나는 주로 나와 실력이 비슷한 상대를 스터디 메이트로 선택했다. 물론 실력이 좋은 사람과 그렇지 않은 사람도 상대로 괜찮다. 나보다 잘하는 사람과 스터디를 하며 떠들면 그 사람으로부터 배울 수 있고 더 열심히 따라가려는 동기부여가 되어서 좋다. 반대로 나보다 못하는 사람과 스터디를 하면 내가 아는 내용을 가르쳐주면서 지식을 정교하게 다듬을 수 있어서 좋다.

스터디를 구하기 힘들다면 가족처럼 이야기를 잘 들어주는 사람에게 하루에 한 시간 정도씩 강의를 해보는 것도 좋은 방법이다. 나는 그 대상을 어머니와 할머니로 삼기도 했다. 공부한 내용을 떠들면서 처음 듣는 사람이라도 이해되게 설명하려고 노력했다. 이 과정에서 나만의 쉬운 용어로 바꾸었고, 내용에 대한 이해가 깊이 이루어지기도 했다.

036

어디서 공부하는 게
좋을까?

"가끔 카페나 식당에서 공부하는 수험생을 볼 수 있다. 카페에서 공부하는 수험생을 비난하는 사람들도 있지만, 그것은 지나치게 협소한 사고방식에 갇혀 있는 것이다. 나도 대학을 졸업하기 직전부터는 카페에서 주로 공부했고, 오히려 그 분위기가 좋아서 공부가 잘되는 것을 느꼈다. 이를 백색소음 효과라고 한다. 공부장소는 어디든 자신에게 맞으면 그곳이 최적이라고 생각하자."

요즘 수험생들과 이야기를 해보면 공부장소가 가지각색이다. 학원에서 공부하는 사람, 강제적인 분위기가 좋아 독서실에서만 공부하는 사람, 집에서 집중이 잘돼 집에서만 공부하는 사람, 카페에서 공부하는 사람 등 다양하다. 사람마다 공부와 집중이 잘되는 장소가 다르기 때문에 공부가 잘되는 장소를 알고 몇 군데를 번갈아 가면서 공부하는 것이 좋다.

일단 자기가 어떤 유형에 해당하는지 생각해보고 공부장소를 몇 군데 정해두자.

1. 도서관 공부 학파

도서관에서 공부를 해야 집중이 잘되는 사람들은 조용한 분위기에서 다른 사람들이 열심히 하는 모습을 볼 때 '열공'을 하게 된다고 한다. 책장 넘기는 소리와 숨소리만 들리는 도서관에서 공부를 하다보면 뿌듯한 마음에 심리적으로 동기부여가 되는 유형이 대부분 도서관 학파다. 이런 사람들은 조용한 곳에서 공부를 하고 있다는 느낌이 들 때 안정감을 얻는다.

이런 도서관 학파에게 추천해줄 만한 도서관은 서울대학교 도서관, 각종 국공립도서관, 남산도서관 등이다. 나는 용산에 있는 고등학교를 다녔기 때문에 대학입시를 준비할 때 남산도서관을 자주 이용했다. 그리고 너무 조용한 분위기에서 오래 있으면 지루하기 때문에 친구들과 삼삼오오 도서관 휴게실에서 모여 공부하기도 했다.

기말고사 기간에는 서울대학교 도서관에 가서 열심히 공부하는 사람들의 기운을 느끼고 오곤 했다. 도서관은 단시간에 극도로 집중하고 싶을 때나 시험기간에 주로 이용했다.

2. 집 공부 학파

집에서 공부할 때 집중이 잘된다고 하는 사람들은 편한 분위기에서 공부하는 것을 좋아하는 유형이다. 이런 사람들은 옷을 벗고 공부하거나 편한 옷을 입고 릴렉스한 자세로 공부해야 집중이 잘된다. 집은 남의 시선을 의식할 필요도 없고 내가 원하는 패턴으로 공부하기에 좋은 장소다.

하지만 집에는 텔레비전처럼 공부에 방해되는 유혹이 많다. 공부를 시작하기 전 너무 편한 나머지 군것질을 한다든지 뒹굴뒹굴하며 공부 외적인 생각에 빠지기도 한다. 하지만 어릴 때부터 집에서 공부하는 것이 습관이 되어 있거나 공부를 할 의지가 충만한 사람에게는 집도 효과적인 공부장소다.

나는 주로 낮시간에는 도서관이나 학교의 빈 강의실 등을 찾아다니며 공부했고, 저녁시간에는 집에 와서 바닥에 방석을 깔고 앉아서 공부하거나 침대에 누워서 공부를 했다. 대학에 가서는 욕조에 물을 받아놓고 반신욕을 하며 노트를 암기하곤 했다. 이렇게 하면 몸이 편하기 때문에 공부내용에 대한 이해가 깊어지는 느낌이 들었고 지루함 없이 공부에 집중할 수 있었다.

3. 카페 공부 학파

카페에서 공부하는 것을 좋아하는 사람들은 너무 조용한 분위기를 싫어하는 유형이다. 백색소음white noise이라는 말이 있듯이 사람들은 아주 조용한 환경보다는 어느 정도 소음이 있는 상태에서 더 집중을 잘한다는 연구결과가 있다. 주변에서 음악소리나 사람들의 가벼운 대화가 일정한 패턴으로 들릴 때는 금방 익숙해져서 집중력을 높여주기 때문이다.

나도 회계사 시험에 합격하고 난 뒤로는 도서관에 가지 않고 주로 카페에서 공부를 했다. 이상하게도 너무 조용한 환경에서는 잡생각이 많이 드는데, 카페처럼 주변에 어느 정도의 소음이 있으면 오히려 잡생각이 들지 않았다. 그리고 카페에 머무르는 3~4시간 동안 한 번에 많은 양을 공부할 수 있었다. 그 시간 동안 정해진 양을 끝내자고 생각하면 훨씬 집중이 잘되었기 때문이다.

037

장소를 바꿔가며
공부해도 될까?

> "자리를 옮기면서 공부하는 것은 집중력을 높일 뿐만 아니라 기억력 향상에
> 도 도움이 된다고 생각한다. 나는 오히려 산책하면서 공부가 더 잘되었고, 주
> 기적으로 자리도 옮기면서 집중력을 유지했다."

공부는 한군데 앉아서 진득하게 해야 한다고 생각하는 사람들이 많다. 그러나 책상에 오래 앉아 있다고 해서 공부가 잘되는 것은 아니다. 공부는 책상 앞에 앉지 않아도 할 수 있어야 한다. 오히려 다양하게 장소를 옮겨 다니면서 공부하는 것이 시험장에서 적응하는 데 도움이 될 수도 있다. 한 장소에서 오랜 시간 공부를 하면 금세 질리고 집중력도 떨어진다. 공부는 장소와 분위기를 바꿔 가면서 하는 것이 효율적이다.

뇌는 지루함과 따분함을 느끼면 자극에 잘 반응하지 않는다. 한 곳에 오래 있으면 뇌에 신선한 자극을 주지 못할 가능성이 크다.

이때 장소를 바꾸면 지루함도 줄어들 뿐 아니라 새로운 자극과 함께 기억력을 좀 더 입체적으로 만들 수 있다. 이것은 각종 뇌연구에서 증명된 사실이다.

고등학교 3학년에 올라가는 방학 때의 일이다. 나는 학원에 등록할 돈이 없어 그 대신 문제집을 하루에 한 권씩 풀자는 계획을 세웠다. 그런데 한군데서 4시간 이상 앉아 있으면 집중이 잘 안 되는 것을 느꼈다. 독서실에 가서도 이상하게 3시간 넘게 책상에 앉아 있으면 잡생각이 났다. 그럴 때는 산책을 하면서 공부하거나 돌아다니면서 공부를 했다.

어느 날은 너무 공부하기가 싫어 지하철을 타고 4호선 종점인 오이도까지 가면서 문제집을 풀어봤다. 그냥 지하철 구석자리에 앉아서 연필로 되는대로 풀었다. 그렇게 집으로 다시 돌아오는 길에 문제집을 풀었고, 결국 하루 종일 이리저리 옮겨 다니며 책 한 권을 끝냈다. 이렇게 하니 중간에 잡생각이 들지 않았고 오직 공부에만 집중할 수 있었다. 그때부터 3시간 단위로 자리를 옮겨 다니며 쉬지 않고 공부했고, 이 방법은 집중력을 유지하는 데 도움이 되었다.

대학에서 공부할 때도 자리를 바꿔 가면서 공부했다. 특히 산책하면서 공부하는 것을 좋아했다. 걸으면서 그날 공부한 내용을 떠올리다가 갑자기 어려운 내용이 이해되는 순간도 경험했다. 아리스토텔레스도 걸어 다니면서 어려운 철학을 정립하지 않았던가. 인간의 뇌는 걸으면 활성화된다는 말도 있듯이 가끔은 걸으면서 공부하는 것도 나쁘지 않다.

038

기한에 집중하자

"시간과 장소를 따지면서 공부하다보면 매우 심각한 오류에 빠지게 된다. 즉, 그 장소나 시간이 아니면 공부를 안 하게 되는 말도 안 되는 오류다. 공부는 언제 어디서든지 할 수 있어야 한다. 수험생은 공부가 의무다. 누워서도 서서도 할 수 있는 것이 공부여야 한다."

우리는 어릴 때부터 시간과 장소로 공부계획을 세우는 데 익숙하다. 어릴 때부터 방학만 되면 시간표를 아침 7시 기상, 오전 8시부터 10시까지 도서관에서 수학 인터넷 강의 수강, 10시부터 11시까지 집에서 복습 후 점심시간 등 시간과 장소, 해야 할 공부를 확정해 계획을 세우곤 했다. 그런데 이렇게 세운 계획은 절대로 지킬 수 없다.

　오전 8시에 도서관에 갔는데 마침 도서관이 휴무라면? 그럼 우리는 하늘을 저주한다. 내가 공부를 하려고 하면 매번 이런 일이 일어난다고 자책한다. 다른 공부를 하려고 해도 의욕이 나지 않는다.

이렇게 시간과 공부를 확정해 계획을 세우면 스트레스만 받고 계획을 달성하지 못하게 된다. 그러면 공부를 하고 싶은 의욕도 생기지 않는다. 서울대학교에 다니는 학생들이나 고시에 합격한 사람들의 이야기를 들어보면 그들의 공부 패턴은 의외로 단순하다. 민법책 하루에 200페이지 보기, 수학문제집 하루에 500문제 풀기 등 하루나 이틀 단위로 데드라인을 정하고 해야 할 공부에 집중한다.

단순하게 계획을 세우면 장소나 시간은 중요하지 않다. 따로 계획한 장소가 없기 때문에 어디서든 공부할 수 있다. 길거리에서 공부하거나 카페에 가서라도 그날 할 분량을 끝내면 된다. 그렇기 때문에 마음이 편하고 계획을 달성하기도 쉽다. 기한 내에 목표치를 달성하면 스스로 뿌듯하고, 이런 성취감을 느끼다보면 공부의 재미를 알게 된다.

기한 내에 끝낼 공부량을 정할 때는 너무 느슨하게 세워도 안 되고, 달성하기 불가능할 만큼 빡빡하게 세워도 안 된다. 즉, 자기가 도전적으로 달성할 수 있는 분량을 설정해야 하는데, 그 분량은 하루 종일 쉬지 않고 공부해서 끝낼 수 있을 정도면 충분하다. 그리고 이 분량은 스스로 공부해보면서 찾는 것이 좋다.

039

모의고사는
많이 볼수록 좋다

"모의고사 보는 것을 두려워하는 학생들이 많다. 자신의 실력이 들통날까봐 그럴 수도 있고, 시간을 재며 푸는 것이 고통스러워서일 수도 있다. 그러나 모의고사를 치면 칠수록 실전감각은 늘게 되어 있다. 연습을 통한 실전 근육은 시험에서 공부보다 훨씬 더 큰 위력을 발휘한다. 이론만으로는 절대로 전쟁에서 승리할 수 없듯이 모의고사를 기피해서는 시험에서 좋은 점수를 받기 힘들다."

어떤 사람은 모의고사를 볼 시간에 공부를 더 해야 한다고 생각한다. 그런데 잘 생각해보면 시간이 남는다고 더 공부를 하는 것도 아니다. 모의고사를 보지 않거나 중간점검을 하지 않는 사람의 심리는 간단하다. 그냥 공부가 부족한 게 들통나는 게 싫은 것이다. 성적이 잘 안 나올까봐 두렵기도 하다. 모의고사 성적이 잘 안 나오면 슬럼프에 빠진다고 착각하기도 한다.

그러나 잘만 활용하면 모의고사는 어떤 공부보다 좋은 공부가 된다. 모의고사를 주기적으로 보면 매일 공부할 목표가 생긴다. 모의고사 성적을 올리는 게 하나의 단기적인 과제가 된다. 그리고 모의고사를 보는 범위를 공부하다보면 해당 범위에 대한 공부에 완전히 몰입할 수 있다. 잡생각이나 고민으로 인한 에너지 낭비를 줄일 수 있는 것이다.

나는 수험생활을 할 때면 모의고사를 적어도 두 달에 한 번은 칠 수 있게 일정을 짜두었다. 물론 난이도가 쉬운 시험의 경우에는 모의고사가 필요 없었다. 그냥 기출문제와 요약서만 반복하고 시험장에 가도 붙을 수 있었기 때문이다. 그런데 난도가 높은 시험이나 고시의 경우에는 모의고사가 필수적이다. 범위도 넓을 뿐만 아니라 수험생활이 길어서 중간에 동기부여가 필요하기 때문이다.

040

출제자의 의도를 파악하는 연습과
빈출지문 암기

"출제자는 문제를 그냥 만들지 않는다. 시험 응시자의 특정한 능력을 측정하기 위해 시험을 출제하게 돼 있고, 너무 쉽게 맞히지 못하게 하려는 의도에서 지문을 구성하게 된다. 이러한 의도를 파악하면 문제의 반은 맞힌 것이다. 출제자의 의도는 기출문제에 자주 나오는 지문에 모두 나와 있다."

군대에서 가르친 교육생 한 명이 회계관리 시험에 합격했다고 연락을 해왔다. 내가 가르쳐준 방법이 시험에 쉽게 합격하는 데 큰 도움이 되었다는 것이다. 신기하게도 내게 3일 동안 강의를 들은 사람들 가운데 80%가 합격을 했다. 그것도 시험을 5일 앞둔 상황에서 강의를 듣고 이틀 동안 정리하고 시험을 치렀는데도 말이다.

나는 첫 강의시간에 교육생들에게 곧장 모의고사 40문제를 시간 안에 풀어보라고 지시한다. 우리 반 교육생의 절반은 사전에 아무 공부도 하지 않은 채 '족집게 교관'이라는 소문만 듣고 온 사람들이었다. 그러니 시간 내에 문제를 다 푼 사람도 별로 없었고, 다 풀었다고 해도 점수가 매우 낮았으며, 평균점수가 30점이 안 되었다. 그 뒤 챕터별 요약 강의와 기출문제 풀이를 이틀 동안 해주었다. 그리고 이틀째 되는 날 기출문제에서 자주 나오는 문장을 외워오라는 숙제를 내주었다.

다음 날, 첫날 보았던 모의고사를 다시 치르게 했다. 물론 답을 알려주지도 않았고 같은 모의고사를 다시 치른다는 사전고지도 없이 한 일이었다. 그런데 놀랍게도 평균점수가 80점이 넘게 나왔다. 점수가 50점 이상 상승하자 교육생들은 놀라서 멍하니 나를 바라보았다. 비결은 전날 내준 숙제에 있었다. 기출문제에 계속 나오는 문장을 암기하고 나니 모의고사 문제가 저절로 풀린 것이다. 교육생들은 시험장에 가서도 대부분 80점 이상의 점수를 받고 합격했다.

기출문제를 자세히 분석해보면 자주 나오는 문장이 똑같이, 또는 뉘앙스를 살짝 바꿔서 계속 출제되는 것을 알 수 있다. 출제위원들은 시험문제를 출제할 때 기출문제를 참고해서 만든다. 그리고 중요하다고 생각하는 것을 답으로 만드는데, 그 답은 주요 주제에서 벗어날 수 없다. 출제의도 자체가 사실 해당 주제에 대한 요점을 잘 알고 있는지를 파악하는 것이기 때문이다.

이렇게 지식형 객관식 문제는 기출문제에 자주 나온 지문을 암기하면 문제 적중률을 획기적으로 높일 수 있다. 그리고 답으로 제시된 문장과 관련된 이론을 철저히 정리하면 응용문제도 쉽게 맞힐 수 있다. 지식형 객관식이 아닌 수능이나 PSAT, 각종 적성시험의 경우에는 풀이과정과 논리에 대한 이해가 필요하지만, 그런 시험도 나름대로 출제자의 의도가 정해져 있다.

시험에서 고득점을 얻는 가장 좋은 방법은 출제자의 입장에서 문제를 바라보는 훈련을 하는 것이다. 사실 나처럼 문제를 많이 출제해보면 저절로 훈련이 되겠지만, 현실적으로 일반 수험생이 문제를 만들기는 어렵다. 그렇다면 출제자들이 그동안 내온 문제를 뜯어보고 출제위원의 출제 평이나 후기를 읽어보는 것이 큰 도움이 된다.

시험문제를 출제하는 사람은 저마다 의도가 있기 마련이며, 그 의도대로 풀지 않으면 함정에 빠질 수도 있다. 어떤 사람은 자기만의 논리에 함몰돼 스스로 함정을 파는 경우도 있다.

출제자의 의도를 파악해서 따로 정리해두는 것도 시험준비에 도움이 될 것이다. 하지만 그것이 귀찮거나 어렵다면 기출문제를 보고 문제마다 어떤 의도로 출제했을지 옆에 메모하고 자주 떠올려보라. 이런 습관을 들이고 기출문제 회독수를 높이면 시험장에 가서 출제자의 시각에서 문제를 정확히 풀어낼 수 있을 것이다.

041

기억을 산출하는
다양한 시도

> "시험은 인풋보다는 아웃풋을 측정하는 제도다. 머릿속에 지식을 집어넣더
>
> 라도 시험장에서 꺼내지 못하면 아무 소용이 없다. 시험장에서 아웃풋을 잘
>
> 하려면 평소에 기억을 되살리는 다양한 노력을 해보아야 한다."

시험에서는 암기를 하는 것보다 암기된 지식을 꺼내는 연습이 더 중요하다. 아무리 많은 지식을 외우고 있어도 기억을 꺼내는 연습이 되지 않으면 시험장에서 시간 안에 많은 문제를 정확히 풀어내지 못할 것이다.

우리의 뇌는 저장하는 프로세스와 꺼내는 프로세스가 구분되어 있다. 생김새는 알겠는데 어떤 용어로 부르는지 기억나지 않는다거나 용어는 생각나는데 구체적으로 어떻게 생겼는지 기억나지 않는 경험을 봐도 알 수 있다. 이는 생김새와 용어 간의 정보가 단단히

결합되지 않았거나 기억을 꺼내는 연습을 의식적으로 많이 하지 않아서일 수도 있다.

대체로 기억을 잘 출력하는 사람일수록 시험에서 좋은 성적을 거둔다. 무작정 많이 공부하는 것만이 능사는 아니다. 공부한 시간에 비례해 시험성적이 나오지는 않기 때문이다. 공부라고 하면 인풋 과정만 떠올리는 사람들이 많지만, 지식을 꺼내는 연습인 아웃풋 과정을 간과해서는 안 된다. 그리고 이 아웃풋 과정을 무의식중에 할 수 있는 다양한 수단을 마련해야 인풋과 더불어 아웃풋하는 연습을 빠뜨리지 않게 된다.

앞에서도 말했지만 아웃풋하는 습관 가운데 가장 좋은 것이 말로 떠들어보는 것이다. 그런데 그것만으로는 부족해서 나는 아웃풋 과정으로 매우 다양한 수단을 사용했다.

주관식 시험을 준비할 때는 연습장이 키높이만큼 쌓일 때까지 쓰는 연습을 하기도 했고, 일부러 공부한 내용으로 인터넷 블로그에 글을 쓰거나 논문을 써보기도 했다. 또 걸어가면서도 배운 내용을 손끝으로 허공에 그림 그리듯 쓰면서 중얼거리기도 했고, 잠자리에 들었을 때 순간적으로 키워드와 내용을 떠올리는 연습도 했다.

이렇게 순식간에 기억을 꺼내는 연습을 자주 하면 할수록 시험장에서 문제에 대한 반응속도를 높일 수 있다. 그리고 지식형 시험을 볼 때는 갑자기 기억이 나지 않는다거나 당황하는 경우를 줄일 수 있다.

042

시험 칠 때와
가장 비슷한 상태로 연습하기

"시험장에만 가면 평소와 다른 낯선 분위기에 당황하게 된다. 더 긴장되고 돌발적인 일도 더 많이 일어난다. 이는 당연한 현상이다. 평소 실력만큼 발휘되기 어려운 것이 시험이다. 그런데 평소 실력을 100% 발휘할 수 있는 방법이 있다. 바로 시험 칠 때와 비슷한 상태로 연습을 거듭하는 것이다."

인간의 뇌는 지식을 저장할 때 학습의 내용뿐만 아니라 학습할 당시의 주변환경과 감정까지도 저장한다. 이 때문에 시험을 볼 때의 컨디션과 비슷한 상태에서 공부할수록 기억을 꺼내기가 쉽다.

시험 치는 장소와 공부 장소가 같다면 좋겠지만 이건 현실적으로 어렵다. 게다가 꼭 그래야 할 필요도 없다. 공부 장소가 아니라도 감정상태나 컨디션을 내용과 연결하는 편이 훨씬 효과가 좋기 때문이다. 시험장에서의 긴장감과 촉박한 감정을 최대한 유사하게 느낄 수 있는 환경에서 연습문제를 푸는 것만으로도 충분히 시험장에서와 같은 컨디션으로 연습할 수 있다.

나는 시험이 다가올수록 실제 시험에서와 같은 감정으로 공부하기 위해 빠른 타임라인 안에 문제 푸는 연습을 지속했다. 그리고 시험 보는 요일과 비슷한 요일, 비슷한 시간에 같은 과목을 치르는 연습을 매주 했는데, 이 연습만으로도 합격에 큰 도움이 되었다. 이렇게 하다보면 시험장에서 기억이 나지 않을 때 공부할 때의 감정이나 분위기를 떠올리며 내용도 함께 떠올릴 수 있다.

043

암기력을 높이는
덩어리 공부

"암기력이 높으면 높을수록 시험에 유리한 것은 사실이다. 우리나라의 시험은 대부분 암기력을 테스트한다. 심지어 수능이나 적성시험도 내용 암기가 많이 돼 있을수록 유리하다. 암기력을 높이려면 의미 단위를 덩어리로 묶어서 단순화하는 노력이 필요하다."

무조건 내용을 읽고 암기한다고 해서 공부를 잘하는 것은 아니다. 공부를 잘하는 사람은 뇌가 최적으로 암기할 수 있는 방식으로 암기를 하는 사람이다.

한 실험에 따르면 인간에게 뒤죽박죽으로 섞인 카드 100장을 기억하라고 제시하면 평균 25개 정도를 기억한다고 한다. 그런데 유사한 분류로 정보를 나누고 카드를 덩어리로 묶어서 기억할 경우 순식간에 50여 장의 카드를 기억할 수 있다고 한다. 기억력이 두 배로 늘어나는 것이다.

이렇게 기억력이 늘어나는 까닭은 뭘까? 지식을 덩어리로 묶어서 기억하면 기억을 해야 하는 묶음의 개수가 줄어 뇌가 더 쉽게 정보를 기억하게 된다는 원리다.

나는 아무 의미가 없어 보이는 화학기호나 경제학 논문 속의 무지막지한 공식들을 암기할 때 덩어리 암기법을 자주 활용했다. 회계 공부를 할 때는 이 방법을 더 많이 사용했는데, 특히 계정과목을 외울 때 이 분류가 자산인지 부채인지 자본인지 등의 큰 분류로 나누고 하위항목으로 묶어서 외우곤 했다.

어찌 보면 공부는 많은 정보를 내가 가장 기억하기 쉬운 분류대로 정리해 머릿속에 저장하는 과정인지도 모른다. 그렇기 때문에 자신만의 방법으로 정보를 분류하고 덩어리 개수를 단순하게 줄이면서 암기하면 훨씬 효과적으로 공부할 수 있다.

044

암기력 높이는
3단계 학습법

"공부를 하든 업무를 보든 암기능력은 정말 중요하다. 주변 사람들 가운데 나더러 어떻게 저렇게 토씨 하나 안 틀리고 다 외우지? 하는 분들이 있는데 확실히 암기력이 좋으면 인생 살기가 좀 더 편해진다. 그래서 공부든 일머리든 전방위로 써먹을 수 있는 암기법을 소개한다. 여기서 중요한 것은 순서대로 따라 하는 것인데 그러면 암기능력이 향상되고 공부 효율이 빠르게 오르는 것을 경험할 수 있다."

1단계: 밀도 관리하기

누구나 집중이 잘되는 장소나 시간이 있다. 나 역시 하루 종일 공부만 하던 때부터 특정한 시간대는 공부가 잘되고 어떤 시간대나 환경에서는 잘되지 않는 경험을 하곤 했다. 이런 부분을 통제하고 밀도 있게 암기하는 능력을 키우려면 먼저 자기관리 장치를 만들어야 하는데, 나는 공부 시간을 관리하는 앱이나 스톱워치를 적극 활용하라고 권한다.

스톱워치나 공부 앱을 등을 사용하는 이유는 최대한 집중할 수 있는 시간을 정확하게 확인해야 하기 때문이다. 언제까지 집중력이 유지되는지, 언제부터 딴생각을 하거나 집중을 못 하는지 반드시 체크해야 한다. 이것은 공부든 업무든 마찬가지다. 예를 들어 시작할 때는 집중력이 좋다가 시간이 지나면서 어느 순간 급락한다고 해보자. 이 패턴을 그래프로 그려보는 것이다.

대부분 집중력은 서서히 떨어지기보다 급격히 떨어지는 패턴을 보인다. 여기서 해야 할 건 집중력이 절반 아래로 떨어지는 구간, 머리가 돌아가지 않고 멈추는 구간까지 걸리는 시간이나 증상을 체크해 기록하는 것이다. 그다음은 집중력이 급락하기 시작하는 시점에 자리에서 일어나 공부하던 것을 들고 밖으로 나간다. 이때 가볍게 걷거나 스트레칭을 하면서 몸을 풀어주면 좋다. 다만 이 과정은 짧게 해야 하며 만약 쉬는 시간이 늘어날 것 같으면 그 시간을 암기시간으로 정해 활용한다.

이 과정은 떨어지는 집중력을 끌어올려 지속적으로 집중상태를 유지하는 데 핵심이 있다. 20% 수준으로 급락한 집중력과 컨디션으로 10시간 공부하는 것보다 50% 이상의 집중력으로 4시간 공부하는 게 훨씬 이득이라는 사실은 이 방법을 직접 사용한 사람이라면 누구나 동의할 것이다. 시간을 많이 쓴다고 해서 무조건 능률이 오르는 것은 아니다.

2단계: 그룹핑하기

나는 나무를 보지 말고 숲을 보라는 말을 좋아한다. 그래서 업무를 하든, 책을 쓰든, 공부를 하든 암기를 할 때는 큰 틀부터 머리에 새기고 시작한다. 책을 쓸 때 목차부터 쓰고 살을 붙이면 효율적이듯이, 공부 역시 책 쓰는 방법을 똑같이 적용하면 된다. 우선 전체 목차와 오늘 공부할 장의 소목차를 모두 한 번씩 읽고 어떤 내용일지 추측하거나 유추해본다. 숲을 보고 나무를 보면 그 나무가 더 선명하게 이해될 것이다.

이때 목차를 보면서 궁금해하는 것이 중요하다. 궁금한 내용이 많을수록 본문을 읽을 때 궁금증이 해소되며 머릿속에서 장기기억으로 새겨진다. 단순히 보는 데서 그치지 않고 이해 영역으로 넘어가기 때문이다. 그리고 세부 키워드는 키워드만 봐도 개념 정의나 내용이 떠오르는 것이 중요하다. 한 번 읽은 내용일수록 키워드만 보고도 빠르게 내용을 떠올리는 연습을 반복한다.

이것은 나무를 심는 과정과 같다. 나무의 씨앗이 키워드라면 내용을 떠올리는 연습은 그 씨앗에 영양분을 주는 과정에 해당한다. 이때 목차나 키워드 옆에 그 하위 내용이 분절되어 있다면 또는 그 내용이 몇 가지 요소나 요건으로 구성되어 있다면 그 개수를 키워드 옆에 써둔다. 그리고 그 개수만큼 내용을 의식적으로 암기하며 떠올린다. 이 작업을 하면 요약집이나 책이 완전히 암기될 것이다.

다만, 이 과정을 기계적으로 반복하기만 해서는 안 된다. 자신과 대화를 한다는 생각으로 스스로 질문을 던지고 답하는 패턴을 유지해야 한다. 다른 사람이 봤을 때 이상한 사람이라는 생각이 들 정도로 반복할수록 효과는 더 탁월하다. 우리가 선생님 또는 선배들한테 질문해서 받은 답은 잘 잊어먹지 않듯이 이 방법을 자신에게 써먹는다고 생각하면 된다. 희한하게 들릴 수도 있겠지만 내가 나를 가르친다는 느낌으로 스스로에게 설명하다보면 완벽한 암기는 물론 언제든 즉시 인출이 가능한 뇌 상태가 될 것이다. 이때 설명하는 속도는 빠를수록 좋다.

나를 가장 잘 이해시키고 가르칠 수 있는 것은 나 자신이라고 생각하고 시도해보길 바란다. 만약 이게 어렵다면 강사의 도움을 받아서라도 설명법을 발굴해보자. 분명 기대 이상의 성과를 거둘 것이다. 여담으로 이 방식으로 공부해 회계학 2차 주관식 시험에서 98점을 받은 적이 있다. 이때 평균점수가 40점대였던 것을 보면 전국 수석이었을 것이다.

3단계: 쐐기 박기

앞에서 신박한 암기 방법을 공개했지만 사실 나는 한때 종일 공부해놓고도 다음 날이 되면 잊어버리는 고질병을 앓고 있었다. 그래서 잠자리에 들기 전 빠르게 다시 목차를 보면서 내용을 떠올린 뒤 잠을 자는 습관을 들였는데 다음 날 추가 진도를 나갈 때 한 번 더 공부한 내용을 훑어보고 기억을 되살리면 좀 더 선명하게 기억해낼 수 있다는 것을 발견했다. 이것이 일명 누적적 복습법이다.

이 방식은 벽돌을 쌓을 때처럼 토대가 되는 내용을 한 번 더 본 뒤 새로운 내용을 시작하는 방식이다. 이렇게 하면 이전 내용의 회독수가 기하급수적으로 늘어나 나중에는 책을 보지 않고도 내용을 떠올릴 수 있다. 이 방법의 최대 장점은 앞의 내용을 잊어버려 다시 공부해야 하는 불상사도 일어나지 않을뿐더러 시간도 절약되는 일석이조의 효과를 거둘 수 있다는 것이다.

마음먹고 제대로 공부해본 사람이면 누구나 동의하겠지만, 나는 매일 하는 복습이 정말 중요하다고 생각한다. 단, 누적적 학습을 하면서도 내용의 정확도를 높이려면 일주일에 한 번 정도는 오래된 내용을 정독할 필요가 있다. 그렇게 하면 내 기억이 얼마나 유지되는지도 확인할 수 있으며 주기마다 한 번 더 복습하면 장기기억으로 전환될 확률이 높다. 여기서 주기는 사람마다 다를 수 있지만 적어도 일주일은 넘기지 않는 것을 추천한다.

045

암기의 또다른 비법,
말족

"이해를 바탕으로 할 때 암기도 잘된다. 그래서 많은 선생님이 암기하기 전에 이해를 하라고 가르친다. 때로는 많은 양의 정보를 단순히 암기해야 할 때도 많다. 이럴 때 쓸 수 있는 것이 '말족'이다. 그것은 단순 나열된 내용의 특성을 따고 특별한 의미를 부여해 더 외우기 쉽게 하는 트릭이다. 나도 이 방법을 즐겨 사용했다."

우리는 새로운 정보를 접했을 때 이와 관련된 기존 지식이 없거나 다른 정보와 연결되지 않으면 금방 까먹는다. 이는 뇌가 그 정보를 의미 없는 것으로 취급하기 때문이다. 뇌는 정보를 접하면 거기에 의미가 있는 경우에만 기억할 것으로 받아들인다. 즉, 먼저 의미를 파악한 다음 암기 단계로 넘어가는 식이다.

　이런 이유에서 의미를 부여하거나 어떤 이해의 과정을 거치지 않고 단순히 암기만 하려고 하면 굉장히 고통스러울 수밖에 없다. 뇌 속에 별도의 암기공간을 삽질해가며 만들어야 하므로 당연히 더 오래 걸리는 것이다. 쉽게 잊어버리려고 하는 기억을 붙잡으려면 그만큼 반복하는 횟수를 늘려야 한다.

그 고통스러운 반복작업을 줄여주는 것이 바로 의미부여다. 암기해야 할 때는 단순히 반복만 할 것이 아니라 그 내용에 특별한 의미를 부여하거나 이해하면 그만큼 효율적이다.

그런데 때로는 단순 나열된 내용을 암기해야 하는 경우가 있다. 이럴 때는 인위적으로라도 이 정보에 의미를 부여할 수 있는 장치를 만들어야 한다.

예를 들면, 세법 중에서 소득세법은 열거주의 과세방식을 취하고 있다. 소득세법에서 열거된 소득에 대해서만 과세를 하므로 거기에 열거된 8가지 소득을 암기해야 한다. 바로 이자소득, 배당소득, 사업소득, 근로소득, 연금소득, 기타소득, 퇴직소득, 양도소득이다.

이것을 무턱대고 외우면 오래 걸리기 때문에 나는 전체를 한 덩어리로 해서 의미를 부여했다. 즉, 앞 글자를 따면 '이-배-사-근-연-기-퇴-양'이므로 "이 배를 사! 근데, 연기하면 안 될까? 퇴양이 뜰 때까지~"하고 암기하면 전체 앞 글자를 기억할 수 있고, 하나씩 떠올려보면 금세 기억이 난다.

이보다 더 의미가 없는 것에 의미를 부여해 암기하는 법을 떠올려보자. 이를테면 전화번호 같은 것인데, 이것 역시 번호에 의미를 부여하면 암기하기가 쉽다. 만약 010-5879-7789라는 번호를 암기한다고 치자. 이를 덩어리로 나누면 010(공일공)과 5879(오빠친구)와 7789(칠칠이팔구)로 나눌 수 있다. 이를 "오빠친구 칠칠이는 팡구(팔구)가 지독해" 식으로 의미를 부여해 암기하는 것이다.

이런 트릭은 의대 공부를 할 때 많이 사용한다고 하는데, 이를 '말로 된 족보(기출 또는 매우 중요한 내용)'라고 해서 '말족'이라고 부른다고 한다. 외울 내용이 많으면 전체 내용으로 하나의 이야기를 만들기도 한다. 예를 들어 얼굴신경의 주행을 외우기 위해서는 얼굴신경이 처음 나오는 위치부터 머리뼈를 지나며 통과하는 구멍들 및 작은 신경들이 분지하는 위치 등을 외워야 한다. 이 방대한 양의 내용을 '빠샤facial nerve의 모험'이라는 말족으로 만들 수 있다.

여기서 몇 가지 팁을 추가하자면, 말족이 조금 더럽거나 성적인 경우 암기력을 배가할 수 있다고 한다. 또는 노래처럼 음을 부여해 외운다든지 하는 등의 트릭을 이용하면 아무리 많은 내용도 암기할 수 있다.

이와 같이 무의미한 것들을 의미화하면 암기가 빨라지고, 우리가 보려는 시험에서 최대한 많은 정보를 기억할 수 있을 것이다.

046

통째로 외워지는
틀거리 암기법

"하위권을 맴돌던 모의고사 성적이 몇 달 만에 상위 10% 안에 들 만큼 퀀텀 점프를 한 경험이 있는데 그 핵심 비결은 틀거리 암기법이었다. 암기하는 방법은 여러 가지가 있는데, 이 암기법을 자유롭게 활용하면 책을 통째로 외우는 것도 가능하다. 특히 하나의 개념을 여러 개 암기법을 사용해 암기할수록 더 많은 내용을 외우는 것이 가능하다. 그 방법의 하나가 틀거리 암기법이다."

틀거리 기법

문제집이나 개념서에 나와 있는 개념을 좀 더 쉽게 암기하려면 내가 잡아놓은 틀에 넣어 한번에 외워버리는 것이 훨씬 수월하다. 대부분 교과서나 문제, 해설지를 읽고 달달 외워도 시간이 지나면 바로 잊어버리지만 내가 만든 틀에 담아서 한번에 외우면 훨씬 더 기억을 잘 떠올릴 수 있다.

예를 들어 법학 공부를 할 때는 1) 의의 2) 요건 3) 효과 4) 사례 또는 판례 이런 식으로 큰 틀을 만든 후 암기해야 할 개념을 틀에 맞게 재조합해 머리에 후다닥 넣어버리면 된다. 동일한 틀을 반복해서 암기하는 데 쓰다보면 우리 뇌는 부담을 덜 느낀다. 그것은 일관성 때문이다. 구조가 단순하고 패턴이 반복될수록 우리 뇌는 익숙하게 흡수하기 때문에 암기도 더 수월하게 된다. 특히 주관식 답 역시 그 틀대로 쓰면 완전히 복사 붙여넣기가 가능하다.

내 경우 회계학을 공부할 때 풀이 공식을 암기하고 요건을 외운 후 대표 문제사례 한 개당 열 번씩 풀어서 외웠는데 이것은 수학도 비슷한 것 같다. 경제학은 독립변수와 종속변수, 모형, 그래프로 설명되며 이것을 순서, 효과, 결론 순서대로 틀을 잡고 하나하나 개념을 씹어서 한꺼번에 암기했다. 이때 틀거리를 만드는 순서는 다음과 같다.

틀거리 만드는 순서

1. 책에서 내가 암기하려는 범위를 확정한다.
2. 그 범위 안에서 해당 내용이 들어갈 틀거리를 표시한다. 법학을 예로 들면 법조문/의의/요건/효과/판례에 번호를 붙여 책 옆에 연필로 써두고 그 순서대로 읽으면서 통으로 암기하는 과정을 반복하면 된다.

3. 이때 전체적으로 글을 읽으면서 문장 안에서 반드시 알아야 할 핵심 키워드를 표시한다. 동그라미를 치거나 그대로 암기해야 할 내용이라면 앞글자에 세모를 표시해 앞글자만 따서 외우고 그 내용을 함축해 키워드를 만든다. 여기에 살을 붙여 만들면서 스스로 아웃풋하는 연습을 한다. 문장에서 핵이 되는 것을 표시하고 그걸 전체 틀거리에서 반드시 외우려고 의식적으로 노력해야 한다. 반복되는 용어가 있으면 그것이 키워드일 가능성이 매우 높고 이미 기출이나 중요하다고 친절하게 표시된 책이 있다면 그대로 가져가면 된다.

4. 만약 시험 직전에 통으로 외워서 써야 하는 상황이라면 일단 문장마다 번호를 붙이고 번호마다 하나의 짧은 키워드로 요약한다. 키워드 잡는 것은 반복되는 용어를 보면 된다. 그리고 그 반복되는 키워드 문장을 함께 묶어서 암기하면 키워드 단위로 양이 확 줄어든다.

그렇다면 경제학이나 인문학, 회계학이나 법학, 수학이나 공학 모두 교재가 두꺼운데 그걸 내 틀에 맞게 따로 정리해서 암기해야 할까? 그럴 시간이 충분하고 미리 정리된 것이 있다면 좋겠지만 반드시 그래야 하는 것은 아니다. 굳이 그렇게 하지 않아도 암기 요령을 터득하면 틀을 잡고 외울 수 있다. 아무리 길게 쓰여 있는 책도 자세히 보면 각 문장이나 문단이 하나의 틀로 요약될 수 있다.

이건 '~이다'로 끝나니까 정의문장이네.

이건 ~ 이후, ~직전, ~다음으로, ~이어서 등 딱 봐도 절차문장이네.

이건 블렛포인트나 숫자로 각 요소를 나열하니 요건이나 세부요소네.

이건 사례를 들고 있네.

이렇게 파악하고 나서 그 틀 안에 넣어서 외우는 연습을 해보자. 나는 시험 기간이 많이 남았을 경우 컴퓨터에 워드를 띄워놓고 이렇게 틀거리마다 요약해서 암기하곤 했다. 손으로 하는 것보다 타이핑이 좀 더 편해서 그랬는데, 이렇게 요약한 것을 시험 직전에 훑어보면서 빠르게 한 번 더 암기해주면 좋다. 특히 시험 보기 두 달 전부터 요약본을 만들어 한번에 암기하는 방법을 사용하면 꼴찌도 상위권으로 갈 수 있다.

047

뇌를 속여 강제로 외우는
뇌속임 암기법

"암기하다보면 기계적으로 외워지는 경우와 내용을 이해하며 외우는 경우
가 있는데 한쪽에서는 내용 이해가 전제되어야 더 오래 기억에 남는다고들
하지만 나는 기계적인 암기와 이해하는 암기를 구별하지 않는다. 반복해서
학습하다보면 내가 기존에 가지고 있는 무의식적 틀에 따라 스스로 이해하
게 된다."

보통 암기법이라고 소개되는 방법들을 보면 책 전체를 흐름대로 이
해해라, 주변 사람들에게 설명을 해봐라, 단권화해라, 회독수를 늘
려라, 자투리 시간에 반복해라 등 여러 방법을 제시하고 있다. 모
두 맞는 말이긴 하지만 어떻게 외워야 하는지 좀 더 구체적이면서
도 강력한 비법이 있다. 이 방법은 단순하지만 효과는 탁월하며 특
히 실전에 강한 것이 특징이다. 그리고 가장 중요한 것이 있는데 당
장 이해가 되거나 느낌이 오는지보다 시험 당일 시험장에서 써먹

을 수 있도록 언제든지 쓸 수 있는 상태로 만드는 것이다.

내 경우 회계학이나 법학 시험을 준비할 때 이 방법을 썼다. 사실 이들 과목만큼 암기량이 많은 분야도 없으니 두 가지를 예로 들어 설명하겠다. 우선 다음과 같은 문장을 외워야 한다고 해보자.

민법 제750조 불법행위책임. 고의 또는 과실로 인한 위법행위로 타인에게 손해를 가한 자는 그 손해를 배상할 책임이 있다.

이 문장을 그대로 외우려면 아마 뇌에서 발작을 일으킬 것이다. 마음으로야 이걸 외워야 내가 성공하고 나한테 좋다는 걸 알아도 뇌는 기본적으로 내 편이 아니다. 심지어 자기가 편하려고 나를 속일뿐더러 온갖 방해공작을 펼치면서 외우지 말라고 꼬드길 것이다.

특히 뇌는 길고 어려운 문장을 정말 못 외운다. 그 대신 짧은 단어는 엄청 잘 외운다. 우리가 해야 할 것은 이런 뇌의 약점을 이용해 뇌를 속이는 것이다. 이름하여 뇌속임 암기법인데 이때 3단계를 기억해야 한다.

1단계: 키워드 인수분해로 뇌를 안심시킨다

처음 보는 어려운 문장을 암기해야 할 때는 토씨 하나 안 틀리고 무작정 외우려고 해서는 안 된다. 그럴 때는 일단 뇌를 달래야 한다. "이 길고 어려운 문장을 통째로 외우려는 게 아니야"라고 말하면서 속여야 한다. 그러려면 문장을 키워드 단위로 인수분해하는 과정이 필요하다. 위에 제시한 문장을 인수분해해보자.

1) 750
2) 불법행위책임
3) 고의 과실
4) 위법행위
5) 타인 손해
6) 배상 책임

이렇게 6개 키워드로 인수분해한 후 다음 단계로 넘어가자.

2단계: 핵심 키워드로 한 발자국만 들인다

이제는 뇌한테 이렇게 말할 차례다. "괜찮아. 한 발자국만 들어와. 그 정도는 아무것도 아니잖아?"라면서 본격적으로 뇌를 속여야 한다. 문장을 다 외우라는 것도 아니고, 분해한 6가지 키워드를 당장 다 외우라는 것도 아니다. 핵심 키워드 1~2개와 남은 키워드 개수만 외우자고 뇌와 합의하면 된다.

즉, 6개 키워드로 인수분해한 후 그중 핵심 키워드 1~2개를 가려내는 건데 이때 핵심 키워드는 보자마자 나머지가 연상될 만한 키워드여야 한다. 위 사례를 예로 들면 '750'과 '불법행위책임'이 핵심 키워드가 된다. 그러고 나서 뇌한테 이렇게 말하는 것이다.

"750, 불법행위책임, 6개 이것만 외우면 돼."

3단계: 다섯 번 반복한다

핵심 키워드와 키워드 개수만 외우자고 하면 뇌는 거절하지 않을 것이다. 그러고 나서 우리가 할 일은 핵심 키워드와 키워드 개수를 보며 처음에 외우려고 했던 문장을 5회 다시 보는 것이다. 앞에 예시로 설명하면 '750', '불법행위책임', '6개' 이 세 단어를 보고 나서 처음 인수분해했던 6개 키워드를 본 후 처음에 외우려고 했던 문장을 다시 보는 과정을 5회 반복하는 것이다. 그러면 그다음부터는 '750', '불법행위책임', '6개'라는 간단한 단어 3개만으로 난생처음 보는 어려운 문장도 통째로 쉽게 외워버릴 수 있다.

암기하다보면 기계적으로 외워지는 경우와 내용을 이해하며 외우는 경우가 있는데 한쪽에서는 내용 이해가 전제되어야 더 오래 기억에 남는다고들 한다. 하지만 나는 기계적인 암기와 이해하는 암기를 구별하지 않는다. 사실 반복해서 학습하다보면 내가 기존에 가지고 있는 무의식적 틀에 따라 스스로 이해해버리게 된다. 그래서 암기할 때는 10회독 이상 반복적으로 학습하며 그 효과로 자연스럽게 외워지는 것이 가장 좋다.

048

주관식이 객관식보다 쉬운
인덱스 공부법

"오늘날 최고난도 시험에는 모두 주관식 서술형 문제가 나온다. 심지어 배점 높은 문항은 모두 주관식 문제다. 따라서 주관식 문제에서 점수를 많이 딸수록 더 유리할 수밖에 없다. 주관식 시험을 잘 보려면 먼저 사람들이 왜 주관식 시험에서 답을 제대로 서술하지 못하는지를 알아야 한다. 또한 채점도 결국 사람이 하는 일이라고 생각하고 문제를 해결할 방법을 찾아야 한다."

보통 사람들은 답을 고르는 객관식 문제보다 글로 써야 하는 주관식 문제가 더 어렵다고 느끼는 경향이 있다. 하지만 사실은 정반대다. 주관식 시험 보는 방법 하나만 알면 객관식 시험보다 주관식 시험이 훨씬 쉽다. 특히 주관식 문제는 출제 범위가 좁아서 외울 것도 현저하게 줄어든다. 방법을 모르니 주관식 시험이 더 어렵다고 느꼈던 것이다.

이것은 내가 직접 체험한 것이기도 하다. 손해사정사 2차 시험을 볼 때 불과 3개월간의 훈련으로 회계학 주관식 시험에서 만점에 가까운 96.66점을 받았다. 그때 주변 사람들 모두 결과를 듣고는 미친 것 아니냐며 깜짝 놀랐다. 하지만 세상에 존재하는 모든 주관식과 서술형 시험 문제를 가지고 놀 공부법을 알면 이런 일은 누구에게나 일어날 수 있다.

오늘날 최고난도 시험에는 모두 주관식 서술형 문제가 나온다. 심지어 배점 높은 문항은 모두 주관식 문제다. 따라서 주관식 문제에서 점수를 많이 딸수록 더 유리할 수밖에 없다. 주관식 시험을 잘 보려면 먼저 사람들이 왜 주관식 시험에서 답을 제대로 서술하지 못하는지를 알아야 한다. 즉, 답을 제대로 쓰지 못하니 점수가 깎이는 것인데 그런 불상사가 일어나지 않게 하려면 흔히 저지르기 쉬운 실수 세 가지를 기억해야 한다.

첫째, 문제가 묻는 것에 답을 하지 못해서.

둘째, 정답을 알고 접근하더라도 채점자가 요구하는 키워드를 모두 쓰지 못해서.

셋째, 정확한 답을 알고 있는데도 답안을 두서없이 작성해 채점자에게 안 좋은 인상을 줘서.

그동안 나는 대학교, 대학원, 회계사, 변호사, 감정평가사 등 여러 시험을 봤고 위에서 언급한 실수를 저질렀다. 특히 셋째 실수가 가장 뼈아팠는데 다 알고 다 썼는데도 고득점을 못 받으니까 억울했던 기억이 지금도 생생하다. 하지만 채점도 결국 사람이 하는 일이라고 생각하고 문제를 해결할 방법을 찾았다. 그러고는 주관식 시험을 완전히 정복했다. 나는 이 방법을 인덱스 공부법이라고 불렀는데 이 방법만 터득하면 어떤 시험을 보더라도 준비기간 10배 단축, 10배 이상 성과를 보장받을 수 있다.

축약 단계

인간의 암기력은 한계가 있는데 방대한 양의 기본서 내용을 전부 공부해서 시험을 보겠다는 것은 그냥 떨어지겠다는 것과 마찬가지다. 그럼 어떻게 해야 할까? 우선 100% 완벽할 정도로 답을 써 내려갈 수 있는 주제들을 골라야 한다. 그러고는 해당 주제가 반영된 기출문제를 미리 확보해서 공부할 분량을 축소한다. 그렇게 범위를 정한 뒤 시작하는 게 첫 번째 핵심이다.

  어려운 고시급 시험일수록 기본서는 두껍기 마련이고 그래서 시험 범위가 아주 많아 보일 수밖에 없다. 그러면 누구나 '이 많은 양을 다 공부해야 고득점을 받겠구나'라고 생각한다. 하지만 그렇게 생각하다가는 장수생이 되는 것은 따 놓은 당상이고 아무리 오래 준비해도 결국 실패한다. 사실 우리가 시험을 보는 이유는 잘 봐서 합격하는 게 목적이지 관련 지식을 많이 쌓는 것이 아니다. 다시 말해 시험에 나올 문제들을 최대한 많이 알고 그것들을 채점자가 좋아하는 형태로 써서 점수만 잘 받으면 된다.

이때 꼭 기억해야 할 것은 채점자는 실력을 체크하는 게 아니라 '답안지'를 체크한다는 사실이다. 시험을 보는 사람으로서는 최대한 많은 지식을 습득해야 그만큼 합격할 확률도 올라갈 거라고 생각하겠지만 오히려 너무 많은 양을 소화하려다보면 괜히 사족을 붙여서 엉뚱한 답이나 늘어놓을 수 있다. 그래서 주관식 공부는 시험에 나오는 부분만 한정해서 공부할 분량을 줄여야 한다. 그럼 어떻게 분량을 줄일까? 답은 역시 기출문제다. 기출문제들을 보면 매년 비슷한 문제가 반복해서 나오는 것들이 있다. 그것들만 완벽하게 써내도 고득점을 받을 수 있다.

그렇다 해도 만에 하나 기출문제에서 못 본 처음 보는 문제가 시험에 나왔다면? 그건 어차피 남들도 처음 보는 문제이기 때문에 상대평가 시험에서는 대세에 아무런 영향이 없다. 그보다는 자신이 완벽하게 써 내려갈 수 있는 주제를 기출문제 중에서 추려내는 것이 훨씬 더 중요하다. 시험마다 다르겠지만, 최근 경향은 보통 기출문제는 아무리 많아도 100개 이하로 추린다. 이 과정까지 했다면 그 내용들을 서브노트에 정리해놓고 복습만 하면 된다.

목차화 단계

답도 알고 키워드도 다 썼는데 감점당하는 상황을 피하려면 처음부터 목차식으로 암기해야 한다. 여기서 목차식으로 암기한다는 것은 책의 목차처럼 전체 틀을 만든 후 그 틀에 맞춰 답안지를 채워야 한다는 의미다. 그래야 고득점을 할 수 있다. 먼저 전체 틀을 잡고 그 안에 넣을 키워드를 하나씩 적어서 통으로 암기하면 시험 문제에 해당 주제가 나올 때 수월하게 답안을 작성할 수 있다.

일단 이렇게 해두면 시험 때 공부한 주제가 등장하는 순간 내가 외워둔 목차대로 답을 쓰면 된다. 목차화하면 답을 쓸 때도 더 잘 기억나서 빼먹고 안 쓰는 키워드도 적어지고 전문적이고 짜임새 있게 답안을 작성할 수 있다. 그러면 채점자로서도 채점하기가 매우 수월해지므로 내 답안지를 좋게 평가할 가능성도 훨씬 높아진다. 이 방법은 시험 답안지를 쓸 때뿐만 아니라 경제활동을 하면서 써야 하는 모든 문서에도 활용할 수 있다.

아웃풋 단계

보고 들으면서 머릿속에 넣는 작업이 '인풋'이라면 머릿속에 있는 걸 끄집어내서 타인에게 선보이는 모든 작업을 '아웃풋'이라고 한다. 즉, 공부는 인풋이고 시험은 아웃풋이다. 인풋과 아웃풋을 반복하는 뇌 활용법으로는 대표적으로 파인만 테크닉이 있다. 파인만 테크닉의 핵심은 설명을 해서 다른 사람을 제대로 이해시킬 수 있느냐에 있다. 그것이 가능하다면 아무리 어려운 내용이라도 빠르고 정확하게 습득할 수 있다.

사람들은 보통 인풋이나 아웃풋에서 공부를 멈추는데, 이는 우리가 뇌한테 속아서 공부가 되었다고 착각하기 때문이다. 하지만 뇌의 속임수에 넘어가면 성공할 수 없다는 것을 나는 잘 알고 있다. 그래서 아웃풋을 1차 아웃풋과 2차 아웃풋으로 나누었다. 1차 아웃풋은 내가 나에게 설명하는 것인데 이 경우 뇌의 특성상 자신이 편한 쪽으로 나를 속이려 들기 때문에 남에게 설명해서 이해시키는 2차 아웃풋으로 확인해야 한다. 이것이 성공해야 진짜 아웃풋이 완성된 것이다.

그러려면 먼저 아무것도 모르는 친구에게 최대한 쉬운 말로 설명하며 친구를 이해시켜야 한다. 내가 정말 100% 완전히 깨우치지 않았다면 아무것도 모르는 남을 절대로 이해시킬 수 없다. 어찌 보면 시험이라는 게 남에게 설명하는 것과 크게 다르지 않기 때문에 2차 아웃풋이 가장 실전에 가깝다.

한편 2차 아웃풋을 이용하는 뇌 활용법은 유대인의 하브루타 공부법에도 적용되어 있는데, 이 방법이 우리나라에서 크게 유행한 적이 있다. 하브루타 공부법이란 학생들끼리 짝을 지어 서로 질문을 주고받으며 공부하는 유대인 전통 교육 방식이다. 유대인 역시 이 방법이 뇌를 완벽하게 활용하는 방법의 끝판왕이라는 사실을 알았던 것이다.

049

이미지로 공부하기

"글보다는 시각적인 이미지가 더 기억이 잘된다. 그래서 최근 이미지맵이나 그림을 통해 암기하는 방법이 각광을 받는지도 모른다. 소리와 글은 연상하는 데 시간이 오래 걸리지만, 이미지는 즉각적으로 떠오르기 때문에 이를 잘만 활용하면 시험 성적을 획기적으로 올릴 수 있다."

인간은 정보를 기억할 때 글자나 소리로만 기억하기보다는 그림이나 이미지로 상상하면서 정보를 떠올리면 훨씬 오래 기억한다. 그리고 우리가 흔히 알고 있는 마인드맵mind map이라는 기법으로 기억하면 더 쉽게 기억을 만들 수 있다. 암기는 정보가 그냥 글자로 머릿속에 들어오는 작업이 아니라 특정한 느낌과 이미지가 텍스트와 결합해 뇌에 박히는 작업이다.

나는 회계학 공부를 할 때 그림을 활용해 내용을 풀이하곤 했는데, 덕분에 개념적으로 다른 이론을 간단히 구분해서 암기할 수 있었다.

예를 들면, 원가모형은 자산의 가치가 매년 말 원가 그대로 유지된다는 모형인데, 그림으로 나타내면 수평선이라고 볼 수 있다. 말하자면 일정한 금액인 100원으로 유지되기 때문이다. 반대로 공정가치 모형은 매년 자산의 가치를 공정가치로 업데이트해주는 방법이다. 그림으로 나타내면 오르락내리락하는 블록 모양이다. 이렇게 머릿속으로 상상하면서 개념을 정리하면 더 쉽게 암기할 수 있다.

그래서 나는 회계학을 비롯해 공식 등을 사용하는 학문의 경우에는 그래프나 그림으로 시각화해 정리한다. 다이어그램diagram이나 플로차트flowchart 등으로 시각화해 정리된 책을 글만 있는 책보다 선호하는 것도 이런 이유에서다.

만약 기본서가 글로만 되어 있다면 표나 그래프로 요약해 책의 여백에 가필하는 습관을 들이자. 이렇게 해두고 시험이 임박할수록 그림으로 정리하면 시간이 훨씬 단축될 것이다.

050

스마트폰으로
쉬는 시간에도 공부하기

"스마트폰은 수험생들에게는 공부를 방해하는 최대의 적이다. 스마트폰은 그 중독성 때문에 계속 들여다보게 하는 힘이 있는데, 이를 역으로 이용하면 시도 때도 없이 공부할 수 있다. 그냥 게임을 하듯 공부를 쉬지 않고 어디서든 하게 되는 것이다."

요즘 사람들을 보면 쉬는 시간에 스마트폰을 들여다보느라 정신이 없다. 심지어 일하는 중에도 게임을 켜놓거나 스마트폰으로 뉴스를 보느라 시간을 허비하는 사람들이 매우 많다. 학생들도 예외는 아니다. 어디를 가든 카카오톡 메시지를 주고받고, 페이스북에 댓글을 달며, 또 인터넷 서핑을 한다. 하루라도 스마트폰이 없으면 죽을 것처럼 다들 스마트폰에 중독돼 있다.

나는 오히려 여기서 발상의 전환을 했다. 스마트폰으로 쉬는 시간에 게임하듯 공부하면 '공부에도 중독될 수 있겠다'고 생각한 것이다. 그리고 그 생각은 적중했다. 내가 자격증 공부를 하고 최단기간에 공백 없이 합격하는 데 이 방법이 상당히 유용했다.

요즘에는 책을 PDF로 스캔해주는 업체도 많고, 사진을 찍으면 PDF로 변환해주는 앱도 많아졌다. 내가 공부하려는 내용을 스마트폰에 넣을 수 있는 것이다. 나는 이런 프로그램을 이용해서 주말에 배운 내용을 스마트폰에 저장해두었다가 이동시간에 보거나 쉬는 시간에 보면서 지속적으로 공부할 수 있었다. 남들이 스마트폰으로 게임을 하거나 인터넷 검색을 할 때 나는 책을 본 것이다.

이 방법을 공부에 사용한 것은 그리 오래되지 않았다. 나는 2011년 공인회계사 시험에 합격하고 나서 스마트폰을 처음 구입했다. 그전까지는 스마트폰이 공부에 방해가 될까봐 살 엄두를 내지 못하다가 선배들이 들고 다니는 것을 보고는 덩달아 구입했다. 이때가 대학교 4학년 때였는데, 처음에는 인터넷 검색과 통화 용도 외에는 일절 사용하지 않았다.

그러던 어느 날 학교 수업에서 한 친구가 교수님이 칠판에 판서하는 것을 스마트폰으로 찍는 것을 보게 되었다. 그래서 나도 무의식중에 그 친구처럼 스마트폰에 찍어서 가지고 다니며 보게 되었다. 또 내가 정리한 노트도 스마트폰으로 찍어서 이동시간에 짬짬이 보기 시작했다. 종이 노트를 들고 다니면서 볼 때는 남들이 이상하게 생각했는데, 스마트폰을 보면서 다니니 누구도 이상하게 여기지 않았다.

이후로는 대학 생활 내내 스마트폰에 책도 노트도 넣어 가지고 다니며 틈틈이 공부했다. 당연히 회독수가 늘어났고, 그러다보니 성적도 날이 갈수록 올랐다. 물론 액정이 작아서 시력이 나빠지는 것은 감수해야 했지만, 이동 중에 공부하는 게 무척 재미있었다. 집이나 도서관에서 공부할 때는 당연히 종이로 공부했지만 그 외에는 스마트폰으로 즐겁게 공부를 했다.

이 버릇은 직장에 가서도 이어졌다. 화장실에 가거나 산책을 할 때 스마트폰으로 공부를 하면 재미있었다. 그러다보니 공부에 중독되다시피 해서 시험에서 좋은 결과를 낸 것 같다.

051

시험장에 가기 전날
숙면을 취하는 비결

"시험장에 가기 전날 잠을 얼마나 잘 자느냐에 따라서 시험의 당락이 좌우된
다고 해도 과언이 아니다. 나도 실제로 잠을 못 자고 간 날 한 과목에서 과락
을 맞아 떨어졌고, 잠을 잘 자고 가서 컨디션이 좋은 날엔 시험을 평소보다
잘 보았다. 내가 주로 사용하는 숙면의 비밀을 말해보겠다."

시험 당일의 컨디션은 당락을 좌우할 정도로 중요하다. 보통 시험
날의 컨디션은 잠을 잘 자느냐 못 자느냐와 관련이 있다. 그렇다고
무턱대고 많이 자는 것보다는 평소보다 2시간쯤 더 자는 것이 최
상의 컨디션을 만들어주는 것 같다.

보통 친구들은 시험 전날 잠을 잘 자려고 수면제를 먹거나 격렬
한 운동을 하거나 사우나에 가서 땀을 빼기도 한다. 그런데 평소
에 안 하던 것을 시도하면 그 부작용이 더 클 수 있다. 나도 그런

부작용 때문에 시험에 떨어진 경험이 있고, 이후 다시는 이상한 방법을 시도하지 않았다.

회계사 1차 시험 전날, 너무 불안한 나머지 새벽 2시까지 잠을 이루지 못했던 기억이 떠오른다. 그날따라 너무 잠을 자고 싶어서 전날 사놓은 수면유도제를 먹었다. 그리고 간신히 3시에 잠들어 아침 7시에 비몽사몽 중에 깨어났다. 그런데 문제는 시험장에 가서 터졌다. 나는 수면유도제의 기운 때문에 시험시간 내내 졸고 말았다. 그해에는 경영학 과락과 더불어 최악의 점수가 나왔다.

내가 시험에 붙었던 해마다 쓰는 전략이 있다. 바로 이틀 전 수면 줄이기 전략이다. 시험 당일의 컨디션은 전날 잠을 푹 자는 데 달려 있기 때문에 전날 깊은 잠을 자고 싶은 상태로 만들어야 한다. 그러려면 가장 좋은 방법이 전전날 잠을 줄이는 것이다.

나는 평소에 7시간을 잔다. 이 상태는 딱 보통 성과를 낼 정도의 컨디션인 것 같다. 그리고 시험이 다가올수록 불안감 때문에 잠이 줄어드는 경향이 있다. 그래서 D-2일에는 일부러 3시간만 잤다. 그러면 그다음 날에는 공부에 집중이 잘 안 됐지만 그래도 절대 커피를 마시지 않았다. 커피를 마시면 숙면을 취하지 못하기 때문이다.

시험 보기 전날에는 공부를 더 하기보다는 다음 날 컨디션에 신경을 써야 한다. 그래서 오전에만 집중해서 공부하고 오후에는 공부를 하지 않고 쉬었다. 피곤한 상태에서 일부러 산책을 하거나 많이 걸었다. 그리고 집에 일찍 와서 반신욕을 하는 등 몸을 최대한 피곤하게 만들었다. 이렇게 하면 저녁 8시쯤 졸리기 시작했다. 그러면 누워서 잘 준비를 했고 적어도 9시에는 잠들 수 있었다. 결국 다음 날 새벽 6시쯤 일어나도 9시간 이상 자는 효과를 얻을 수 있었다.

전날 잘 자고 일어나면 시험장에 일찍 도착해서 문제를 풀어보며 감을 끌어올릴 수 있다. 시험을 치를 최고의 준비가 되는 것이다. 이런 방식으로 나는 여러 시험에서 평소보다 높은 점수를 얻어 합격했다.

052

시험 보기 한 달 전부터
해야 할 것들

"시험이 한 달 앞으로 다가왔을 때는 기출문제를 적어도 5번 이상 본다는 생각으로 기출문제 반복에 최선을 다해야 한다. 자신감이 떨어져도 합격할 수 있다는 생각으로 달려야 한다. 주말에는 모의고사를 보아서 실전감각을 키우는 것도 게을리해서는 안 된다."

1. 기출문제집을 적어도 5회독 하기

어떤 시험이든 기출문제는 반복된다. 문제는 새로 탄생되는 것이 아니라 기출문제에서 파생돼 출제되거나 기출문제가 거의 그대로 출제되기도 한다. 그렇기 때문에 기출문제집은 암기가 될 정도로 풀어봐야 한다. 최소한 남은 한 달 동안 기출문제집을 5번 이상은 풀어야 한다. 그리고 가능하다면 자주 출제되는 문제와 답을 암기하는 것도 좋다.

2. 이번엔 합격한다고 자신감 가지기

시험에서 빠르게 합격하는 비결 가운데 하나는 이번엔 무조건 합격한다고 마인드컨트롤을 하는 것이다. 나중에 붙어도 괜찮다는 생각을 하면 절박감이 떨어진다. 사람은 절박하지 않으면 그에 따라 노력도 줄어든다.

사실 시험은 시간에 쫓겨서 절박하게 공부하다가 치르는 것이다. 누구도 완벽한 상태에서 시험을 보지는 않는다. 그렇기 때문에 좀 부족하더라도 이번엔 반드시 붙는다고 생각하고 자신감이 생길 때까지 열심히 공부해야 한다.

3. 주말마다 실전연습 하기

사실 실전연습을 매일 하는 것은 힘들다. 매일 일정시간을 떼어서 연습하면 더 좋지만, 내용정리와 문제풀기를 반복해서 숙달하는 데만도 시간이 모자랄 수 있다. 따라서 주말마다 시험 보는 시간을 따로 만들 필요가 있다.

일단 시험유형과 같은 모의고사나 기출문제를 프린트해서 시간을 재고 풀어본다. 다 풀고 난 뒤 채점을 하면서 나 나름대로 해설도 적어보고, 가능하면 오답 노트도 만들면 도움이 된다. 이렇게 실전연습과 분석을 한 번씩 하면서 실전감각을 키워두는 것이 중요하다.

053

시험 보기 일주일 전부터
해야 할 것들

> "시험이 일주일 앞으로 다가왔을 때일수록 자신감 유지에 힘써야 한다. 자신
> 감에 따라서 시험 당락이 좌우된다. 실제로도 될 것 같다고 생각하고 끝까지
> 열심히 공부하는 수험생들이 일찍 합격하는 것을 많이 보았다. 시험이 일주
> 일 남았을 때부터는 공부범위를 줄여 나가야 한다."

1. 부족해도 포기하지 말자

막판이 될수록 자신감이 떨어지고 불안해지는 것이 시험이다. 수
많은 시험에 합격한 경험이 있는 나도 시험 직전 일주일이 가장 힘
들다. 의외로 많은 사람이 막판 일주일을 버티지 못해서 포기하곤
한다. 핑곗거리도 가지각색이다.

"공부가 부족하기 때문에 내년에 다시 치는 게 좋겠다."

"시험 생각만 해도 울렁거려. 그냥 떨어졌다고 생각할래."

"요즘 갑자기 다른 일이 생겨서……. 다음에 여유 있을 때 붙어야지."

나도 이런 유혹에 빠진 적이 있었다. 개인적으로 돈도 벌어야 하고, 챙겨야 할 가족도 있고, 당장 실력도 부족하고……. 이렇게 핑계를 대다보면 당연히 열심히 하기가 어렵다.

내가 처음 치른 회계사 1차 시험이 그랬다. 그러니 시험 직전에 필사적으로 공부했을 리 없고, 당연히 시험결과도 과락이었다. 이처럼 포기는 가장 안 좋은 선택이다. 끝까지 열심히 해서 실력이 오르면 설사 떨어지더라도 다음번 시험에는 도움이 된다. 그러니 마지막까지 포기하면 안 된다.

2. 할 수 있는 한 최대한 반복한다는 생각으로!

지금까지 꾸준히 공부를 해왔다면 막판 일주일 동안은 그동안 추리고 추린 내용을 반복하는 것이 최고다. 이때 절대로 공부범위를 넓히거나 새로운 자료를 찾아서 공부해서는 안 된다. 그냥 그동안 했던 것들을 반복하고 최대한 머릿속에서 날아가지 않도록 지식을 꽉 붙잡는다는 심정으로 공부해야 한다.

시험이 얼마 남지 않은 시점에서는 반복만이 살길이다.

3. 다른 방해 요인을 미리 제거해두자

시험 직전 일주일은 시험을 위해서 미리 비워두어야 한다. 대학생이라면 친구들과의 약속 등을 최대한 시험 이후로 미뤄야 하고, 직장인은 휴가를 내서라도 시간을 확보해야 한다. 시험 직전 일주일은 그동안의 1년보다 더 중요한 시기다. 그동안 공부한 것을 머릿속에 새기는 시기이고, 컨디션 관리를 하면서 시험장에서 실수할 가능성을 줄이는 시기다.

그렇기 때문에 무슨 수를 써서라도 시험 전 일주일은 공부만 할 수 있는 환경을 만들어야 한다.

4. 과감하게 버리기!

시험 직전에는 양을 줄이고 또 줄여야 한다. 정말 필요하고 시험에 자주 나오는 부분만 반복해서 암기해야 하고, 중요하지 않은 부분은 암기를 방해하는 요소이므로 과감히 버려야 한다. 지난번에 출제된 주제가 아니면서 가장 기본적인 주제일수록 출제 가능성이 높으니 이런 것부터 먼저 챙기자. 또한 지엽적이고 시험에 나와도 어차피 수험생 대부분이 찍게 되는 부분은 과감히 버리자.

간혹 출제 가능성이 낮은 문제를 막판에 붙잡고 있는 사람들을 본다. 이 경우 시험장에서 중요한 주제에 대한 기억이 희미해져서 좋은 결과를 얻을 수 없다.

054

시험 보기 전날
해야 할 것들

"시험 전날에는 공부를 더 하겠다는 생각으로 달리면 절대 안 된다. 그냥 쉰다는 생각으로 편하게 마음먹고 전 범위를 가볍게 훑어주는 것이 좋다. 시험장에 한 번 가보거나 준비물을 챙기는 등 다음 날 시험을 위한 최종점검을 끝내야 한다."

1. 시험 당일 컨디션 관리하기

자격시험이 코앞일 때 마인드와 컨디션을 관리하는 방법을 이야기해보겠다.

그동안의 모의고사 성적이 아무리 좋았어도 시험날 컨디션이 좋지 않으면 좋은 점수를 받을 수 없다. 반면 시험날 컨디션이 좋으면 자신감도 생기고 시험성적도 좋게 나올 가능성이 크다.

우선, 시험날 컨디션 가운데 가장 중요한 요소는 수면이다. 시험 전날에는 막판 몰아치기 또는 벼락치기를 해야 하므로 밤을 새워야 한다고 말하는 사람이 있다면 무시하라. 전날 하루를 공부해서 붙을 수 있는 시험은 어디에도 없다. 그동안 공부한 것을 믿고 좀 쉬어야 한다.

차라리 밤 8시부터 잠자리에 드는 것이 좋다. 적어도 잠은 8시간 이상 자야 한다. 시험 전날의 컨디션 관리에 대해서는 앞에서 구체적으로 언급했으니 그 부분을 확인하기 바란다.

2. 시험 전날 전 과목 훑어보기

시험 전날 전 과목을 한 번 훑어보느냐 마느냐는 시험의 당락을 좌우할 정도로 중요하다. 지금까지 정리한 서브노트나 기출문제집을 처음부터 끝까지 한 번 훑어보는 것이다. 그렇다고 너무 집중해서 파고드는 것은 좋지 않다. 그냥 기억을 되살릴 정도로 빨리 훑어보고 전체 그림을 그리는 것이 필요하다. 이 작업을 하다가 늦게 자는 것은 최악의 상황이므로 수면에 지장을 주지 않는 선에서 가볍게 훑어본다는 생각으로 공부하기 바란다.

3. 준비물 챙기기

나는 처음 회계사 2차 시험을 칠 때 너무 긴장되고 초조해서 잠을 이룰 수 없었다. 새벽 3시까지 뜬눈으로 있다가 가까스로 잠이 들어 겨우 3시간 정도를 자고 시험장으로 향했다. 그런데 시험장에 가는 길에 수험표와 계산기를 집에 두고 온 것을 알고는 얼른 다시 집으로 갔다.

이렇게 우왕좌왕했으니 아침에 기분이 좋았을 리 없다. 다행히 실력으로 나쁜 컨디션을 간신히 극복하기는 했지만, 시험을 치르고 결과를 기다리는 3개월 동안 밥도 잘 못 먹을 만큼 불안에 시달려야 했다.

시험장에 가져갈 준비물은 전날 미리 챙겨두자. 보통 수험표, 필기도구, 계산기, 스테이플러(시험지가 찢어지지 않도록 한 번 찍어주면 좋다), 시계, 시험장에서 막판에 복습할 서브노트, 커피와 초콜릿 등을 준비한다. 생각보다 준비물이 많기 때문에 전날 미리 확인하고 챙겨두어야 한다.

055

시험 당일 모르면 실수하는
마인드 컨트롤

"시험 직전에는 눈을 감고 이미지트레이닝을 한다. 나는 시험지를 펼치자마자 1번부터 문제를 풀어나가고 막히는 문제가 나오면 별표를 친 뒤 빠른 속도로 쉬운 문제부터 풀 것이다. 시험 마킹은 어떻게 하고 문제당 시간을 얼마나 투자할지 미리 정해놓고 계획대로 이행할 것이다. 이런 생각을 하며 눈을 감고 이미지트레이닝을 한다. 이것이 마인드 컨트롤이다."

회계사 1차 시험과 보험계리사 2차 시험을 준비할 때 이런저런 시행착오를 많이 겪었다. 모의고사에서는 상위 10%에도 들었는데 2013년 보험계리사 시험에서는 한 과목 과락으로 떨어졌다. 전 과목 총점은 합격점수보다 높은 50점대였지만 보험수리에서 38.33점을 받아 과락이 난 것이다. 그때 나는 컨디션 관리와 마인드 컨트롤을 하며 다시 한번 시험을 준비했고 결국 같은 실수를 반복하지 않고 평소보다 더 좋은 성적으로 합격했다. 이후 마인드 컨트롤의 중요성을 절실히 깨달았다. 그런 의미에서 시험이나 면접을 볼 때 실수 없이 붙도록 마인드 컨트롤하는 법을 소개한다.

완벽보다 추구해야 하는 것

시험을 볼 때 객관식 문제는 답안을 체크하고 넘어갔다가 다시 돌아와 문제를 읽으면서 답을 고치는 경우가 있다. 그런데 이상하게 이때 고치면 틀리는 일을 한 번쯤은 겪어보았을 것이다. 이것은 한 문제에 너무 연연하지 말고 실수해도 다른 문제를 더 잘 풀 수 있도록 쿨해져야 한다는 것을 알려준다. 사실 모든 문제를 다 맞혀야 붙는 시험은 없다. 그러므로 완벽주의 마인드보다는 그동안 공부해온 것을 믿고 내가 최고라는 생각으로 시험을 보자.

특히 여러 과목을 보는 시험일수록 직전에 본 과목이나 시험 결과를 확인해서는 안 된다. 어차피 시험은 모든 과목을 치러야 끝난다. 직전 과목을 잘 치렀다고 자만하다가 그다음 시험에 소홀하게 대응했다가는 점수가 하락할 수도 있다. 자신감을 가지되 절대로 남을 의식하거나 미리 축배를 드는 실수를 해서는 안 된다. 공든 탑이 무너지는 것은 한순간이다.

시험은 평소 공부한 만큼 결과가 나오게 되어 있다. 여기서 중요한 것은 실수를 줄이는 것이다. 그러려면 차분하게 나는 자신 있다는 생각과 표정으로 문제지를 대해야 한다.

컨디션 부스트 업

시험 전날 푹 자는 것은 정말 중요하다. 시험 당일 인지력과 문제 풀이 속도, 분석력은 수면의 질과 연관이 크기 때문이다. 하지만 이틀 이상 보는 시험에서는 최대한 관리하려고 해도 하루 정도는 잠을 설치기 쉽다. 만약 컨디션이 좋지 않다면 시험 직전에 당분이 많은 초콜릿이나 에너지바를 충분히 먹은 뒤 시험을 보자. 당분은 두뇌에 활동 에너지를 공급해 컨디션 향상에 도움을 준다. 그리고 이때 중간에 가볍게 계단을 오르내리면서 약간 땀을 내주는 것이 좋다. 계속 코 박고 앉아 있으면 더 불안해지기만 할 뿐이다. 절대로 이 상태에서 사람들과 대화를 나누거나 힘을 빼는 어리석은 짓은 하지 말고 컨디션을 끌어올릴 방법을 생각해야 한다.

시험 직전에는 눈을 감고 이미지트레이닝을 한다. 나는 시험지를 펼치자마자 1번부터 문제를 풀어나가고 막히는 문제가 나오면 별표를 친 뒤 빠른 속도로 쉬운 문제부터 풀 것이다. 시험 마킹은 어떻게 하고 문제당 시간을 얼마나 투자할지 미리 정해놓고 계획대로 이행할 것이다. 이런 생각을 하며 눈을 감고 이미지트레이닝을 한다. 이것이 마인드 컨트롤이다.

시험 종이 울리고 감독관이 소리치는 순간부터 전력으로 질주할 준비를 하자. 시험을 볼 때는 긴장하는 것이 좋다. 긴장을 풀겠다고 청심환을 10개나 먹은 분이 콧노래를 부르며 시험을 치렀지만 떨어지는 것도 보았다. 평소처럼 하되 카페인이나 초콜릿 등을 시험 직전에 적절히 활용해서 긴장감을 높이고 뇌 속도를 가열하는 것이 좋다.

긴장 수준은 이 정도만 유지하라

시험을 보면서 떨지 않는다는 것은 시험 준비를 열심히 안 했을 뿐 아니라 간절함도 없다는 뜻이다. 2011년 회계사 시험 1차와 2차 시험에서 떨어지면 군대에 가겠다고 선언하고 시험에 임했을 때도 나는 마인드 컨트롤을 적극 활용했고 결국 고득점으로 동차 합격을 했다. 변호사 시험을 볼 때는 나이 먹고 치르는 거라 압박감이 상당했다. 하지만 5일 동안 시험을 보면서 좋은 결과를 냈다. 김앤장을 비롯해 대형 로펌 면접도 열 번 넘게 보면서 대부분 좋은 피드백을 받았다. 그때도 이런 마인드가 도움이 되었다. 그 비결의 핵심은 중저강도의 긴장도를 유지하는 것이다.

시험 당일 수험생들은 모두 합격해야 한다는 생각을 하기 마련이다. 하지만 합격만 생각하는 것이 오히려 불안을 가중할 수 있다. 솔직히 결과는 운명에 맡긴다고 생각하는 것이 좋다. 긴장도를 적정수준으로 유지하기 위해서라도 결과보다는 지금 눈앞에 있는 시험 문제를 어떻게 풀어나갈지를 계속 머릿속으로 시뮬레이션하면서 스스로 영웅이 되어야 한다. 문제들을 하나하나 깨부수며 정복하는 내 모습을 이미지 트레이닝하는 것이다.

긴장은 계속 유지하되 불안을 낮추는 가장 좋은 방법은 뇌를 속이는 것이다. 당장 직면한 시험이나 면접에서 멋지게 답하는 모습을 그리며 어떻게 풀어나갈지 계획을 세우다보면 긴장은 하되 불안감은 크게 낮출 수 있다. 막연히 이번에 떨어지면 안 되는데, 붙어서 부모님께 잘해드려야 하는데 하는 생각만 하는 것보다는 시험이나 면접에 임하는 과정을 시뮬레이션하는 것이 몇 배는 더 성공률을 높인다. 그러므로 시험장이나 면접장에서 시뮬레이션한 대로 자신감 있게 죽죽 밀고 나가자.

사실 합격·불합격은 내가 시험 날 통제할 수 있는 요소가 아니다. 하지만 시험과목이나 문제 풀이 방식, 암기 내용 인출 연습 등은 내가 얼마든지 통제할 수 있으니 그것에만 몰두하는 것이 현명한 자세다. 이때 뇌에는 '진인사대천명盡人事待天命', 최선을 다하고 하늘에 맡긴다는 말만 되뇌며 과정에 집중한다. 그리고 내가 가진 모든 에너지를 쏟는다는 생각만 계속한다. 이런 방식으로 시험을 본 사람은 설사 불합격하더라도 그다음 시험에서 수석급 성적을 거둔다.

056

시험장에서 주의할 것들

> "시험장에서는 평소보다 당황할 가능성이 크다. 따라서 답안지에 수험번호
> 와 인적사항을 기입할 때 실수하지 말아야 하며, 시험지를 받자마자 시간배
> 분을 하고 쉬운 문제부터 풀어야 한다. 또한 한 문제에서 지나치게 시간을 끌
> 지 않도록 문제당 최대 점유시간을 잘 계산해 문제를 풀어야 하고, 돌발상황
> 을 예상해 당황하지 않도록 대비해야 한다."

1. 답안지에 수험번호와 인적사항을 정확히 기입하자

시험장에서 긴장을 하면 평소에 하지 않던 실수도 한다. 그 가운데
가장 주의해야 할 사항은 답안지에 인적사항과 수험번호를 누락하
거나 잘못 적는 것이다. 시험이 시작되면 일단 인적사항과 수험번

호부터 챙기자.

2. 시험지를 받자마자 시간배분을 고민하자

시험에서는 최대한 많은 문제를 풀어야 하므로 시험지를 받으면 시간배분부터 고민해야 한다. 받자마자 순서대로 문제를 풀기보다는 전체적으로 쉬워 보이는 문제나 자신 있는 주제의 문제부터 푸는 것이 좋다. 계산문제보다는 말문제를 먼저 푸는 것이 유리하고, 말문제 가운데서도 사례문제보다는 개념문제를 먼저 푸는 것이 시간관리상 유리하다.

3. 한 문제당 최대시간을 설정하자

시험은 시간싸움이다. 출제원리상 정말 풀리지 않을 만큼 어려운 문제가 곳곳에 배치되는데, 이때 이런 극상의 난도를 자랑하는 문제 때문에 시간을 허비해서 쉬운 문제도 못 풀고 찍어서 내는 경우가 많다. 이런 사태를 방지하려면 한 문제당 최대시간을 정하고 그안에 풀지 못하면 과감하게 넘어갈 필요가 있다.

보통 객관식의 경우 3분이 넘게 풀리지 않는 문제는 찍고 넘어가는 것이 좋다. 이를 염두에 두고 시간관리를 하자.

4. 돌발상황이 발생해도 침착하자

시험장에서는 종종 황당한 일이 발생한다. 나는 회계사 2차 시험을 볼 때 둘째 날에 설사가 나는 바람에 1교시부터 여러 번 화장실을 들락거렸다. 너무나 힘든 가운데서도 끝까지 답안을 작성했고, 비록 한 문제를 풀지 못하고 제출했지만 포기하지 않았다. 이렇게 침착하게 평소에 하던 대로 행동하고 답안을 끝까지 마무리한 것이 합격의 원동력이었다.

시험장에서 어떤 일이 생겨도 당황하지 말자. 만약 옆 사람이 코를 쿵쿵대서 신경 쓰인다면 미리 준비한 이어플러그를 꽂고 문제를 풀면 된다. 또 답안 마킹을 잘못했다면 수정테이프를 빌려서 수정하면 될 일이다.

객관식
시험

객관식 시험은 시험장에 갈 때까지 계속 볼 책을 선택하는 것이 매우 중요하다. 촉박한
시간에 많은 문제를 풀어내려면 그만큼 뇌에 지식을 체계적으로 넣어두고 문제를 통해
그 지식을 꺼내어 사용하는 연습을 해야 하기 때문이다.

객관식 시험의
본질이 뭘까

"객관식, 네가 뭔데"

우리가 아는 객관식 시험은 4지선다, 5지선다 등 여러 가지 선택지 가운데 하나 또는 두 개를 답으로 고르는 것을 말한다. 이것은 미국형 시험에서 아주 잘 발달하였고, 멀티플 초이스 테스트 multiple choice test 라고 해서 여러 가지 대안 가운데 하나를 선택하게 해 사고력을 평가하는 것을 의미한다.

객관식 시험은 말 그대로 채점자의 주관이 개입되지 않는다. 그렇기 때문에 객관적이다. 그런데 시험을 치르는 응시생의 고도의 사고과정을 제대로 시험해보기에는 한계가 있는 것이 사실이다.

우리나라 시험체계를 보면 객관식 시험이 주관식 시험보다 많다. 수능, 9급·7급 공무원 시험, 각종 자격증 시험, 전문직 1차 시험, 행정고시 1차 시험 등 기본적인 지식이나 소양을 물어보는 시험은 대부분 객관식 형태로 치러진다. 수험생들은 다양한 전략으로 그 문제를 풀어내며, 채점결과에도 쉽게 승복한다. 문제가 잘못된 것에 대해서는 이의제기를 할 수 있지만, 채점이 잘못되었다고 이의

제기를 하기는 힘든 것이 객관식 시험이다.

객관식을 준비하는 수험생의 자세

나는 객관식 시험이 결코 주관식 시험보다 쉽다고 생각지 않는다. 간혹 어떤 수험생은 "선생님, 객관식 시험은 찍을 수라도 있잖아요!" 하면서 주관식보다 객관식을 대비하는 것이 쉽지 않으냐고 말한다. 일부 동의하지만, 사실 공부를 많이 하면 할수록 어려운 것이 객관식이고 공부를 하면 할수록 합격하기 쉬운 것이 주관식 시험이다.

우리가 흔히 아는 객관식 시험의 경우 찍어서 답을 맞힐 수 있는 확률은 5지선다의 경우 1/5, 즉 20%이고 4지선다의 경우는 1/4, 즉 25%로서 이 또한 쉽지 않다. 찍는다는 것은 결국 상대적으로 합격자를 가려내는 시험의 특성상 자살행위에 가깝다. 그 시험을 포기하는 행위가 될 수도 있다. 물론 100점을 맞아야 하는 시험이 아니기 때문에 몇 문제는 찍을 수 있겠지만, 그것도 전략적으로 접근해야 할 문제다.

공부가 얼마 안 되어 있는 단계에서는 객관식 시험이 쉬울 수 있다. 왜냐하면 시험문제를 받아서 선택지 가운데 옳지 않은 것과 옳은 것 여부만 판단하면 되므로 정확히 암기하지 않고도 풀 수 있는 여지가 많기 때문이다.

나도 그랬다. 어설프게 기출문제만 10번 보고 감각만 익혀두어도 어느 정도 답을 골라낼 수 있는 시험이 많았다. 다만, 정말 난도가 높다고 말할 수 있는 수능, 법학적성시험, 변호사 시험, 공인회계사 시험 등은 얄팍하게 공부해서 답을 골라내기에는 사고과정이 매우 복잡하므로 좀 더 논리적인 공부와 훈련이 필요하다.

어쨌든 난도가 높은 시험의 객관식에서는 오히려 주관식보다 합격이 어려워질 수 있다. 정말 여러 번의 사고과정을 거쳐야 답이 도출되도록 문제를 다중으로 출제해버리면 속수무책으로 선택지에서 헤매다가 찍고 틀리기를 반복할 것이기 때문이다. 이런 극상 난도의 시험에서는 객관식 공부의 편의성과 강점이 사라진다. 그런 시험에서는 오히려 문제풀이 훈련과 정확한 기본기를 다지기 위한 노력이 필요하다.

치르는 시험의 수준에 따라 공부법이 다르다

그렇다면 공부하는 처지에서 어떻게 해야 할지는 명확해진다. 시험의 수준이 그냥 지식만 물어보는 객관식 시험이라면 기출문제를 반복하고 문제집에서 자주 출제되는 부분을 암기하며 답을 골라내는 연습을 반복하면 된다. 공무원 시험이나 자격증 시험은 지식을 물어보는 시험이기 때문에 이 방법이 잘 통한다.

그런데 지식이 아닌 논리적 사고과정이나 수학능력, 적성 등을 평가하기 위해 개발된 객관식 시험이라면 이야기가 달라진다. 단순히 반복하거나 많은 문제를 푸는 것을 넘어 자신의 사고과정을 교정하는 훈련이 추가로 필요한 것이다. 이 부분에 대해서는 따로 공부법을 소개하기가 참 애매하다.

수능을 예로 들어보자. 영어와 수학처럼 지식을 물어보는 시험은 많은 공부량으로 승부를 볼 수 있지만, 국어처럼 사고과정을 물어보는 과목은 기출과 모의고사 문제를 풀고 자신의 오답이 '왜 틀렸는지' 철저히 분석할 필요가 있다. 공무원 시험의 국어도 그렇고, 행정고시의 PSAT 시험도 그렇다. 단순히 많이 하기보다는 내 약점을 정확히 분석하고 똑같은 사고과정의 오류를 범하지 않게 하는 것이 바람직한 공부다.

객관식 시험의 고수가 되고 싶으면 일단 공부부터

나에게 시험의 왕도가 있느냐고 물으면 어느 정도 방법론은 있지만 만병통치약은 없다고 대답한다. 누구나 공부경험이 다르고 지식수준이 다르다. 뇌는 쓸수록 똑똑해지고 공부는 하면 할수록 늘며, 객관식 시험도 치면 칠수록 요령이 생긴다.

일단 첫 단추를 잘 꿰어야 하기 때문에 이번 장에서 충분히 조언을 하겠지만, 여러분 스스로 공부를 하면서 자신만의 방법을 찾아가는 것이 중요하다고 말하고 싶다. 이 책을 참고로 일단 공부부터 해보고 이야기하자.

057
내용요약과 문제정리가
잘된 책 고르기

"요즘에는 객관식 문제집에 내용요약까지 잘된 책이 많이 나와 있다. 문제집은 줄글로 내용이 되어 있기보다는 핵심 키워드와 내용이 간결하게 요약돼 있고 문제로 구체적인 내용을 익힐 수 있게 구성돼 있어야 한다."

객관식 시험은 시험장에 갈 때까지 계속 볼 책을 선택하는 것이 매우 중요하다. 촉박한 시간에 많은 문제를 풀어내려면 그만큼 뇌에 지식을 체계적으로 넣어두고 문제를 통해 그 지식을 꺼내어 사용하는 연습을 해야 하기 때문이다.

첫째로, 책을 고르는 포인트는 내용요약이 잘되었느냐다. 내용이 구구절절 길거나 목차로 세분화되지 않고 줄글로 읽어야 하는 책은 절대로 사지 않는 것이 좋다. 사실 세부내용은 문제로 익히는 것이 더 좋기 때문에 내용요약은 최대한 간결하고 보기가 좋아야 한다.

둘째로, 기출문제 표시가 잘되어 있는 책을 골라야 한다. 객관식 시험의 특징은 기출문제의 주제와 유형이 일정한 패턴을 보이며 반복된다는 것이다. 그리고 작년에 나왔던 주제는 안 나오지만 2년 전에 나왔던 주제는 그대로 나오는 경우가 많다. 그래서 기출문제 연도표시가 되어 있는 책을 사면 작년에 나온 주제는 여유롭게 보고, 작년에 나오지 않은 주제를 집중적으로 파고들 수 있다.

셋째로, 챕터별로 내용요약이 있다면 바로 그다음에 연습문제가 나오는 책이 좋다. 인간의 뇌는 새로운 지식을 받아들이면 그것을 바로 활용할 때 지식이 오래 기억된다. 따라서 요약된 내용을 보자마자 문제를 풀어보게 하는 형식의 책이 좋다고 할 수 있다.

넷째로, 연습문제의 해설이 풍부해야 한다. 사실 대부분의 참고서 저자는 '옳지 않은 것은?'이라는 물음에 대해서 옳지 않은 지문에 대한 해설만 해놓는다. 나도 회계학 문제집을 내면서 귀찮기도 하고 어차피 강의에서 설명할 것이라는 생각에 답으로 제시된 지문만 해설한 경우가 많았다. 그런데 이렇게 해설이 짧으면 문제로 학습을 하는 데 한계가 있고, 나머지 지문을 공부하려면 다른 책을 찾아보거나 강의를 들어야 하므로 비효율적이다. 해설이 꼼꼼하고 자세한 책을 사야 하는 이유가 여기에 있다.

마지막으로, 무엇보다 중요한 것은 내가 보기 편해야 한다는 점이다. 기본서나 참고서는 계속 가지고 다니면서 볼 책이다. 만약 내가 보기 싫게 디자인되어 있다거나 종이재질이 눈부셔서 보기 힘들다거나 책을 펼 때마다 기분이 나쁘다면 그 책은 좋은 책이 아니다.

공부는 즐거워야 한다. 책을 보고 좋다는 생각이 들어야 공부가 하고 싶어진다. 이것이 직접 서점에 가서 내가 보기 편한 책을 골라서 사야 하는 이유다.

058

객관식 시험을 위한
암기방법

"객관식 시험은 완벽하게 토씨 하나 안 틀리고 암기할 필요가 없다. 이해를 토대로 옳고 그름을 가릴 수 있을 정도만 내용 숙지가 되어 있으면 된다. 정확히 구분해야 하는 부분은 두문자를 따서 암기하고, 대부분의 내용은 눈으로 반복하면서 전체적인 내용을 암기하면 된다."

객관식 시험은 암기한 지식을 바탕으로 연습이 필요하다고 앞서 말했다. 일단 암기가 되어야 시험문제를 풀 수 있다. 다음에 암기를 효과적으로 하는 몇 가지 방법을 소개하겠다.

첫째로, 내가 자주 사용하는 방법인 '두문자頭文字 따기' 방법이다. 이는 앞글자를 따서 최대한 축약해 많은 내용을 한 번에 암기하는 방법이다. 예를 들어 이자소득, 배당소득, 사업소득, 근로소득,

연금소득, 기타소득, 퇴직소득, 양도소득을 순서대로 외워야 한다면, '이배사근연기퇴양'으로 앞글자만 따서 외우는 것이다. 우리가 흔히 아는 빨주노초파남보(빨강, 주황, 노랑, 초록, 파랑, 남색, 보라)도 이와 같은 원리다.

둘째로, 암기에서 반복은 필수다. 내용을 한 번 보고 암기가 되는 사람은 거의 없다. 매직 넘버 7이라는 말도 있듯이 적어도 일곱 번은 반복해야 뇌에 오래 기억된다. 처음 단계에서는 공부한 내용을 대충 훑고 반복하면서 세부적으로 암기하는 방식으로 하면 힘들이지 않고 많은 내용을 암기할 수 있다.

셋째로, 복습은 최대한 빨리 해야 한다. 반복을 나중에 하면 할수록 다시 머릿속에 기억하는 데 더욱 노력이 필요하다. 강의가 끝난 직후 복습을 해야 하는 이유도 이것이다. 적어도 그날 잠자리에 드는 순간까지는 복습을 해야 한다.

복습에도 요령이 있다. 일단 강의나 공부를 마치고 5분 동안 빠르게 복습한다. 그리고 잠자리에 들기 전, 다음 날, 일주일 후 등 주기적으로 간격을 두고 복습하면 효과적으로 장기기억을 형성할 수 있다.

마지막으로, 즐거운 심리상태에서 공부를 해야 기억이 오래간다. 기분이 나쁘거나 우울한 상태에서 공부하면 인간의 뇌는 그 기억을 지우고 싶어 한다. 스트레스를 받은 상태에서 암기한 내용을 자주 잊어버리는 이유도 여기에 있다. 공부할 때만은 스트레스를 해소하고 즐거운 상태에서 하는 것이 좋다. 스트레스를 해소하는 방법으로는 산책, 커피 마시기, 가벼운 운동 등이 있으니 자신에게 맞는 방법을 선택하자.

059

단순히 많이 보는 것은
무의미하다

"요즘 회독수를 이용한 공부법이 많이 나오고 있다. 회독수를 높이면 높일수록 머릿속에 내용이 각인되고 시험장에서 이를 활용하는 속도도 빨라지는 것이 사실이다. 그러나 회독수를 늘리는 것만이 공부는 아니다. 의식적으로 암기하고 이해하는 과정도 중간중간 들어가야 한다. 고득점을 하려면 사고력을 요하는 문제도 맞혀야 하기 때문이다."

10회독 공부법, 7번 읽기 공부법 등 많이 보는 게 답이라는 공부법 책이 시중에 많이 나와 있다. 틀린 말은 아니다. 암기를 하려면 반복이 생명이기 때문에 회독수를 높이는 것은 필수적 작업이다. 그런데 고득점을 바란다면 단순히 회독수만 늘리는 것은 의미가 없다.

인간의 뇌는 많이 보고 듣는 것만으로는 세부적으로 암기가 되지 않는다. 내가 좋아하는 마이클 잭슨의 노래 '빌리진'을 예로 들어보자.

나는 이 노래를 하루에 두 번 이상 듣기 때문에 지금까지 백 번은 넘게 반복했다. 그런데 가사와 내용을 아느냐고 물어본다면, 창피하지만 그렇다고 대답하지 못한다. 가사를 암기하려고 의식적으로 시간을 들여 노력한 적이 없기 때문이다.

나는 공부할 때 처음 3회독까지는 정말 대충 보기만 한다. 한마디로 회독수를 늘리는 데만 집중하는 것이다. 하지만 4번째부터는 한 챕터를 읽고 난 뒤 그 내용을 혼자 되새김질한다. 즉, 요약해서 떠들어보거나 의식적으로 암기하기 위한 과정을 거친다. 앞서 3회독을 하면서 큰 밑그림은 그려두었으니 이제는 세밀하게 살을 붙여 나가는 작업을 하는 것이다.

의식적으로 암기를 하는 과정은 분명 고통스럽다. 그냥 아무 생각 하지 않고 보는 것보다 높은 집중력이 필요하기 때문이다. 하지만 이런 과정을 언젠가는 거쳐야 한다. 이렇게 해야만 시험장에서 구체적으로 내용을 떠올려 정답을 맞힐 확률이 높아진다.

060
한 과목씩 보기

"한 과목씩 보는 것과 하루에 여러 과목씩 보는 것 가운데 어느 쪽이 옳다고 단정 지을 수는 없다. 그러나 진도를 빨리 빼고 회독수를 늘려야 하는 객관식 시험의 공부에서는 한 과목을 끝낼 때까지 그 과목만 보는 것이 좋다고 생각한다. 한 과목씩 보는 것이 전체 틀을 머릿속에 각인하는 효과가 더 좋기 때문이다."

얼마 전에 그 나름대로 공부를 잘했던 친구와 논쟁이 붙었다. 공부를 할 때 한 과목을 끝내고 다음 과목으로 넘어가면서 공부하는 게 좋은지, 한 번에 여러 과목을 보는 게 좋은지에 대한 이야기였다. 나는 둘 다 해보았고 두 방법으로 모두 합격을 맛보았기 때문에 큰 의미가 없지만, 그래도 한 과목씩 보는 게 더 낫다고 주장했다. 왜냐하면 객관식 시험이니까!

나는 주관식 시험을 준비하는 사람들에게는 지루함을 극복하기 위해 하루에 두 과목 정도를 번갈아 공부해도 좋다고 이야기한다. 그런데 객관식 공부는 내용을 단순화해서 많이 기억할수록 유리하다. 그래야 무의식중에 찍을 수라도 있다. 이런 유형의 시험에서는 '부챗살 효과'가 적용된다.

부챗살 효과의 원리는 간단하다. 공부를 할 때 한 가지 주제에 대해 완벽하게 암기하고 이해를 형성하면 다른 공부를 할 때도 훨씬 수월하게 이해할 수 있게 도와준다는 것이다. 즉, 기억할 주제가 산발적으로 많으면 기억에 남지 않는다는 말이다. 예를 들어 수학을 공부하다가 전혀 관련성 없는 국어의 개념을 공부하면 뇌에서 체계적으로 지식을 저장할 수 없는 것과 같은 이치다.

나는 특히 지식형 객관식 시험을 준비할 때는 한 과목을 최대한 빠르게 이해하고 다른 과목으로 넘어간다. 한 과목을 한 달 이상 끌면 효과가 없다. 빠르게 보고 넘어간 과목은 다음 과목을 이해하는 밑거름이 된다. 초반에는 이 효과를 이용해서 공부한다. 그리고 막판에 스퍼트를 올려야 할 시점에서는 하루에 여러 과목을 동시에 볼 수 있다. 이미 여러 번 반복하면서 지식이 머릿속에 저장돼 있어 출력하는 연습만 하면 되기 때문이다.

061

절대로 서브노트는
만들지 말자

"객관식 시험은 속도가 생명이다. 그리고 정확히 써야 하는 주관식과는 달리 많은 양을 효율적으로 빠른 시간 동안 반복해야 한다. 이를 위해서는 서브노트를 만드는 시간도 최소화하는 것이 좋다. 요즘에는 서브노트를 학원에서 만들어 제공하거나 핸드북을 발간하는 강사도 많으니 그런 자료를 활용하는 것이 좋다."

객관식 시험을 준비할 때 가장 큰 시간낭비는 서브노트 만들기 또는 노트 정리다. 차라리 주변 친구들이 정리한 노트를 빌릴 수 있다면 그것을 복사하는 게 낫다. 객관식 시험은 주관식과 달리 쓰는 능력을 테스트하지 않는다. 그렇기 때문에 체계적으로 목차를 잡아서 서브노트를 만드는 것만큼 비효율적인 공부도 없다. 그래도 만들 생각이라면 용어 카드처럼 들고 다니면서 볼 수 있는 정도로 간단히 만드는 게 좋다. 절대로 여기에 시간투자를 많이 해서는 안 된다.

서브노트를 만드는 작업은 회독수 늘리기를 방해한다. 그래서 만들지 말라고 권유하는 것이다. 공부의 흐름이 끊기면 시험장에 갈 때까지 충분히 내용을 숙지하기 위해 반복하는 것이 어려워진다. 그래서 처음부터 기본서나 참고서를 잘 선택해야 한다고 했던 것이다. 최대한 서브노트처럼 요약이 잘돼 있는 책을 사서 그 책에다 덧칠하면서 공부하는 것이 시간을 절약하는 길이다.

 내가 활용한 학원 요약 노트

학원에서는 강사마다 수험생의 학습을 돕는 핸드북을 판매한다. 이를 잘만 활용하면 굳이 노트를 작성할 필요 없이 효율적으로 주요내용을 암기할 수 있다.

이동할 때마다 들고 다니며 암기를 해서
너덜너덜해졌다.

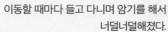

요즘에는 문제집이 잘 나와 있다. 특히 자격증 시험의 1차 시험 객관식 문제집을 보면 내용요약이 나와 있고, 바로 기출문제와 연습문제가 수록돼 있다. 이러한 문제집을 사서 보면 요약된 파트를 눈으로 공부하고 곧바로 문제를 풀어볼 수 있어 객관식 시험을 대비하기에 좋다. 공무원 시험 준비생들의 문제집을 본 적이 있는데, 강사마다 다르긴 하지만 내용요약과 기출문제, OX문제 등이 굉장히 효율적으로 수록되어 있었다.

노트 정리를 할 시간에 이렇게 잘 정리된 책을 한 번이라도 더 보자. 그렇게 회독수를 늘리는 것이 시험에 더 유리하다.

062

인터넷 강의를
선택하고 듣는 요령

"객관식 시험은 시험장에서 문제를 얼마나 빨리, 정확하게 푸는지가 관건이다. 내용을 많이 넣거나 다른 사람의 풀이를 모방하는 것으로는 이러한 부분을 잘 해결하기 힘들다. 오히려 죽이 되든 밥이 되든 스스로 문제집을 많이 풀어보며 자신만의 방법을 빨리 만드는 것이 좋다."

인터넷 강의를 들어야 할지 고민하는 사람들이 많다. 나는 객관식 시험을 준비하는 사람들에게 인터넷 강의는 의무가 아니라고 말한다. 만약 듣는다면 부연설명이 많은 기본강의를 듣지 말고 핵심요약정리를 해주는 강의를 빠르게 두 번 정도 반복하라고 권한다. 그것이 훨씬 남는 장사다.

내가 처음 공부를 시작할 때는 인터넷 강의가 막 보급되고 있었다. 그러다가 어느 순간 인터넷 강의가 활성화되고 '인터넷 강의 쇼핑 중독증'이라는 용어가 생길 만큼 인터넷 강의에 중독된 학생들이 많아졌다. 그런데 공무원 시험을 준비하는 사람 가운데 인터넷 강의에 한 번에 백만 원을 투자해놓고 채 10시간도 듣지 않은 사람을 보았다. 이렇게 할 바에는 차라리 현장강의를 들으라고 말하고 싶다.

인터넷 강의에서 강사가 아무리 잘 가르쳐도 내가 문제를 풀지 못하면 아무 소용이 없다. 오히려 내가 스스로 고민하고 연습하는 시간을 빼앗기 때문에 독이 될 수도 있다. 실제로 수능을 연구하는 기관들에서 인터넷 강의 수강수와 점수의 상관관계를 분석한 것을 보면 강의를 많이 수강할수록 점수가 떨어지는 과목도 있었다. 이런 사실이 잘 알려져 요즘 수험생들은 인터넷 강의에만 의존하지 않는다.

그런데 공부를 처음 시작할 때는 사실 인터넷 강의만큼 쉽게 접근할 수 있는 것도 없다. 그래서 나는 초심자들에게 인터넷 강의를 들으려면 최대한 요약되고 압축된 강의를 빨리 듣고 끝내라고 조언한다. 또 강의를 빠르게 한 번 끝내고 한 번 더 들으면서 복습을 해도 좋다. 다만, 질질 끌면서 보거나 인터넷 강의를 하루에 몇 시간 듣는다는 계획을 세워서는 안 된다. 강의를 듣는 것은 수단일 뿐인데 자칫 그것이 목표가 되어버리기 때문이다.

063

학원을 줄이고
회독수에 집중하라

"처음에 기초를 잡기에는 분명 학원이 수월하고 효율적이다. 그러나 기초단계를 넘어 문제풀이 단계에 가서는 스스로 고민할 시간과 회독수를 늘리는 시간이 절대적으로 중요하다. 따라서 기초가 어느 정도 잡혔다면 학원을 줄일 것을 권한다."

객관식 시험을 준비하면서 꼭 학원을 다닐 필요는 없다. 금수저 수험생은 학원비를 감당할 만한 재력이 충분하니 상관없지만, 일반 수험생은 학원비를 감당하느라 스트레스를 받을 필요가 없다. 모의고사만 학원의 도움을 받으면 되고, 굳이 기본강의를 듣기 위해 학원에 출근할 필요는 없기 때문이다. 솔직히 객관식 시험은 기본개념을 빨리 돌리고 나서 빠르게 문제 푸는 연습을 반복하는 것이 훨씬 효과적이다.

나 역시 요령이 생기고 나서부터는 객관식 시험을 볼 때 학원에 전혀 다니지 않았다. 그 대신 기출문제집을 사서 풀어보고 해설을 반복적으로 읽으며 이해하려고 노력했다. 그리고 계산문제는 연습장에 해설을 옮겨 적으면서 반복했고, 학원강의보다는 학원에서 나온 자료나 모의고사 복사집을 구해서 참고하는 것으로 시간을 아꼈다.

객관식 시험은 속도가 생명이고 머릿속에 내용을 팝업시키는 데 집중해야 하며, 강의를 이용한 심도 있는 이해가 우선은 아니다. 회독수를 늘리고 문제를 반복 숙달하다보면 사후적으로 이해가 더 빨라지기 때문에 이 방법이 최선이라고 본다.

객관식 시험은 머릿속에 지식을 최대한 몰아치면서 체계적으로 넣어야 한다. 그리고 스스로 연습하고 회독수를 높일 자습시간을 많이 확보해야 한다. 이와는 달리 구조를 잡고 접근해야 하는 경제학이나 회계학, 기본법 과목 등은 강사가 잘 가르치기 때문에 머릿속에 큰 틀을 만들어주기 위한 요약강의 등은 활용해볼 만하다.

공부는 삼박자가 맞아야 잘할 수 있다. 즉, 기출문제를 통한 전략수립, 기본서를 통한 내용 쌓기, 문제를 통한 연습이다. 객관식 시험은 지식을 넓히는 것이 중요한 시험이 아니라 문제 풀기를 연습해서 근육을 키우는 것이 중요한 시험이다.

그래서 학원을 다닐 생각이라면 내용을 구구절절 가르치는 강의보다는 내용을 요약해서 줄여주고 문제 푸는 스킬을 알려주는 강의만 들어도 족하다. 그러고는 스스로 회독수를 늘리며 지식을 쌓고, 연습문제를 많이 풀어보며 반응속도를 높여야 하는 것이다.

064

문제집은 너덜너덜해질 때까지
밑줄 많이 긋기

"문제집은 깨끗하게 봐야 한다고 주장하는 사람들이 많다. 그러나 나는 문제집도 공부의 보조도구라고 생각하기 때문에 밑줄도 긋고 형광펜도 치면서 최대한 지저분하게 보는 게 좋다고 생각한다. 문제집은 적어도 5번 이상 볼 것이므로 들고 다니기 편하게 분철해서 표시하고 싶은 대로 표시하며 편하게 공부하자. 깨끗하게 보려고 망설이다가 시간을 허비하면 오히려 그것이 손해다."

문제집을 소중하게 다루라는 사람들이 많은 것으로 알고 있다. 문제를 풀 때마다 답을 보지 않고 푸는 연습을 해야 하기 때문에 문제집에 표시를 하지 말라는 것인데, 나는 이 주장에 반대한다.

정말 가난해서 문제집을 다시 살 수 없는 경우가 아니라면 문제집은 지저분해질 때까지 최대한 표시를 해가며 공부해야 한다. 나

내가 본 객관식 문제집

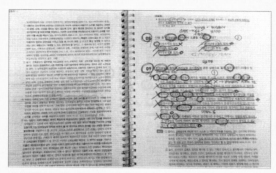

회독수를 늘릴 때마다 밑줄을 그어 깜지가 되었다.

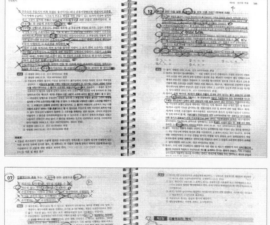

해설에서는 필요한 부분을 반복해서 읽고 밑줄을 친다.

는 문제집을 사면 분철해서 스프링으로 제본을 하고, 문제를 풀 때마다 연필이나 볼펜으로 밑줄을 그으면서 지저분하게 공부한다. 나중에 밑줄을 너무 많이 그어서 시꺼멓게 되어 글씨가 안 보이게 되면 문제집을 다시 산다. 그리고 그 작업을 반복한다. 이렇게 하면 안 좋은 점은 문제가 외워진다는 것이고, 좋은 점 또한 문제가 외워질 만큼 반복하는 게 재미있다는 것이다.

문제집과 해설은 많이 보면 볼수록 기본적인 내용을 알 수 있을 뿐만 아니라 새롭게 이해하는 것도 많아진다. 그리고 나만의 방법과 더 좋은 아이디어가 부가된다. 또한 풀이를 반복하면 할수록 쉽고 빨리 풀리기 때문에 공부에 가속도가 붙는다. 시각적으로 지저분해진 문제집에서는 그 흔적을 볼 수 있고, 나중에 시험장 가서도 그때의 기억으로 문제를 빨리 풀 수 있다.

나는 이런 방법으로 수많은 시험에서 고득점을 했는데, 이것을 따라 할지 말지는 전적으로 여러분의 선택에 달려 있다.

065

객관식 시험장에서
점수 올리는 기술

> "객관식 시험은 문제에서 물어보는 것에 가장 맞는 답을 고르는 것이 생명이다. 그러기 위해서는 배경지식을 최대한 덜 사용하고 문제에서 물어보는 것에만 집중하는 습관을 들여야 한다. 시험장에서는 의도적으로라도 그렇게 해야 한다. 그리고 실수를 줄이는 자신만의 표시나 기호를 개발해서 미리 모의고사 때부터 연습해두어야 한다."

객관식 시험을 출제하는 출제자는 5지선다형 또는 4지선다형을 구성하면서 다양한 함정을 숨겨놓는다. 우리가 가장 많이 빠지는 함정은 문제에서 요구하는 사항이 아니라 내 배경지식으로 짐작해서 푸는 오류다. 이런 실수를 하면 나는 잘 풀었다고 생각하는데 막상 가채점을 하면 다 틀리는 경험을 하게 된다.

객관식 시험에서 실수를 줄이려면 첫째로, 자기의 배경지식을 떠올리기 전에 문제에서 요구하는 물음을 잘 파악해야 한다. 계산문제의 경우에는 계산과정에서도 철저히 출제자의 물음에 충실한 답을 도출해야 한다. 나는 문제를 풀 때 주로 문제지의 빈 공간에 풀이과정을 쓰면서 실수를 줄였다. 그리고 쉽고 단순한 문제부터 푼 뒤 복잡한 문제는 더 물음에 집중했다.

둘째로, 시험장에서 점수를 올리려면 자기만의 문제표시가 있어야 한다. 무조건 맞힐 것 같은 문제에는 동그라미를 치고 애매한 문제는 옆에 물음표를 표시해둔다. 또 전혀 모르는 문제는 그냥 X 표시를 하고 빨리 넘어가야 한다. 그리고 나중에 물음표를 해둔 문제만 다시 검토하고 X표시를 한 문제는 마킹하기 전에 한 줄로 찍으면 된다.

셋째로, 지문과 답의 구성원리를 알면 찍더라도 정답을 맞힐 수 있다. 주로 "반드시, 모두, 무조건, ~만" 하는 식으로 한정하는 단어가 나오면 그것이 답일 확률이 80%다. 나도 회계학 모의고사를 출제할 때 이런 식으로 해서 답을 만들 때가 많았다. 확실한 답이라고 주장하면서 출제오류라고 이의를 제기하는 것에서 자유롭기 때문이다.

넷째로, 출제자의 의도를 생각하며 문제를 풀어야 한다. 문제를 내는 사람은 문제 푸는 사람이 최대한 틀리기를 바란다. 그래서 답처럼 보이는 매력적인 오답을 하나 정도 만들어서 지문으로 제시한다. 평소에 문제를 풀면서 이 매력적인 오답을 피하는 기술을 생각해보는 연습이 필요하다.

마지막으로, 시험장에서 시험지 전체의 구조를 알고 문제풀이에 돌입해야 한다. 시험지를 받자마자 문제를 푸는 것은 어찌 보면 출제자의 함정에 빠지는 길이다. 어려운 문제를 앞에 배치하는 것만으로도 시험점수를 떨어뜨릴 수 있다는 연구결과도 있다. 그렇기 때문에 문제 순서에 영향을 받지 않기 위해서라도 전체 문제와 주제를 훑어보고 자신 있는 문제부터 푸는 것이 중요하다. 쉬운 문제, 짧은 문제, 계산이 필요 없는 문제부터 푸는 것이 고득점의 비결이라는 사실을 명심하자.

066

합격을 위한
문제 풀기 전략

"나는 그동안 객관식 시험을 천 번 이상 치르지 않았나 싶다. 시험을 볼 때마다 성적이 잘 나올 때와 안 나올 때를 비교해보면서 다양한 시도를 해본 결과 점수를 올리는 문제풀이 노하우가 생겼다. 시험장에서 써먹을 수 있는 전략을 밝힐 테니 고민해보고 직접 적용해보기를 바란다."

합격을 위해서는 문제를 푸는 전략이 습관화돼 있어야 한다. 우선 문제지를 받아서 풀 때 다양한 장치를 이용해야 하는데, 다음에 몇 가지를 소개하겠다.

첫째로, 출제자의 물음 속에서 문제의 요구사항을 정확히 파악한다. 문제를 보고 옳은 것을 묻는지 틀린 것을 묻는지 표시하고, 앞에서 언급한 "모든, 무조건, 반드시, 그러나" 등은 동그라미로 표시한다. 만약 제시문이 길면 핵심을 요약하는 연습을 해두고 시험 장에서는 그것을 옆에 간단히 키워드로 적는 것도 도움이 된다.

둘째로, 답이 헷갈린다고 해서 시간을 지체한다면 찍는 것보다 못하다. 헷갈리거나 모르는 부분은 과감하게 넘어가거나 표시를 하는 연습을 해두는 게 좋다.

셋째로, 만약에 제시문이나 사례가 길다면, 물음을 먼저 읽고 제시문이나 사례를 분석하는 것이 현명하다. 제시문에서 필요 없는 부분이 70% 이상인 경우가 많다. 문제의 물음과 오답을 만들 때 해당 부분은 제시문 속에 숨겨놓기 때문에 그것을 찾기 위해 물음을 먼저 읽는 것이 시간을 단축하는 방법이다.

넷째로, 객관식 시험에서는 철저한 암기보다 자기 나름의 이해가 중요하다. 5지선다형의 경우 5개의 지문 가운데서 답을 맞히면 되기 때문에 각 지문의 차이만 구별할 수 있으면 된다. 각각의 내용을 완벽히 알아야만 문제를 풀 수 있는 것이 아닌 만큼 내용의 암기보다는 그에 대한 자기 나름의 이해가 중요하다.

다섯째로, 시험장에 가서는 10분 정도 샘플 문제를 풀어보며 머리를 예열하는 것이 좋다. 사람의 뇌가 최상의 상태가 되려면 머리를 쓰는 작업이 필요하다. 시험장에 가서 여유를 두고 문제 풀기 연습을 조금 해두면 실제 시험에서 두뇌 회전을 높일 수 있다.

마지막으로, 문제를 다 풀고 검토할 시간을 남겨야 한다. 촉박하게 답안을 마킹하느라 허겁지겁 풀어서 내면 좋은 점수를 얻기 힘들다. 반드시 내가 잘 풀었는지 빠르게 훑어볼 시간을 남기는 것이 좋다. 어쩌면 문제를 다 푸는 것보다 이것이 더 중요할 수도 있다. 아울러 완벽하게 풀었다고 표시한 문제는 답을 고치지 말아야 한다. 답을 고치면 틀릴 가능성이 매우 크기 때문이다.

일주일간의
공부법 검증

최근 이 책을 집필하면서 과연 객관식 시험에 내 방법을 적용해 평균적인 시험에서 얼마나 빨리 합격할 수 있을지 의문이 들었다. 모든 사람이 적용하고 좋다고 인정할 수 있는 방법이어야 그 공부법이 사랑을 받지 않겠는가.

나는 타인을 실험대상으로 해서 이미 몇 번의 검증을 거친 바 있다. 2016년 교관으로 강의하면서 재무회계 기본과정을 운영해 대다수의 수험생을 일주일 만에 회계관리 1급, 2급 시험에 합격시킨 경험이 있다. 교관 연구보고서를 작성하면서 최종적으로 내 수업과 공부법에 대한 강의를 듣고 합격한 교육생의 합격률이 80%라는 통계도 냈다. 나머지 20%는 자격증 취득을 목표로 수업을 듣지 않았거나 시험에 응시하지 않았으니, 실제로는 90% 이상의 합격률을 보인 것이다.

이번에는 나를 실험대상으로 삼아 다른 외부 요소를 통제한 상태에서 하루 4시간씩 정확히 일주일 동안 공부해 평균적인 자격시험에 합격할 수 있는지 실험해보기로 했다.

1. 실험의 설계 : 변수의 설정과 통제

(1) 실험대상 : 곽상빈

이미 민법과 경영학에 대한 지식은 있지만 시험준비를 하기에 앞서 노무사 시험 준비생들이 공부하는 기출문제를 풀어본 결과 민법은 35점, 경영학은 50점이 나왔다. 게다가 경제법이라고 불리는 공정거래법에 대해서는 태어나서 단 한 번도 공부해본 적이 없다.

(2) 실험과제 : 일주일 공부해서 가맹거래사 1차 시험 합격하기

가맹거래사는 객관식 5지선다형, 3과목(경제법·민법·경영학)으로 구성된 시험이다. 과목별로 40문제씩 출제되며, 전 과목을 40점 이상 득점하고 평균 60점 이상 득점을 하면 합격이다. 일부에서는 1차 시험의 난이도가 공인노무사 1차 시험과 비슷하다고 한다.

　해당 시험에서 정확히 7일간 기출문제와 해설요약을 위주로 해서 내 방법인 거꾸로 공부법으로 공부해 합격하는 것을 목표로 삼았다.

(3) 구체적 실험 설계 : 정확히 7일간 공부

4월 22일(토) : 첫날은 종일 전 과목 기출문제 한 번 훑어보기
4월 23일(일) : 기출문제집의 경제법 과목(131페이지) 1회독
4월 24일(월) : 기출문제집의 민법 과목 기출문제(68페이지) 1회독
4월 25일(화) : 기출문제집의 경영학 과목 기출문제(90페이지) 1회독
4월 26일(수) : 과목당 100문제씩 1회독

4월 27일(목) : 과목당 모든 문제 1회독

4월 28일(금) : 과목당 모든 문제 1회독

* 집중도를 달리해 전 과목 5회독 달성 완료

　교재는 딱 한 권《가맹거래사 1차 필기 한권으로 끝내기》(시대고시기획, 김선조 편저)로 문제집에서도 문제와 해설만 가지고 공부하기로 했다.

(4) 내생변수 : 실험대상의 지식수준

사실 5회독으로는 웬만한 시험에 합격하기가 힘들다. 회독수는 10회독이 가장 안전하다. 다만, 이미 경제학은 50점을 받을 정도의 지식이 있었고, 민법은 35점을 받을 정도의 기초지식이 있었음을 밝힌다.

(5) 외생변수 : 공부환경

매일 오전 8시에 출근해 4월 24일(월)부터 4월 28일(금)까지 1~8교시(총 8시간) 재무회계 기본과정의 담임을 맡아서 강의해야 하므로 오후 5시 30분까지 일과 중에 책을 볼 시간은 한 시간도 없었다.

　공부장소는 진주 혁신도시에 있는 롯데몰 건너편 엔제리너스 커피숍으로 정했으며, 식사하면서도 책을 보고 오후 6시 30분부터 10시 30분까지 공부하고 숙소에 가서 잠들기 전까지 그날 공부한 내용을 상기하였다.

2. 실제 실험의 진행

(1) 1일 차(4월 22일) : 기출문제 전 과목 1회독

결혼준비로 여자친구와 만나서 상의하고 책 원고를 다듬은 시간을 제외하고는 오롯이 기출문제를 1회독 하는 데 시간을 사용했다.

오전 10시부터 오후 1시까지 경제법 기출문제와 선택지를 읽고 어차피 내용을 모르는 과목이기 때문에 바로 해설을 보고 답을 체크했다. 이런 방식으로 총 60페이지가량, 120문제 정도를 빠르게 읽었다. 읽고 나서 다 까먹어도 된다는 생각으로 빠르게 읽었으며, 이해하기 위해 시간을 지체하지는 않았다.

오후에 약속이 있어서 여자친구와 만났고, 책 원고 검토를 도와주는 친구와도 만나 이야기를 나누고 헤어졌다.

이른 저녁식사를 하고 오후 5시부터 9시까지 민법 기출문제를 1회독 하기 위하여 책상에 앉았다. 마라톤대회에 출전한 기분으로 중간에 한 번도 멈추지 않고 문제와 제시문을 읽고 해설을 읽고 답을 체크해 나갔다. 그런데 민법은 단순암기가 아니라 이해문제도 간혹 있으므로 해설을 최대한 꼼꼼히 연필로 표시하며 읽었고, 집중이 안 되면 소리 내서 한 번 더 읽고 넘어갔다. 총 68페이지, 120문제가량을 읽고 넘어가는 데 4시간 이상이 걸렸다.

잠자리에 드는 12시까지 얼마 남지 않았는데 경영학은 이미 절반쯤 공부가 되어 있는 상태였다. 하지만 절반은 문제를 틀리는 수준이므로 기출문제 120문제를 모두 보는 데 시간을 투자했다. 집중력이 흩어질 것을 우려해 최대한 연필로 밑줄을 빠르게 그어가며 책장을 넘겼다. 약 3시간 동안 전 범위를 1회독 할 수 있었고, 문제와 해설만 본 상태에서 잠자리에 들었다.

(2) 2일 차(4월 23일) : 경제법 과목(131페이지) 1회독

일요일이었지만 친한 변호사님과 약속이 있어서 점심식사 시간에는 공부를 할 수 없었다. 또한 6시에는 진주로 내려가는 고속버스를 타야 했기 때문에 4시간 동안 버스 안에서 부족한 잠을 청할 수밖에 없었다.

아침 8시에 일어나서 공부를 시작했다. 어제까지 전 과목 기출문제를 훑어보고 나니 자주 나오는 부분이 어느 파트인지 어렴풋이 알 것 같았다. 이제 한 과목씩 진지하게 독파할 차례다.

경제법으로 시작했다. 경제법은 암기과목이기 때문에 기출문제를 다시 한번 읽고 해설을 먼저 보았다. 이렇게 한 번 더 기출문제를 읽고 나니 점심약속 시간이 다가왔다.

변호사님과 점심식사를 하고 이야기를 나눈 뒤 헤어졌다. 다시 공부를 시작했다. 이번에는 조금 시끄러운 카페에서 공부를 했지만 집중하려고 노력했다. 경제법 기출문제를 두 번 읽은 잔상을 토대로 문제집의 요약된 본문을 훑으며 이해하려고 노력했다. 이미 문제집에는 요약내용에 기출문제 표시가 되어 있었는데, 일부러 이런 표시가 잘되어 있는 문제집을 샀다. 기출표시가 돼 있는 부분을 중심으로 빠르게 읽었다. 생각보다 오래 걸렸지만 6시까지는 본문을 다 읽을 수 있었다.

밤 10시 30분에 숙소에 도착해 잠들기 전까지 오늘 공부한 경제법 기출문제와 주요내용을 말로 떠들었다. 그리고 아직 희미한 부분은 빠르게 다시 기출문제와 해설을 보면서 점검하고 잠자리에 들었다.

(3) 3일 차(4월 24일) : 민법 기출문제(68페이지) 1회독

수업을 하느라 내내 바빴다. 아침 8시 30분부터 오후 5시까지 쉬지 않고 수업이 이어졌다. 하루 종일 목이 쉴 정도로 수업을 하고 나면 온몸의 힘이 다 빠져서 녹초가 되었다. 5시 30분에 퇴근해서 곧장 식사를 했다. 카페에 자리를 잡기 위해 빠른 걸음으로 가서 공부를 시작했다.

민법 기출문제와 해설만 따로 추리면 총 68페이지밖에 안 된다. 6시 30분부터 10시 30분까지 총 4시간이면 다 볼 수 있는 분량이다. 이미 1회독을 했기 때문에 이번에는 문제와 해설, 틀린 선택지를 꼼꼼히 분석했다. 그리고 해설은 일부러 두 번씩 밑줄을 그으며 읽었다. 이해가 되지 않던 부분도 해설을 두 번씩 보자 이해가 되는 듯했다.

잠자리에 들기 전에는 여전히 오늘 공부한 것을 의식적으로 떠올렸고, 아직 희미한 부분을 다시 들춰보면서 기출문제를 한 번 빠르게 훑고 잠들었다. 이상하게도 아침에 일어나기 전까지 꿈속에서 민법 내용이 떠도는 것 같았다.

(4) 4일 차(4월 25일) : 경영학 기출문제(90페이지) 1회독

마찬가지로 1교시부터 8교시까지 총 8시간의 수업을 했다. 재무회계를 가르치다보니 일일이 판서를 해야 하고 목도 아팠다. 5시 30분 퇴근하기 전까지 책을 볼 겨를이 없었다. 퇴근하자마자 곧 저녁 식사를 하고 다시 카페로 향했다.

오늘은 경영학 기출문제를 보는 날이다. 경영학은 기출문제를 이미 1회독 했으나 벌써 이틀 동안 공부를 쉰 과목이어서인지 기억이 가물가물했다. 이 과목도 마찬가지로 기출문제 120문제를 모두 읽고 선택지와 해설을 분석했다. 해설은 역시 두 번 읽고 중요 부분에 표시를 했다. 경영학은 3시간이면 기출을 모두 분석할 수 있었다. 그래서 남는 시간에 전날 공부한 민법 기출문제 가운데 자신 없다고 표시해둔 문제를 한 번 더 읽고 해설을 이해하려고 했다.

잠들기 전까지 누적적으로 오늘 공부한 경영학 과목과 민법에서 약한 내용을 상기시켰다.

(5) 5일 차(4월 26일) : 과목당 문제 100문제씩 1회독

오늘도 1~8교시 수업 때문에 체력적으로 매우 힘들었다. 수업을 다 마치고 나니 아무것도 하기가 싫었다. 정말 쉬고 싶다는 생각이 간절했지만, 저녁식사를 하면서 오늘도 버티자고 다짐하고 카페로 향했다. 체력적으로 힘든 상태다보니 집중력도 많이 떨어졌다. 오늘의 목표를 조금 여유롭게 잡고, 경제법은 120문제를 모두 풀고 민법과 경영학은 어제 공부한 내용만 상기하자는 생각으로 과목당 40문제씩만 보기로 했다.

6시 30분에 공부를 시작했는데, 먼저 경제법을 보았다. 이미 두세 번 본 문제라서 답이 떠올랐지만 이해를 한다는 생각으로 120

문제를 빠르게 1회독 하였다. 그 과정에서 해설에서 강조하는 부분을 암기하기 위해 두 번 정도 읽었다. 나머지 두 과목을 공부하자니 시간이 1시간 반밖에 남아 있지 않았다. 경영학은 최근 기출 40문제만 훑어보았고 민법은 약한 문제 위주로 복습했다. 수요일이라서인지 체력적으로 가장 힘들었다. 숙소에서 눕자마자 11시 전에 잠이 들었다.

(6) 6일 차(4월 27일) : 과목당 모든 문제 1회독

마찬가지로 8시간을 강의해야 하는 날이다. 일부러 이렇게 시간표를 짜기도 힘든데 마침 내가 담임을 맡은 기간에 실험을 하게 된 것이다. 강의도 하면 할수록 요령이 생겨서 오늘은 그다지 체력이 고갈된 느낌은 아니었다.

  퇴근을 하고 간단히 식사를 한 뒤 곧장 공부를 시작했다. 이제 전 과목을 4번 이상 본 셈이다. 따라서 속도를 내서 회독수를 늘려야 한다고 생각하고, 최대한 집중해서 과목별로 빠르게 문제와 답을 보고 해설을 떠올리는 방식으로 속도를 내며 읽었다. 이전과 다른 점은 해설을 두 번씩 읽지 않았다는 것이다. 이미 해설을 여러 번 보면서 암기했기 때문에 문제와 답을 보면서 스스로 해설을 하고 넘어가는 식으로 보았다. 이렇게 하면 잠자리에 들기 직전 공부한 내용이 머릿속을 맴돈다.

(7) 7일 차(4월 28일) : 과목당 모든 문제 1회독

오늘은 수업을 오전에 끝내는 날이다. 4시간 수업을 진행하고 모든 교육생을 수료시킨 뒤 오후에는 교관 연구시간을 즐기면 된다. 나는 지친 몸을 달래기 위해 오후가 되자마자 자리에 앉아서 지금까지 공부한 내용을 상기하면서 휴식을 취했다.

개인시간이 주어졌으므로 그동안 공부한 문제들을 훑어보면서 쉰다는 생각으로 약 3시간을 보냈다. 내일은 시험을 치르는 날이기 때문에 무리를 해서는 안 된다고 생각했다.

5시 30분에 퇴근해 곧장 고속버스를 타고 서울로 올라왔다. 서울 집에 도착하니 밤 11시였다. 씻고 따뜻한 우유를 마신 뒤 잠을 청했다. 내일은 아침 7시에 일어나야 하기 때문이다.

3. 시험의 결과

시험은 총 120분으로 3과목, 총 120문제로 치러졌다. 나는 시간 안에 문제를 모두 풀었고, 가채점 결과 경제법 55점, 민법 70점, 경영학 82.5점으로 합격할 수 있었다. 평균 67.5점으로 커트라인인 60점보다 높은 점수다.

문제를 풀 때는 자신 있는 과목인 경영학부터 먼저 풀었다. 그러자 머리가 예열이 되는 느낌이 들어 경제법, 민법 순서로 풀어 나갔다.

4. 한 번쯤 시도해볼 만한 시험공부 방법

내 방법이 무조건 옳다고 말하려는 것은 아니다. 사람마다 자신만의 공부법과 습관이 있고, 그동안 살아오면서 쌓아온 방법과 배경지식의 차이도 있다. 그러므로 다른 사람의 방법을 맹목적으로 따를 필요는 없다. 다만, 정말 좋은 접근법이나 성과를 낼 수 있는 방법은 한 번쯤 시도해볼 만하다. 따라 한다고 해서 크게 손해 볼 일도 아니고, 오히려 그렇게 하면서 나의 강점을 더 잘 살릴 수 있는 길도 발견할 수 있다.

이번 실험은 정말 촉박한 일정을 쪼개어 이 책에서 다룬 방법들을 한 번쯤 적용해보기 위해서 고안했다. 내가 주장하는 거꾸로 공부법이나 여러 가지 기술적인 부분이 100% 옳다고는 할 수 없지만 자신 있게 좋은 방법이라고 말할 수 있다.

인생을 위한 지식체계를 쌓는 작업과 시험에 합격하는 것은 조금 다른 이야기일 수 있다. 내 방법으로 공부하면 실력이 부실해지지 않느냐는 비판도 더러 들었다. 그런데 시험에 합격한 뒤 더 실전적이고 깊이 있는 연구를 하는 것은 각자의 몫이라고 생각한다. 적어도 시험에 합격하지 못하는 사태는 막아야 하지 않겠는가. 위대한 뜻이 있더라도 합격한 뒤에야 그 뜻을 제대로 펼칠 기회가 생기는 법이다.

Chapter

06

주관식
시험

주관식 시험은 우리의 생각과는 달리 고도의 사고력을 요구하지 않는다. 오히려 진지하게 생각하며 목차를 정하고 논리구조를 짜서 답안지를 작성하는 훈련만 제대로 해두면 객관식에서 보일 수 있는 실수나 오류를 드러내지 않으면서 시험에서 안정적으로 합격할 수 있다.

주관식 시험의
본질이 뭘까

주관식은 객관식보다 쉽다?

공부를 많이 해본 사람들이 공통적으로 느끼는 것은 주관식이 생각보다 쉽다는 것이다. 객관식보다 쉽다고 단언하기는 힘들지만, 주관식 시험은 우리의 생각과는 달리 고도의 사고력을 요구하지 않는다. 오히려 진지하게 생각하며 목차를 정하고 논리구조를 짜서 답안지를 작성하는 훈련만 제대로 해두면 객관식에서 보일 수 있는 실수나 오류를 드러내지 않으면서 시험에서 안정적으로 합격할 수 있다.

　주관식 시험은 대학이나 대학원 입시에서는 '논술'이라는 과목으로 접했을 것이고, 고등학교나 대학의 내신이나 학점을 위한 중간고사나 기말고사에서도 경험했을 것이다. 각종 자격시험이나 전문직 시험의 2차 시험에서는 논술형이나 약술형 시험으로 주관식 문제를 출제하고 있다.

　우리나라에서 주관식 시험의 역사는 상당히 오래되었다. 조선시대 과거제도의 경우 과거에 급제하기 위해서 오랫동안 공부한 뒤 며칠에 걸쳐서 붓으로 답안지를 써 내려가며 시험을 치렀다. 이런 기록을 보더라도 우리나라는 기본적으로 주관식 시험으로 큰 시험의 틀을 갖추었던 나라다.

주관식 시험은 머릿속에 생각의 틀이 정리되지 않으면 절대로 시험장에서 답안을 작성할 수 없다. 그래서 사람들이 어렵게 생각한다. 그리고 기본적으로 글쓰기 능력이 있어야 한다. 글쓰기를 못하면서 주관식 시험에서 좋은 점수를 받는다는 것은 말도 안 되는 이야기다. 그럼에도 주관식 시험이 쉬운 이유는 기본적인 글쓰기와 논리적 훈련만 되면 과목마다 핵심만 암기하고도 출제자가 원하는 답안을 작성할 수 있기 때문이다.

교과서를 통째로 암기해서 쓰라고 한다면 아마 평생이 걸려도 힘들지 모른다. 그러나 시험의 특성상 다른 사람들보다 조금만 잘 써서 내면 합격할 수 있다. 그렇다면 전략은 간단하다. 기본적인 글쓰기와 논리력을 갖춘 다음 남들보다 내용을 정확히 암기해서 보여주면 된다.

아울러 답안지의 형식을 맛깔나게 구현하고 중간중간 출제자가 좋아할 만한 문구나 그래프, 표 등을 활용해 시각적인 부분에서 추가점수를 획득하면 된다. 시험마다 다소 다르겠지만 큰 틀에서 출제자와 채점자를 만족시키는 방법은 비슷하다.

연습은 완벽한 답안을 만든다!

"연습은 완벽한 답안을 만든다.Practice makes perfect solution."

이것이 내가 가장 좋아하는 수험계의 명언이다. 연습과 반복된 고민이 가장 큰 위력을 발휘하는 것이 주관식 시험이다. 주관식 시험은 출제자의 질문에 대해 짧은 시간에 효율적이고 압축적으로 답해야 한다. 횡설수설하는 답안지는 금세 채점자의 흥미를 잃게 해서 쓰레기통으로 가게 되어 있다.

고민과 연습이 많이 되어 있는 답안지는 목차만 보아도 티가 난다. 목차에 출제자가 물어보는 핵심 키워드가 담겨 있고, 내용을 보아도 그 키워드가 논리적으로 배열돼 있다. 게다가 이런 답안지는 기승전결이 확실하다. 즉, 서론에서 문제 제기 및 출제자가 물어본 화두에 대해 어떻게 풀어갈지를 명확하게 제시하고, 본론에서는 다양한 근거와 대립되는 주장으로 이 문제를 풀어 나간다. 그리고 결론에서는 출제자의 질문에 명확한 해답을 제시하게 된다. 더 좋은 것은 결론에 미래에 대한 제언이나 발전적 방향을 제시하는 것이지만, 답안지는 논문이 아니므로 이 부분은 생략해도 좋은 점수를 받을 수 있다.

주관식 시험은 스스로 연습과 노력을 해야 좋은 점수를 얻을 수 있다. 그런데 처음 시험을 준비하는 수험생에게는 방향을 설정해주는 것이 참 중요하다. 이런 시험에서는 길을 잃고 헤매다보면 1~2년이 훌쩍 지나가기 때문이다. 이번 장에서는 주관식 시험에 대응하는 요령을 소개해본다.

067

답안 형식이 가장 잘 정리된
수험서 구하기

"주관식 시험은 같은 문제에 대해서도 답안지를 어떻게 꾸며서 작성하느냐에 따라 점수가 달라진다. 답안지가 보기 좋고 논리가 정확해야 배점을 받을 수 있으므로 공부할 때부터 이를 염두에 두고 책을 골라야 한다. 기출문제가 잘 분석돼 있고 답안 형식과 내용이 깔끔한 수험서로 공부하면 합격을 가져오는 형식과 내용으로 답안을 채울 수 있다."

우리나라에서 고시나 전문직 2차 시험은 주로 주관식 논술형 시험이다. 이런 시험의 특징은 물음에 대해 목차를 구성하고 키워드를 활용해 말을 만들어서 보기 좋게 작성해야 높은 점수를 받을 수 있다는 점이다. 한마디로 참고자료나 매뉴얼을 전혀 주지 않고 정해진 시간 안에 보고서를 써서 내라는 것과 같다.

그렇기 때문에 기출문제집과 기본서를 살 때는 문제분석과 모범

답안이 가장 잘 정리된 책을 골라야 한다. 답안 형식이 깔끔하고 그 내용에 키워드 표시가 잘되어 있는 책을 사야 공부할 때 키워드와 형식 위주로 반복할 수 있다.

기출문제집은 기본서의 챕터와 주요 테마별로 나뉜 책을 사면 좋은데, 이것이 별도로 중요도 분류를 할 때 수월하기 때문이다. 이때도 주의해서 봐야 할 부분이 각 물음에 따른 답변의 목차와 키워드다. 그리고 논리는 자신이 만들어 가야 하므로 형식이 좋은 책을 고르는 것이 시험장에 갈 때까지 공부하는 데 유리하다.

요즘에는 공인회계사 시험이나 변호사 시험 등에서 물음을 세분화해 별도로 목차를 잡지 않고 물어보는 것에만 답하면 되는 추세이기는 하다. 그렇더라도 키워드와 논리가 눈에 잘 들어오는 책이 공부하기에 편하다. 한마디로 해설이 깔끔하고 체계적이어야 한다는 것이다. 여기서 깔끔한 해설을 강조하는 이유는 이후 공부과정에서 해설을 자주 보고 암기하면서 나만의 논리로 살을 붙여 나갈 것이기 때문이다.

내가 공부한 감정평가실무 문제집

주관식 문제집은 기출문제 표시와 답안이 깔끔해 답안을 따라 옮겨 적기 편해야 한다. 또한 여백에는 답안과 관련된 내용을 요약하여 단권화까지 할 수 있는 책이 좋다. 내가 사용한 문제집 단권화의 예시를 밝혀본다.

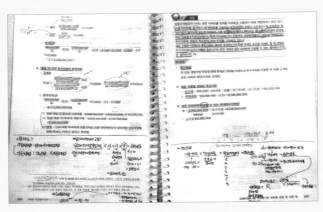

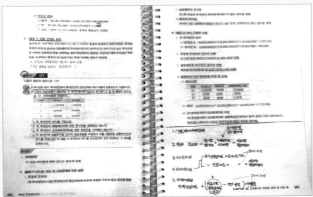

나는 답안을 암기하기 위해 형광펜으로 미리 표시해두었고, 문제집은 들고 다니면서 암기하기 편하게 스프링 분철을 하였다. 여백은 최대한 활용해서 단권화를 위한 노트 필기를 하여 반복했다.

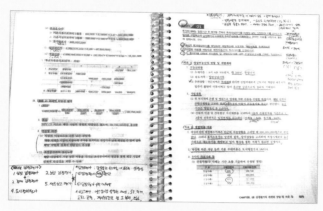

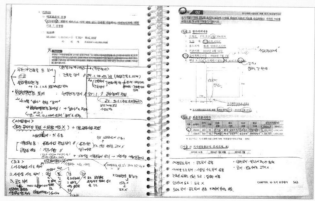

출처 : http://blog.naver.com/sangbin1

068

공부를 진행하는 원리

> "주관식 공부는 범위가 있다고 하면 있고 없다고 하면 없다. 기출문제를 가장 명확한 범위로 보고 범위를 늘리려고 하면 한도 끝도 없다. 그렇기 때문에 기출문제에서 중요하게 반복되는 내용을 어떻게 하면 완벽하게 마스터할지 고민하면서 계획을 세워야 한다."

나는 주관식 공부를 할 때는 아는 것을 늘려야 한다는 생각을 버린다. 그 대신 앞에서 한 것처럼 공부해야 할 범위를 확정하고 그 한정된 범위 안에서 모르는 것이 없을 때까지 공부한다.

정해진 분량과 범위 안에서 공부계획을 세우는 일은 매우 중요하다. 많은 수험생이 아는 지식을 한없이 넓히는 것을 수험생활이라고 착각한다. 단언컨대, 이런 식으로 생각하고 공부하면 단기간에 합격할 수 없고 잘못하다가는 장수생이 될 것이다.

주관식 시험은 물어보는 것에 대해 단숨에 목차를 잡고 써 나가야 한다. 그러려면 단박에 튀어나올 만큼 아는 내용이 구조화되고 숙달돼 있어야 한다. 양을 계속 늘려 나가면 순간적으로 내용을 출력하는 것이 어려워진다. 아는 게 많을수록 답안을 작성하는 데도 시간이 많이 걸리는 것이다.

내가 감정평가사 시험이나 손해사정사 시험에서 1년이라는 단기간에 합격할 수 있었던 비결도 여기에 있다. 공인회계사 시험도 마찬가지였다. 양을 줄이고 또 줄이면서 그 범위 안에서는 모르는 게 전혀 없을 만큼 공부했다. 완벽하게 안다는 것은 말로 떠들 수 있고 다양하게 응용할 수 있는 수준을 말한다. 범위를 줄이고 반복하면서 그 깊이를 늘리는 것이 내 공부법의 핵심이다.

같은 맥락에서 시험공부 계획은 하루에 몇 시간씩 할지 고민하기보다는 정해진 범위 안에서 얼마나 완벽하게 할지 그 방법을 고민하면서 짜야 한다.

069

주관식 시험 대비
회독별 공부방법

> "주관식 시험공부도 객관식과 마찬가지로 기출문제에서 시작해야 한다. 지도를 가지고 항해를 해야 길을 잃지 않는다. 주관식 시험은 막판으로 갈수록 정확한 암기가 중요하므로 그에 맞는 회독법이 따로 있다. 지금부터 내가 공부한 방법을 살펴보자."

기출문제 분석과 1회독은 가볍게 읽기

기출문제집과 과목별 기본서를 샀다면 공부할 준비가 되었다. 앞에서 강조했듯이 처음에는 기출문제를 먼저 5번 훑어야 한다. 그런데 이 작업으로 2주를 넘기면 안 된다. 2주가 넘어가는 순간 '내가 왜 이 짓을 하고 있지?' 하는 생각이 들면서 공부하기가 싫어질 것이다. 2주라는 짧은 시간 동안 물음을 보고 바로 해설을 읽는 식으로 기출문제 5년 치를 빠르게 보자. 해설에 밑줄도 그어가며 빠르게 읽어야 한다.

기출을 빠르게 5번 읽어두면 자주 나오는 주제와 해설의 공식이나 논리의 잔상이 머리에 남게 된다. 기출문제를 5번 보는 과정에서 챕터별로 중요한 주제와 계속 반복되는 내용을 A등급으로 표시하고 빈도가 3~4년 주기로 나오는 것은 B등급으로 표시한 뒤 A등급 위주로 봐야 한다는 것은 앞에서 이미 설명했다.

이 등급표시를 기본서에도 해야 한다. 기본서를 볼 때는 A등급을 중심으로 빠르게 훑어보고 B등급은 약하게 읽어야 하기 때문이다.

그다음으로 중요한 작업은 작년에 출제된 기출주제를 기본서에 표시하는 일이다. 왜 하필 작년에 기출된 것을 표시해야 할까? 작년에 출제된 주제가 올해 또 출제될 가능성은 거의 없기 때문이다. 물론 매년 출제되는 기본적인 주제에는 이런 표시를 할 필요가 없겠지만, 총론이 아닌 각론의 경우에는 작년에 나온 지엽적인 주제가 올해는 절대로 다시 나오지 않는다. 그 부분은 참고만 하고 나머지 부분에 집중해서 공부해야 한다.

이렇게 표시를 해두고 신경 써서 읽어야 할 부분과 대충 봐도 되는 부분을 구분해놓고 1회독을 하면 훨씬 시간을 단축할 수 있다. 그리고 이후 공부를 할 때도 내년에 나올 부분을 예측하면서 할 수 있어서 자신감을 가지고 공부하게 만드는 효과도 있다.

3회독까지는 머릿속에 방 만들기

기본서 1회독이 끝나면 기출문제의 중요한 부분 스토리를 어렴풋이 아는 정도가 된다. 이때부터 2번 더 반복할 때까지는 전체 구조를 잡으면서 공부해야 한다. 그 방법은 목차를 활용하는 것이다.

목차만큼 전체 숲을 보기에 좋은 도구는 없다. 기본서를 보면 맨 앞에 머리말이 있고, 그다음에 목차가 나오며, 목차를 보면 주제별로 나열되어 있다. 그럼 각 목차를 훑어보고 무엇이 시험범위인가를 인지한 상태에서 기본서를 본다.

기본서에 표시된 A등급, B등급, 작년에 출제된 주제를 앞의 목차에도 별도로 표시해둔다. 이렇게 하면 전체 지도를 머릿속에 그리기가 편하다. 기본서를 보기 전에는 매번 목차를 보면서 어느 부분이 중요한 주제인지를 머릿속에 떠올리고 공부를 시작해야 한다. 즉, 기본서를 보기 전에는 머릿속에 빈집을 만들고 그 방을 채운다는 생각으로 목차를 보는 것이 좋다.

기본서 2회독을 할 때는 손을 사용한다. 자기가 생각하기에 중요하다고 생각하는 문장이나 키워드에 연필로 표시를 해둔다. 처음부터 형광펜이나 볼펜을 사용하면 지울 수가 없으므로 연필로 표시하면서 읽는다. 처음보다는 시간이 좀 더 걸리겠지만, 그래도 한 페이지를 읽는 데 너무 오래 걸리면 안 된다. 대충 표시하고 넘어가야 한다.

만약 기본서에 대한 학원강의를 듣게 될 경우 선생님이 표시해주는 부분은 정말 중요한 부분일 테니 형광펜이나 볼펜으로 표시해도 좋다. 하지만 혼자 볼 경우 2회독 단계에서는 연필로 표시한다.

이렇게 A등급 주제는 표시를 자세히 하고, B등급 주제는 표시를 대충하고, 작년에 나왔던 각론 주제는 눈으로만 훑으면서 넘어간다. 기출에서 본 물음을 떠올리면서 읽으면 더 효과가 있다.

3회독도 이와 마찬가지로 한다. 다만 좀 더 정독하면서 보고, 그동안 체크되어 있는 키워드를 보기 좋게 표시하면서 읽는다. 3회독부터는 형광펜이나 볼펜을 사용하며 읽어도 된다.

4회독부터 누적적 복습하기

기본서 4회독부터는 한 챕터에 할애하는 시간을 늘려야 한다. 한 챕터를 정독하고 연습문제도 풀어보는 등 다양하게 생각하면서 읽어야 한다. 그리고 챕터를 다 끝냈을 때 꼭 해야 할 일이 있는데, 직전에 공부한 챕터의 주요내용과 키워드를 책을 보지 않고 말로 떠들어보는 것이다. 만약 소리를 내기가 곤란하다면 머릿속으로라도 떠올리면서 정리해야 한다.

다음 챕터로 넘어가서도 정독을 하고 연습문제를 풀고 그 챕터를 덮을 때 직전에 공부한 내용을 상기하는 작업을 한다. 이렇게 하루 동안 공부를 끝낼 때까지 지속해야 한다.

이 단계에서 내가 사용한 방법 가운데 가장 좋았던 것이 '누적적 복습'이다. 이것은 오늘 공부를 시작하기 전 어제 배운 챕터를 요약해서 말해보는 것이다. 책을 펴기 전 떠올려보는 것만으로도 족하다. 만약 기억이 나지 않으면 30분 정도를 할애해서 전에 공부한 내용을 기본서를 빠르게 훑으며 떠올린다. 이렇게 하면 그 내용들이 머릿속을 둥둥 떠다니게 된다.

이렇게 팝업된 지식을 가지고 오늘 공부를 시작한다. 오늘도 전날과 마찬가지로 챕터를 정독하고 진도에 맞게 연습문제를 풀고, 챕터를 넘기기 전 방금 공부한 내용을 요약해서 상기시킨다. 이 작업을 잠들 때까지 밀고 나가야 한다.

그다음 날도 같은 방법으로 순환을 거듭한다. 이때 누적적 복습은 어제까지 공부한 내용을 모두 상기시켜야 한다. 고통스럽지만 떠올리는 과정을 거치지 않으면 처음 했던 내용이 기억에서 사라지게 된다. 이렇게 누적적으로 복습을 하면 첫날 했던 공부내용은 수십 번을 반복하게 되어 나중에는 따로 공부하지 않아도 될 만큼 익숙해진다. 이렇게 4회독을 다 끝내면 앞의 챕터는 머릿속에 굉장히 뚜렷한 잔상으로 남게 된다.

그 이후의 회독은 뒤 챕터부터 역으로 같은 방법을 사용해 회독 수를 늘리면 된다. 이렇게 하면 정해진 범위 안에서 모르는 게 없을 만큼의 수준에 도달할 수 있다. 처음에는 힘들겠지만 누적적 복습이 습관이 되면 주관식 시험에서 놀라운 점수를 받을 수 있을 것이다.

070

독학을 한다면
꼭 개별 스터디를 하자

"대부분의 2차 시험은 주관식인데, 주관식 공부는 혼자 해서는 길을 잃기가 쉽다. 나보다 조금 잘하는 사람이 포함된 곳에 가서 함께 공부하고 그들의 노하우를 배우는 것이 단기합격의 지름길이다. 학원의 순환강의도 분명 도움이 된다. 학원에 가기가 어렵다면 개별 스터디라도 조직해서 함께 공부하자."

주관식 시험을 준비하는 수험생들은 학원을 가야 할지 말아야 할지 고민이 많을 것이다. 나는 주관식 시험에 대비해서는 학원이 필요하다고 생각한다. 현장 강의를 듣지 못할 경우 인터넷 강의라도 듣는 게 좋다고 본다. 나는 공인회계사 시험을 제외한 다른 공부에서는 기본강의를 들으려고 학원을 이용한 일이 거의 없지만, 문제풀이나 모의고사 강의는 상당히 도움이 되었다고 생각한다.

학원에 가는 이유는 경쟁자들과 공부하며 동기부여를 하는 측면도 있고, 내용을 조금이라도 효율적으로 정리할 수 있기 때문이다. 주관식 시험은 쓸 내용을 정리하는 것이 매우 중요한데, 처음부터 중요한 내용을 골라내기는 쉽지 않다. 그래서 다른 사람의 도움을 받아 내용을 압축하는 과정이 필요하다.

그렇기 때문에 학원을 이용할 수 없을 때는 스터디그룹이라도 만들어서 공부하라는 것이다. 나는 직장생활이나 군생활을 할 때는 너무 멀거나 시간이 맞지 않아서 학원에 다닐 수가 없었다. 그런데 어느 범위를 어떻게 공부해야 할지 도움을 받아야 했고, 이때 활용한 것이 인터넷 강의와 스터디그룹이었다.

인터넷 강의는 요약강의로 충분하며, 어렵다고 느끼는 과목은 문제풀이 강의 정도만 추가로 들었다. 또 스터디그룹이 중요한데, 개별 스터디그룹을 모집하거나 가입할 때는 나보다 잘하는 사람이 많은 곳에 들어가야 한다. 내가 초보인데 나 같은 사람들만 모인다면 같이 공부한다는 것 외에 별 의미가 없다. 내가 공부하고 범위를 줄일 때 도움을 받을 수 없기 때문이다.

지금 지방에서 공부 중이거나 직장인이라서 독학을 해야 하는 상황이라면 자신이 참여할 수 있는 스터디그룹에 가입해 활동하자. 요즘에는 네이버 밴드나 카카오톡을 이용한 스터디도 있어서 모르는 것을 물어보고 조언을 얻을 수 있는 방법이 많다. 그런 스터디라도 상관없으니 하나 정도는 꼭 가입해서 도움을 받자.

071

학원의
순환강의를 활용하자

> "학원의 순환강의는 각종 2차 시험을 대비해 실력을 체계적으로 키워준다.
> 나는 이런 학원의 커리큘럼을 긍정적으로 생각한다. 주말에 이루어지는 모
> 의고사반이라도 꼭 듣길 바란다."

변호사 시험이나 공인회계사 시험, 5급 공채, 감정평가사 등 주관식 논술형 시험은 학원의 모의고사반을 이용하면 큰 도움이 된다. 학원은 절대로 가지 말라고 주장하는 사람들도 있는데, 경제적으로 정말 힘든 상황이 아니라면 상대평가인 주관식 시험에서는 학원이 필수적이다. 물론 학원을 이용하지 않고 합격할 수도 있지만, 이는 극소수이고 3년 이상 장기간 공부하는 사람들이 대부분이다.

단기간에 시험에 합격하고 싶다면 매주 자신의 실력을 체크하고 연습할 수 있는 GS순환강의를 하나쯤 들을 것을 권한다. 직장인이나 지

방에서 공부 중인 사람은 주말을 이용해서라도 듣는 것이 좋다. 그냥 문제를 풀고 강평을 듣는 시스템이지만, 그 덕분에 경쟁심이 살아나서 공부에 대한 의지를 북돋울 수 있다.

또한 내가 잘하는 과목을 시험해볼 뿐만 아니라 못하는 과목은 어떻게 공부해야 할지 피드백을 받을 수 있는 것도 장점이다. 아울러 강사에게 질문할 기회도 만들 수 있고, 매주 예습·복습 범위를 확정하고 꾸준히 공부하는 계획을 세우기에도 좋은 장치다.

072

사례형 문제풀이를 위한 노하우

> "개념문제는 그냥 암기해서 답안지에 보기 좋게 표현만 하면 좋은 점수를 받을 수 있다. 어쩌면 누가 답안지를 더 많이 채우느냐의 싸움으로 귀결될 수도 있다. 하지만 사례형 문제는 사례가 나타내는 논리나 판례가 무엇인지를 정확히 파악하지 못하면 아무리 많이 써내도 점수를 받기 힘들다. 무엇보다 출제자의 의도를 파악하는 것이 관건이다."

개념을 물어보는 문제는 사실 쉽다. 그냥 요약집이나 기본서에 있는 대로 암기해서 답안지에 쓰기만 하면 되기 때문이다. 이런 문제는 기본서나 요약지를 반복해 읽으면서 암기만 잘하면 별문제가 없다. 그런데 사례문제는 단순히 암기만 해서는 시험에서 합격할 수준의 답안을 제출할 수 없다.

지금부터 사례문제를 공부하고 풀 때의 요령을 알아보자.

1. 기출문제를 출제자 처지에서 들여다보기

나도 보험계리사 2차 시험 모의고사 문제를 출제해본 경험이 있어서 출제자의 심리를 잘 이해한다. 출제자는 문제를 출제할 때 묻고 싶은 쟁점이나 핵심에 대해 문제 속에 몇 가지 단서를 제공한다. 이것만 잘 파악하면 반은 먹고 들어간다. 사실 출제자의 의도를 잘 볼 수 있는 것이 역대 기출문제다. 강사인 나도 모의고사 문제를 낼 때 기출문제를 변형해서 출제했으니 기출문제는 수험생활의 가장 좋은 지침서라고 할 수 있다.

기출문제집을 풀면서 단서들을 통해 모범답안을 도출하는 연습을 꾸준히 하다보면 출제자가 제시하는 중요한 문구가 눈에 들어오기 시작할 것이다. 이것을 파악할 수 있으면 이미 절반은 성공한 셈이다.

2. 사례문제는 남들이 많이 택하는 결론으로 가자

사례문제는 기승전결이 뚜렷이 드러나야 한다. 그 가운데서 출제자가 가장 중요하게 보는 것은 서론인 '쟁점의 제시' 부분과 결론인 '사안의 해결' 부분일 것이다. 중간의 학설, 판례, 검토 등은 어차피 비슷한 논리로 갈 것이고 크게 빼먹지만 않으면 모든 수험생의 답이 유사하기 때문이다. 이때 쟁점 파악은 앞서 말한 바와 같이 철저한 문제분석 연습을 전제로 한다.

수험생들이 가장 큰 차이를 보일 수 있는 부분이 결론인 '사안의 해결'이다. 사안에 적용하는 부분은 출제자가 가장 궁금해하는 부분이기도 하다. 왜냐하면 그것이 바로 사례문제에서 물어본 것에 대한 답이기 때문이다.

사안의 해결은 다른 사람들이 많이 선택하는 쪽으로 결론을 내야 한다. 그것이 무엇일까? 법학에서는 이것이 바로 판례와 통설이다. 각종 전문직 시험에서는 기준서나 지침서의 전형적 사례 해설이다. 이것으로 결론을 제시해야 높은 점수를 받을 수 있다.

3. 정확한 용어와 표현을 사용하는 연습을 하자

보통 사례문제를 풀다보면 사례에서 나온 용어를 그대로 사용해서 답안을 작성하고 그게 끝인 경우가 많다. 그런데 사례에는 핵심용어에 대한 정의나 해답이 될 만한 표현이 숨겨져 있는 경우가 많다. 기본서나 요약서를 볼 때부터 용어를 정확히 암기해두었으면 그 용어를 사용해서 답안을 작성해야 한다.

아울러 법조문이나 기준서 등을 괄호 안에 정확히 써주는 것이 답안지의 신뢰도를 높이는 방법이다. 이는 사례문제를 풀 때 정확한 용어와 표현, 정확한 조문을 자주 써보는 데서 비롯된다. 채점자가 키워드로 채점을 한다는 말이 맞는다면 더욱더 신경을 써야 하는 부분이기도 하다.

073

노트 정리를 잘하는 방법

"노트 정리는 그 나름의 단권화 방법이다. 요즘에는 핸드북이나 일명 '찌라시'들이 넘쳐나기 때문에 잘 정리된 자료를 구해서 그 자료에 가필하는 식으로 노트 정리를 하는 것도 시간절약 측면에서 좋은 전략이다. 나는 대학에서 최우등 졸업을 할 때도, 각종 2차 시험에 합격할 때도 기분전환을 위해 노트 정리를 했다. 노트에 옮겨 적거나 정리하는 과정에서 복습과 이해가 되는 효과가 나타나기 때문이다."

노트 정리는 공부한 것을 스스로 정리해 노트에 적는 작업이다. 별 것 아닌 것 같지만 노트 정리를 제대로 하려면 생각보다 많은 노력이 들어간다. 사실 어떤 내용을 노트에 요약할지 생각하는 것도 쉬운 일은 아니다. 막상 노트에 적으려면 막막해질 때도 있다.

노트에 정리하려면 우선 중요한 내용을 추려야 한다. 수업에서 교수님이 이야기한 내용 가운데 시험에 나올 만한 것을 추려서 노트에 요약해야 하는 것이다. 핵심을 골라 노트에 적으려면 당연히 수업을 열심히 들어야 한다. 게다가 모르는 것은 질문도 해야 한다. 그래야 비로소 노트 필기가 일종의 정교한 복습이 된다.

내가 수업을 듣고 만든 정리 노트는 나만의 요약서다. 특히 학점을 따는 데는 수업시간에 들은 내용을 요약한 자료가 필수다. 시중에 나와 있는 아무리 좋은 책도 이를 대체할 수는 없다. 왜냐하면 대학에서 중간고사와 기말고사의 출제자는 수업을 맡은 교수님이기 때문이다. 노트 정리가 내신관리에서 이만큼 중요하기 때문에 다음에서 구체적인 방법을 살펴보기로 한다.

1. 노트와 필기구의 선택

노트 정리를 하려면 우선 가지고 다니기 편한 노트와 노트를 꾸밀 필기구가 필요하다. 내 경우에는 노트를 과목별로 한 권씩 구했다. 노트는 스프링으로 된 것이 좋다. 들고 다니기 편해서다.

나는 복습하는 과정에서 노트에 필기한 내용을 꼼꼼히 옮기면서 공부했다. 필기구는 제트스트림 0.7mm 검은색, 빨간색, 파란색을 구입해 사용했는데, 각자에게 맞는 펜이면 아무것이나 상관없다.

2. 노트 정리를 하는 방법

기본 내용은 검은색으로 필기했다. 중요한 내용은 눈에 띄게 파란
색을 사용했고, 교수님이 시험에 나온다고 강조한 내용은 빨간색
으로 밑줄을 긋거나 별표시를 했다. 이왕이면 그래프와 도표는 따
로 보기 좋게 정리했다. 정리하는 방법은 사람마다 다를 수 있다.
노트가 잘 만들어졌는지 검토하는 방법은 스스로 노트를 보면서
설명해보는 것이다. 설명이 잘된다면 정리도 잘된 것이다.

3. 노트 정리 전의 준비과정

노트 정리는 시험기간을 대비해서 하는 작업이다. 이것은 그전에
미리 교과서를 한 번쯤 읽어야 가능하다. 교수님 말씀을 필기하고
숙지해두어야 쓸데없는 내용을 노트에 요약하지 않는다. 시험기간
에는 시험에 나올 내용을 무한 반복해야 한다. 노트 정리를 하려
면 미리 복습이 여러 번 이루어져야 하는 이유다.

4. 유인물이나 교재에 요약하는 방법

어떤 과목은 매시간 교수님의 요약 노트나 PPT 슬라이드가 제공
된다. 이런 수업에서 별도로 노트 정리를 하는 것은 매우 비효율적

인 과정일 수 있다. 따라서 이 경우에는 노트 정리를 하는 대신 제공된 유인물에 수업내용을 표시하고 유인물의 빈칸에 교과서 연습문제나 주요 사항을 요약한다. 그리고 이렇게 정리한 유인물을 시험기간에 반복하여 공부한다. 정리한 유인물은 얇게 정리가 되었을 뿐만 아니라 자주 보다 보면 익숙해지기 때문에 반복하여 읽고 암기하기에 편리하다.

개념 노트는 한눈에 보이도록 하자

경제학이나 수학 같은 과목은 개념 노트를 만드는 것이 도움이 된다. 이과 과목의 경우에는 특히 노트가 공부시간을 오히려 줄여주고 복습하는 효과도 있기 때문에 더 중요하다. 노트는 줄이 있는 것이 규격에 맞게 정리하는 데 도움이 되며, 들고 다니면서 보기에는 스프링이 달린 노트가 유용하다. 내가 작성한 미시경제학 노트를 공개하니 참고하기 바란다.

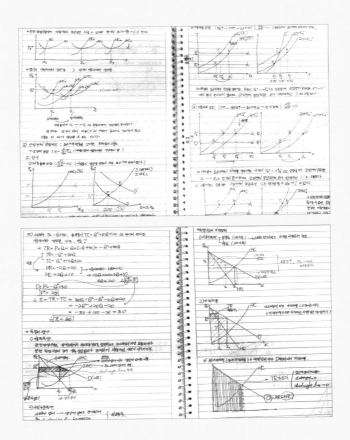

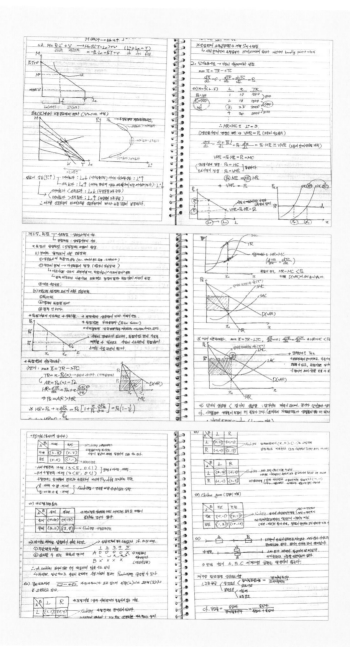

074

기출문제를 반복할 때마다
새로운 풀이 시도하기

"기출문제를 반복하는 것은 지속적으로 출제자의 의도를 파악하고 시험에서 중요한 주제를 공부할 수 있다는 점에서 꼭 필요한 작업이다. 하지만 단순히 횟수만 늘리는 것은 별로 도움이 되지 않는다. 반복할수록 실력과 답안지 작성 센스가 늘어야 한다. 이를 위해서는 기출문제를 풀 때마다 새로운 풀이를 시도하거나 같은 풀이라도 조금씩 설명을 업그레이드해야 한다."

솔직히 기출문제는 출제자의 의도와 답이 정해져 있는 경우가 대부분이다. 그렇다면 시중에 나와 있는 기출문제집의 강사가 달아 놓은 해설을 암기하는 게 좋을까? 절대 아니다.

기출문제의 최종 답은 정해져 있다 해도 답안지에 현출하는 논리와 풀이과정은 다양하다. 그리고 시험장에서 작성해 제출하는 답안지의 비주얼도 천차만별이기 때문에 조금이라도 채점자에게 어필할 수 있는 답안을 연구할 필요가 있다. 기출문제를 통해서 그 연습을 해야 한다.

기출문제를 처음 5번 반복할 때까지는 강사의 답안을 정독하고 따라가는 것이 맞다. 그렇게 하면 기본서에 있는 내용과 연결하기가 수월하다. 아무것도 모르는 상태에서는 나만의 논리가 나오기 힘들다.

그런데 기출문제 회독수를 늘릴수록 강사의 답안지와는 다른 나만의 논리를 펼칠 수 있어야 한다. 하다못해 같은 내용을 쓰더라도 내가 생각해둔 예시를 바꿔 써본다거나 목차의 논리를 변형해 더 보기 좋게 꾸며보는 등의 노력이 필요하다.

나중에는 직접 답안을 작성할 필요 없이 기출문제만 보고 어떻게 논리를 전개할지 머릿속으로 시뮬레이션을 해보는 작업만 해도 된다. 어떤 키워드가 중요하고 어떤 목차가 보기 좋을지, 어떤 예시를 들어 설명하면 어필이 될지에 대해서 고민해보는 과정 자체가 공부인 것이다.

기출문제의 회독수를 늘릴수록 이번에 변형해서 나오면 어디까지 문제로 나올 수 있을지 예상해보는 것도 큰 도움이 된다. 내가 출제자라면 어느 부분에 중점을 두고 물어볼지 연구하다보면 분명 시험장에서도 좋은 답을 낼 수 있다. 출제자가 보고 싶은 부분을 상상하면서 쓸 수 있기 때문이다.

주관식 시험을 준비할 때 기출문제를 다양한 각도로 보는 것은 아무리 강조해도 지나치지 않다.

075

키워드와 목차
노트 만들기

"키워드와 목차 암기의 중요성은 아무리 강조해도 지나치지 않다. 왜냐하면 채점위원들은 그 두 가지만 보고 답안지를 평가할 것이기 때문이다. 장황하게 써낸다고 해도 답안지에서 점수를 부여하는 포인트는 키워드다. 키워드가 빠진 답안지는 좋은 점수를 받을 수 없다는 것이 채점위원의 이야기다. 그래서 나는 키워드와 목차 노트를 따로 만들고 시간이 날 때마다 암기했다."

대학생 때 공인회계사 시험에 합격한 뒤 교수님들과 회식을 할 기회가 있었다. 그 가운데는 시험출제를 해보신 교수님도 있었다. 나는 그 많은 분량을 어떻게 채점하시는지 물어보았다. 2차 시험 채점을 어떻게 하는지 정말 궁금하던 터였다. 교수님은 키워드를 통해서 점수를 매기고 부분점수도 준다고 말씀하셨다.

그렇다. 키워드와 용어의 정의를 정확히 쓰면 높은 점수를 받는다. 내가 좋은 점수를 받은 과목을 떠올려보니 역시 키워드를 적시하고 그 의의를 정확히 썼던 게 생각났다.

그 뒤로는 주관식 공부를 할 때 키워드와 목차 노트를 만들어 막판에 활용했다. 챕터별로 키워드를 추려내고 그 용어의 정의를 정확히 적어두고 암기하는 한편, 기출문제나 모의고사의 해답을 통해서 최적화된 목차를 노트에 따로 옮겨두고 눈으로 익혔다.

키워드는 약술형에서 "○○○의 개념에 대해서 논하시오"라는 물음에 답할 때도 유용하다. 그뿐만 아니라 논술형에서 정확한 용어구사를 통해 신뢰도를 높일 수가 있다. 아울러 이왕이면 물음에서 나온 용어의 개념이나 의의, 근거 등은 서론에서 미리 적시해두고 본론으로 들어가는 것이 좋다. 이렇게 하면 뒤에 나오는 내용이 별로여도 채점자가 좋은 점수를 줄 가능성이 커진다.

키워드가 일종의 '살'이라면 목차는 '뼈대' 역할을 한다. 목차를 자주 보면서 암기하면 비슷한 답안을 쓸 때도 같은 구조로 답하게 된다. 그리고 주제나 물음에 따라 준비된 키워드에 살을 붙이듯 서술해나가면 된다.

내가 만든 목차와 키워드 노트

나는 목차와 키워드 노트를 만들어서 2차 시험에서 활용했다.

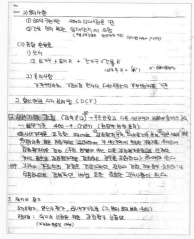

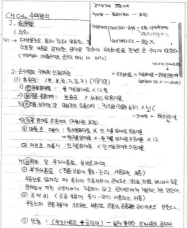

목차 노트는 기본서의 챕터를 앞에 나열하고 챕터마다 기출표시를 했다. 14', 15'라고 표시한 것은 2014년, 2015년에 기출되었다는 뜻이다. 작년에 기출된 주제는 다시 반복되지 않고 오히려 2년 전에 나온 주요 논점이 올해 출제될 가능성이 크므로 그 부분을 집중적으로 공부했다.

이렇게 목차 노트를 만들어 두면 중요한 논점의 목차만 한눈에 볼 수 있고, 올해 출제될 만한 논점은 자주 목차를 떠올리며 내용을 반복해서 생각해볼 수 있다. 전 범위를 복습하는 효과가 있는 것이다.

키워드 노트는 자주 나오는 키워드와 그 개념만을 정리한 노트다. 주관식 시험의 특성상 개념이나 의의, 장단점을 논하라는 질문이 많으므로 그에 대비해 개념을 정확히 암기할 목적으로 키워드 노트를 만들었다.

키워드 노트는 개념과 의의 위주로 적되, 암기하기 쉽게 앞글자를 따서 빨간색으로 동그라미 표시를 해두었다. 이때 자주 기출된 개념에는 별표시를 하고, 옆에 몇 년도 기출인지 표시를 하는 것도 좋다. 또한 개념과 관련된 학설이 있을 경우 개념 밑에 논쟁을 정리해두면 복습할 때 시간을 절약할 수 있다.

076

10점 이상 올려주는
답안작성 꿀팁

"작성한 내용이 같을 경우 답안지의 형식만 제대로 갖추어도 논리 없이 작성한 답안보다 훨씬 높은 점수를 받을 수 있다. 또한 답안 형식이 좋지 않으면 내용이 아무리 좋아도 과락의 위험이 높아진다. 출제자와 채점자는 친절하지 않다. 1천 부에서 1만 부 가까이 되는 답안지를 일일이 채점하다보면 자세히 들여다볼 시간도 없다. 답안에도 풍기는 느낌이라는 것이 있고, 그 느낌에 따라서 점수가 왔다 갔다 할 수 있다."

오래전에 강사들도 그런 말을 했고 교수님들도 하신 말씀이 있다. 주관식 답안지는 목차와 키워드만 보고 채점하기 때문에 사실 채점하는 데 시간이 오래 걸리지 않는다는 것이다. 수백 부가 넘는 답안을 일일이 보고 세세한 내용까지 채점에 반영할 수는 없기 때문이다. 그렇기 때문에 채점위원도 답안에서 풍기는 분위기와 키워드만 보고 과락인지 과락이 아닌지 우선 결정할 수밖에 없을 것이다.

우리는 웬만해서는 떨어지지 않을 답안 형식을 갖춰야 한다. 그러려면 답안에 목차로 전체 구조를 어떻게 보여주고 키워드를 어떻게 보여줄지 고민하고, 그래프와 도표 등을 적절히 배치해야 한다.

먼저 목차를 잡는 요령을 생각해보자. 목차는 보통 서론-본론-결론으로 나뉜다. 그런데 그냥 '1. 서론 2. 본론 3. 결론' 하는 식으로 잡으면 목차를 통해 어떤 답을 도출하고 싶은지 내용을 읽어봐야만 알 수 있다. 그러면 내용까지 자세히 봐야 하므로 채점자는 짜증이 나게 마련이다. 그래서 이왕이면 목차를 잡을 때 키워드와 답이 보이도록 하는 것이 좋다. 이것이 목차만으로도 한눈에 전체 글의 흐름을 보여주는 방법이다.

만약 "기업가치 평가에 대해서 논하라"는 물음에 답하기 위한 목차를 짜야 한다면? 다음의 예를 통해 목차만 봐도 전체적으로 어떤 내용인지 알 수 있을 것이다.

● **좋은 목차의 예**

1. 서론 - 기업가치평가 시 무형자산 비중이 증가하는 현실
2. 기업가치평가의 개념
  (1) 시장가치로서의 기업가치
  (2) 개별 자산가치 합으로서의 기업가치
3. 기업가치평가의 방법
4. 평가방법상 문제점 및 유의사항
5. 결론 - 기업가치평가의 전망 및 개선안 제시

그런데 법학 답안의 경우에는 답안작성 요령이 정형화돼 있는 경우가 많아서 이렇게 구체화하기 어려울 수 있다. 예를 들면 '문제의 소재 – 학설의 대립 – 판례의 입장 – 검토 및 결론' 순서로 쓰는 것이 일반적인 틀이다. 최근에는 로스쿨 교육으로 바뀌면서 두괄식으로 결론을 제시하는 것이 좋다고는 하지만, 아직도 많은 고시에서 이 형식이 당연시되고 있다.

● **법학 답안의 목차**

1. 문제의 소재
2. 학설의 대립
   (1) 긍정설
   (2) 부정설
   (3) 절충설
3. 판례의 입장
4. 검토 및 결론

최근 전문자격시험의 트렌드는 문제에서 물음을 세분화하여 제시하는 것이다. 그런 경우에는 물음이 잘 보이게 목차를 짜고 묻는 것에 철저히 답해야 한다. 일반적으로 배점이 큰 문제의 경우에는 서론을 보여주고 물음별로 목차를 제시한 뒤 결론으로 마무리를 하는 것이 좋다. 또한 배점이 작은 문제는 서론과 결론을 생략하고 바로 물음에 답할 수도 있다.

● 물음이 세분화된 전문자격시험의 목차

1. 서론
2. 핵심개념 정의
3. (물음 1) 국세기본법상 제2차 납세의무의 의의 및 사례
    (1) 제2차 납세의무의 의의
    (2) 제2차 납세의무의 사례
4. (물음 2) 국세기본법상 불복절차와 일반 행정법상 불복절차 비교
    (1) 불복절차 일반
        1) 국세기본법
        2) 행정법
    (2) 양 법의 공통점
    (3) 양 법의 차이점
5. (물음 3) OOO의 문제점과 유의사항
6. 결론

　목차를 짜서 보여준 다음에는 키워드를 정확히 보여주는 것이 중요하다. 키워드는 괄호 안에 영어나 한자를 써서 강조해주는 것이 좋다. 예를 들면 "후입선출법(Last In First Out)"처럼 표시하거나 〈후입선출법〉 또는 '후입선출법'처럼 강조표시를 해주는 것도 한 방법이다. 이렇게 하면 채점자가 키워드를 채점할 때 찾기 쉬워서 득점에 유리하다.

　마지막으로, 그래프와 도표 및 법조문을 잘 활용하면 보기 좋은 답안을 작성할 수 있다. 채점자에게 다른 답안지와 차별화된 답을

제시할 수 있는 것이다. 보통 수요와 공급이라든지 결과가 4개 이상 제시되는 경우에는 그래프와 도표로 요약해서 보여주면 글로만 제시한 답보다 정리되고 완성된 느낌을 준다. 실제로 답에 오류가 있더라도 정리된 느낌으로 인해 부분점수를 후하게 받을 수도 있다. 또한 법조문의 경우에는 관련규정을 쓸 때 괄호 안에 적시해주면 가산점을 받을 수 있다.

Chapter

07

공무원
시험

업무강도도 낮고 정년이 보장되며 연금까지 받을 수 있다는 메리트 때문에 공무원 시험
을 준비하는 수험생이 많다. 공무원 시험도 다른 시험과 마찬가지로 단기간에 엄청난 양
의 공부를 소화해야 하는 만큼 요령이 필요하다.

공무원 임용제도 소개

1. 공무원 시험은 무엇인가

공무원은 국가 또는 지방 공공단체의 사무를 맡아보는 사람으로서 사무범위에 따라 국가공무원과 지방공무원으로 분류된다. 공무원 시험은 국가 또는 지방 공공단체의 사무를 맡을 공무원을 선발하기 위한 채용시험이라고 볼 수 있다.

2. 공무원 채용방법

(1) 공개경쟁채용

불특정 다수인을 대상으로 경쟁시험을 치러 상대적으로 우수한 자를 선발하는 방식이다.

(2) 특별채용

공개채용을 실시하기에 부적당하거나 특수분야의 공무원에 한하여 수요 발생 시 예외적으로 선발하는 방식이다.

3. 근무기간

(1) 국가직 시험

인사혁신처 주관 시험으로 국가 중앙부처기관에서 근무하게 된다. 예) 국세청, 기획재정부, 법무부 등

(2) 지방직 시험

각 지방자치단체 주관 시험으로 해당 지역에서 근무하게 된다. 예) 서울시 지방직 별도채용, 지방 교육행정직 등

4. 7급·9급 국가공무원 공개경쟁채용시험

(1) 행정직

행정직(일반행정·교육행정), 세무직, 관세직, 통계직, 사회복지직, 감사직, 교정직, 보호직, 검찰사무직, 마약수사직, 출입국관리직, 의무영사직

(2) 기술직

공업직(일반기계·전기·화공), 농업(일반농업), 임업(산림지원), 시설직(도시계획·일반토목·건축·교통시설·도시교통설계), 전산직(전산개발), 방송통신직(전송기술)

5. 시험시기

- 국가직(인사혁신처) : 매년 4월경 시행(매년 1월 초 공고)
- 지방직(각 시·도) : 매년 6월경 시행(시·도별 공고, 인사혁신처 수탁출제/서울특별시를 제외한 전국 동시 실시)
- * 사이버국가고시센터(www.gosi.go.kr) 참고

6. 시험방법

(1) 국가직·지방직

구분	출제범위	출제유형	문항수	시험시간
7급	7과목	4지선다	과목당 20문제	140분
9급	5과목	4지선다	과목당 20문제	100분

(2) 서울시

구분	출제범위	출제유형	문항수	시험시간
7급	7과목	5지선다	과목당 20문제	140분
9급	5과목	5지선다	과목당 20문제	100분

7. 응시자격

(1) 국가직 공개채용

구분	응시연령	학력 및 경력
7급	20세 이상	제한 없음.
9급	18세 이상(교정·보호직은 20세 이상)	

(2) 지방직 공개채용

구분	응시연령	학력 및 경력
7급	20세 이상	제한 없음.
9급	18세 이상(교정·보호직은 20세 이상)	

＊ 지방직은 거주지 제한이 있으므로 응시 전 확인 필요

8. 시험과목

(1) 9급

필수(3과목)	국어, 영어, 한국사
선택(2과목)	행정학개론, 사회, 과학, 수학, 행정법총론 등 직렬마다 조금씩 다름.

(2) 7급

직렬마다 다소 상이한 7과목	국어(한문 포함), 영어(영어능력검정시험으로 대체), 한국사, 헌법, 행정법, 행정학, 경제학 ＊ 행정직(일반행정) 기준

9. 경쟁률 통계

인사혁신처가 공개한 '2022년도 국가공무원 공채 시험 경쟁률'을 보면, 785명을 뽑는 7급 공채 시험에 모두 3만 3,527명이 지원하여 경쟁률은 평균 42.7 대 1이었다. 9급 공채 경쟁률은 2011년에 122.7의 경쟁률을 보인 이후 하락하여 2022년 경쟁률은 29.2 대 1을 기록했다. 공무원 시험의 인기가 하락한 것은 맞지만 경쟁률은 다른 시험에 비해서는 여전히 높은 편이다.

077

현직 공무원이 말하는
공무원

우리 주변에는 생각보다 공무원으로 활약하는 이들이 많다. 일반인은 잘 모르지만 군대에서도 군무원이라는 9급, 7급 공무원들이 장병들의 업무를 지원하고 있다. 공무원은 우리의 일상 곳곳에서 활약 중이다. 중앙부처뿐만 아니라 지방 곳곳에도 공무원에 대한 수요가 있으며, 정부에서는 그 수요를 만족시키기 위해 매년 공무원을 선발해 활용하고 있다.

　군대에서 만난 군무원들도 생활에 만족하며 활동하고 계신다. 이분들은 대부분 노량진에서 공무원 시험을 준비하며 군무원에 지원했다. 그 가운데 인사행정분야(행정직렬)와 재정분야 주무관님들과의 이야기를 통해 공무원의 삶이 어떤 의미를 지니는지 알아보았다. 다만, 이분들은 실명이 노출되는 것을 원치 않아 가명으로 대신함을 밝혀둔다.

박민수(가명) 주무관

Q. 공무원이 된 특별한 사건이 있으신가요?

저는 처음부터 공무원이 돼야겠다고 생각하고 공무원이 된 것은 아닙니다. 사업하는 친구도 있고 회사 다니는 친구도 있지만, 다들 처음부터 그 일을 하려고 마음먹었던 건 아니더라고요. 저도 그런 셈이죠.

사실 젊을 때 방황을 많이 했어요. 공부가 싫어서 많이 놀았는데, 그러다가 문득 미래가 걱정되더군요. 앞으로 뭘 해서 먹고살지 굉장히 불안했어요. 친구들은 하나둘 취업이 되는데 저만 취업이 안 됐고요. 그래서 공부를 좀 더 해서 안정적인 직업을 가져야겠다고 생각했습니다.

친척 중에 지방직 공무원이 한 분 계셨는데, 공무원은 오래 근무할 수 있고 나중에 퇴직하면 연금도 나온다고 하더군요. 평생 안정적으로 살 수 있다는 게 참 매력적으로 다가왔어요. 그래서 공무원이 되려면 어떻게 해야 하는지 학원도 가보고 노량진에 가서 상담도 받아봤죠. 그길로 공부를 시작해서 2년 정도 공부했고, 공무원으로 일한 지 어느새 10년이 넘었네요.

Q. 근무하면서 가장 보람을 느끼신 때가 언제인가요?

공무원(정확히는 군무원) 생활을 하다보면 대외 업무지원을 많이 나가게 돼요. 특정지역의 토지를 수용하고 직접 가서 마을 주민들과 토지보상액을 협상한 적이 있어요. 그러면서 그곳에 거주하는 분들과 친해질 기회가 있었죠. 나랏일을 하는 사람이라고 그 나름대로 좋은 대우를 해주셨어요. 함께 어울려서 술도 한잔하면서 인생 이야기도 나누었죠. 공무원이라고 하면 일단 신뢰가 가서인지 이런저런 이야기를 많이 하시더라고요. 그 과정을 거쳐 그분들이 원하는 보상금이 나왔을 때 보람을 느꼈습니다.

Q. 지금 받는 연봉에 대해서는 만족하시는지요?

대기업에 다니다가 요즘 공무원으로 전향해 월급 300만 원을 받는 친구가 있는데, 솔직히 그 친구보다는 많이 받아요. 저는 20대 중반에 정신 차리고 공무원이 됐기 때문에 지금은 호봉이 많이 올랐거든요.

다른 일을 하다가 공무원으로 온 친구들도 만족도가 꽤 높더군요. 어차피 대기업에서는 40대 정도만 돼도 정리해고당할 위험이 높고 평생직장이 아니어서 항상 불안하잖아요. 그런데 공무원은 월급은 좀 적어도 특별한 일이 없는 한 잘릴 걱정은 없으니 얼마나 좋아요.

현재 세금과 공제금을 제외하고도 400만 원 이상을 받으니 참 감사한 일이죠. 낮에 업무만 잘하면 사기업에 비해서 야근도 거의 없고요. 한때 바쁜 부서에 있어서 힘들었는데, 그것도 사기업에 비하면 업무강도가 센 게 아니더군요.

연봉보다는 안정성에 가치가 있고, 퇴직 후 연금까지 고려하면 그렇게 박봉은 아니라고 생각합니다. 그리고 퇴근 후 가족들과 함께하는 시간도 보장되니 좋은 직업이라고 할 수밖에요.

Q. 공무원 시험을 준비하는 수험생에게 한마디 해주신다면요?

저도 처음엔 9급 공무원으로 시작했습니다. 공무원이라는 직업은 첫 시작은 미약하지만 해가 거듭될수록 생활에 대한 만족도가 높아지는 것 같아요. 공무원 시험공부를 하고 있다는 데 자부심을 가지고 열심히 공부하셨으면 좋겠습니다.

현직 공무원 인터뷰

황진우(가명) 주무관

Q. 공무원이 된 특별한 사건이 있으신가요?

저는 임용된 지 얼마 안 돼서 아직 공무원 생활에 대해 많이 알지는 못합니다. 공무원이 되기 위해 2년 동안 정말 열심히 공부했고 간절히 기도했습니다. 공무원은 제 인생의 목표였는데, 그 목표를 이룬 지금 정말 행복합니다.

처음 공무원이 돼야겠다고 생각한 것은 대학교 졸업반 때였습니다. 취업이 잘되지 않는 선배들을 보며 불안하더군요. 저도 나름대로 학교 공부를 열심히 했는데 취업문이 쉽게 열리지 않았어요. 저보다 스펙이 좋은 선배들이 실패하는 것도 많이 봤고요. 취업이 안 되는 현실에서 다른 돌파구가 필요했습니다. 평생 안정적으로 살고 싶다는 생각도 이때 했고요.

대학교 4학년 때 휴학을 결심했어요. 친구들은 하나둘 학교를 떠났지만, 저는 일단 학교에 남았다가 취업이 된 뒤 졸업하기로 마음먹었습니다. 그래서 노량진에 통학하면서 공무원 시험을 준비하기 시작했죠.

Q. 공무원이 된 지금, 대기업에 간 친구들과 비교해서 장점이 무엇이라고 생각하시나요?

공무원이 된 지 얼마 안 되어 아직은 친구들과 비교하기가 애매합니다만, 연봉은 대기업이 훨씬 많이 받더군요. 사실 처음엔 5천만 원 이상 받는다는 친구의 말에 부럽기도 했습니다. 그런데 그 친구는 제가 공무원이 되었다는 말을 듣고 오히려 안정적이고 편한 직장에 다니는 저를 부러워하더군요.

솔직히 사람마다 추구하는 인생이 다를 겁니다. 젊을 때 바짝 돈을 모아서 그것으로 나중에 다른 인생을 살고 싶어 하는 사람도 있고, 저처럼 안정적인 직업을 빨리 찾아서 삶의 다른 영역에서 여유를 즐기고 싶어 하는 사람도 있겠죠. 공무원의 장점은 초임이지만 칼퇴근이 가능하다는 점인 것 같습니다. 또 근무시간에 열심히 하면 다른 시간에는 여가생활도 충분히 즐길 수 있죠.

Q. 공무원이 되려면 얼마나 공부해야 할까요?

저는 어릴 때부터 공부를 많이 하진 않았지만 책읽기를 좋아했어요. 그 덕분에 국어나 한국사 과목은 재미있게 공부할 수 있었고요. 고등학교 때 좋아해서 공부했던 국어가 공무원 시험을 공부하면서 큰 도움이 되었습니다. 사자성어 암기가 취미였는데, 운 좋게도 사자성어가 공무원 시험에도 나오더군요. 그에 비해 영어는 조금 힘들었어요. 영어는 단어를 많이 외워야 해서 단어장을 매일 들고 다니며 정말 많이 암기했습니다. 단어를 제대로 공부하고 영어로 된 글을 읽는 연습만 많이 해도 영어는 80점 이상 받을 수 있거든요.

공무원 시험은 어떤 직렬을 선택하느냐에 따라 경쟁률이 다릅니다. 그렇기 때문에 경쟁률이 낮은 직렬을 선택하는 것이 유리하죠. 또 선택과목은 자신에게 유리한 것을 고르는 게 또 다른 전략이에요. 저는 수학이 정말 싫었는데, 같이 공부한 친구는 수학을 선택과목으로 고르더군요. 수능공부를 할 때부터 수학만 잘하던 친구였는데, 결국 수학에서 좋은 점수를 받고 합격했어요. 저는 사회를 선택했죠. 이렇게 각자 자신의 강점을 살리는 것이 좋습니다.

저는 수험기간이 2년이었는데. 정말 빨리 붙는 학생은 1년 만에도 합격하더라고요. 9급 공무원 시험과목이 쉽다고는 하지만, 이것도 경쟁률이 엄청 치열하기 때문에 만만하게 봤다가는 큰코다칩니다. 평소에 공부를 잘했던 친구들은 금방 붙겠지만, 저 같은 사람은 기본기부터 다지는 데 1년이 걸렸으니까요.

078

공무원 시험 준비생들을 위한
특별한 조언

공무원 시험은 공통과목을 확실히 다지고, 직렬별로 차별화된 과목을 철저히 암기해야 필기시험에서 고득점이 가능하다. 그 비결은 역시 기출문제의 반복에 있다.

공무원 시험 수험생활을 시작하는 수험생들에게

공무원 시험의 경우 기존에 공부를 잘했던 사람보다 요령껏 공부하는 사람이 더 빨리 합격하는 것을 많이 보았다. 기본이 되는 과목을 먼저 탄탄히 정리하고 직렬별로 나뉘는 과목을 최대한 반복해서 시험장에서 골고루 득점하는 것이 중요하다. 수험생활 초반에는 국어나 영어가 어느 정도 돼 있고 한국사 지식을 어느 정도 갖춘 사람이 50% 정도는 유리한 면이 있다. 하지만 그것만 믿고 자만하다가는 다른 과목에서 밀려 불합격을 맛볼 수도 있다.

최근 공무원 수험계에서 유행하는 공부법이 몇 가지 있는데, 대표적인 것이 '아공법'이다. 나는 이 방법에 대해서 개인적으로 동의한다. 기본서 강의를 빠르게 한 번 돌리고 바로 기출로 넘어가는 것이 객관식 시험에서 고득점을 해야 하는 공무원 시험에서 많은 시간을 절약해줄 것이기 때문이다.

기본서를 처음 볼 때는 외운다는 생각으로 볼 필요가 없다. 그냥 강의와 함께 한 번 훑어보는 정도로 충분하다. 국어, 행정학, 헌법 등의 과목은 특히 기출문제를 풀어보고 출제 포인트를 익힌 다음 기본서에 중요한 부분을 가필해 가면서 읽는 것이 좋다. 나오는 부분에 집중해야 시험에 효율적으로 대비할 수 있다.

한편 해커스, 공단기, 에듀윌, 김재규 등 공무원 시험 학원이 많은데 어디를 다니는 게 좋을까? 나는 학원이 어디냐는 크게 중요하지 않다고 본다. 교재가 나와 맞는지, 기출문제와 출제유형 정리 및 빈출정도에 따라 얼마나 잘 요약된 자료를 제공하는지가 중요한 것이다. 그리고 대부분의 학원은 이런 부분이 잘되어 있다.

누구나 공무원 시험에 합격할 수 있다

공무원 시험은 9급에 비해 7급이 어렵다고는 하지만 객관식 시험이다. 물론 경쟁률이 치열하기 때문에 필기시험에서 고득점을 해야 하지만, 노력하면 만점 가까이 나올 수 있는 시험이다. 객관식 시험의 특성상 반복이 생명이다. '눈에 바른다'는 말이 있을 만큼 자주 봐서 눈에 익어야 한다. 눈에서 맴돌 정도로 내용과 기출문제, 요약집을 자주 보고 지식을 공고히 하는 것이 고득점의 비결이다.

공무원 시험을 기출문제로 공부하는 게 좋은가?

공무원 시험은 기출문제가 상당히 많이 축적돼 있으며, 출제자의 의도를 파악하기에 기출만큼 좋은 자료도 없다. 기본서와 요약서를 보면서도 기출문제는 꾸준히 정리해두어야 좋은 성적을 거둘 수 있다. 간혹 기출문제와 기본서 정리가 완벽히 된 상태에서 모의고사 연습을 하는 것이 좋다고 하는 수험생들도 있지만, 이 부분에서는 정답이 없다.

모의고사도 사실 기출문제와 기본서의 변형이다. 모의고사를 보는 이유는 그것을 통해서 공부를 하거나 암기를 하기 위해서가 아니다. 현재의 실력을 검증하고 연습을 통해서 현장감각을 키우는 것이 모의고사의 목적이다. 그렇기 때문에 모의고사는 많이 풀수록 좋다고 생각한다. 그렇다고 모의고사가 합격에서 절대적 역할을 하는 것은 아니다. 실제로 모의고사 한 번 제대로 풀지 않고 합격한 사람도 많기 때문이다.

모의고사가 부담스럽다면 기출문제를 시간 재며 푸는 연습을 하는 것도 나쁘지 않다. 기출문제를 알맞은 크기로 프린트해서 국어,

영어, 한국사, 행정법, 헌법, 기타과목 등 시간배분을 하고 그 시간 안에 푸는 연습을 주기적으로 하면 굳이 모의고사를 볼 필요가 없다고 본다. 문제를 풀다가 모르거나 막히는 문제는 시간상 찍고 넘어가는 것도 필요하다. 그런 연습도 이때 하는 것이 좋다.

시험 전날과 시험장에서는 한 번 풀었던 기출문제나 서브노트 가운데 익숙한 것을 계속 반복하는 것이 좋다. 시험장에 가면 으레 긴장하게 마련인데, 적절히 긴장을 풀면서 기존에 공부한 자료를 눈으로 훑으며 머리를 예열하는 작업이 시험에 큰 도움이 된다. 시험날에는 평소 연습한 대로 쉬운 문제부터 풀고 막히면 찍기도 하면서 시간 안에 풀어내는 것이 중요하다.

079

공무원 시험의
과목별 준비

국어 : 어휘, 문법은 암기! 문학은 이해! 비문학은 매일 연습!

영어 : 어휘는 자주 보자! 문법은 따로 정리하되, 지문과 함께 기출을 많이 보자!

한국사 : 내용적인 면에서 암기할 것이 많아 숲을 보는 연습이 중요하다!

헌법과 행정법 : 기본강의로 이해한 다음 복습은 기출문제로!

국어, 영어, 한국사, 헌법, 행정법은 공통과목이다. 일반행정직의 경우 행정학과 선택과목이 있고, 다른 직렬에는 이 두 과목만 바뀐다고 보면 된다. 나는 국어와 영어, 한국사가 기본이 되어 있다면 헌법과 행정법은 암기력의 싸움이라고 본다. 헌법과 행정법의 객관식 시험과 주관식 시험을 모두 치러본 경험이 있는 내 입장에서는 법학에서 두 과목이 그나마 할 만하다고 생각하기 때문이다.

1. 국어

국어의 경우 학원 커리큘럼은 기본서, 요약, 모의고사 등 다양하게 나와 있지만 기본강의를 빠르게 돌리고 독학할 것을 추천한다. 국어는 문법뿐만 아니라 어휘, 한자 등을 얼마나 암기하느냐에 따라 성패가 갈리는 만큼 억지로라도 암기해야 한다. 암기시간을 따로 정해두고 그 시간 동안 50개, 60개 하는 식으로 암기량을 정해서 외우는 것이 좋다. 무작정 외우면 지루하기 때문에 강의교재나 서 브노트를 들고 산책하면서 암기하는 것도 나쁘지 않다.

수능공부를 할 때도 그랬겠지만 국어는 매일 꾸준히 하는 것이 중요하다. 문학과 비문학을 나눠서 문학은 이론을 공부하고 비문학은 하루에 2~3개의 지문이라도 꾸준히 풀면서 연습해야 한다. 국어는 기출문제를 많이 풀면서 나의 사고방식을 잡고, 암기할 부분을 별도로 암기하는 등 꾸준히 내공을 쌓아야 하는 과목이다.

2. 한국사

한국사는 개념정리가 필수다. 시중에 나와 있는 수험서를 보면 두껍고 어렵게 되어 있어 의외로 만만치 않은 과목이다. 연도별로 특징과 핵심내용을 정리해보고 한 번에 정리하는 연습을 하면 큰 도움이 된다.

양이 많은 과목일수록 나무보다는 숲을 보는 것이 좋다. 연도와 핵심 키워드만이라도 매일 전체적으로 확인한다면 다소 헷갈리는 시대별 개념이 정리될 것이다. 또한 한국사 공부는 반복이 생명이 므로 정리된 내용이 암기될 때까지 자주 보아야 한다.

3. 행정법과 헌법

행정법과 헌법은 법학과목이기 때문에 법학을 전공하지 않은 사람에게는 가장 생소하고 어려운 과목일 것이다. 이런 과목은 인터넷 강의 등으로 빠르게 한 번 개념을 이해하고, 기출문제를 풀면서 기본서나 요약서에 기출의 핵심 포인트를 옮겨서 단권화하는 것이 좋다. 자주 틀리는 문제나 어려운 문제는 그대로 옮겨 적고 표시해 두었다가 자주 보는 등 익숙해지도록 노력해야 한다.

080

공무원 수험계 대세의 공부법
완전분석

공무원 수험계는 전통적으로 고승덕 변호사의 공부법을 기초로 하며, 구체적인 공부법으로는 《아공법(아침의 눈 공부법)》과 《불피법(불합격을 피하는 법)》이 있다. 세 가지 공부법은 수험생들에게 실질적인 도움을 주는 내용이지만 저마다 강점과 단점이 있다. 다음에서는 각각의 공부법을 분석해 수험생들이 어떻게 적용하면 좋을지 밝혀본다.

1. 고승덕식 공부법은 멘탈트레이닝에 딱!

고승덕 변호사의 공부법은 공무원 시험 준비생들 사이에서는 바이블로 통했다. 한때 17시간 공부법, 비빔밥 공부법 등으로 유행되었을 정도다. 나도 한동안 고승덕 변호사의 공부법을 따라 하려고 시도해봤지만 그리 쉽지 않았다. 그래도 동기부여 측면에서는 굉장히 좋은 공부법임에 틀림없다. 방법론으로서는 따라하기 어렵지만, 마음을 다잡고 공부에 대한 의지를 다지는 데는 큰 도움이 된다.

나는 그의 책이나 강연을 모두 듣고 교회에서 간증하는 것도 보았다. 그는 정말 극적인 스펙과 스토리의 소유자다. 사법 시험 1차를 3개월 만에 패스하고 1년도 안 돼 그 어렵다는 사법 시험에 한 번에 합격했다. 1차 시험은 객관식이라 운이 작용하거나 찍을 수라도 있지만, 주관식인 2차 시험을 패스하려면 50권이나 되는 책을 꼼꼼히 보아야 한다. 짧은 시간 안에 그 공부량을 채우는 것은 거의 불가능에 가까운데도 그는 해냈다.

다음에서 고승덕 변호사가 밝히는 공부와 인생의 법칙을 구체적으로 알아보자.

"인생은 상대성 게임"

인생이 상대성 게임이라는 말은 절대적 완벽을 추구하는 것이 별로 의미가 없다는 말로 들린다. 고승덕 변호사는 처음 고시책방에서 고시서적들을 보았을 때 3년을 공부해도 1차 시험에 합격할 수 있을까 두려웠다고 한다.

그는 완벽하게 공부하려면 정말 오래 공부해야 한다고 말한다. 즉, 남들보다 조금만 잘하면 합격하는 것이 시험인 만큼 완벽하게 공부하는 것은 합격과 무관한 이야기라는 말이다. 남들보다 1점만 더 받으면 합격이므로 다른 사람들보다 어떻게 열심히 공부할지를 고민해야 한다는 것이 이 메시지의 핵심이다.

나는 그의 주장에 동의한다. 어떤 시험이든 100점을 받아야 합격하는 것은 아니다. 솔직히 나도 만점을 받은 적은 몇 번 되지 않는다. 대학교 전공수업의 기말고사에서 만점을 받았고, 아무리 완벽하다고 생각해도 자격시험에서는 96점이 최고점이었다.

2022년 치러진 감정평가사 시험에서 2차 시험의 최고점수가 73.50점이었던 것을 보면 완벽하게 공부해서 만점을 받는 것이 합격의 지름길이 아닌 것은 분명하다. 차라리 효율적으로 커트라인 점수를 넘기는 것이 시험에 알맞은 접근이라 할 수 있다.

"남들과 나의 능력이 같다고 전제하라"

고 변호사는 자신의 아이큐가 높지 않기 때문에 남들보다 크게 유리하지 않다고 생각했고, 능력이 같다면 더 노력해서 그들을 앞설 수 있다고 생각했다. 그 가능성을 높이는 것은 노력뿐이었다.

생각해보면 가장 중요한 이야기일 수 있다. 나도 시험에서 여러 번 떨어져보았다. 합격할 때는 정말 내 실력이 부족하다고 생각해서 죽을힘을 다해 공부했고, 평소 모의고사 성적이 높다는 이유로 자만해서 막판에 열심히 노력하지 않은 결과는 불합격이었다. 결국 시험의 결과는 태도에 따라 달라진다는 것을 경험한 것이다. 그러므로 스스로를 과대평가하는 오류에 빠져서는 안 된다.

"공부는 시간×집중도라는 생각"

시간은 누구에게나 공평하게 주어지기 때문에 집중도를 높여야 성공할 수 있다. 고 변호사는 책을 읽을 때는 벼랑에 매달린 기분으로 읽어야 한다고 말한다. 최대집중력을 발휘했을 때와 그러지 않았을 때 효율성에서 5배나 차이가 났다는 것이다.

나도 시간과 집중도가 공부의 효과에 영향을 준다고 믿는다. 다만 시간도 어떻게 사용하느냐에 따라 상대적이라고 생각한다. 누구에게나 24시간이 주어지지만 자신이 관리하기에 따라 공부시간이 달라질 수 있다. 그냥 앉아 있는 시간이 아니라 집중하는 시간이 중요하다. 또한 공부시간도 의지에 따라 얼마든지 늘려 나갈 수 있다. 최대한 생활 패턴을 단순화하고 공부시간을 확보하는 것이 수험생에게 가장 중요한 작업이 아닐까.

"처음 한 달만 버티면 그다음에는 관성으로 밀어붙일 수 있다"
그는 처음 한 달 동안 열심히 매진하면 그다음에는 공부하는 습관이 들게 되고 점진적으로 노력을 늘리면 최대 17시간도 공부가 가능하다고 주장한다.

사실 습관은 공부를 지속하는 힘이라고도 할 수 있다. 처음 한 달 동안 하루 8시간씩 공부하는 것부터 시작하면 기본 8시간은 꾸준히 공부할 힘이 생긴다. 그다음에 점진적으로 시간을 늘려 나가면 하루 종일 공부하는 것도 부담스럽지 않게 된다.

그런데 나는 이런 습관화 과정이 길어지면 안 된다고 생각한다. 적어도 한두 달 안에 나의 최대치를 경험해야 그 최대의 공부시간과 집중력에서 가감조정해 공부의 힘을 유지할 수 있다. 처음부터 목표치를 너무 낮게 잡으면 1년이 지나고 시험이 끝나고 나서야 최대 공부량을 달성할 수 있을 것이다. 시험에 불합격하고 최대 공부량을 달성해본들 무슨 의미가 있겠는가.

"시험의 성공은 시험 전 일주일에 달려 있다"

모든 시험에서 시험 전 일주일이 가장 중요하다는 것은 공부를 해본 사람이라면 누구나 아는 사실이다. 마지막 일주일 안에 전 과목을 보려면 이미 6~7번은 책을 읽어놓았어야 한다. 고 변호사는 고시책 50여 권을 여러 번 읽었는데, 50권을 처음 읽을 때는 5개월이 걸렸지만 마지막에는 일주일 만에 50권을 다 읽을 수 있었다고 말한다.

시험의 막판이 초반 공부량보다 중요하다는 것은 누구나 아는 사실이다. 하지만 초반에 몰아치는 공부를 하지 않으면 마지막에 가서 우왕좌왕하다가 시험장에서도 정리되지 않은 채 헤맬 것이 분명하다. 50권을 일주일 동안 보았다고 되어 있는데, 나는 과목당 1권으로 단권화하거나 서브노트로 단권화해서 마지막 일주일 동안 얇은 분량을 7번 돌릴 수 있어야 합격에 더 가까워진다고 생각한다.

"삶에는 T1, T2 판단법이 필요하다"

삶은 선택과 갈등의 연속이라고 한다. 공부도 마찬가지다. T1은 현재, T2는 미래라면 T1인 현재에 하지 않으면 안 되는 일을 우선적으로 하라는 것이 고 변호사의 주장이다.

모든 선택에는 포기해야 하는 가치가 있다. 그것이 바로 기회비용이라는 것인데, 기회비용이 크다는 것은 포기하는 데 따르는 가치가 그만큼 크다는 것을 뜻한다. 나도 한 가지 시험을 치를 때 친구들과의 모임이나 데이트를 포기하곤 했다. 그것의 가치가 기회비용인데, 공부를 포기하는 것보다는 데이트를 포기하는 것이 기회비용이 작다는 판단에서다.

어쩌면 당연한 이야기지만 사람들이 느끼는 주관적 기회비용은 제각기 다를 수 있다. 객관적으로 지금 아니면 하지 못하는 것의 가치를 크게 인식하고 이를 위해 노력하는 것이 수험생에게 가장 필요한 접근이라고 본다.

2. 불피법에서 핵심적으로 적용할 방법들

고시와 공무원 수험가에서 한때 가장 인기를 끌었던 공부법이 불피법(불합격을 피하는 법)이다. 그때만 해도 불피법은 누구나 한 번쯤 보는 공부법의 바이블로 통했다. 그런데 시대가 지나고 사법 시험이 사라진 지금, 불피법의 공부방법론은 실행의 측면에서 절반 정도만 유용하다고 생각한다.

공부의 마인드에서부터 구체적인 생활원칙을 제시하고 시험에 대비할 때 실수할 수 있는 부분을 조금이나마 줄여준다는 점에서는 긍정적이지만, 구체적으로 실천하기에는 부족함이 많기 때문이다. 예전 사법 시험에 잘 통하던 공부법이 현재 공무원 시험이나 자격시험에 완전히 적용되지 못하는 듯한 느낌도 있다. 그래도 참고할 만한 점이 많은 공부법인 만큼 함께 분석해보는 것도 의미가 있으리라 본다.

"전국 모의고사를 보아라"

불피법은 전국 모의고사가 시험 전 자신의 잘못을 확인하고 수정할 가능성을 주는 제도라고 말한다. 그래서 공부한 지 몇 개월이 지난 뒤부터는 한 달에 한 번은 모의고사를 치를 것을 권한다.

나도 모의고사는 많이 볼수록 좋다고 생각하는 사람이다. 회계사 시험을 준비할 때는 매주 모의고사만 3~4번씩 치렀고, 감정평가사 시험을 준비할 때는 일주일에 한두 번씩 주말에 학원 순환모의고사반을 수강하면서 나의 위치를 지속적으로 확인했다.

공무원 시험의 경우 9급은 모의고사가 절대적이라기보다는 완벽한 연습과 반복이 중요하고, 7급은 모의고사를 통해 현장감각을 익히고 좀 더 정교한 공부를 추구하는 것이 좋다고 생각한다. 실제로 9급 공무원 합격생의 이야기를 들어보면 기출문제의 반복과 암기의 습관화가 모의고사를 통한 감각 살리기보다 중요하다고 말했다.

"조언자를 만들어라"

물어볼 것을 반드시 물어보고, 같은 시험을 준비하는 사람 가운데 조언자를 만들수록 유리하다고 한다. 되도록 한 명보다는 두세 명에게 묻는 것이 좋고, 공부 내용이 이해가 안 될 때는 암기하는 것도 한 방법이라고 말한다.

나는 조언자보다는 협력자를 많이 만들수록 좋다고 생각한다. 무턱대고 조언에 의존하기보다는 스스로 문제를 해결해보려 노력하고 잘되지 않았을 때 선생님이나 교수님을 통해 해결해야 기억에 오래 남기 때문이다. 또한 일방적으로 배우기보다는 스터디를 통해 서로 모르는 것을 공유하고 해결해보는 것도 좋다. 스터디에서 스스로 설명해보고 먼저 검증해보는 것이 메타인지를 높이는 데도 유리하기 때문이다. 이렇게 하면 시험 합격률이 획기적으로 높아질 것이다.

"불합격의 원인을 찾아라"

불피법에서는 여러 번 떨어진 사람은 시험에 떨어진 원인을 무시하고 같은 방법으로 공부하기 때문에 계속 실패하는 것이라고 말한다. 그리고 합격자의 비법을 듣는 것이 불합격의 원인을 찾는 좋은 방법이라고 알려준다.

불합격의 원인을 복기해서 그것을 고치려고 하는 태도는 정말 중요하다. 해마다 떨어지는 사람은 계속 떨어지고 누군가는 쉽게 합격하는 것이 바로 시험이다. 시험에서 요령과 기술이 차지하는 비중은 생각보다 크다. 자신의 공부법과 기술이 잘못되었다고 생각하면 과감하게 방법을 바꾸는 태도가 합격을 이뤄낸다고 생각한다.

"밥 먹고 잠자는 시간 빼고는 다 공부에 투자하라"

적게 공부하고 붙는 시험은 없다. 오롯이 공부에 시간을 투자해야 합격한다는 것이 불피법의 일관된 주장이다.

어찌 보면 당연한 이야기다. 고승덕 변호사도 밥 먹고 잠자는 시간 외에는 공부만 했다고 한다. 심지어 밥 먹는 시간도 줄이려고 밥을 비벼 먹었다고 하지 않는가. 그런데 밥 먹는 시간과 잠자는 시간도 잘 활용하면 공부 효율을 극적으로 올릴 수 있다. 밥 먹으면서 공부한 내용을 떠들면 뇌에 각인되는 양도 많아진다. 또 하루 동안 공부한 내용을 상기하면서 잠자리에 들면 아침에 기억력이 뚜렷해진다. 이렇게 모든 노력을 공부에 집중하는 것이 합격의 길이다.

"구체적인 공부법은 다음을 따르자"

기본서 1회독은 소설을 읽듯 한 과목씩 끝내고, 기출문제를 기본서에 표시하고 그 부분을 중점적으로 반복해야 한다. 객관식 문제집은 시험 볼 때까지 반복하고 시험 보기 한 달 전부터는 핵심체크 OX문제집만 반복해서 봐야 한다. 책 읽는 속도는 최소한 1시간에 10페이지 정도를 유지하고, 한 과목씩 순서대로 공부하고 다음으로 넘어가야 한다.

불피법에서 가장 좋은 부분이 이 내용이라고 생각한다. 지나치게 구체적으로 페이지수나 횟수를 제한하는 것은 위험하지만, 나 나름의 횟수를 발견하는 데는 도움이 되었다.

그동안 공부를 해오면서 내가 시험요령으로 꼽는 것은 기출문제를 통한 기본서 단권화이다. 그리고 막판에는 서브노트나 요약문제집 위주로 무한반복을 하는 것이다. 이렇게 하면 시험장에서 반응속도를 높이는 데 많은 도움이 된다.

"객관식 시험 문제집은 한 권 정도가 적당하며, 3회 이상 반복하되 너무 많은 시간을 써서도 안 된다"

불피법에서는 객관식 문제집을 기출문제가 정리된 뒤 보라고 한다. 또 답을 맞히려고 시간을 지체하지 말고 헷갈리는 문제는 외우라고 한다. 객관식 문제집의 복습은 1회독을 하고 2주 정도 지난 뒤에 하는 것이 좋고, 시간 안에 문제를 푸는 연습을 지속하는 것도 필요하다고 말한다.

객관식 시험에 대해서는 내가 더 할 말이 많다. 사실 불피법의 방법은 전적으로 맞지만 개인차가 있다는 사실을 조금 간과한 것 같다. 나는 기본서가 공부된 상태에서 문제집을 보거나 기출문제를 다 정리한 상태에서 문제집을 볼 필요는 없다고 생각한다. 그냥 문제집으로 공부를 시작해도 되기 때문이다. 실제로 기본서 없이 문제집만으로 여러 시험에서 합격을 해봤기 때문에 이에 대해서는 확신할 수 있다.

요즘 문제집들을 보면 강사들이 요약과 해설을 정말 깔끔하고 풍부하게 달아놓았다. 당연히 기출문제와 자주 나오는 문제유형도 정리되어 있다. 불피법이 처음 나왔을 때는 지금처럼 좋은 문제집이 많지 않았다.

최근에는 문제집만 보아도 중요한 부분을 밀도 있게 공부할 수 있기 때문에 기본서에 너무 의존할 필요가 없다. 차라리 문제풀이 강의나 요약강의를 활용해 반복적으로 공부하고, 기본서는 이해가 안 되는 부분만 찾아서 읽어보는 식으로 공부해도 된다고 생각한다.

"학원강의는 어려운 내용을 이해하고 과목별로 중요한 것을 정리하기 위해 존재한다"

불피법에서는 객관식 시험의 경우에는 학원강의가 필요 없다고 말한다. 문제를 이해하지 못하고 풀어도 되기 때문이다. 그보다는 혼자 공부할 시간을 확보하는 것이 더 중요하다고 한다. 이와는 달리 주관식 시험은 학원강의가 필요하며, 복습을 하면서 들어야 한다고 말한다. 이때 강사는 과목별로 정평이 나 있는 강사를 선택해야 한다.

나도 객관식 시험에는 학원강의가 절대적이지 않다고 생각한다. 다만 학원강의는 초심자가 시험에 접근할 때 낭비되는 시간이나 시행착오를 줄여준다는 장점이 있다. 더욱이 비전공자에게 생소한 경제학이나 행정법, 행정학 등은 기본강의를 들으면서 논리를 잡아두는 것이 필요하다고 본다.

무조건 강의가 필요 없는 것은 아니지만, 객관식의 특성상 완벽히 알아야 답을 맞힐 수 있는 것은 아니라는 점에서 일견 타당한 주장이다. 또한 객관식 시험은 학원보다는 스스로 공부하는 시간을 확보해야 한다는 데는 전적으로 동의한다.

"중요도에 따라 시간을 배분하고 모든 것을 다 잡으려고 하면 안 된다"

완벽주의자는 장수생 또는 불합격생이 되기 쉽다는 주장이다.

완벽주의자의 장점은 꼼꼼하게 기억의 정확도를 높일 수 있다는 것이지만, 이는 학교 내신처럼 범위가 좁은 시험에만 해당한다. 공무원 시험은 생각보다 범위가 넓고 정리해야 하는 양도 많다. 이런 시험에서는 최대한 과감하게 넘어가되 회독수를 늘리면서 기억의 정확도를 높이는 것이 유리하다. 처음부터 완벽하게 암기하고 넘어가려고 하면 진도를 나갈 수 없다. 따라서 회독수를 높여가면서 완벽주의적 성향을 조금씩 발현해보는 것이 좋다.

그 밖에도 불피법에는 옷 입는 방법, 공부와 터, 체력과 몸관리, 스트레스 관리 등이 언급되어 있는데, 사실 이것은 주관적인 견해라고 생각한다. 정말 중요한 점은 자신에게 맞는 환경, 즐거움을 느낄 수 있는 분위기에서 공부해야 한다는 것이다.

또한 시험요령은 시험을 많이 볼수록 늘게 되어 있다. 이를 위해서 가장 좋은 방법은 앞에서도 언급한 대로 모의고사를 많이 보는 것이다. 연습이 완벽을 만드는 것이지 완벽주의가 완벽한 합격을 만들지는 못한다는 것을 명심하자.

3. 아공법에서 핵심적으로 적용해볼 방법들

아공법(아침의 눈 공부법)은 공무원 시험에 특화된 방법으로 합격한 저자가 공무원 수험생들을 위한 커뮤니티를 운영하며 정리한 노하우를 토대로 만든 공부법이다. 한때 인기가 매우 높아서 공무원 시험을 준비하는 수험생이라면 누구나 한 권은 산다는 소문이 있을 정도였던 공부법이다.

아공법 책을 일독하면서 느낀 점은 이것이 '불피법의 새로운 공무원식 버전'이라는 것이다. 아공법은 불피법에 저자의 합격 노하우와 다양한 사례도 추가돼 공무원 시험에서는 불피법보다 훨씬 현실적이고 적합도가 높아 보인다.

아공법에는 불피법과 겹치는 주장이 많이 나오므로 유사한 내용은 제외하고 공무원 시험에서 적용할 만한 것들을 내 방식대로 풀어보겠다.

"정석대로 공부하여 합격할 가능성은 100명 중 1명이다. 아공법은 기출문제를 중심으로 공부하는 방법이다."

이 공부법에 대한 첫인상은 정말 우리의 통념과 반대되는 방법을 통해서 빠르게 합격할 수 있다는 점을 일관되게 주장한다는 것이다. 시험에서 실패만 하던 시절 내가 사용한 방법은 두꺼운 기본서만 수십 번 보고 시험장에서 내공을 발휘해 합격하는 것이었는데, 아공법은 이 방법의 오류를 잘 이야기하고 있다. 그런데 이를 설명하는 사례를 너무 많이 싣고 있어 다소 지루하게 느껴진다.

기출문제를 먼저 확인하고 이를 통해 시험에 자주 나오는 부분만 걸러서 집중하는 방법은 공부를 하면 할수록 가장 중요하게 적용돼야 할 방법이다. 아공법은 이 부분에 중점을 두고 있다.

"강의는 결코 필수적인 것이 아니다."

강의는 강사의 말이 모두 중요하게 들리게 하며, 중요하지 않은 것을 공부하는 데 시간을 허비하게 만든다는 것이 아공법의 주장이다. 어쩌면 학원강의를 듣는 것이 필수가 아니라고 주장하면서 그보다는 독학으로 공부할 것을 권하는 거의 유일한 책이 아닐까 싶다.

아공법은 강의가 지닌 함정을 이야기하는데, 이것은 강의의 장점을 다소 간과한 측면이 있어 보인다. 즉, 수강을 위해 쏟아야 하는 시간과 비용이 엄청나게 크다는 점을 강의의 문제점으로 꼽는데, 강의 없이 공부하면서 헤매고 방황하는 시간을 따져보면 이 또한 오해가 아닐까 생각한다.

확실히 장수생에게는 강의가 필요 없다. 하지만 내 경험으로 보아 처음 시험공부에 임하는 초심자들에게는 강의가 매우 유용하다. 처음부터 책만 보고 이해할 수 있는 소수를 제외한 일반 수험생에게는 중요한 부분을 잘 요약해서 전달하는 강사의 역할이 중요하기 때문이다.

게다가 모든 것을 중요하게 이야기하는 강사는 이미 강사로서의 강점을 상실한 것이다. 나도 강의를 해보았지만 시험에 나오는 내용만 최대한 쉽게 전달하려고 노력하는 사람이 강사이기 때문이다. 그냥 많은 수험생이 듣는 강의를 들으며 최대한 시간을 할애해서 자기만의 복습시간을 확보하는 게 더 빠른 방법이 아닐까.

"기본서로 학문을 하는 수험생이 많다. 90점을 받게 해주는 500페이지 책보다 100점을 받을 수 있게 하는 1000페이지 책에 집착하는 사람이 많다."
아공법은 기본서를 버려야 한다고 일관되게 주장하며, 이에 대해서는 나도 동의한다. 나도 기본서를 보지 않고 문제집만 가지고 효율적으로 공부해서 1년 만에 고난도의 시험에 합격해본 경험이 있기 때문이다. 사실 문제집에도 이론이 요약돼 있고, 시험에 자주 나오는 부분은 문제집에 다 있다.

기본서를 보지 않는 게 불안하게 느껴질 수도 있지만, 기본서를 다 읽는 시간에 문제집을 빠르게 3번 보는 편이 훨씬 기억에도 오래 남고 시험 대응력도 높아지는 것은 분명하다. 시험에 합격해본 사람은 요약서나 문제집이 기본서보다 얼마나 효율적인지 익히 알 것이다.

081

9급 공무원 합격자들의
공부 노하우

9급 공무원 시험(군무원 시험도 유사)은 수능과 비슷하게 국어, 영어, 한국사를 필수과목으로 하고 행정법총론, 행정학개론, 사회, 수학 등은 선택과목으로 한다. 즉, 국어, 영어, 한국사는 모든 공무원 직렬에 빠지지 않는 과목이므로 공통되게 접근하면 되고 나머지 과목은 전략적으로 선택해야 한다.

9급 공무원 시험 및 군무원 시험 합격자 다섯 명과의 인터뷰를 통해 많은 노하우와 공부요령을 알아볼 수 있었다. 수험생들이 가장 궁금해하는 과목별 공부법을 다음에 소개한다.

참고로 이 질의응답은 5명의 9급 공무원 합격생과 신임 군무원(이미 공무원 수험생활 경험이 풍부한 교육생)들을 인터뷰한 뒤 가장 실용적인 내용만 정리해서 실었음을 밝혀둔다.

Q. 국어에서 좋은 점수를 얻으려면 어떤 준비가 필요합니까?
A. 국어는 고득점이 가능한 과목이지만 벼락치기보다는 꾸준함이 필요합니다.

국어는 컨디션과 감정에 영향을 많이 받는 과목인 것 같습니다. 특히 그날의 집중력과 분석력에 따라 시험점수가 왔다 갔다 하죠. 독해력은 집중력과도 관련이 있으니까요.

우선 공무원 국어는 어문(어법), 비문학, 문학, 어휘 및 사자성어로 구성돼 있습니다. 어문(어법)부터 공부하는 것이 유리한데, 나중에는 비문학과 문학에 시간을 쓰다보면 어문(어법)에 소홀해질 가능성이 크기 때문에 미리 완벽하게 잡아둘 필요가 있습니다. 나머지 영역도 매일 꾸준히 감을 유지하듯 공부하는 것이 좋고요.

강의는 어문(어법)을 먼저 듣고 동형 모의고사를 들으면서 기본서와 기출문제집을 꾸준히 돌렸습니다. 강의는 수험생 커뮤니티에서 가장 많이 언급되는 강사를 찾아 들으면 됩니다. 개인적으로는 동형 모의고사는 이선재(선재국어) 선생님이 가장 좋더군요.

Q. 국어 공부를 꾸준히 하라고 하셨는데, 어떻게 공부해야 할까요?

A. 국어는 지식보다는 감각을 늘리는 훈련이 필요합니다.

처음부터 감각을 키우는 것은 무리가 있으니 첫 1~2개월은 개념을 잡기 위해 기본서를 보면서 하루에 일정 시간을 기초지식을 쌓는 데 투자해야 합니다. 그리고 평소에도 글을 읽으면서 문법이나 논리적 오류를 생각해보는 연습을 하면 도움이 됩니다.

국어는 어문, 비문학, 문학, 어휘 등 모든 영역을 골고루 공부하는 것이 중요한데, 특히 어문규정과 사자성어, 어휘는 암기가 필요한 부분이니 휘발되지 않게 매일 상기하는 것이 좋습니다. 비문학 공부는 매일 한다고 실력이 늘지는 않으니 2~3일에 한 번 집중해서 공부하는 것이 좋다고 생각합니다.

아공법이나 거꾸로 학습법에는 기출문제부터 보라는 내용이 있지만, 저는 처음부터 그렇게 하다가는 아무 지식 없이 문제만 보다가 시간을 날릴 것 같아 적용하지 않았습니다. 차라리 기본서를 빨리 보고 이해한 뒤 시험이 다가올수록 기출문제의 비중을 늘리며 공부하는 것이 바람직하다고 봅니다. 강의는 기본강의를 들으면 충분해요. 문제풀이강의는 국어에서는 크게 도움이 되지 않았습니다.

국어는 꾸준히 감을 유지하는 것과 암기가 중요하기 때문에 강의에 시간을 너무 많이 뺏기지 않는 것이 좋습니다. 국어 역시 반복하면 실력이 향상됩니다. 기본서는 1회독을 하며 강의를 듣는데, 처음에는 꼼꼼히 받아 적기도 했습니다. 강의를 들으면 최대한 빠른 시간 안에 두 번 정도 복습을 하는 것이 좋습니다. 그 정도가 되면 개념이 머릿속에 자리 잡으니까요. 그리고 기출문제를 최신 것부터 역순으로 풀어보면서 자신의 사고력을 잡는 훈련을 하면 됩니다.

기출도 반복이 중요합니다. 2~3번 정도 반복한 뒤에는 오답 노트를 만들거나 틀린 문제 위주로 꼼꼼히 해설을 읽고 분석해봐야 합니다. 2~3번 정도 풀면 맞히는 문제와 틀리는 문제에 대한 구분이 어느 정도 되거든요. 또 시간을 재며 문제를 많이 풀수록 당연히 점수가 오르겠죠.

Q. 국어의 영역별 공부는 어떻게 해야 합니까?

A. 어문, 고전문법, 비문학, 문학, 어휘 모두 고득점을 위한 공부방법이 달라요.

어문규정은 정말 다 맞혀야 하는 영역입니다. 처음부터 개념만 잘 잡고 암기하면 틀릴 이유가 없지요. 어문규정은 강의를 들으면서 원리를 익히고, 맞춤법통일안과 같이 자주 나오는 파트는 예시를 반복적으로 암기해두면 실수를 줄일 수 있습니다. 고전문법에서는 훈민정음의 원리 및 표기법을 암기해야 합니다. 물론 이것도 대세 강사님의 강의를 듣고 암기만 잘하면 무리 없이 소화할 수 있을 거예요.

비문학은 수능 기출문제로 공부를 하는 수험생이 많은 편이에요. 공무원 국어에서 비문학은 수능보다 지문과 선택지의 난이도가 쉬운 편이어서 수능 문제집을 잘 풀 정도로 훈련되면 비교적 쉽게 느껴질 겁니다. 저는 기출지문으로 일주일에 2~3일씩 문제 푸는 연습을 했습니다. 수능 기출문제는 주말마다 5개 지문 정도를 꾸준히 풀어서 감각을 올렸고요.

문학은 가장 공부하기 힘든 영역이었습니다. 용어와 함축 의미부터 먼저 정리하고 익혀야 하죠. 문학 전공자가 아닌 이상 공감각적 심상이나 감정에 대한 다양한 용어를 지식으로 정리할 필요가 있습니다. 역설, 해학, 상징, 풍자 등 용어가 의미하는 바도 정확히 정리해야 실수를 줄일 수 있고요. 소설의 경우에는 시점과 등장인물, 서술자 등의 개념도 잘 정리해둬야 합니다.

이런 정리를 위해서는 기본강의를 한 번 정도 듣고, 개념어는 따로 정리해서 암기하는 것이 좋습니다.

문학은 문제풀이도 중요합니다. 감각을 지속적으로 유지하고 주제를 찾는 연습, 갈등상황을 분석하는 연습 등을 꾸준히 하면서 문제에서 묻는 것이 정확히 무엇인지를 지속적으로 익혀 실수를 줄여야 합니다.

어휘는 기출문제가 기본이고, 최대한 많은 어휘와 사자성어를 암기장이나 학원의 자료를 통해 정리하고 암기해야 합니다. 암기는 휘발성이 아주 강한 만큼 매일 암기해주어야 합니다. 저는 시험장에 가기 전까지도 암기를 했어요.

Q. 공무원 영어는 다른 과목에 비해서 어떤 특징이 있나요?

A. 공무원 시험에서 적어도 70점을 넘어야 하는 영어는 잘하는 사람과 못하는 사람의 기본기 편차가 큰 과목입니다.

솔직히 영어를 원래 잘하는 사람에게 공무원 영어는 아주 수월한 과목입니다. 함께 교육을 받으며 친해진 합격자들이 대부분 영어를 원래 잘하던 사람들이 아니어서 기초가 부족한 사람들에게 조언해줄 만한 방법을 많이 알게 되었습니다.

영어는 합격하려면 70~75점 정도는 받아야 합니다. 잘하는 사람은 90점을 넘기기도 하죠. 자신이 영어가 약한 편이라면 적어도 75점을 목표로 노력해야 합니다. 영어 점수를 올리는 가장 좋은 방법은 역시 '암기'입니다. 독해 10문제와 문법 4문제가 출제되니 최대한 어휘어법을 암기하고 지문독해 연습을 많이 하면 일정한 수준

이상으로 점수를 올릴 수 있죠.

단어와 구문의 암기는 가장 우선돼야 하는 과제이고, 그다음이 문제를 통한 연습이라고 생각합니다. 저는 학원에서 추천해준 단어장을 주로 암기했는데, 같이 공부한 친구는 수능 VOCA를 중심으로 암기하더군요. 가장 좋은 것은 공무원 수험계에서 가장 많이 보는 단어장으로 암기하는 것입니다.

Q. 영어를 정말 못하는데 턱걸이 점수라도 만들려면 어떻게 해야 합니까?

A. 제가 영어를 정말 못했던 사람인데, 방법을 알려드릴게요.(K주무관님의 노하우)

일단 영어도 국어처럼 문법, 어휘, 생활영어, 독해로 영역이 세분화돼 있습니다. 영역별로 공부하는 방법을 구체적으로 소개해볼게요. 저도 75점을 넘기려고 많은 방법을 써봤고, 정말 노력을 많이 했습니다.

문법공부는 너무 깊이 파고들면 시간이 많이 소요되어 비효율적인 것 같아요. 그래서 독해에 써먹을 수 있는 부분 위주로 문법을 암기했고, 수능이나 토익을 공부하는 학생들이 자주 이야기하는 분사구문, to부정사, 시제, 관계대명사 등 중요한 부분을 중점적으로 암기하고 나머지는 대충 공부했어요. 이렇게 비중 있는 문법 위주로 먼저 공부하면 다른 공부를 할 여유가 생기거든요. 문법은 손으로 쓰면서 하기보다는 지문이나 예문을 통해 눈에 익히는 것이 더 도움이 되었습니다.

단어는 공무원 시험의 꽃이라고 할 만큼 중요합니다. 솔직히 단어만 많이 암기해도 영어 성적이 많이 오르니까요. 독해는 수능에서 공부하는 단어 정도면 충분합니다. 공무원 시험용 단어집이 따로 있는데, 그 단어들은 난도가 높아서 단어만 물어보는 문제를 위해 암기해야 해요.

신성일PASS 어휘나 공무원 시험을 위한 단어장(별도 수험서들이 굉장히 많음)을 구입해서 공부하면 충분합니다. 저는 단어도 약한 편이어서 수능단어장도 보고 EBS 어휘강의도 들었습니다. 이렇게 단어에 시간을 많이 투자하니 자신감이 생기더군요.

생활영어 영역은 어휘나 문법에 비해 아주 쉽습니다. 솔직히 공부를 많이 안 해도 맞힐 만한 문제가 많아요. 잘 가르치는 선생님들의 기본서에 나와 있는 생활영어 파트만 봐도 충분할 것 같습니다.

독해는 고득점을 하려면 꼭 넘어야 할 산인데, 자신이 없다면 독해만을 위한 강의나 수능용 독해강의를 꾸준히 들어볼 것을 추천합니다. 저는 독해력을 높이기 위해 틈틈이 영어 소설도 읽어보았는데 나쁘지 않았어요. 문장구조를 분석하는 강의를 듣고 좋은 문장을 통째로 암기하면 독해속도가 빨라집니다. 초반에는 몰아서 공부하고 나중에는 하루에 2~3개의 지문을 꾸준히 하면 충분히 점수를 확보할 수 있다고 봅니다.

Q. 영어 90점을 넘기려면 어떻게 공부해야 합니까?

A. 영어 고득점은 지식과 연습량의 조화가 중요합니다. (박민수 주무관님의 노하우)

저도 영어점수를 많이 올린 편인데, 우선 단어는 단어장을 꾸준히 암기하되 절대로 몰아서 암기하지 않았어요. 하루 한 시간 이내로 정해놓고 단어를 암기했습니다. 요즘에는 단어 암기용 스마트폰 앱도 많고 예문이 많은 단어장도 있기 때문에 자신에게 맞는 것을 하나 골라서 꾸준히 공부하는 것이 중요합니다.

문법은 기출문제를 반복해서 암기가 될 만큼 공부했습니다. 가정법, 관계사, 부정사, 시제 등 자주 나오는 파트를 중심으로 공부하고 강의를 들으면서 한 번 정리한 뒤 지속적으로 반복했습니다. 문법은 우선 출제되는 유형을 파악해야 쓸데없는 공부에 시간을 낭비하지 않습니다. 그래서 기출문제 분석이 중요하죠. 문법은 꾸준히 하는 것보다 한 번 할 때 제대로 공부해서 실력을 끌어올리고 조금씩 꾸준히 복습해서 유지하는 것이 도움이 됩니다. 몰아치면서 암기한 것이 문법 고득점을 이끌어낸 것 같습니다.

독해는 지문도 길고 시간의 압박을 느끼는 영역입니다. 수능독해를 위한 단어 암기장을 병행하는 수험생도 있는데, 시간이 되면 수능문제를 직접 풀어보고 리뷰를 해보는 게 도움이 됩니다. 독해에서 점수가 들쑥날쑥한 경우에는 강의를 통해 출제원리를 익히면 문제에 효율적으로 접근할 수 있습니다. 보통 강의를 들어보면 처음과 마지막을 읽고 선택지를 고르라는 등 문제유형마다 푸는 요령이 다른데, 그 요령만 제대로 정리해도 문제 푸는 시간을 획기적으로 줄일 수 있습니다.

Q. 한국사는 고득점을 노려야 하는 과목입니까?

A. 다른 과목에 비해서 전략과목으로 통하는 것이 한국사입니다.

한국사는 다른 과목에 비해 범위가 확정적이고 공부하는 만큼 점수가 보장되는 과목입니다. 저도 최대한 점수를 따는 전략으로 한국사를 공부했습니다. 우선 연대별로 암기하면서 거시적으로 흐름을 이해하고, 세부적인 암기는 그 흐름을 기초로 해서 구체적으로 진행했습니다. 처음에는 이해로 접근해서 나중에는 암기로 마무리해야 하는 과목이 한국사인 것 같습니다.

Q. 한국사 고득점의 비결이 있습니까?

A. 한국사는 큰 틀에서 수험생들이 공부하는 방법이 비슷합니다.

우선 전체 흐름을 잡으려면 연대를 암기하는 것이 중요합니다. 연대를 순서대로 암기하고 구체적인 사건과 느낌을 가지는 것이 한국사 공부의 시작이라고 볼 수 있죠.

학원가에는 한국사 암기를 도와주는 MP3 파일이나 요약교재가 많이 나와 있는데, 저는 MP3 파일을 아침이나 점심을 먹으며 듣거나 이동시간에 들으면서 머릿속으로 정리했습니다. 암기 노트는 시대별로, 큰 분류별로 암기할 수 있게 정리되어 있는데, 이렇게 분류해서 암기하는 것이 유리합니다.

특히 앞글자를 따서 리듬감 있게 암기하고 도식화하거나 그림으로 암기하면 좀 더 효율적으로 암기할 수 있습니다. 많은 수험생이 암기를 할 때 포스트잇을 사용하는데, 저는 강의를 들으면서 포스트잇에 연대별로 사건을 정리해서 독서대에 붙여두고 자주 보았습니다.

분류별로 정리된 요약집을 보면 크게 정치, 경제, 문화, 사회, 근현대사로 돼 있습니다. 정치부분은 중요하기 때문에 있는 그대로 암기하는 것이 좋습니다. 경제부분은 조세제도, 시대별 경제제도, 용어를 나름대로 정리해서 암기해두면 도움이 됩니다. 문화는 유교, 불교, 사찰, 건축, 과학 등 세분화해서 정리해야 헷갈리지 않죠. 기출문제를 보면 이렇게 분류해야 제대로 풀 수 있다는 것을 알 수 있습니다.

어느 정도 암기가 된 다음에는 문제를 정말 많이 풀어봐야 합니다. 문제풀이와 암기가 병행되는 단계는 기본강의를 듣고 그 나름의 복습까지 끝났을 시점인데, 문제를 반복해서 풀면 암기한 내용 가운데 중요한 부분이 이해되거나 연결되는 경험을 할 수 있습니다. 이렇게 문제풀이를 꾸준히 병행해야 고득점을 할 수 있죠. 저는 모의고사도 매주 시간을 재며 풀었는데, 여력이 되면 모의고사를 매주 보는 것이 좋습니다.

Q. 행정법은 선택과목으로서 고득점에 유리한가요?

A. 사회와 행정법 모두 공부하는 만큼 고득점이 나옵니다.

행정법은 대다수 수험생들 사이에서 만점이 나올 수도 있는 전략과목으로 통합니다. 그만큼 점수조정에서는 불리하지만 정답률이 높은 과목이죠. 노력하는 만큼 점수도 잘 나오고요. 처음에는 생소하지만 용어와 개념만 확실히 잡으면 떨어지지 않는 효자과목입니다.

공부범위가 비교적 좁고 시험에 나오는 문제가 지속적으로 반복되므로 기출문제와 요약서만 제대로 섭렵해도 충분히 점수를 확보할 수 있습니다. 게다가 행정법은 공무원 승진시험에 빠지지 않고 나오는 과목이기도 합니다.

Q. 행정법에서 고득점을 하는 비결을 알려주신다면요?

A. 행정법 공부를 어떻게 하면 좋을지 말씀드릴게요. (박민수 주무관님의 노하우)

행정법은 먼저 개념을 잡아야 합니다. 문제풀이는 개념이 선 다음에 충분히 하면 되지요. 기본강의는 누구의 강의를 들어도 비슷하다고 생각하지만, 김종석 선생님의 강의가 무난했던 것 같습니다. 기본서는 최대한 문제집으로 된 것을 추천합니다. 기출문제 지문 분석이 잘되어 있거나 OX문제가 잘 정리된 책을 골라서 막판에는 문제 위주로 돌리는 것이 효율적이니까요.

시중에 무료 판례강의도 많이 나와 있으니 기본강의를 듣고 난 뒤 판례강의를 한 번쯤 들어볼 것을 권합니다.

저는 암기 노트를 별도로 만들었습니다. 기본서로 삼은 교재에 포스트잇으로 중요 내용만 옮기면서 정리하기도 했습니다. 이것은 각자 편한 대로 하면 됩니다. 행정법은 반복하면 할수록 만점에 가까워지는 과목입니다. 시험범위가 정해져 있으니 완벽하게 알면 틀릴 일이 없지요. 게다가 기출문제를 보면 알 수 있듯이 자주 나오는 부분이 정해져 있어서 그 부분만 10번 이상 보며 암기하면 쉽게 점수를 확보할 수 있습니다.

판례는 강의를 들으면서 이해하고 중요한 부분을 암기하면 됩니다. 법조문은 기출문제에 빈출되는 부분을 별도로 정리해 암기하고, 문제를 풀면서 자연스럽게 암기되도록 반복하면 됩니다.

행정법 공부는 초반에는 기출문제집과 OX문제집을 반복합니다. 물론 강의는 한 번 들어주는 것이 좋습니다. 저도 처음에는 무슨 말인지 몰라서 1.6배속으로 강의를 빠르게 돌려봤습니다. 이렇게 강의로 정리하고 2개월 정도 기본기를 다지고 나면 판례와 법조문을 제대로 암기해야 합니다. 판례만 따로 정리된 강의를 수강하는 것도 도움이 됩니다.

그다음에는 기본서에 주요 판례를 요약하면서 단권화를 해나가야 합니다. 이 작업도 공부를 정교하게 만드는 것의 하나라고 생각하면 재미가 있습니다. 기출문제는 마지막으로 갈수록 회독수를 높였죠. 저는 기출문제에서 빈출 지문만 따로 정리해 암기될 때까지 반복했습니다.

Q. 행정학 공부는 어떻게 해야 하나요?

A. 행정학 공부는 정공법으로 해야 한다고 봅니다. (L주무관님의 노하우)

행정학은 이론적인 부분이 많은 과목이기 때문에 기본서를 철저히 공부하고 먼저 개념을 이해해야 합니다. 곽상빈 선생님은 기출문제를 먼저 보고 기본서를 파고드는 게 효율적이라고 하시는데, 그 방법이 오히려 공부에 방해가 될 수 있는 과목이 행정학이 아닐까 생각합니다. 그리고 문제 위주로 공부하라는 조언도 많이 하는데, 행정학은 문제만 공부해서는 90점 이상을 얻기가 어렵다고 말할 수 있습니다. 물론 막판에는 저도 기출문제를 엄청 많이 보았습니다.

강의 없이 행정학 공부를 하는 것은 개념의 이해 없이 암기만 하는 것과 다르지 않습니다. 우선 기본강의는 하나 정도 꼭 듣기를 권합니다. 복습은 최대한 빠른 시일 안에 하고, 모르는 부분은 강사님들 게시판이나 커뮤니티를 통해 해결하고 넘어가야 나중에 헷갈리지 않습니다.

기출문제는 기본강의에서 모르는 것이 어느 정도 사라졌을 때 시작해서 다른 과목과 마찬가지로 반복하는 것이 좋습니다. 강의는 대세 강사님의 강의를 들으면 될 것 같습니다. 암기할 부분은 학자명, 이론명 및 이론 내용, 법령 정도인데, 암기는 좀 고통스럽지만 억지로라도 꾸준히 의식적으로 해야 합니다. 행정학은 기본기가 가장 중요한 과목이고, 또 기본만 잘 잡으면 점수가 확실히 나옵니다.

Q. 사회 과목은 어떻게 공부해야 하나요?

A. 수능공부와 매우 유사합니다.(K주무관님의 노하우)

사회 과목은 수능과 평가원 모의고사를 풀면서 공부하는 것이 좋습니다. 저도 수능 문제집을 풀면서 감을 익혔어요. 솔직히 공무원 수험계의 문제는 수능문제와 수준이 비슷합니다. 사회문화, 경제, 법과 정치는 고등학교 때 공부한 내용과 같습니다. 고등학교 때는 이 가운데 하나만 사회탐구영역으로 선택하지만, 공무원 시험에서는 이를 모두 치른다고 생각하면 됩니다.

사회문화는 가장 쉬운 영역입니다. 용어를 이해하고 표와 그래프 문제에 대비해 해당 유형을 자주 풀어보면서 익숙해져야 합니다. EBS 수능강의를 듣기도 했는데, 꽤 도움이 되었습니다. 고등학교 때 사회 공부를 열심히 했다면 크게 어렵지 않을 것입니다.

경제는 경제학과가 아니라도 고득점을 할 수 있을 만큼 어렵지 않은 수준입니다. 저는 수능강의를 한 번 들었는데 정말 도움이 많이 되었습니다. EBS 강의를 듣고 기본서는 공무원 시험교재를 한 권 사서 꾸준히 정리하면 될 것 같습니다. 경제는 처음에 개념을 잘 다진 뒤 문제풀이 위주로 공부해도 됩니다.

법과 정치는 공무원 시험에서 사회문화나 경제보다 큰 비중을 차지하는 영역입니다. 저는 수능강의를 통해 법과 정치의 개념을 잡았습니다. EBS 수능특강 문제집이 도움이 많이 되니 들어보길 권합니다. 수능특강 인터넷 강의는 EBSi에 접속하면 무료라서 부족한 부분만 듣기에도 부담이 없죠.

Q. 공무원 시험에서 수학 과목은 어떻게 공부하는 게 좋은가요?

A. 수학 과목은 선택하는 순간부터 위험을 부담하게 됩니다.

수학 과목은 수능문제의 난이도와 비슷하거나 조금 쉽지만 만만하게 봐서는 안 됩니다. 수학을 선택하는 수험생이 많지는 않지만, 선택할 경우에는 대부분 수능교재는 참고만 하고 공무원 학원 커리큘럼에 따라 공부합니다.

수학은 시험장에서 시간이 촉박한 과목으로 정평이 나 있기 때문에 연습량이 정말 중요합니다. 고등학교 때 수학 공부를 많이 했거나 평소 수학에 강점을 보이는 사람은 쉽게 접근할 수 있는 과목인 것 같습니다.

우선 공무원 학원 커리큘럼에 따라 기본강의를 한두 번 듣고 복습하는 것이 기본입니다. 기초가 부족한 학생들은 고등학교 1학년 과정 책을 반복해서 풀며 연산속도를 높이거나 수능문제를 풀어보기도 합니다. 제 생각에는 공무원 학원 교재를 암기할 만큼 반복해서 공부하는 것이 가장 좋은 방법인 것 같습니다. 물론 고등학교 1학년 수준의 연산능력은 있다는 가정하에서죠.

기본강의를 다 들었다면 무조건 많이 풀고 연습하는 것이 수학 공부의 왕도입니다. 실제로 90점 이상을 받는 수험생들은 기본으로 2천 문제는 푸는 것 같습니다. 그만큼 문제 풀이량에 따라 점수가 달라지는 것이죠. 해답에 의존하기보다는 자신만의 풀이법이 나올 만큼 손으로 푸는 연습을 많이 해서 감각을 키워야 합니다.

행정고시(5급 공채)
이야기

한때 정치권에서는 행정고시(5급 공개채용시험)를 폐지하고 7급 공무원부터 시작해서 승진하도록 하는 제도에 대한 검토가 활발히 이루어졌지만 시기상조라는 입장 표명도 많고 부작용도 언급되었기에 아마 당분간은 행정고시 폐지에 대한 구체적 움직임이 나오기 힘들 것으로 보인다.

5급 공무원은 사무관으로서 고급공무원에 해당한다. 전통적으로 행정고시 합격은 우리나라 지도층으로 가기 위한 통로로 인식되어왔다.

다음에 간단하게나마 행정고시를 소개해본다. 이 내용에 대해서는 2013년 합격자 박보현 사무관님과 2012년 합격자 김연태 사무관님이 도움을 주셨다.

행정고시의 경우 1차 시험, 2차 시험, 3차 시험까지 합격하고 시보를 마치면 본격적으로 사무관(5급)이 되는 시험제도로 되어 있다.

1차 시험은 PSAT와 한국사능력검정시험(2급 이상), 공인어학성적(토익, 토플 등) 소명을 치르고 통과해야 한다. 토익은 700점 이상이 기준이다. PSAT는 언어논리, 자료해석, 상황판단의 영역으로 구성되는데 5지선다 객관식 시험이다. 암기형 시험이 아니라 적성시험의 형식으로 일각에서는 아이큐 테스트와 언어능력에 대한 논리력 테스트로 부른다. PSAT 성적에 따라 9배수 정도를 1차 시험에 합격시키게 된다.

2차 시험은 주관식 논술형 시험으로 극강의 난도를 자랑한다. 각 직렬에 따라 과목이 다르지만 공통적으로 난도가 높다. 2차 시험에서는 최종 합격인원의 1.5배수 정도를 선발한다. 직렬별 2차 시험 과목을 요약하면 다음과 같다(2025년도 시험부터는 현행 필수 과목으로만 5급 공채 제2차 시험 시행).

행정직 (일반행정)	필수(4) : 행정법, 행정학, 경제학, 정치학 선택(1) : 민법(친족상속법 제외), 정보체계론, 조사방법론(통계분석 제외), 정책학, 국제법, 지방행정론
행정직 (법무행정)	필수(4) : 행정법, 민법(친족상속법 제외), 행정학, 민사소송법 선택(1) : 상법, 노동법, 세법, 사회법, 국제법, 경제학
행정직 (재경)	필수(4) : 경제학, 재정학, 행정법, 행정학 선택(1) : 상법, 회계학, 경영학, 세법, 국제경제학, 통계학

행정직 (국제통상)	필수(4) : 국제법, 국제경제학, 행정법, 영어 선택(1) : 경제학, 무역학, 재정학, 경영학, 국제정치학, 행정학, 독어, 불어, 러시아어, 중국어, 일어, 스페인어
행정직 (교육행정)	필수(4) : 교육학, 행정법, 행정학, 경제학 선택(1) : 조사방법론(통계분석 제외), 재정학, 정책학, 교육철학, 교육심리학, 교육사회학
사회복지직 (사회복지)	필수(4) : 사회복지학, 사회학, 행정법, 경제학 선택(1) : 조사방법론(통계분석 제외), 사회심리학, 사회문제론, 사회법, 사회정책, 행정학
교정직 (교정)	필수(4) : 교정학, 형사소송법, 형법, 행정법 선택(1) : 교육학, 사회학, 심리학
보호직 (보호)	필수(4) : 형법, 형사소송법, 심리학, 형사정책 선택(1) : 교육학, 사회학, 사회복지학
검찰직 (검찰)	필수(4) : 형법, 형사소송법, 행정법, 교정학 선택(1) : 행정학, 경제학, 노동법, 사회법, 민법, 회계학, 법의학
출입국관리직 (출입국관리)	필수(4) : 형사소송법, 국제법, 형법, 행정법 선택(1) : 행정학, 정치학, 경제학, 민법, 독어, 불어, 러시아어, 중국어, 일어, 스페인어, 아랍어 등

＊ 구체적인 시험공고는 gosi.kr 참고

3차 시험은 면접 형식으로 진행한다. 2차 합격자들을 대상으로 토론면접, 개별면접을 수행하고 평가관이 점수를 매긴다. 면접에서 1배수 안에 들면 최종합격이라고 할 수 있으며, 수습을 받고 나면 사무관이 된다.

박보현 사무관

행정고시 56회 합격자

1. 자기소개

안녕하세요. 저는 2012년도 5급 공채시험(행시 56회) 재경직에 합격하고 고용노동부에서 행정사무관으로 일하다가 군 휴직을 했습니다. 저는 서울과학고와 카이스트에서 공부한 공학도지만 국가정책을 수립, 집행해서 공익에 기여하는 일에 매력을 느껴 공무원이 되었습니다.

2. 5급 공채에 합격하면 하는 일

공무원이 되면 대한민국 정부의 일원으로서 국민의 삶의 질을 높이기 위한 과제를 수행합니다. 구체적으로 직류, 부처, 부서, 보직에 따라 매우 다양한 일을 합니다. 수십 조의 복지예산을 편성하는데 기초가 되는 자료를 작성하고, 수많은 이해관계자와 전문가의 의견을 모아 국가기술자격에 관한 법령을 개정합니다.

중소기업 육성사업 예산을 확보하기 위해 타부처 공무원과 국회를 설득하고, 새로운 교육제도를 학생, 선생님, 학부모들에게 홍보하는 일을 합니다.

5급 공무원은 공무원 중에서도 높은 직급에 속하므로 그에 따라 책임과 권한이 많이 부여됩니다. 책임감을 가지고 국가의 중요 정책을 움직이는 일을 하는 만큼 큰 보람을 느낄 수 있습니다.

3. 연봉

2017년 일반직 공무원 5급 1호봉 월봉급은 2,342,600원입니다. 여기에 각종 수당, 성과급 등이 추가된 금액을 급여로 받습니다. 연봉이 일반 사기업보다 높지 않지만 안정적인 근무환경과 노후보장의 측면, 공무원으로서의 대우 등을 감안한다면 그 보상이 적다고 생각하지는 않습니다.

4. 시험 합격 후의 과정

시험 합격 후 중앙공무원교육원에서 교육을 받고, 이후 성적에 따라 부처에 배치되어 일하게 됩니다. 군 미필자일 경우에는 장교로 군대를 마칠 수 있게 배려해주고, 군대를 마치면 고스란히 호봉으로 인정도 해줍니다.

5. 일반 직장인과 비교했을 때의 장단점

직접적으로 공익에 기여하는 일을 한다는 점이 공직의 가장 큰 매력이라고 생각합니다. 국민 모두가 이해관계자인 국가정책을 다루면서 세상을 바라보는 넓은 시야와 배움을 얻을 수 있으리라 생각합니다.

6. 공부방법

시험과목이 전공과 거의 관련이 없어서 학원강의를 적극적으로 활용했습니다. 신림동에는 행정고시만 전문으로 하는 학원이 몇 곳 있는데, 자신과 가장 잘 맞는 학원의 커리큘럼을 따라가는 것이 좋습니다.

5급 공채시험은 2차 시험에서 많은 암기와 글쓰기 능력을 필요로 합니다. 그래서 저는 이해한 내용을 암기하고 답안지 쓰는 연습을 하는 데 많은 시간을 들였습니다.

7. 이 직업에 필요한 능력

재직기간이 아직 얼마 안 되어 조심스럽지만, 방대한 전문지식을 빠른 시간 안에 소화하는 능력과 말과 글로 사람들을 설득하는 능력, 무엇보다도 공직에 대한 사명감과 지치지 않는 열정이 필요하다고 생각합니다.

8. 후배들에게 해주고 싶은 말

공직에 뜨거운 열정을 가진 후배님들과 함께 일하고 싶습니다. 공무원은 자신의 이익보다는 국가의 이익을 우선으로 생각하고 대변해야 하는 막중한 책무를 지니고 있다고 생각합니다. 이런 생각을 지닌 젊은이들이 공직에 도전해서 함께 국가적 사업을 이끌어 나가기를 바랍니다.

김연태 사무관

행정고시 56회 합격자

1. 자기소개

안녕하세요. 저는 2012년에 5급 공채(행시 56회) 재경직에 합격한 김연태입니다.

2. 행정고시에 합격하면 하는 일

5급 공채시험이라는 명칭에서 알 수 있듯이 시험에 합격하면 5급 공무원이 됩니다. 5급 공채 중 어느 직렬로 응시하느냐에 따라 다르겠지만 국가직에 응시했다면 중앙부처에서 일하게 되고, 지역직에 응시했다면 지방자치단체에서 일하게 됩니다.

3. 연봉

공무원은 법령에 따라서 연봉을 받습니다. 군대를 다녀오지 않은 사람은 1호봉부터 시작하고, 일반 병사로 군대를 다녀온 사람은 3호봉부터 시작해 급여를 받습니다. 2017년 기준으로 1호봉은 2,342,600원, 3호봉은 2,535,500원이 월지급액입니다.

4. 일반 사기업과의 차이점

일반 직장을 다녀본 경험이 없어서 5급 공채의 장점과 단점을 비교해서 정확히 말하기는 어려울 것 같습니다. 하지만 국가정책을 만드는 데 기여할 수 있고 국익을 위해 일할 수 있다는 측면에서 볼 때 사명감을 가지고 일한다는 것이 장점인 것 같습니다.

5. 공부방법

시험공부를 할 때 가장 중요한 것은 동기부여라고 생각합니다. 저역시 공직생활을 하며 국익을 위해 살고 싶다는 생각을 했고, 이러한 생각이 시험준비를 할 때 큰 원동력이 되었습니다. 확실한 동기만 있다면 특별한 공부법은 없는 것 같습니다.

저 역시 시험을 준비하는 다른 사람들과 마찬가지로 관련된 학교 수업을 듣고, 학원에 다니고, 독서실에 앉아 교과서를 읽으며 공부했습니다. 꾸준히 포기하지 않고 공부한 것이 합격의 비결이라면 비결이겠지요.

6. 행정고시를 준비하는 수험생에게 해주고 싶은 조언

저는 5급 공채를 준비하는 동기가 단순히 공무원이 정년보장이 되고 안정적인 직업이기 때문만은 아니었으면 좋겠습니다. 시험에 합격해서 업무를 수행하게 되면 생각하는 것보다 큰 권한과 책임을 부여받습니다. 그렇기 때문에 국익을 위하는 마음, 국민에게 봉사하고 싶다는 열망으로 시험을 준비하고 또 시험에 합격해서 일할 수 있기를 바랍니다.

전문직
시험

전문직은 업계가 치열해진 가운데 우리가 생각하는 것 이상으로 살벌한 경쟁 속에서 하루하루를 살아가고 있다. 겉모습은 억대 연봉의 멋진 전문가 이미지일지 모르지만, 실제로는 과도한 업무량으로 수많은 사건과 업무 속에서 헤엄쳐야 한다.

문과 8대 전문직
소개 및 시험응시제도

1. 공인회계사

● **시험응시제도**

1차 시험 전 소명할 것들
- 경영학 24학점 이수 소명
- 공인어학성적(토익 700점) 소명

1차 시험 : 매년 2~3월
- 5지선다형
- 5과목(회계학, 경제학, 상법, 세법, 경영학)

2차 시험 : 매년 6월
- 주관식 논술형
- 5과목(원가회계, 재무회계, 세법, 재무관리, 회계감사)

평균 수험기간 : 약 3년
시행기관 홈페이지 : cpa.fss.or.kr

공인회계사는 자본주의의 파수꾼이라 불릴 만큼 자유경제체제하의 기업과 관련된 영역에서 광범위한 활약을 하는 전문직이다. 주요 업무는 회계감사지만 조세컨설팅, 경영컨설팅 등 기업관련 모든 영역에서 서비스 제공이 가능하다.

업계의 경쟁이 치열해지고 있고 매년 900명가량의 회계사가 배출되므로 앞으로도 경쟁이 치열할 것으로 전망된다. 그래도 합격만 하면 대부분 취업이 보장되며, 소득은 천차만별이지만 일정 수준 이상의 생활은 가능할 것으로 본다. 공인회계사 업계에서는 학벌이 중요하다. 최근에는 그 경향이 많이 약해졌다고는 하나 여전히 보수적인 업계임에는 틀림없다.

공인회계사 업계는 빅펌과 로컬회계법인으로 이분화되어 있다. 물론 공기업, 공무원, 대기업, 금융권 등 진로가 다양하지만 회계감사와 세무 및 컨설팅 영역에서는 이 두 가지로 나뉜다고 보는 것이 맞다. 빅펌에는 4대 회계법인, 즉 삼일회계법인, 삼정회계법인, 안진회계법인, 한영회계법인이 있다. 첫 수습 회계사를 빅펌에서 마치면 확실히 업무에 숙련되었다고 인정을 받는다. 다만 최근에는 빅펌을 거치지 않고 대기업이나 금융권, 공기업에서 수습을 마치는 경우도 적지 않다.

SKY(서울대, 연세대, 고려대) 출신이면 거의 대부분 빅펌에 들어갈 수 있다. 소문으로는 스카이 출신만 빅펌에 들어간다고들 하지만 실제로는 학벌이 다양하다. 최근에는 지방대 출신들도 충분히 빅펌에 들어갈 수 있다. 일정한 연차가 되거나 수습을 마치면 회계사들이 빅펌에서 다른 곳으로 대거 이직을 하기 때문에 사실 빅펌에 들어가는 것은 어렵지 않다.

공인회계사 업무는 바쁜 시즌과 조금 여유가 있는 비시즌으로 나뉜다. 시즌은 감사기간과 기업의 결산기간에 회계사들의 업무가 몰리는 시기로 보통 연초와 연말이다. 시즌에는 업무가 많아서 정시에 퇴근하기가 힘들 정도이며, 하루에 3시간 자면서 일하고 주말에도 업무로 바쁘다. 가끔 시즌에 자살하는 회계사가 있을 만큼 업무량은 가히 살인적이다. 시즌이 지나면 평소 업무는 일반 직장인들과 비슷하다. 최근에는 감사업무의 관련지침이 까다로워져서 업무가 더 힘들다고 한다.

공인회계사 시험은 한때 사법 시험과 비교되었을 만큼 난도가 높다. 1차 시험의 난도가 2차 시험보다 높아서 나도 1차 시험만 3번 떨어지고 나서야 붙었다. 합격자들의 평균 수험기간은 경영학 28학점과 토익 700점의 요건을 충족한 이후 3년 정도다.

나도 하루에 13시간 이상 공부하면서 약 3년을 투자해서 합격했다. 물론 대학에 다니면서 준비했기 때문에 순 공부시간을 정확히 알 수는 없다. 어쨌든 공인회계사 시험은 하루 종일 공부해야 시험에 응시할 수 있을 만큼 공부량이 많다.

2. 감정평가사

● 시험응시제도

1차 시험 전 소명할 것들
- 공인어학성적 소명

1차 시험 : 매년 3월
- 5지선다형
- 5과목(회계학, 민법, 부동산관계법규, 부동산학개론, 경제원론)

2차 시험 : 매년 7월
- 주관식 논술형
- 3과목(감정평가실무, 감정평가이론, 감정평가관계법규)

평균 수험기간 : 약 3~4년
시행기관 홈페이지 : https://www.q-net.or.kr/man001.do?gSite=L&gId=60

감정평가사는 이 세상에 존재하는 모든 자산을 평가해 가격을 매기는 전문직이다. 자산에는 토지와 건물 등 부동산, 기계장치, 선박 및 항공기, 주식과 채권 등 금융자산뿐만 아니라 특허권과 같은 무형자산도 포함된다. 구체적인 업무로는 평가목적에 따라 은행의 담보대출을 위한 담보평가, 부동산경매를 위한 경매평가, 토지 수용 시 보상금 산정을 위한 보상평가, 공시지가 산정을 위한 평가 등이 있다.

감정평가사는 전문직으로서의 인지도는 약하지만 고소득 자격증으로 알려져 있다. 업무량에 비해 상대적으로 고소득이며, 최종 합격인원도 매년 줄어들어 현재는 매년 100~150명 선에서 합격자가 배출된다. 선발인원이 매년 줄어들고 전체 인원이 적어서 과잉공급에 대한 우려가 없으며, 변호사나 공인회계사에 비해 업계의 경쟁도 치열하지 않은 편이다.

한때 감정평가사협회와 삼정회계법인 간에 업무영역 다툼과 소송이 있었다. 소송 결과 감정평가사협회가 승소해 재무보고를 위한 유형자산 및 무형자산 평가에 대해서는 감정평가사가 독점하게 되었다. 하지만 특허권과 같은 지식재산권 평가는 변리사 업계에서 이미 차지하고 있으며, 기업가치 평가와 금융자산 평가는 공인회계사의 전통 업무영역이어서 감정평가사들의 업무영역은 협소한 편이다.

그래도 공인회계사와 변호사에 비해 업무강도는 매우 낮은 편이다. 회계법인처럼 시즌과 비시즌이 구분되는 것도 아니고, 출장이 많아서 여행 다니는 기분으로 전국을 돌아다닐 수도 있다. 감정평가법인 안에서 잡다한 업무는 직원들이 보조하므로 실제로는 업무량이 적다.

시험의 난이도는 공인회계사와 비슷하지만 성격은 매우 다르다. 감정평가사 시험은 1차 시험이 합격률 35% 정도로 쉽고 2차 시험은 매우 어렵다. 1차 시험은 회계학, 민법, 부동산관계법규, 부동산학개론, 경제원론 5과목으로 평균 60점이 넘어야 하고 한 과목이라도 40점 아래면 과락이다. 2차 시험은 감정평가실무, 감정평가이론, 감정평가관계법규 3과목이다. 그런데 3과목이 모두 40점을 넘기 힘들 만큼 어렵게 출제되므로 3과목 모두 과락만 넘기면 거의 합격이라는 말이 있을 정도다.

3. 관세사

● 시험응시제도

1차 시험 전 소명할 것들
- 별도로 없음.

1차 시험 : 매년 4월
- 5지선다형
- 4과목(관세법개론, 무역영어, 내국소비세법, 회계학)

2차 시험 : 매년 7월
- 주관식 논술형
- 4과목(관세법, 관세율표 및 상품학, 관세평가, 무역실무)

평균 수험기간 : 약 2~3년
시행기관 홈페이지 : https://www.q-net.or.kr/man001.do?gSite=L&gId=24

관세사는 무역에서 관세 및 통관에 관한 절차를 대신 수행하고 관세법상 쟁송과 무역에 대한 자문을 수행하는 전문직이다. 관세사는 주로 무역 관련업체와 세관을 연결해주고 자문을 한다. 우리나라는 무역에 대한 대외의존도가 높기 때문에 전망이 나쁘지 않은 편이지만, 이미 업계가 포화상태라는 의견도 있다.

관세사는 관세법인이나 대기업의 무역파트로 취업하거나 7급 관세공무원으로 진출할 수 있다. 6개월의 수습기간을 마치면 관세사로 등록되므로 개업도 가능한데, 이에 대해서는 전망이 엇갈린다. 무역회사가 관세사를 고용해 자체적으로 통관절차를 수행하기 때문에 관세사 개업은 힘든 편이고, 관세법인에서는 경력직 채용을 선호하는 편이다.

그래도 매년 90명 이내로 선발되는 소수정예 전문직으로 알려져 있으며, 평균연봉도 높은 편이다. 가끔 회계법인의 국제조세 관련 본부에서 관세사를 채용하기도 한다. 업무의 난도는 높지 않지만 야근이 많은 편이다.

관세사 시험은 주로 암기형 시험에 약술 형식이어서 그리 어렵지 않지만 경쟁률이 갈수록 높아져 만만치 않다. 평균 수험기간은 2년 정도이고, 1차 시험 합격률은 40% 정도로 쉬운 편이다. 하지만 2차 시험은 합격률이 10%에 불과할 만큼 어려운 편이다. 2차 시험의 과목은 4과목이고, 전 과목 40점을 넘겨야 하며, 커트라인은 평균 50점 정도다.

4. 공인노무사

● **시험응시제도**

1차 시험 전 소명할 것들
- 공인어학성적 소명

1차 시험 : 매년 6월
- 5지선다형
- 5과목(노동법1, 노동법2, 민법, 사회보험법, 경제학원론)

2차 시험 : 매년 8월
- 주관식 논술형
- 4과목(노동법, 인사노무관리론, 행정쟁송법, 경영조직론·노동경제학·민사소송법 중에서 택1)

평균 수험기간 : 약 2~3년
시행기관 홈페이지 : https://www.q-net.or.kr/man001.do?gSite=L&gId=05

공인노무사는 노동과 관계법규를 통해서 인사노무와 관련된 경영 서비스를 제공하는 전문직이다. 이외에도 노사관련분쟁을 조정하거나 기업의 노사관계에 대한 자문도 수행한다. 또한 노동조합의 설립운영 등 모든 활동과 산업재해에 대한 사전적 예방조치로 사업장의 안전 및 보건에 대해 자문을 한다. 개별 근로자에 대한 부당해고, 징계, 전직, 감봉 등에 대한 구제신청을 대리하거나 단체교섭 및 노동쟁의 때 사적 조정업무도 담당한다.

최근에 비정규직과 복수노조 문제 등 노동계 이슈가 많아서 일감이 많아 보이지만 유사 자격사가 많아 경쟁이 치열한 편이다. 개업을 해서 살아남기 힘든 구조이며 변호사, 경영지도사와 업무영역이 겹쳐 일감을 빼앗기는 것이 현실이다. 이렇게 시장상황이 어렵다고 해도 노무사는 전문가로 분류되므로 직업적 안정성과 보상은 무자격사보다는 낫다.

노무사로 활동하려면 6개월의 수습을 마쳐야 한다. 수습과정은 1개월간 집체연수, 5개월간 노무법인이나 노동부 유관기관 실무연수를 받는 것이다. 수습기간에는 월 150만 원 정도의 보수가 주어지고 수습을 마치면 1년 차는 250만 원, 2년 차는 300만 원 정도의 기본급에 각종 수당을 받는다. 연차가 쌓일수록 개인차가 커진다.

우리나라 인구의 절반 정도가 근로자이므로 노무사의 전망은 나쁘지 않은 편이다. 다만, 변호사들과 업무영역이 겹치고 무자격사들도 컨설팅은 할 수 있어 법적으로 보장된 일감은 많지 않다. 또한 법률시장이 개방되는 것도 위협으로 작용한다. 로스쿨 출신 변호사들이 배출되고 외국 로펌이 국내에 진출하면 노동법시장도 경쟁이 더 치열해질 게 분명하다. 반면 외국어에 능통한 노무사는 오히려 취업문이 넓어질 수도 있다. 외국계 로펌에서도 채용하려고 할 것이기 때문이다.

노무사가 되려면 객관식으로 진행되는 1차 시험과 주관식 논술형 시험인 2차 시험을 거쳐 3차 면접시험을 통과해야 한다. 1차 시험은 객관식 5지선다형으로 노동법1, 노동법2, 민법, 사회보험법, 경영학 또는 경제학원론 선택과목으로 이루어져 있다. 평균 60점에 전 과목 40점을 넘기면 된다. 2차 시험은 주관식 논술형으로 노동법, 인사노무관리론, 행정쟁송법, 선택과목 1(경영조직론·민사소송법·노동경제학)의 4과목으로 평가한다. 전 과목 40점 이상이어야 하고, 최소 합격인원 250명을 선발한다. 시험준비 기간은 보통 2년 정도다.

5. 법무사

● **시험응시제도**

1차 시험 전 소명할 것들
- 별도로 없음.

1차 시험 : 매년 6월
- 5지선다형
- 8과목(헌법, 상법, 민법, 가족관계의 등록 등에 관한 법률, 민사집행법, 상업등기법 및 비송사건절차법, 부동산등기법, 공탁법)

2차 시험 : 매년 9월
- 주관식 논술형

- 7과목(민법, 형법, 형사소송법, 민사소송법, 민사사건 관련서류의 작성, 부동산
  등기법, 등시신청서류의 작성)

평균 수험기간 : 약 2~3년
시행기관 홈페이지 : https://exam.scourt.go.kr/wex/exinfo/info03.jsp

법무사는 법원이나 검찰 등의 국가기관에 제출하는 서류작성 대행 등의 업무를 맡아 하는 전문직이다. 법무사는 타인의 위촉에 따라 법원이나 검찰청에 제출할 서류, 법원과 검찰청의 업무에 관련된 서류, 등기 또는 그 밖의 등록신청에 필요한 서류를 작성하고 제출을 대행한다. 또한 등기 및 공탁 사건의 신청을 대리하며, '민사집행법'에 따른 경매사건과 '국세징수법'이나 그 밖의 법령에 따른 공매사건에서의 재산취득에 관한 상담, 매수신청 또는 입찰신청의 대리업무를 담당한다.

법무사는 세무사 등과 함께 사양직종이라는 말이 나오고 있는데, 그 이유는 변호사의 과다배출로 인한 업무영역의 침범에 있는 것 같다. 공인회계사와 변호사가 세무사의 업무영역을 침식하는 것과 같은 이치다. 로스쿨의 도입으로 매년 변호사가 1,500명씩 배출되고 있으며, 2020년에는 3만 명에 이를 것이라고 한다. 그렇게 되면 공급과잉에 따른 평균연봉 하락으로 이어질 것이다. 그리고 변호사들이 법무사들의 업무를 저렴하게 수임하면서 법무사의 입지는 더 좁아질 것이다.

다른 전문직에 비해서 업무 난이도는 낮은 편이다. 법무사 자격증을 취득한 자는 개인 법무사사무소를 개업해 운영할 수 있고,

다른 법무사와 함께 법인체나 합동사무소를 개설할 수도 있다. 법무사는 기업의 법제과, 법률관계 취급 업무부서로 진출할 수 있으며 합동법률사무소, 개인법무사사무소 등에서 취업법무사로 일할 수도 있다.

시험의 난도는 매우 높은 편이다. 1차는 5지선다형으로 객관식이며, 2차는 서술형, 3차는 면접이다. 1차 시험은 각 과목 100점을 만점으로 해서 각 과목 40점 이상을 득점한 자 가운데 시험성적과 응시자수를 참작해 전 과목 총득점의 고득점자순으로 합격자를 결정한다. 2차 시험은 각 과목 40점 이상을 득점한 자 가운데 선발예정인원의 범위 안에서 전 과목 총득점의 고득점자순으로 합격자를 결정한다. 평균 수험기간은 2.5년 정도다.

6. 변호사

● 시험응시제도

로스쿨 입학시험
- 로스쿨 입학은 전국 25개 로스쿨 공통으로 학점 / LEET시험 / 공인어학성적을 종합하여 학생을 선발함.

변호사 시험
- 로스쿨 3학년을 마치면서 학교별 졸업시험 통과자에 한하여 응시할 수 있음.
- 선택형 / 사례형 / 기록형의 유형별로 공법, 민사법, 형사법, 선택법으로 나누어 치러짐.

평균 수험기간 : 3~4년(로스쿨 입시기간 제외)
시행기관 홈페이지 : https://mojb.uwayapply.com/mojb_index.htm

변호사는 민사소송사건, 조정사건, 비송사건, 행정소송사건 등에서 사건 당사자나 관공서의 의뢰, 위촉을 받아 소, 소원 등의 제기와 취하, 조정, 이의, 화해 등의 절차를 행하는 업무를 수행한다. 또한 형사소송 시 피고인, 피의자 등과의 접견, 서류의 증거물 열람, 등사, 구속취소, 보석과 증거보존의 청구, 법원이 행하는 증인심문과 감정에 참여하는 등 법정 외에서의 업무를 수행하며 법정에서는 당사자 등을 대리하거나 변호하고, 의견의 진술·공격·방어 등 변론을 행하는 업무를 수행한다. 또한 법률사무소를 개설해 각종 법률상담에 응하고 일반 법률사무를 대행하는 일을 한다.

변호사는 변호사 시험에 합격하여 그 자격을 취득한 자를 말한다. 사회가 복잡해지고 부분별로 기능이 다양화됨으로써 법영역이 확대되고 법과 관계된 업무를 처리하는 경우가 많아졌지만, 법 자체가 어렵고 절차가 복잡해서 법과 관계되는 업무를 일반인이 독자적으로 처리하기에는 많은 어려움이 따른다.

이에 의뢰자의 요청에 따라 소송사건, 조정사건, 비송사건, 행정소송사건 등의 대리인 역할과 법정에서의 변론 및 기타 일반 법률사무를 지원함으로써 법집행 대상자들의 정당한 권리가 침해받지 않도록 법률에 관한 전문지식을 갖춘 인력이 필요하게 됨에 따라 도입된 자격제도다.

법학전문대학원제도가 도입됨에 따라 변호사 자격증 취득방법은 법학전문대학원에서 석사학위를 취득한 뒤 변호사 시험에 합격하는 방법이 시행되고 있다.

변호사 자격을 취득한 자는 개인 변호사사무실을 개업해 운영할 수 있고, 다른 변호사와 함께 법인체나 합동사무소를 개설할 수도 있다. 변호사는 합동법률사무소, 개인 변호사사무소 등에서 취업해 일할 수 있다. 또한 기업의 법제과, 법률관계 취급 업무부서 등에 취업해서 사내 변호사로도 일할 수 있다. 법원, 검찰청, 헌법재판소, 국회 등 국가기관에도 진출할 수 있고 금융기관, 언론기관, 전문강사, 군법무관 등 다양한 분야에 진출할 수 있다.

사회가 복잡다기해지면서 법률의 수요는 자문, 투자, 거래 등 일상생활로까지 넓어졌다. 따라서 기존의 소송업무 중심 사법 서비스에서 분쟁을 사전에 예방하는 차원에서의 법률 컨설팅 서비스의 중요성과 업무영역이 확대되고 있다.

로스쿨제도로 바뀌면서 변호사가 되려면 로스쿨 입학부터 준비해야 한다. 로스쿨 입학은 1차와 2차 면접전형으로 나뉜다. 1차 전형은 학점, LEET(법학적성시험), 공인영어성적, 자기소개서에 대한 평가로 이루어진다. 2차 면접전형은 지원 학교별로 시행한다. 1학년 때는 법조윤리시험에 통과해야 하며, 3학년 때 졸업시험과 졸업 후 변호사 시험에 합격하면 변호사 자격이 주어진다. 그리고 6개월의 수습기간을 거쳐 정식 변호사가 된다. 즉, 로스쿨 입학 준비기간을 제외하고 3~4년의 기간이 소요된다.

7. 세무사

● **시험응시제도**

1차 시험 전 소명할 것들
- 공인어학성적 소명

1차 시험 : 매년 4월
- 5지선다형
- 4과목(재정학, 세법개론, 회계학개론, 민법·상법·행정소송법 중 택1)

2차 시험 : 매년 7월
- 주관식 논술형
- 4과목(회계학 1부, 회계학 2부, 세법학 1부, 세법학 2부)

평균 수험기간 : 약 2~3년
시행기관 홈페이지 : https://www.q-net.or.kr/man001.do?gSite=L&gId=22

세무사는 납세자의 위임을 받아 세무서에 각종 세무신고를 하거나 이에 대한 자문을 하는 전문직이다. 회계장부를 대신 작성하기도 하는데, 이를 장부기장대리라고 한다. 아울러 납세자에게 절세방안을 조언해주거나 납세절차를 안내해주기도 한다. 부당하게 많은 세금을 고지받은 경우 국세청을 상대로 조세불복을 하기도 한다. 또한 국세청에서 납세자에 대한 세무조사를 할 때 세무사는 납세자를 대신해 조사를 받고 방어방법을 강구하며 서비스를 제공한다.

세무사는 개인사무소를 개업할 수 있고, 세무법인을 설립하거나 동업관계로 참여할 수도 있다. 세무사 자격자는 일반기업이나 회계법인, 로펌에 입사해 세금에 관한 업무를 담당할 수 있다. 기업에 진출하는 경우 자격수당을 받거나 승진에서 유리할 수도 있다. 또한 프리랜서로 활동할 수도 있는데, 이는 대부분 세무와 관련된 컨설팅 형태로 이루어진다.

다른 직종처럼 세무사도 과잉공급 우려가 있다. 경제성장이 이루어지면서 세무사의 수요도 늘었지만 매년 배출되는 인원도 만만치 않기 때문이다. 세무사 인원이 이미 1만 명을 넘었고, 경쟁이 치열해지면서 요즘에는 개업을 하기보다는 일반기업이나 금융권에 취업하는 경우가 많아지고 있다. 또한 공무원이나 공기업에 진출하려고 준비하는 세무사도 늘어나고 있다.

세무사는 객관식 5지선다형으로 구성된 1차 시험과 주관식 논술형으로 구성된 2차 시험에 통과해야만 자격증이 주어진다. 매년 세무사 시험 최종합격자는 700명 안팎이다. 1차 시험은 재정학, 세법개론, 회계학개론 등으로 구성되며 2차 시험은 회계학 1부(재무회계 및 원가회계), 회계학 2부(세무회계), 세법학 1부, 세법학 2부로 구성된다. 1차 시험과 2차 시험의 연계성은 높지만, 2차 시험의 난도가 매우 높다.

8. 변리사

● 시험응시제도

1차 시험 전 소명할 것들
- 공인어학성적 소명

1차 시험 : 매년 2월
- 5지선다형
- 3과목(산업재산권법, 민법개론, 자연과학개론)

2차 시험 : 매년 7월
- 주관식 논술형
- 4과목(특허법, 상표법, 민사소송법, 선택과목1)

평균 수험기간 : 약 3년
시행기관 홈페이지 : https://www.q-net.or.kr/man001.do?gSite=L&gId=51

변리사는 아이디어나 기술을 특허권으로 만들어 보호받게 해주거나 이를 활용하는 데 도움을 주는 전문직이다. 변리사의 업무는 크게 산업재산권 출원 대리 업무와 산업재산권 분쟁에 관한 심판 및 소송 대리로 구분할 수 있으며, 최근에는 경영상담 및 자문 역할도 확대되고 있다. 변리사의 출원업무는 고객의 아이디어나 기술에 대한 명확한 이해가 필수적이다. 그래서 이과 출신의 변리사가 많은데, 이들은 어려운 기술적 지식에 대한 이해능력을 지닌 사람들이다.

　다른 전문직 가운데서 변호사와 비교되곤 하는 변리사는 전망이 가장 좋은 직업으로 알려져 있다. 특허권과 지적재산권에 대한 비중은 나날이 커지는데 1년에 200명밖에 배출되지 않는 상황이므로 가치가 상승할 수밖에 없다. 그런데 법적으로는 변호사가 변리사 업무도 할 수 있게 돼 있으므로 업계의 침식현상이 클 것이라는 전망도 있다. 하지만 변호사들 가운데는 변리사 업무를 수행할 수 있을 정도로 공학지식과 특허실무지식을 갖춘 사람이 별로 없기 때문에 실제로는 큰 타격이 없을 것으로 예상된다.

변리사는 업무 난이도 면에서는 전문직을 통틀어 최상위권에 속한다. 기술과 특허에 대한 지식을 모두 갖춰야 하는데, 기술은 발전속도가 상당해서 매일 새로운 기술과 지식을 연마해야 따라갈 수 있다. 복잡한 기술을 평가하고 검토해야 하므로 변리사 1인이 여러 명의 직원과 함께 일한다. 직원들은 대부분 석사 또는 박사 이상의 학위를 취득한 기술자들이다.

변리사가 되는 방법은 두 가지다. 첫째는 특허청에서 실시하는 변리사 시험에 합격하는 것이고, 둘째는 변호사 시험에 합격해서 변리사로 등록하는 방법이다. 변리사 시험은 1차 시험과 2차 시험으로 나뉜다. 시험과목은 산업재산권법, 민법개론, 자연과학개론, 특허법, 상표법, 민사소송법 등이며 시험에 합격하면 1년간 수습을 거쳐야 한다.

082

현직 전문직이 말하는 전문직

전문직은 업계가 치열해진 가운데 우리가 생각하는 것 이상으로 살벌한 경쟁 속에서 하루하루를 살아가고 있다. 겉모습은 억대 연봉의 멋진 전문가 이미지일지 모르지만, 실제로는 과도한 업무량으로 수많은 사건과 업무 속에서 헤엄쳐야 한다. 최근에는 전문직 선발인원이 많아지면서 회계사는 1년에 900명씩, 변호사는 1년에 1,500명씩 쏟아져 나오고 있다.

이런 상황에 대한 위기의식 때문일까. 전문직 수험생들은 옛날만큼 자신의 공부에 대한 자부심을 느끼지 못하는 듯하다.

알파고와 같은 로봇이 전문직을 대체하진 않을까?

2016년에 열린 이세돌 9단과 알파고AlphaGo의 바둑대결은 어찌 보면 인간과 인공지능Artificial Intelligence의 두뇌대결이라고 해도 무방하다.

이세돌이 알파고에게 패배하면서 우리 사회는 미래에 사라질 직업에 대한 공포와 고민에 휩싸였다. 혹자는 알파고가 160여 개의 유망직종을 없애서 실업자를 양산할 것으로 전망했으며, 회계사가 그중 1순위로 꼽혀 이슈가 되었다. 과연 알파고가 전문직인 회계사를 대체할 수 있을까?

알파고 때문에 의사, 변호사, 회계사, 심지어 기자까지 사라질 것이라고 전망하는 언론의 혓바닥 놀림 속에서 한동안 많은 전문직업인들이 비전 없는 일을 하고 있다는 오명을 써야 했다. 심지어 회계사 업계에서는 앞으로 사라질 직업이어서 우수한 후배들이 다른 길로 눈을 돌린다는 이야기가 돌 만큼 분위기가 우울했다. 특히 회계사가 어떤 직업인지 알지도 못하는 일부 언론과 전문가 행세를 하는 인터넷상의 '아가리파이터Agari-fighter'들의 활약으로 회계사에 대한 전망은 더 부정적으로 굳어졌다.

그런데 최근 AI의 발달로 사라질 직업은 단순노무직밖에 없을 것이라는 진단이 힘을 얻고 있다. 한편에서는 AI산업이 기존의 전문가들에게 새로운 일거리를 안겨줄 것이라는 긍정적 전망도 나오고 있다.

2017년 1월 3일 한국고용정보원은 국내 전문가 21명을 대상으로 설문조사한 '기술변화에 따른 일자리 영향 연구'를 발표했다. 이에 따르면 2025년에는 단순노무직(90.1%)이 로봇으로 대체될 것으로 나왔다. 전문가들은 10년 후 줄어들 직업은 단순반복 업무뿐이라고 예측했다. 또 한국전자통신연구원은 의사, 변호사, 회계사 같은 전문직업과 판단을 요하는 직업은 AI가 대신할 수 없을 것으로 전망했다.

이런 전망은 전문가의 과학적 분석에서 나왔다. 인공지능이 복잡한 계산이나 정밀한 작업에서는 인간보다 우위에 있는 것이 사실이다. 하지만 인간의 이성이나 동물적 감각이 필요한 분야 또는 상담이나 감정이 개입되는 분야에서는 인공지능이 인간을 대신할 수 없다.

단순한 경리직원인 회계원accountant은 기계로 대체되고 장부작성 정도의 업무는 인간이 할 필요가 없는 시대가 올 것이다. 그러나 복잡한 컨설팅과 기획, 회계감사, 경영지원 서비스, 조세불복 등은 회계원이 아니라 공인회계사CPA밖에 할 수 없는 영역이다. 무엇보다도 윤리적 사명감을 가지고 해야 하는 업무이고, 고도의 사회과학적 영역이기 때문이다.

회계사가 단순히 업무만 한다고 생각하는가? 회계는 그냥 장부를 작성하고 기록한 것을 정리하는 분야가 아니다. 기업의 상태를 정확히 표시하고 그것을 해석해서 사람들에게 경제적으로 이로운 의사결정을 하게 하는 분야다. 기계가 대신할 수 없는 미묘한 거래를 다루기 위한 기본을 제공하는 분야이므로 회계 자체를 기계가 대신할 수는 없을 것이다.

오히려 알파고를 잘 이용해 회계를 활용하는 수준을 높일 수 있을 것이고, 이런 능력을 더 배양해야 할 것이다. 미래에는 알파고를 더 잘 부려먹는 회계사가 성공할 것이기 때문이다. 이것은 다른 전문직도 마찬가지 상황이라고 본다.

현직 전문직 종사자들은 실제로 억대 연봉인가?

이 질문에 대해서는 명확히 답하기가 어렵다. 실제로 억대 연봉을 받는 분들도 있고, 편하게 살면서 한 달에 300~400만 원을 버는데 만족하는 분들도 있기 때문이다. 정말 영업력과 업무능력은 사람마다 천차만별이고 전문가라고 해서 다 같은 전문직이 아니다.

사람마다 가치관도 달라서 전문직 자격증을 취득한 뒤 대기업, 공기업, 공무원으로 가는 분들도 있고 개업이나 창업을 하는 분들도 있다. 선택한 길에 따라서 소득도 천차만별이다. 그렇기 때문에 연봉이 얼마인지를 묻는 것 자체가 의미 없는 것이다.

다만 이것만은 확실하다. 전문직 자격증이 있다면 억대 연봉을 받을 수 있는 '기회'는 많다.

공인회계사 박순풍

제47회 한국공인회계사 시험 합격 / 이정세무회계사무소 회계사 / ING생명 재정 컨설턴트

1. 자기소개

저는 경희대학교 경영학과를 졸업한 공인회계사 박순풍입니다. 공인회계사 시험에는 대학교 4학년 때 합격했고, 졸업 후 회계사 장교로 공군에서 군복무를 수행한 뒤 제대 후 안진회계법인 감사본부에서 근무했습니다. 이후 회사를 나와 현재는 이정세무회계사무소에서 일하고 있습니다. 그리고 각종 NGO단체에서 재정고문 및 이사로 활동 중이며, 특히 장애인 관련협회에 관심이 많습니다.

우리나라 장애인들이 비장애인과 능력이 동일하다면 동일한 대우를 받으며 공정하게 살아가는 사회를 만들기 위해 노력하고 있으며, 제가 가진 능력으로 그곳에 도움을 주고 있습니다. 저는 울산 출신이기 때문에 주로 울산 NGO단체에서 활동하고 있으며, 여건이 될 때마다 제 지식을 활용한 강연과 강의를 하고 있습니다. 아직 현직 경험은 많이 부족하지만 좀 더 사회에 기여하고 주위 사람들에게 도움이 되는 회계사가 되기 위해 노력하고 있습니다.

2. 구체적으로 어떤 직업인가요?

회계사는 일반 사람들이 생각하는 것보다 훨씬 다양한 분야 및 산업에서 활동하는 직업입니다. 하지만 회계사로서 회계법인에서 하는 업무는 대표적으로 감사, 택스, 파스(컨설팅의 일종)로 나눌 수 있

습니다.

첫째, 감사는 회계사의 고유 업무이자 기본적인 업무로 외감법상 감사대상이 되는 회사가 받게 되는 재무제표 점검이라고 볼 수 있습니다. 주로 다수의 주주가 관여돼 있는 법인이 대상이 되는데, 회사에서 발행하는 재무제표가 왜곡 없이 적정하게 작성되었는지 최종점검을 하는 역할입니다. 회계사를 통해서 검증된 재무제표가 공시되기 때문에 매우 중요한 업무라고 할 수 있습니다.

둘째, 개인은 소득세, 법인은 법인세를 대표적으로 납부하게 되는데 택스 업무는 쉽게 말해 이에 대한 업무라고 할 수 있습니다. 개인은 보통 세무사가 업무를 담당합니다. 그리고 법인은 세무조정 등 회계기준으로 작성된 재무제표를 세법기준으로 전환하는 작업을 거쳐야 하는데, 이런 업무를 회계사가 수행합니다. 이외에 부가적으로 발생되는 법인의 세금 문제 등을 다룹니다. 여기에서 법인 대표자의 CEO플랜인 상속/증여에 대한 컨설팅도 택스 부서에서 담당합니다.

마지막으로, 파스 부서에서 주로 다루는 업무인 M&A 및 실사 업무가 있습니다. 회사가 인수합병을 할 때는 사려는 자와 팔려는 자 간에 금액협상이 이루어져야 하는데, 회계사는 그 금액을 측정하는 업무를 담당하고 있습니다. 그리고 추가적으로 협상도 진행해서 인수합병을 이루어주는 역할을 한다고 보면 됩니다. 이 부분은 변호사의 역할과도 비슷한 면이 있습니다. 원고와 피고가 각자에게 유리한 주장을 하며 합의점을 찾아가듯이 사려는 자는 최대한 싸게, 팔려는 자는 최대한 비싸게 팔고 싶어 하기 때문에 이를 전문가인 회계사에게 맡기는 것입니다.

결국 회계사의 업무는 회사의 재정을 검증, 측정, 평가하는 재정 주치의라는 생각이 듭니다.

3. 연봉은 어느 정도인가요?

회계사 시험에 합격하면 90% 이상이 우리나라 4대 빅펌에 입사합니다. 4대 빅펌의 연봉은 조금씩 다르기는 해도 거의 비슷하다고 보면 됩니다. 현재 초봉은 스페셜 제외 4,100만 원선에서 형성되고 있습니다. 2년의 수습기간이 끝나면 연봉이 크게 오르는데, 그 이유는 상장법인을 감사할 수 있는 회계사가 되었고, 이른바 정직원이 되었기 때문으로 생각하면 됩니다.

보통 빅펌의 경우 연차별로 연봉이 측정돼 있고, 스페셜은 속해 있는 본부단위로 성과에 따라 배분되는 것으로 알고 있습니다. 연봉도 일반인이 생각하는 것보다는 높은 수준이 아니지만, 연차가 쌓일수록 올라가는 범위가 일반 회사보다는 더 크기 때문에 10년 정도 지나면 대략 1억 원 정도에 맞춰집니다.

4. 시험에 합격하면 진로가 어떻게 되나요?

앞에서 언급했듯이 90% 이상이 수습기관을 빅펌으로 정하고, 2년간의 수습이 끝나면 대부분 진로를 고민하게 됩니다. 빅펌으로 가도 처음에는 감사부서로 가는 경우가 대부분입니다. 2년간 감사업무를 배운 뒤 계속 감사부서에 있을지 택스나 파스로 트랜스퍼할지 고민하는 것이 일반적이고, 일반 인더스트리로 나가는 회계사들도 많습니다.

진로가 워낙 다양하므로 수습기간에 여러 가지 일을 접해보고 자신이 지향하는 삶과 업무의 내용을 고려해 결정하는 것이 좋다고 생각합니다. 대부분은 다수가 움직이는 쪽으로 의사결정을 하는데, 전문직이니만큼 자신이 원하는 일과 삶을 선택해서 갈 수 있다는 것이 장점이라고 생각합니다.

5. 고졸이나 학벌이 낮아도 괜찮을까요?

사실 전문가로서 독립적인 삶을 산다고 가정할 때 학벌은 상관없는 것 같아요. 하지만 회사에 입사해 진급이라는 문제와 직면하면 학벌이 영향을 많이 미치는 것이 사실입니다. 능력 면에서 엄청 차이가 나지 않는다는 가정하에서 말이죠.

같은 회계사이고 능력도 동일하다면 아무래도 학벌이 좋은 회계사를 선호합니다. 회계사라는 자격증 자체가 워낙 취득이 어렵다보니 아무래도 학벌이 좋은 사람들이 많이 도전합니다. 그래서 학연, 지연 등의 주관적 요소로 인해 학벌이 낮으면 어느 정도의 핸디캡은 있지요. 하지만 능력과 성실함으로 학벌을 극복할 수 있다고 생각합니다. 도전하세요!

6. 공무원과 비교할 때 장단점이 뭘까요?

저는 회계사로 입사하기 전 3년간 군인이라는 신분의 공무원 생활을 했는데, 이 경험을 바탕으로 대략적으로 이야기해보겠습니다. 공무원과 비교할 때 장점으로는 높은 급여, 회계사라는 직업에 대한 사회의 높은 인식을 들 수 있습니다. 그리고 단점은 모두가 알다시피 과도한 업무량입니다.

사실 전문직인 회계사와 공무원의 장단점을 비교하는 것은 큰 의미가 없다고 생각합니다. 공무원을 원하는 사람은 절대 회계사 시험뿐만 아니라 전문직 시험을 볼 생각을 하지 않을 것 같습니다.

7. 업무 시 가장 보람 있었던 때는 언제인가요?

저는 남에게 도움이 될 때 가장 보람을 느낍니다. 그래서 제가 가진 지식으로 서비스를 제공하고 그에 따른 고객의 만족과 감사의 표현을 접할 때 가장 보람이 있죠. 이것도 사람마다 다르니 누군가는 힘들게 일한 대가를 받을 때 보람을 느낄 수도 있을 것입니다. 그것은 저도 마찬가지입니다. 그런데 회계사들은 대부분 업무량에 비해 대가가 작다고 생각하기 때문에 급여에서 느끼는 보람은 크지 않을 것으로 봅니다.

8. 최근 가장 기억에 남는 일이 무엇인가요?

얼마 전 2천여 명 앞에서 종합소득세에 대한 강연을 했습니다. 울산의 학원 원장선생님들을 대상으로 1년에 한 번 열리는 학원연합회 워크숍에서 세무강연을 맡아 무대에 선 것이죠.

그 많은 개인사업자 및 법인사업자들과 제가 가진 세무적 지식을 공유하고, 그들이 고민하는 문제들을 해결해준 일이 가장 기억에 남습니다. 앞으로도 이런 강연 자리가 많기를 바랍니다.

9. 시험에 합격하기 위해 어떻게 공부했나요?

저는 최대한 자유분방하게 공부했습니다. 틀에 박힌 생활이 싫어 대학교 고시반도 이용하지 않았어요. 주로 학교 도서관과 카페에서 공부했습니다. 또한 저는 영화를 보거나 놀러 갔다 와도 잔상이 많이 남지 않는 유형이어서 영화도 자주 봤습니다. 그리고 과목에 대한 공부는 하루에 3과목씩 공부했습니다. 저처럼 여러 과목을 보는 사람도 있지만, 한 과목만 쭉 파는 사람도 있습니다.

공부할 때 공부의 방법적 부분과 생활적 부분은 개인의 성향에 따라 바뀌게 마련입니다. 그렇기 때문에 자신이 주도적으로 관리할 수 있고 잘할 수 있는 방법을 최대한 빨리 찾아내 최적화하는 것이 중요하다고 생각합니다.

10. 회계사에게는 어떤 능력이 가장 중요할까요?

어떤 분야인가에 따라 다르겠지만, 기본적으로 숫자를 다루는 직업이기 때문에 실수가 없는 것이 좋습니다. 꼼꼼히 체크하고 방대한 자료를 정리하는 능력, 엑셀 및 파워포인트 등 컴퓨터 활용능력도 중요합니다. 그리고 사람과의 면담능력도 매우 중요하다고 생각합니다. 이것은 연차가 쌓이고 직급이 높아질수록 더욱 중요하게 여기는 능력 가운데 하나입니다. 결국 회계사도 업무를 수임해야 하는 영업력이 필요하기 때문이지요.

11. 후배들에게 해주고 싶은 말은?

전문가가 되기 위해 지금도 도서관, 독서실 등에서 열심히 땀을 흘리고 있는 수험생 여러분. 젊을 때 자신이 하고 싶은 일을 찾아 도전하는 것은 매우 대단한 일입니다. 공부를 하다보면 주위에서 많은 이야기가 들려올 것이고 내가 할 수 있을까 하는 의문도 많이 들 것입니다.

회계사가 되었다고 해서 장밋빛 미래가 펼쳐지던 시대도 지나갔습니다. 그렇기 때문에 '내가 회계사가 된다면 내 삶이 이렇게 바뀔 거야'라고 생각하기보다는 지금 현재 내가 나의 미래를 위해 투자하고 있고, 이것이 좋은 투자든 나쁜 투자든 젊은 나이에 자신의 인생을 위해 올인하는 것만으로도 박수를 받을 일이라고 생각합니다.

항상 자신감을 가지고 시험 앞에서 작아지지 마십시오. 시험을 즐기며 이기는 생활로 꼭 합격해서 필드에서 만나기를 소망합니다. 마지막으로 공부를 할 때 자신의 목을 죄어가며 하지 말고 즐기면서 '내가 이렇게 열심히 공부도 하는구나' 하고 긍정적인 마인드를 유지하세요. 그렇게 긴 광야의 수험생활을 겪어내고 꼭 원하는 삶을 시작하기를 응원하겠습니다. 감사합니다.

세무사 양희선

1. 자기소개

안녕하세요. 저는 현재 안세회계법인에 재직 중인 양희선 세무사입니다. 회계법인에서 택스 업무를 담당하고 있습니다.

2. 세무사는 구체적으로 어떤 직업인가요?

세무사는 국내에서 세금과 관련된 모든 업무를 처리할 수 있는 전문가라고 할 수 있습니다. 개인의 양도세, 증여세, 상속세 등을 상담하고 절세방법을 알려드리기도 하며, 세무신고를 안내하기도 합니다. 사업자들은 개인사업자와 법인사업자로 나눌 수 있는데, 이런 사업자의 세무안내와 신고, 장부작성부터 절세상담과 세무조사 대응까지 세금과 관련된 다양한 이슈를 처리하고 그에 합당한 대가를 받습니다. 기타 부동산이나 다양한 세무이슈에 대한 컨설팅도 합니다. 세금 관련업무가 다양하다고 할 수 있겠네요.

3. 세무사는 연봉이 얼마인가요?

수습 세무사(1년 이내)는 일반회사의 신입사원보다 급여가 매우 낮은 수준입니다. 거의 '열정페이'에 가깝지요. 그 후에는 개인의 역량에 따라 천차만별입니다. 솔직히 말해서 개업을 하지 않으면 대기업 사원을 능가하는 연봉을 기대하기는 어렵습니다. 개업을 할 경우에는 여가시간과 고액연봉 두 마리 토끼를 다 잡을 수도 있기는 합니다. 물론 이것도 개인의 영업능력과 실무능력이 뒷받침되었을 때의 이야기입니다.

4. 시험에 합격하면 진로가 어떻게 되나요?

세무사 시험을 준비하는 분은 대부분 개업을 많이 생각하는데, 그러려면 우선 최초 6개월은 세무법인 등에서 수습세무사로 업무를 배워야 합니다. 그 뒤에는 세무법인이나 회계법인의 소속 세무사로 일하고, 일반 대기업 세무부서에 취업하거나 궁극적인 목표인 개업을 하게 되죠.

5. 고졸도 취업이 수월할까요?

솔직히 말해서 고졸자의 취업은 어려운 편입니다. 다만 개업시장에서는 본인의 역량에 따라 충분히 경쟁력을 확보할 수 있으니 취업보다는 개업을 염두에 두고 커리어를 설계하세요.

6. 공무원과 비교했을 때 어떤 장단점이 있을까요?

공무원의 장점은 평생직장이라는 점과 직업적 안정성에 있다고 봅니다. 세무사는 직업적 안정성뿐만 아니라 개인의 역량에 따라 1억 이상의 고액연봉이 가능하다는 장점이 있습니다. 또한 다양한 업무를 경험할 수 있다는 것도 장점입니다.

7. 업무 시 가장 보람 있었던 때는 언제인가요?

갑작스레 부모님이 돌아가신 친구의 상속세 등을 상담해주면서 세금뿐만 아니라 마음까지 함께 상담해주었을 때 정말 세무사로서 큰 보람을 느꼈습니다. 우리 생활의 일부인 세금 문제를 함께 어루만져줄 수 있다는 데서 보람을 느끼죠. 절세를 할 수 있게 도와드리고 고맙다는 인사를 들을 때 힘이 나기도 하고요. 사람들을 행복하게 해줄 수 있다는 것이 이 직업의 장점입니다.

8. 최근에 가장 기억에 남는 일이 있나요?

다른 사무실에 세무업무를 맡겼던 자영업자 한 분에게 문제가 생긴 적이 있어요. 사실 자영업자들은 세금에 대해 잘 알지 못하거든요. 그래서 저희 사무실에서 상담을 하고 그에 맞게 대응을 해드린 뒤, 일 잘한다고 칭찬을 들었던 기억이 나네요.

9. 이 직업에서는 어떤 능력이 가장 중요할까요?

기본적으로는 세법을 잘 읽고 해석하고 사건마다 적용할 수 있는 능력이 필요합니다. 최신 트렌드를 잘 읽어내고 절세에 대한 조언을 해줄 수 있어야 하고요. 또 고객들에게 맞는 해결책을 제시하려면 상담능력은 물론 사교성도 중요해요. 결국 세법을 정확히 알고 지속적으로 이슈에 관심을 가지면서 사람들과 상담할 수 있는 능력이 필요하다고 봅니다.

10. 후배들에게 해주고 싶은 말씀이 있나요?

열심히 준비하셔서 개업시장에서 만났으면 좋겠습니다. 열심히 노력한 만큼 보상이 따른다고 생각하고 최선을 다하시길 바랍니다.

감정평가사 김규승

1. 자기소개

안녕하세요. 저는 27기 감정평가사 김규승입니다. 아래 물음에 답하면서 제 이야기를 하겠습니다.

2. 구체적으로 어떤 직업인가요?

감정평가사는 부동산 등의 가치를 평가해서 가액으로 표시하는 일을 하는 직업입니다. 평가는 크게 공적평가와 사적평가로 나뉘고, 평가 외에 부동산 투자자문이나 부동산 컨설팅 등의 일을 주로 합니다. 공적평가에는 부동산 보상가액 산정관련평가와 공시지가평가 등이 있고, 사적평가에는 부동산 담보관련평가와 경매관련평가 등이 있습니다.

3. 연봉이 어느 정도인가요?

수습 급여는 월 150만 원 내외로 거의 비슷합니다. 수습 후 소속 1년 차의 경우 기본급 3천 초중반에서 4천 중반까지 받는 것 같습니다. 여기에 출장비 및 처리비 등 각종 수당까지 합산하면 나쁘지 않은 것 같네요. 단, 처리비가 없는 법인도 있는데, 이 경우에는 기본급이 조금 더 높은 것 같습니다. 경력이 많아질수록 평가 가능 범위가 늘어나고 연봉도 늘어나는 것은 당연하고요.

4. 시험에 합격한 뒤의 진로가 어떻게 되나요?

아마 대부분은 평가법인에 들어가 경력을 쌓을 겁니다. 그러다 경력이 점점 쌓이면 금융권이나 건설회사 등에서 평가사들을 특채로 뽑을 때 들어가기도 해요. 또 공사에 공채지원으로 들어가는 경우도 있고요. 이 경우는 다른 일반전형과 마찬가지로 시험을 보고 일정 점수만 플러스가 되는 걸로 알고 있습니다.

5. 고졸도 취업이 가능할까요?

평가사 시장에서는 자격만 있다면 취업이 가능합니다. 감정평가 자체가 평가사 자격이 있는 사람만 진입할 수 있고 현재 합격생이 점차 줄어드는 추세이기 때문인 것 같습니다. 그리고 학력은 선호도에 따라 변수로 작용하는 정도지 당락을 좌지우지할 정도로 큰 영향을 미치는 것 같지는 않습니다.

6. 공무원과 비교해서 어떤 장단점이 있을까요?

제 생각에 공무원의 가장 큰 장점은 정년보장과 퇴직수당인 것 같아요. 그런데 감정평가사는 자격증만 있으면 공무원보다 더 오래 일할 수 있어요. 물론 자기 몸을 컨트롤할 수 있을 때까지겠죠. 이와 더불어 공무원보다 수입 면에서 좀 더 나은 것 같습니다.

반면 단점은 업무의 강도겠죠. 공무원은 정시 출퇴근이 가능하지만, 이 직업은 능력제인 데다 업무가 쌓이면 출근시간이 있을 뿐 퇴근시간은 없다고 볼 수 있어요. 제 동기들 가운데는 정시에 출근해서 며칠째 새벽에 퇴근했다는 친구들도 있고, 회사에서 밤샘작업을 하는 친구들도 있습니다. 업무의 강도가 공무원과는 비교할 수 없을 정도죠.

7. 업무 시 가장 보람이 있었던 때는 언제인가요?

내 평가액이 뭔가(경매기준가액 또는 분양단가 등)의 기준이 된다고 생각하면 뿌듯합니다. 하지만 지금까지는 안타까운 경우를 접할 때가 많은 것 같아요. 예를 들면 세금체납이나 빚을 못 갚아서 전 재산이 경매로 넘어가는 경우죠. 이 경우 감정을 위해 현장답사를 가면 집 안에 사람이 있는 것 같은데 숨죽이고 가만히 있을 때도 있습니다. 이런 상황에서는 마음이 아프죠.

8. 시험에 합격하기 위해 어떻게 공부하셨나요?

저는 시행착오가 많았어요. 지금 생각해보면 그게 가장 후회가 됩니다. 똑같은 시험 보는 건데 아무 책이나 사서 열심히 하면 되지 하는 생각으로 공부했어요. 이게 제가 공부를 시작하면서 했던 가장 큰 실수죠. 사람마다 표현력과 방식이 다르기 때문에 각자 공부하기 편하거나 이해하기 쉬운 책을 골라야 합니다. 이것만 빨리 결정해도 수험기간이 단축될 수 있다고 생각해요.

저는 최대한 양을 줄여서 공부했어요. 이건 제 게으름 때문에 생긴 공부습관인 것 같아요. 물론 처음 공부할 때는 기본서를 정독하고, 그 뒤에는 과목별로 제 스타일의 요약집을 만들어서 가지고 다니며 공부했습니다.

9. 이 직업은 어떤 능력이 가장 중요한가요?

크게 두 가지입니다.

첫째로, 업무처리 능력을 갖추려면 컴퓨터 스킬이 가장 중요합니다. 한 필지, 두 필지와 같이 평가범위가 작을 때는 일일이 찾아가 '노가다식'으로 문서작업을 할 수 있습니다. 그런데 보상평가처럼 필지수가 늘어나는 대량평가의 경우에는 컴퓨터 활용능력이 떨어지면 기간 안에 작업하기도 힘들고, 시간도 훨씬 많이 걸리죠.

둘째로, 인맥이 중요합니다. 평가사라는 직업도 결국 영업력이 좋아야 어디서나 인정을 받습니다. 업무를 처리할 사람은 있는데 업무를 수주할 사람이 없다면, 결국 그 법인은 문을 닫아야겠죠.

10. 후배들에게 해주고 싶은 말은?

제가 생각하기에 이 직업의 가장 큰 장점은 자유로움 같아요. 다른 전문직처럼 하루 종일 회사에서 문서와 씨름하는 직업이 아니라 돌아다니면서 이것저것 구경도 할 수 있거든요. 물론 이것은 업무가 적당히 있을 때의 이야기입니다.

부동산에는 주거용뿐만 아니라 공장도 있고 업무용 부동산 등등 다양해요. 가끔 지방에 보상평가를 하러 갈 때면 그 지역의 맛집 탐사도 할 수 있는 직업이 감정평가사입니다.

변리사 조원기

1. 자기소개

안녕하세요. 저는 인벤처특허법률사무소의 대표변리사 조원기입니다. 저는 전기전자공학과를 졸업하고 2009년 변리사 시험에 합격한 뒤 현재 8년째 변리사로 활동하고 있습니다.

2. 변리사는 구체적으로 어떤 직업인가요?

변리사는 특허, 상표, 디자인 등 지적재산권의 출원과 등록에 관한 각종 업무를 대리합니다. 특허 등으로 다양한 분쟁이 발생하는데, 이에 대한 효과적 대응도 해주고 있습니다. 또한 특허를 활용해서 다양한 경영전략 컨설팅을 수행하기도 합니다. 특허와 관련된 웬만한 일은 다 한다고 할 수 있죠.

3. 연봉이 어느 정도 되나요?

수습 변리사(1년 이내)는 대기업 또는 중견기업의 연봉과 비슷한 수준입니다. 그 이후에는 연 10~20% 정도로 상승합니다. 3~5년 정도 경력을 쌓은 뒤에는 대기업 사원들의 연봉보다 높은 편이며, 고액연봉도 가능합니다.

4. 시험에 합격하면 진로가 어떻게 되나요?

보통 변리사에 합격하고 특허법인에 들어가면 특허법인의 변리사로서 지적재산권에 관한 클라이언트의 대리인 업무를 시작하게 됩니다. 또는 대기업 등에 취업해 기업의 지적재산권 전문가로서 전략을 짜거나 이를 수행하는 업무를 하게 되죠. 대학교나 연구원의 연구결과에 대한 지적재산권 획득에 관한 관리업무를 수행하기도 합니다. 변리사의 진로는 대부분 이 세 가지로 나뉩니다.

5. 고졸도 취업이 괜찮을까요?

변리사 업무에서는 학력이 중요하지는 않지만 전공지식이 매우 중요한 역할을 합니다. 전공지식이 없으면 업무를 수행하면서 그 지식을 새로 습득해야 하니 그만큼 시간과 비용이 들겠죠. 현직 변리사의 상당수가 자연과학 또는 공학을 전공한 이유도 바로 이것입니다. 저도 전기전자공학을 전공했고, 특허법인 및 기업에서 통신 또는 전자기기에 대한 특허업무를 수행했습니다.

6. 공무원과 비교해서 어떤 장단점이 있나요?

변리사는 주로 사기업이나 연구원의 이익을 대변하기 때문에 공적인 영역에 해당하는 공무원의 업무와는 상반되는 측면이 있습니다. 다만 업무의 성질이 안정적이라는 점은 비슷하지요. 협업이 적은 편이고, 전문가 개인이 업무의 시작부터 끝까지 담당하는 경우가 대부분입니다.

참고로 변리사는 특허청심사관(5~6급 정도) 특채과정에서 합격할

확률이 높습니다. 그래서 이를 희망하는 사람은 공무원으로 일할
기회가 많습니다.

7. 업무 시 가장 보람 있었던 때가 언제인가요?

기업의 대표들이 저의 역량을 믿고 지적재산권 관련업무를 맡겨줄
때 보람과 자부심을 느낍니다. 그만큼 일처리를 확실히 해야 하죠.

8. 최근에 기억에 남는 일이 있으신가요?

제 업무에 만족한 기업의 대표님들이 자신들의 거래처 대표님을
소개해준 일입니다. 이런 경우에는 기억이 오래 남습니다.

9. 이 직업은 어떤 능력이 가장 중요할까요?

변리사는 새로운 기술변화에 민감한 직업입니다. 새로운 기술이 계
속 개발되고 바뀌는 상황에서 이에 대한 관심과 흥미를 가지고 분
석하는 능력이 가장 중요하다고 생각합니다.

10. 후배들에게 해주실 말씀이 있나요?

변리사는 향후 10년 이상 인기를 누릴 직업으로 확신합니다. 고등
학생 이하면 자신이 관심 있는 과학분야의 전공지식을 쌓는 것이
좋습니다. 대학생 또는 대학졸업생이라면 전력을 다해 도전할 시기
이고, 그 열매는 달다고 이야기해주고 싶습니다. 특허시장은 지속
적으로 성장하고 있으며, 변리사가 아닌 연구원으로도 특허와 관
련된 업무를 수행할 기회가 많습니다. 특허시장에 대한 관심을 갖

고 노력하기를 바랍니다.

공인노무사 유재훈

1. 자기소개

안녕하세요. 인사노무 법률전문가로서 노사간 상생相生을 도모하는 공인노무사 유재훈입니다.

저는 21개월의 군생활을 마치고 2015년 3월 3일에 제대한 예비역 2년 차, 34세의 건장한 청년입니다. 부족한 실력이었으나 감사하게도 그해 6월 공인노무사 1차를 시작으로 최종합격하여 2016년 10월 노무사로서 첫발을 내디뎠습니다.

현재 삼주노무사사무소에서 책임노무사로 있습니다. 현직 노무사들은 인사노무의 여러 분야에서 활동하고 있지만, 제가 속한 삼주는 노무사 업무분야 중에서도 노동사건에 특화되어 있어 부당해고 및 징계와 관련한 사건들을 진행하며, 이와 관련된 컨설팅이나 법률 자문을 많이 하고 있습니다.

조금씩 지쳐가는 요즘 좋은 기회로 노무사 소개를 의뢰받았습니다. 제 글이 진로를 고민 중인 분들에게 조금이나마 도움이 되기를 바라고, 저 역시 이번 기회를 통해 노무사로서의 역할과 제 삶을 돌아보는 귀중한 시간이 되기를 소망합니다.

2. 구체적으로 어떤 직업인가요?

노무사는 기업에서 인사노무와 관련된 법적·사실적 갈등을 사전에 예방해 사후적 분쟁을 최소화하거나 원만하게 해결하고, 노사가 모두 만족하며 상생할 수 있는 제도를 설계해서 자원배분의 효율성을 극대화하는 일을 합니다. 너무나 거창한가요?

사실 노무사가 필드에서 할 수 있는 일은 무궁무진합니다. 쉽게 말해 기업에서 가장 중요한 인사자원을 효율적으로 사용해 사용자와 근로자 모두에게 이익을 안겨주고 실제 노동사건을 진행하는 것이 노무사의 업무영역입니다. 구체적으로는 1)노동관계법·인사노무 관련 기업자문, 2)노동사건 수행, 3)노사 컨설팅, 4)급여 아웃소싱·4대보험 취득 및 상실 신고대행 등이 있습니다.

1) 노동관계법, 인사노무 기업자문과 관련해 노동관계법에는 기본적으로 개별법인 근로기준법과 단체법인 노조법을 기조로 많은 특별법이 존재하며, 실제 현장에서도 다양한 사례와 사건이 발생하므로 인사노무에 대한 노무사의 명쾌한 자문이 반드시 필요하다고 할 것입니다.

2) 노동사건은 크게 임금체불 등 노동청 사건, 부당해고 등 노동위원회 사건, 산재보험금청구 사건으로 나눌 수 있습니다. 즉, 회사에서 월급을 못 받고, 해고나 징계를 당하고, 일하다가 다쳤을 때 발생하는 것이 노동사건이고, 그때 당사자를 도와주는 것이 노무사의 일이라고 생각하면 될 것 같습니다.

3) 노사 컨설팅에는 임금체계 컨설팅, 도급 컨설팅, 비정규직 관리

개선 컨설팅, 노사상생 컨설팅 등 무궁무진합니다. 기업에서 인사, 노동법과 관련된 모든 사항에 대해 컨설팅을 한다고 보면 됩니다.

4) 급여 아웃소싱과 4대보험 취득 및 상실 신고대행은 근로자에게 정확한 임금을 산정해서 지급하게 하고 4대보험 신고를 대행함으로써 기업경영을 지원하는 업무 중 하나입니다.

사실 노무사의 영역은 무궁무진합니다. 인사노무 분야의 영역은 광범위하기 때문에 업무영역을 계속 확장하는 것이 가능합니다. 사실 저도 아직 못해본 일들이 수두룩합니다. 그렇기 때문에 현재 맡은 업무를 잘 수행하면서 앞으로 업무영역의 외연 확장을 위해 끊임없이 공부하고 최선의 노력을 기울일 것입니다.

3. 연봉은 어느 정도인가요?

모든 노무사는 필수적으로 수습기간을 거쳐야 하는데, 수습기간에 받는 급여는 아주 박합니다. 훌륭한 노무사로 발돋움하기 위한 교육과정이라는 명목 아래 일부 법인에서는 근로기준법을 망각하기도 합니다. 너무하다는 생각이 들 정도지요.

그렇게 수습기간이 끝나면 서울에서 근무하는 노무사의 경우 3천만~4천만 원의 연봉을 받고, 그 이후에는 모든 전문직이 그러하듯 연차와 성과, 실적에 따라 차등 지급됩니다. 이것은 어디까지나 고용노무사로 채용된 경우를 상정한 것이고, 만약 개업을 한다면 역량에 따라 더 많은 수익을 낼 수도 있을 것입니다.

4. 시험에 합격하고 나서 진로가 어떻게 되나요?

진로는 필드에서 활동하는 노무사와 사내 노무사, 크게 두 가지로 나눌 수 있습니다. 보통은 수습기간을 거쳐 고용노무사로 일하게 됩니다. 개인차는 있겠지만 고용노무사로 역량을 쌓은 뒤 개업을 하게 됩니다. 그런데 기업 인사팀 근무경력이 있거나 상대적으로 늦게 합격해서 책임질 가정이 있는 노무사들은 개업을 빨리하기도 합니다.

개업의 형태도 홀로 개업을 하는지, 여럿이 모여 동업을 하는지, 아니면 외부에서 볼 때는 하나의 큰 법인으로 보이나 실제로는 독립채산제로 운영하며 각자의 이익을 추구하는지 등 여러 가지입니다. 운영방식은 각기 다를 수 있습니다.

전문직은 누구나 개업을 꿈꾼다고 합니다. 요즘처럼 경기가 좋지 않고 필드에 있는 현 전문직들이 체감하는 분위기가 더욱 차가울 때는 개업을 하는 것이 쉽지 않겠지만, 누구라도 기회와 여건이 허락된다면 개업을 하고 싶지 않을까요?

당장 개업을 하는 게 힘들다면 고용노무사와 개업의 중간 격인 파트너 노무사도 있습니다. 파트너 노무사는 대체로 공용비용을 부담하며 사무실과 사무집기를 제공받고, 일정 부분 협업을 통해 업무를 진행합니다. 개업이 아니니 사무실을 경영할 부담은 없고, 고용은 아니니 자신이 진행한 일에 대해 고용노무사보다 더 많은 수익을 창출할 수 있지요. 하지만 역량이 부족할 경우 고용노무사가 받는 급여보다 수입이 더 적을 수도 있다는 것을 유념해야 합니다.

그리고 기업이나 공공기관에서도 노무사에 대한 수요가 있어 사내 노무사로 활동하는 분들도 점차 증가하는 추세입니다. 고용 불안정에 시달리는 요즘, 노무사는 참 유용한 전문직 자격증이라고 생각합니다.

5. 고졸이나 학벌이 낮아도 괜찮을까요?

괜찮습니다. 만약 학벌이 영향을 미친다면 노무사 시험에 도전하지 않을 생각인가요? 오히려 전문직이 그나마 학벌의 영향력이 크지 않은 것 같습니다.

물론 학벌의 영향력을 무시할 수는 없지만 실력이 더 우선시되는 것은 분명합니다. 연차가 거듭될수록, 자신의 역량이 커질수록 기존의 핸디캡은 극복되고 자신의 가치는 날로 높아질 것입니다.

6. 공무원과 비교해 어떤 장단점이 있을까요?

공무원의 장점은 무엇인가요? 안정적인 수입원? 야근이 많지 않은 노동강도? 고용안정? 그렇다면 그 반대가 노무사의 단점이겠군요. 수입이 불안정할 수 있고 노동강도가 심하죠. 다만 고용이 불안정하지는 않네요. 노무사 자격증이 있으면 어디든 취업은 잘되는 것 같습니다. 근로조건이 문제일 뿐이죠.

그렇다면 장점은 자신의 노력 여하에 따라 부자가 될 수 있다는 점일 것입니다. 논제와는 별도로 공무원과 비교해야 하는 현재의 상황이 조금은 안타깝네요. 사실 공무원과 비교하는 것이 무슨 의미가 있을까 하는 생각도 듭니다. 결국 가치판단의 문제라고 생각합니다. 선택은 각자의 몫이죠.

7. 업무 시 가장 보람 있었던 때는 언제인가요?

노동사건에서 근로자를 대리하는 경우 당사자는 대부분 매우 힘든 상황에 직면해 있습니다. 직장에서 온갖 노력을 다했는데도 한순간에 일자리를 잃는다면 그 고통은 이루 말할 수 없겠지요. 근로자를 대리하는 노동사건을 수행하다보면 안타까운 상황이 종종 발생합니다. 하지만 제 도움이 당사자에게 보탬이 되고, 그래서 당사자가 원하는 결과를 얻게 될 때 큰 보람을 느낍니다.

사측을 대리하는 경우도 마찬가지입니다. 근로자만을 무조건 옹호하는 것이 정의가 아님을, 안타까운 사용자도 적지 않음을 실무현장에서 매번 느낍니다. 저의 도움으로 사업장 문제가 해결되고 경영이 정상화될 때 참 기쁩니다.

8. 최근에 기억에 남는 일이 있으신가요?

이 일을 시작하고 듣는 말이 있습니다. 바로 "고맙습니다"지요. "노무사님, 고맙습니다"라는 말을 하루에도 몇 번씩 듣습니다. 시름가득했던 얼굴이 저를 만난 뒤 한결 편안해진 것을 보면 참 흐뭇합니다. 모든 일에는 저마다 가치가 있고 그 가치의 순위를 매길 수는 없지만, 타인에게 도움을 주는 노무사 업무가 가치 있는 일임은 분명합니다.

나의 일이 자신도 좋게 하고 다른 사람도 좋게 한다면 참으로 뜻 깊은 일이겠죠. 그것이 지친 저를 오늘도 사무실로 이끄는 주된 이유입니다.

9. 시험에 합격하기 위해서 어떻게 공부했나요?

주위 노무사님들께 물어보니 개인차가 있지만 시험 합격까지 짧게는 1년 반, 보통 2~3년이 걸리고 직장과 수험생활을 병행할 경우에는 조금 더 걸린다고 합니다. 저는 운이 좋아서 노무사 최종 합격까지 3개월 정도 걸렸습니다. 그런데 사실은 군입대 전까지 다른 시험을 준비했기 때문에 법 과목에 대한 준비가 어느 정도 된 상태였어요. 그러니 3개월 만에 합격했다고 말하기는 어렵지요.

노무사 시험전형은 1차(객관식), 2차(논술형), 3차(면접)로 이루어집니다. 1차 과목은 노동법1(개별적 근로관계법), 노동법2(집단적 노동관계법), 사회보험법, 민법, 선택과목(경영학·경제학 중 택1) 총 5개 과목입니다.

저는 평소 2차 대비로 2차 과목만을 공부하다가 1차 시험을 앞둔 나흘 동안은 오로지 1차만 준비했습니다. 노동법과 사회보험법은 기출문제 위주로 정리했고, 선택과목인 경영학은 기본서를 편하게 한 번 읽었습니다. 2차 과목 중 하나인 인사노무관리론과 겹치는 부분이 있어서 최대한 공부량을 줄였습니다. 그리고 민법은 공부하지 않고 시험장에 갔습니다. 아무래도 1차는 절대평가인 만큼 (각 과목 40점 이상, 전 과목 평균 60점 이상을 득점하면 합격) 부담감이 적었습니다.

2차는 논술형으로 노동법1, 노동법2, 인사노무관리, 행정쟁송법, 선택과목(경영조직론·노동경제학·민사소송법 중 택1) 총 5과목에 대하여 이틀 동안 시험을 치르게 됩니다. 사실 많은 응시생이 어려워하는 것이 2차 시험입니다. 저 역시 2차에 부담을 많이 느꼈습니다. 시간이 상대적으로 부족했지만 그럴수록 기본서 위주로 보았습니다. 요령을 피우고 학원 모의고사에 치중하기보다는 시험이 가까워질수록 법 과목의 경우 기본서와 판례 위주로 공부한 것이 결과적으로 주효했던 것 같습니다.

무엇보다 고민이었던 것은 경영학 과목인 인사노무관리론이었습니다. 경영학 과목은 학창 시절 교양과정으로도 수강한 적이 없었던 터라 매우 난감했습니다. 시간도 부족해서 어찌 할 바를 몰랐지만 차라리 '버리겠다'는 마음으로 편안히 공부했습니다. 당시 저는 경영학 지식을 짧은 시간 안에 습득할 수는 없다는 잠정적 결론 아래 인사노무관리론의 전체적 논리를 이해하는 데 주력했고, 기출문제를 통하여 나만의 답안작성 요령을 고안하는 데 시간을 할애했습니다.

2차 시험은 변수가 많기 때문에 시험 당일 벌어진 돌발상황에도 당락이 좌우될 수 있습니다. 하지만 그럴수록 마음을 비우고 지난 시간의 노력과 자신을 믿으며 평안하게 최선을 다하는 것이 중요합니다. 물론 이것이 말처럼 쉽지 않다는 것은 저도 잘 알고 있습니다.

면접에서는 아는 범위 내에서 차분히 답했습니다. 당시 3차 면접 전형을 앞두고 걱정이 많았지만, 결과적으로 2차에 합격한 예비 노무사들 모두 무난히 최종합격을 했습니다.

공부량이 많고 시간이 부족해도 결과는 그 누구도 장담할 수 없으니 끝까지 최선을 다한다면 자신의 의지와 노력에 운運까지 더해져 좋은 결과가 있지 않을까요? 노무사 시험의 경우 해마다 응시자가 늘어나 경쟁이 치열합니다. 아마도 그것은 재학생들의 신규 진입과 함께 직장인들의 응시 도전이 증가하면서 나타나는 현상인 것 같습니다. 직장인들의 도전이 비교적 많은 전문직 시험이 노무사 시험일 것입니다. 시험을 준비하는 기간이 힘겹더라도 끝까지 최선을 다해서 합격이라는 열매를 꼭 성취하기를 바랍니다.

10. 이 직업은 어떤 능력이 가장 중요할까요?

일단 관련 전문지식을 습득해야 합니다. 법학 지식과 경영학 지식도 많이 필요하죠. 법학을 전공한 저는 경영학 지식을 얻기 위해 상당히 노력했습니다. 저와는 반대로 경영학 전공자들은 법학에 대한 어려움을 호소하지요. 결국 노무사로 성공하려면 법학과 경영학을 두루 섭렵해야 한다고 생각합니다. 기본적으로 말하기, 글쓰기 능력은 필수이고요.

11. 후배들에게 해주고 싶은 말씀은?

노무사를 왜 하고 싶은가요? 다시 한번 자신에게 질문해보세요. 노무사 시험에 합격한다고 해서 고수익과 안정된 생활이 보장되는 것은 결코 아닙니다. 수험기간보다 더 힘들고, 더 열악한 환경이 기다릴 수도 있습니다. 제 주변에는 '내가 이러려고 힘들게 공부했나' 하는 말을 입에 달고 사는 노무사님도 있습니다.

정답은 없습니다. 모든 사람마다 다를 것입니다. 다만 노무사에 도전하는 이유가 확고하고 구체적이라면 지금 당장이라도 도전하세요. 노무사 합격을 위해 땀 흘린 시간이, 합격 이후에도 성공을 위해 투자한 노력이 결코 헛되지 않을 것입니다.

083

전문직 시험의 첫 관문,
어학점수 만들기

대학에 입학하고 처음 쳤던 토익시험이 아직도 기억이 난다. 500점 정도 나왔는데, 문제유형에 익숙지 않아 당황스러웠다. 회계사 시험을 치르려면 700점을 만들어야 하는데……. 그 당시 나는 영어 공부는 하기 싫은데 점수는 빨리 올려야 해서 여간 고민이 아니었다. 그때 아는 형에게서 '단기간에 토익 700점 만드는 방법'을 전수받았다. 그 방법이 꽤나 유용했던지 나는 한 달 만에 700점을 달성했다.

우선, 토익 700점이 나오려면 리딩 점수보다는 리스닝 점수에 집중하는 것이 훨씬 낫다. 토익은 상대평가이면서 통계적 계산을 통해 점수가 산출되는데, 리스닝 점수는 조금만 공부해도 잘 나오는데 비해 리딩은 아무리 열심히 해도 점수가 잘 오르지 않는다.

그럼 답은 간단하다. 극단적으로 리스닝 점수를 만점 받으면, 즉 495점을 확보하면 리딩에서는 205점만 받으면 된다. 솔직히 리딩 205점은 수능 3등급 이상 학생이 공부를 안 하고 시험을 봐도 가

해커스 토익 파랑이
(리딩)
빠르게 1회독 하기

해커스 토익 빨강이
(리스닝)
2배속으로 5번 듣기

토익 초심자에게 추천하는 책

능한 점수다.

그럼 리스닝 점수를 획기적으로 올릴 수 있는 방법은 무엇일까?

해커스학원에서 출간한 '빨강이(빨간색 디자인의 리스닝 교재)'를 구입해 5번 들으면서 풀고 가면 된다. 구체적으로 어떻게 풀면 될까? 우선 리스닝 교재의 MP3 파일을 다운로드받아 곰플레이어나 다른 리스닝 플레이어를 설치하고 처음부터 유형별로 들으면 된다. 들으면서 책에 나온 순서대로 문제를 풀어본다. 책에 나온 구문이나 단어도 소리 내서 읽으며 암기하는 것이 좋다. 1회독은 이렇게 정상속도로 들으며 일반적인 습관대로 공부하면 된다.

그러고 나서가 중요하다. 곰플레이어에 보면 2배속으로 들을 수 있는 기능이 있다. 이를 통해 2배속으로 들으면서 문제를 푼다. 토익은 말이 빠르지 않기 때문에 2배속으로 들어도 생각보다 잘 들린다. 이렇게 문제를 2배속으로 들으며 풀어보고, 안 풀리면 다시 들으면서 푼다.

2배속으로 풀고 난 뒤에는 문제를 풀지 않더라도 계속 들으면서 어떤 의미인지 이해해보려고 노력한다. 이때도 2배속으로 해야 한다. 문제집을 2배속으로 여러 번 풀면서 시간이 날 때마다 파일을 반복해서 듣고 이해해본다. 이렇게 연습하고 시험장에 가면 정상속도의 문제가 쉽게 들린다. 이미 빠른 속도로 연습을 했기 때문에 정상속도로 나오면 오히려 느리게 느껴진다. 그래서 시간 안에 문제를 다 풀 가능성이 높아지는 것이다.

사실 900점대의 고득점을 바란다면 문제집을 사서 여러 번 풀고 암기량도 늘려야 한다. 하지만 우리는 700점만 받으면 되지 않는가. 이렇게 리스닝 공부를 한 다음 리딩은 해커스 파랑이 교재를 처음부터 끝까지 한 번 공부하고 시험을 보면 충분하다.

084

전문직 고시학원
순환강의 활용법

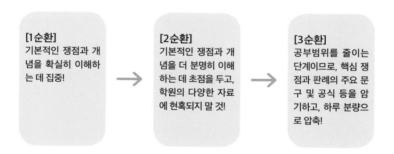

[1순환]
기본적인 쟁점과 개념을 확실히 이해하는 데 집중!

[2순환]
기본적인 쟁점과 개념을 더 분명히 이해하는 데 초점을 두고, 학원의 다양한 자료에 현혹되지 말 것!

[3순환]
공부범위를 줄이는 단계이므로, 핵심 쟁점과 판례의 주요 문구 및 공식 등을 암기하고, 하루 분량으로 압축!

고시학원의 커리큘럼을 보면 1순환부터 적게는 3순환, 많게는 4순환까지 이어진다. 1순환은 기본개념을 다지는 시기이고, 2순환은 기본기를 바탕으로 응용 사례문제 등을 익히는 시기다. 또한 3순환(또는 4순환)은 실전과 비슷하게 전 범위를 지속적으로 다지는 시기다. 순환 단계별로 중점을 둬야 할 부분이 다르기 때문에 다음에서는 이에 대해 설명하려고 한다. 단, 학원의 커리큘럼상 1~3순환별 최적의 공부법을 소개하는 것이므로 학원에 다니지 않는 수험생은 군이 이 순서와 방법대로 하지 않아도 된다.

1. 국가고시는 1순환/자격시험은 GS 0기 또는 1기 : 기본기 확립

1순환에서는 내가 수험기간에 계속 정리하고 볼 교재를 확정하고 과목별로 기본적인 쟁점과 개념을 확실히 이해하는 데 주력해야 한다. 과목별로 공부하는 동안 다른 과목에 신경 쓰지 않고 해당 과목만을 이해하고 정리하는 데 집중해야 한다. 이렇게 해야 과목별 기본기를 밀도 있게 다질 수 있다.

이 시기에 기본서의 내용을 얼마나 정확히 이해했는지, 각 쟁점과 개념을 얼마나 확실히 숙지했는지가 나중에 모의고사문제로 연습할 때나 기출문제를 분석할 때 성패를 가르게 된다. 따라서 1순환에서는 기본서를 정확히 이해하고, 법 과목의 경우에는 판례를 정확히 숙지하며, 회계나 경제학처럼 계산과 개념이 중요한 과목에서는 그래프나 공식을 정확히 숙지해야 한다.

기본서나 개념을 이해하지도 못하면서 학원에서 주는 자료(일명 찌라시)만 수집해 그것 위주로 정리하면 수험기간만 길어지게 하고 오히려 기본기를 쌓는 데 방해가 된다. 출제자는 기본서와 각종 판례의 원리 또는 경제나 회계의 핵심개념을 정확히 이해하고 적용할 수 있는지를 묻는다. 그러므로 가급적 피상적인 자료에 현혹되지 말기를 바란다. 1순환 때는 핵심 키워드와 개념 설명을 체크하고 자주 보아 눈에 익히는 것이 중요하다.

1순환에서 모의고사를 풀면 기본적인 문제가 많이 나올 것이다. 이때 모의고사의 답을 맞히거나 등수를 높이는 데 연연해서는 안 된다. 1순환에서 1등을 한다고 해서 시험에 합격하는 것은 아니다. 오히려 해당 문제의 의도를 정확히 파악하고 개념을 잘 숙지했는지, 그리고 답안작성법의 기본기를 갖추었는지를 확인해야 한다. 기본적으로 시험에서 최소한 갖춰야 할 소양을 기르는 데 집중해야 하는 것이다.

2. 국가고시는 2순환/자격시험은 GS 2기 : 응용력 향상

1순환에서 기본기를 잡았다면 2순환에는 기본기를 전제로 사례문제나 응용문제를 접하면서 시험에 가까워지는 연습을 한다. 이때 욕심이 과한 나머지 전 과목의 문제를 다 풀겠다고 나서는 수험생이 많은데, 그보다는 기본기를 더 확실히 다지는 계기로 삼는 것이 좋다. 차라리 1순환에서 했던 내용을 복습하면서 조금씩 응용력을 기른다는 생각으로 공부한 범위를 거듭 반복하는 것이 좋을 것이다.

　2순환에는 기본기를 더 탄탄히 하고 응용력은 맛만 보는 것으로 충분하다. 기본기가 탄탄하면 사례형 문제를 기본적 골격에 포섭시키는 것도 꾸준한 연습으로 충분히 가능하기 때문이다. 법학 과목의 경우에는 핵심쟁점 이해와 법률요건, 판례의 핵심 키워드 암기를 병행하면서 사례문제에 익숙해지는 것을 목표로 하는 것이 가장 좋다. 경제나 회계 과목은 기본이론의 이해와 더불어 공식과 그래프 암기를 통해 사례문제나 복잡한 계산문제에 익숙해지면 된다.

3순환에서는 넓혔던 범위를 좁혀야 한다. 지금까지 복습을 꾸준히 했다면 시험에 나올 부분을 추리고 그 부분만 최대한 반복해야 한다. 1순환의 기본이론은 계속 복습하면서 핵심 키워드와 목차, 판례 및 쟁점을 하루 안에 다 볼 수 있는 분량으로 압축하는 것이 핵심이다.

서브노트를 미리 작성했으면 이를 활용해서 무한 반복하면 되지만, 만들어두지 않았다면 굳이 여기에 시간을 쏟을 필요가 없다. 학원별로 핵심쟁점집이나 요약집을 판매하니 차라리 그것을 구해서 최대한 반복하는 것이 좋다. 교재는 한 권만 남기고 나머지는 구석에 넣어둔 채 시험날까지 선택한 책만 본다는 생각으로 반복해야 한다. 지금까지 모아둔 모의고사나 사례집을 보려면 시간이 오래 걸리므로 서브노트나 요약집 또는 기본문제집만 반복한다는 생각으로 양을 늘리지 말자.

시험에 나올 부분을 예상해보는 것은 매우 중요한 작업이다. 최신판례의 주요쟁점은 올해 출제 가능성 1순위이므로 이 부분은 목차를 잡아서 예상답안을 써보거나 핵심문구를 10번 이상 반복해서 암기해두자. 또한 작년에 나온 쟁점은 올해 잘 나오지 않으니 그 부분은 약하게 공부하고 가장 기본이 되면서 작년에 출제되지 않은 쟁점을 확실히 공부해야 한다.

085

공인회계사
시험 과목별 공부법

1차 시험 과목별 공부전략

회계사 시험은 1차 시험과 2차 시험의 연계성이 높기 때문에 공부를 시작하는 단계부터 과목별 본질을 잘 알고 접근할 필요가 있다. 우선 과목별 특성과 공부전략을 살펴보자.

1. 회계학

회계학 공부는 개념을 암기하기 전에 용어에 익숙해질 필요가 있다. 대손충당금, 시산표, 결산, 분개, 인식과 측정 등 일반적으로 생활에서 쓰지 않는 용어가 많기 때문이다. 회계학 시험에서 좋은 점수를 받으려면 이런 용어들을 일상용어처럼 느낄 수 있어야 한다.

심지어 일상생활을 하면서도 "오늘 나 정말 피곤한데, 감가상각

되었어"라든지 "네가 돈을 빌려 가면 나 대손충당금 얼마나 설정해야 되냐" 하는 식으로 농담으로라도 자꾸 써야 한다. 이렇게 어려운 용어를 쉽게 구사할 수 있으면 회계학을 다루는 시험에서 합격할 준비가 된 것이다.

회계 공부는 연습에서 시작해서 연습으로 끝난다

나는 우스갯소리로 "회계를 잘하려면 손가락에 굳은살 정도는 박여야 한다"고 한다. 고등학생들 가운데서도 수학을 잘하는 친구는 매일 연습장에 문제풀이를 손으로 쓰면서 하지 않는가.

회계도 수학과 마찬가지다. 기본적인 개념과 공식을 암기해야 하고 그것을 적용해서 재무제표를 작성할 수 있어야 한다. 재무제표에 어떤 계정과목과 금액을 인식하려면 금액을 측정해야 하는데, 그 과정이 순식간에 될 만큼 연습해야 시험장에서 시간 안에 문제를 풀 수 있다.

나는 공인회계사 시험을 준비할 때 복사가게에서 판매하는 연습용 답안지를 구매해서 합격할 때까지 내 키만 한 탑을 3개나 만들 만큼 연습했다. 하루라도 연습을 게을리하면 그다음 날 목표량을 채우기 위해서 손가락이 부을 정도로 연습하고 계산기를 두드렸다. 그렇다. 피나는 연습 없이는 회계를 결코 잘할 수 없다.

꼼꼼함과 대범함이 모두 필요하다

나는 성격이 꼼꼼한 편이 못 된다. 그런데 회계학 공부를 10년 이상 하면서, 회계사 업무를 하면서 엄청나게 꼼꼼한 사람이 되어버렸다. '그까짓 숫자 하나쯤 틀리면 어때?' 하고 생각하는 순간 고객의 피 같은 돈이 사라진다. 그리고 그 손해는 고스란히 내 책임이 된다. 조금이라도 대충 하면 어느 순간 분식회계가 될 수도 있다. 그러므로 증빙과 근거를 꼼꼼히 챙기고 그에 맞게 회계처리를 하는지 실무에서도 끊임없이 챙겨야 한다.

시험도 마찬가지다. 꼼꼼하게 문제를 읽고 사례의 금액과 근거를 가지고 문제를 풀지 않으면 여지없이 오답이 나온다. 그런데 시험의 특성상 시간의 제약이 심하기 때문에 과감함이 필요하다. 너무 꼼꼼하게 문제를 분석하고 따지는 순간 피 같은 시간이 흘러버릴 것이다.

특히 회계사 시험은 아무리 잘 연습된 고수라고 해도 제한된 시간 안에 70% 이상을 풀기 어렵다. 회계학 강의 5년 차인 내게도 100점은 불가능한 시험이 회계학 시험이다. 지나치게 꼼꼼해서 시간 안에 잘 풀지 못하는 사람들에게는 시험장에서 쉬운 문제부터 선별해서 풀고 어려운 문제는 대충 찍을 줄 아는 대범함도 있어야 한다고 조언하고 싶다.

꼼꼼함과 대범함을 모두 갖춰야 한다는 점을 기억하고, 처음 공부할 때는 대범하게 빨리 넘기다가도 연습을 하면서 꼼꼼함을 키우자. 처음부터 너무 꼼꼼하게 공부하면 진도를 나갈 수 없고, 큰 그림을 보지 못할 위험이 있기 때문이다.

2. 경제학

경제학은 암기보다는 이해다!

경제학과를 졸업할 때까지 경제학은 다른 학과 과목에 비해 암기가 잘 안 통한다는 것을 느꼈다. 자격증 시험이나 공무원 시험에 출제되는 경제학은 이론과 모형에 근거해서 다양한 논리적 판단을 묻는다. 각 학파의 견해와 모형의 논리를 모르고서는 답을 내기 어렵다. 단순히 증감관계, 비례관계, 반비례관계 등을 독립변수와 종속변수에 빗대어 암기해놓아도 이해를 해두지 않으면 문제를 풀 수 없는 것이 경제학 시험이다.

나는 처음에는 수학 공부와 비슷하다고 생각해 암기로 접근했다. 수요와 공급이론, 시장, 균형, 시장형태, 독점, 과점 등 챕터별로 그래프 형태와 이론을 암기하고 또 암기했다. 대학의 학점관리에서는 이런 암기가 어느 정도 먹혔다. 그런데 그것을 응용한 자격증 시험에만 오면 방대한 양을 한 번에 시험을 보기 때문에 기억도 나지 않을 뿐 아니라 논리판단을 해야 하는데 그 판단 자체를 하지 못한다. 정말 황당한 일이 발생하는 것이다.

그렇기 때문에 경제학 공부는 처음엔 조금 어렵더라도 이해하는 데 시간을 더 투자해야 한다.

그래프를 하나하나 뜯어먹을 정도로

경제학은 다른 학문과 달리 그래프가 무지막지하게 많이 나온다. 글을 읽고 이해하는 것을 좋아하는 문과생에게는 이렇게 그래프로 설명하는 경제학이 여간 힘든 게 아니다. 처음 그래프를 접한 학생들은 그래프는 대충 정리하고 글로 된 부분만 열심히 공부하는데, 이렇게 공부하면 나중에 문제를 정확히 풀 수 없다.

그래프의 x축(독립변수), y축(종속변수)을 이루는 함수를 그림으로 표현한 것이 그래프다. 이 그래프의 관계를 이해하지 않고 시험에 나온 제시문을 판단하는 것은 마치 수학공식을 쓰지 않고 말로만 문제를 푸는 것과 같다. 또한 계산기를 쓰지 않고 엄청난 양의 연산을 하는 것에 비유할 수 있을 것이다. 경제학에서 그래프는 문제를 푸는 도구라 생각하고 암기하고 이해해야 한다.

모르겠다고 대충 넘기면 점수가 오르지 않는다!

경제학은 엄밀한 논리의 학문인 만큼 논리가 중요한 역할을 한다. 문제를 출제하는 출제위원도 용어나 개념암기보다는 논리를 확실히 숙지하고 있는지에 중점을 둔다. 그렇기 때문에 단순암기만으로 점수를 올리는 데는 한계가 있다. 모르겠다고 대충 암기하고 넘어가면 실제 시험에서 선지를 보고 판단하지 못해 찍고 있는 자신을 발견하게 될 것이다.

정말 이해가 되지 않으면 교수님이나 선생님, 아니면 인터넷 지식인을 통해서라도 어떻게든 이해하고 넘어가야 한다.

3. 상법

상법은 상법총칙, 상행위, 회사법, 어음수표법, 보험해상법으로 나뉘어 있다. 공인회계사, 세무사, 변호사, 법무사 등 다양한 시험에서 상법 문제를 출제하는데, 민법에 비해서는 판례보다 조문과 논리중심인 것이 특징이다. 상법은 민법의 특별법인 만큼 민법에 대한 기본기가 잘 잡혀 있으면 혼자 공부하기에 편한 과목이다. 그러나 민법에 비해 내용이 상인이나 법인에 초점을 두고 경제활동 중심이기 때문에 더 지엽적으로 느껴진다.

나는 공인회계사 시험에서 상법 점수가 90점이 넘을 정도로 좋았고, 보험계리사와 손해사정사를 공부할 때 보험해상법까지 공부해본 경험이 있다. 그래서 상법은 내가 개인적으로 애착을 가지는 과목이기도 하다.

상법 공부법을 몇 가지로 요약하면 다음과 같다.

챕터별로 논리를 정리해야 한다!

상법은 총칙, 상행위, 회사법, 어음수표법으로 갈수록 구체적이고 특정한 사건 위주로 논리가 전개된다. 총칙은 정확한 개념을 정리해야 하고, 상행위에서는 상인 간의 거래에 초점을 두고 거래형태별로 논리를 정리해야 한다.

회사법은 절차와 구성되는 개념을 최대한 보기 좋게 정리해서 이해보다 암기를 하는 것이 중요하고, 어음수표법은 양은 적지만 용어와 거래논리가 어렵기 때문에 한 번 공부할 때 이해에 초점을 두고 어음과 수표거래 행위를 하나하나 정리해야 한다.

판례를 따로 정리하기보다는 조문과 논리에 포함시켜 공부하자!

민법과는 달리 상법은 판례를 따로 정리하면 개념과 잘 맞지 않는다. 차라리 챕터별로 논리를 정리하면서 간단하게 판례의 입장인지 통설의 입장인지만 옆에 표시하고 문제를 풀 입장을 정리한 뒤 논리 자체를 통째로 암기, 이해하는 것이 유리하다. 즉, 요약서나 문제집의 논리는 대부분 판례와 통설일 것이므로 정리된 내용을 그대로 공부하면 된다.

적어도 자격증 시험에서는 판례와 학설이 어떻게 따로 전개되는지를 따지는 것은 의미가 없다. 시험에 나오는 결과 위주로 논리만 정리하는 것이 상법 공부를 잘하는 지름길이다.

문제를 많이 푸는 것보다 완벽한 이해가 중요하다

문제를 많이 풀면 당연히 실력이 늘지만, 그렇다고 문제풀이만 해서는 안 되는 것이 상법 공부다. 우선 각 개념을 정확히 이해하고 거래형태와 권리의무 관계가 어떻게 표현되는지, 그리고 절차는 어떻게 되는지를 꼼꼼하게 암기하고 문제에 접근해야 한다. 민법이 판례를 암기하는 공부라면, 상법은 논리를 따지고 그 논리를 통해 문제를 풀어내는 수학 같은 공부라고 볼 수 있다.

4. 세법

모든 자격증 시험에서 가장 어려운 과목을 꼽으라고 하면 대부분의 수험생들이 세법이라고 대답한다. 나도 공인회계사 시험을 준비할 때 가장 부담스러웠던 과목이 세법이었다. 세법은 일단 기본서 자체만 2천 페이지 가까이 되고, 문제집도 1천 페이지 정도나 된다. 세부과목은 법인세법, 소득세법, 부가가치세법, 기타세법으로 나눌 수 있다. 공인중개사 시험이나 회계관리 시험 등의 자격증 시험에서 출제되는 세법도 용어와 개념 자체가 생소하고 계산공식이 많아서 어렵다.

다음에서는 이렇게 어려운 세법 과목을 조금이나마 수월하게 공부할 수 있는 방법을 소개해보겠다.

휘발성이 강하다! 고로 자주 봐야 한다!

세법 공부의 가장 큰 난관은 암기다. 방금 전에 공부했는데 돌아서면 기억이 나지 않는 것이다. 이렇게 휘발성이 강하기 때문에 수험생들에게 스트레스를 안겨준다. 게다가 공부량도 엄청나기 때문에 복습하기도 힘들다.

모든 과목이 그렇겠지만 세법은 암기를 하기 위해서라도 자주 보고 짬을 내서 계속 상기해야 한다. 간혹 몇 회독을 하는 것이 좋으냐고 물어보는 사람이 있는데, 나는 적어도 7번은 보아야 '아, 이런 내용이 있구나' 하고 감을 잡을 수 있다고 생각한다.

그리고 수업을 들으면 최대한 빠른 시간 안에 복습을 해야 한다.

한 번 끌어올리더라도 금세 잊어버리기 때문에 시도 때도 없이 봐야 하는 과목이 세법이다.

키워드와 공식은 따로 암기하자!

세법은 법조문 자체가 계산공식으로 되어 있거나 용어설명인 경우가 많다. 그만큼 용어도 어렵고 계산공식도 복잡하다. 계산공식을 활용한 사례문제가 자주 출제되므로 기본적인 공식과 용어암기가 반드시 선행돼야 한다. 그래서 나는 세법에서 자주 나오는 공식과 용어는 따로 정리해서 들고 다니며 암기했다. 아울러 계산문제를 많이 풀면서 암기한 것을 적용해보았다.

계산문제는 시간이 오래 걸린다. 말 문제부터 접근하자!

실제 시험에서 세법 문제가 나오면 계산문제는 연산과정이 복잡하고 한도나 조건 등 검토해야 할 것도 많기 때문에 푸는 데 오래 걸린다. 그래서 실제 시험장에서는 맨 마지막에 풀어야 하는 문제가 바로 세법 계산문제다. 공부할 때도 그 점을 염두에 두고 기본적인 개념은 확실히 맞힌다고 생각하고 공부해야 한다.

그런데 계산에도 물론 숙달해야 하지만 기본적인 말문제에서 점수를 따지 못하면 과락이 나올 수도 있다. 따라서 말문제를 최대한 많이 맞힌다는 자세로 공부하는 것이 바람직하다.

5. 경영학

경영학은 범위가 매우 넓고 깊이가 얕은 과목이기 때문에 단답형으로 출제되는 것이 일반적이다. 노무사 시험의 주관식 논술형 시험을 제외하고는 학자와 이론 그리고 그 이론의 구성요소 및 개념만 암기하면 어느 정도 점수를 딸 수 있다. 다만 공인회계사 시험의 경영학 과목은 본질적 논리를 사례를 통해 구현하는 문제도 나오기 때문에 좀 어렵다. 하지만 이를 제외하고는 암기과목으로 접근해도 무방하다.

구체적인 경영학 공부법을 소개하면 다음과 같다.

경영학은 큰 줄기를 나눠서 공부해라!

경영학은 앞서 말했듯이 내용이 방대하고 깊이가 있는 편은 아니다. 경영학 안에도 세분화된 과목이 많고 그 과목마다 제각기 특징이 있기 때문에 과목별로 큰 줄기를 나눠서 내용을 정리하는 것이 중요하다. 경영학은 경영학원론, 마케팅, 조직행동론, 인사노무관리, 생산 및 운영관리, 기업회계, 재무관리, 경영과학 등으로 세분화할 수 있다. 이렇게 분류하고 나면 각 과목에서 추구하는 목표가 다르다는 것을 알 수 있다. 그 목적과 큰 논리를 잡고 세부이론으로 들어가면 경영학 공부를 쉽게 해나갈 수 있다.

1) 마케팅

광고나 소비자의 인지심리학적으로 접근해 다양한 이론과 사례를 다룬다. 학자도 다양하지만 마케팅 전략도 대단히 많기 때문에 각 전략의 명칭과 목적 등을 잘 정리해 암기하면서 공부하면 된다.

2) 조직행동론

기업이라는 조직에서 사람들에게 어떻게 동기부여를 하고, 그들의 행동을 관리하고, 조직의 목표를 달성할 수 있는지를 연구하는 학문이다. 구체적으로 어떤 학자가 어떤 실험을 통해서 어떤 이론을 제시했으며, 그것이 어느 이념을 뿌리로 탄생했는지 구체적인 내용을 정리하면서 암기하면 공부에 도움이 된다.

3) 인사노무관리

조직행동론과 맥을 같이한다. 인적자원을 어떻게 관리하고, 노동법상 어떤 제도가 있으며, 이론적으로는 어떤 제도가 있는지 등을 정리해서 암기하고 제도별로 비교해두면 공부에 도움이 된다.

4) 생산 및 운영관리

생산비 절감을 위한 다양한 이론을 연구하고 최적의 물류방식까지 연구하는 학문이다. 각 생산기법과 사례를 정리하고 학자나 이론을 암기하는 것이 공부에 도움이 된다.

5) 재무관리

경제학에서 파생된 과목이다. 기본적으로 기업의 효율성을 전제로 각종 투자이론과 모형을 정리해야 하고, 측정치와 공식을 통해 구체적인 숫자를 도출하는 문제도 많이 나오므로 이에 대비해서 연습해둘 필요가 있다.

경영학은 용어암기에서 시작한다

경영학 용어는 일상용어와 유사하면서도 헷갈린다. 어찌 보면 모든 선지가 답인 것처럼 보일 만큼 용어구분이 쉽게 안 되기 때문에 반드시 용어를 정확히 구분해서 암기해야 한다. 그리고 그 용어가 어느 학자가 주장한 이론에서 사용된 용어인지까지 정리해야 문제를 풀 수 있다. 자격증 시험에서는 기본적으로 학자의 이름과 이론을 연결하는 문제가 많이 나오기 때문이다.

또한 용어는 영어로도 암기해야 한다. 경영학 이론은 대부분 미국에서 비롯되었기 때문에 용어가 영어로 출제되기도 한다. 따라서 영어로 된 용어에도 익숙해질 필요가 있다.

쉬워 보인다고 소홀히 하지 말자

경영학은 역사적으로 기업의 이야기를 배경으로 한다. 그리고 신문이나 매스컴에서 자주 접하는 용어가 많기 때문에 처음 접근할 때는 쉬워 보인다. 그런데 공부를 하면 할수록 헷갈리고 난해한 학문이 또 경영학이다. 공부할 때는 쉬운데 막상 문제로 나오면 답을 고르기가 쉽지 않은 것이다.

그렇기 때문에 소홀히 공부하거나 막판에 몰아서 암기하려고 하면 안 된다. 나도 회계사 1차 시험에서 그렇게 쉽게 생각하고 막판에 몰아서 공부했다가 두 번이나 과락을 경험했다.

2차 시험 과목별 공부전략

1. 세법

세법은 다른 과목에 비해서 휘발성이 매우 강한 과목이다. 개념과 용어도 어려울 뿐만 아니라 계산을 위한 공식과 법조문들은 너무 세밀해서 암기하는 것 자체가 고통이다. 회독수를 단기간 내에 최대한 늘려놓지 않으면 머릿속에 뼈대가 잡히지 않아 공부할 때마다 헷갈린다. 처음 강의를 빨리 돌려놓고 최대한 계산문제를 자주 풀면서 머리보다는 몸으로 익히는 것이 중요한 과목이다.

처음 공부를 시작했을 때는 세법을 강의만 듣고 복습을 잘하지 않았는데, 그것이 실력을 키우는 데 오래 걸리게 만든 실수였다. 강의를 듣자마자 복습을 해서 휘발되는 속도를 최대한 늦추면서 곧바로 연습문제를 통해 감을 잡는 것이 좋다.

이 과목은 법인세법, 소득세법, 부가가치세법 순서로 정복하는 것이 유리하다. 법인세법이 시험범위의 거의 절반을 차지하며 2차 시험의 득점에서 가장 중요하므로 이를 마스터할 때까지 공부를 반복하고 나서 소득세법과 부가가치세법으로 넘어가는 것이 좋은 전략이다.

세법은 기본서가 1천 페이지가 넘는 매우 두꺼운 책이다. 이 책을 다 읽다가는 시험에 나오는 중요한 논점을 제대로 잡지 못하는 불상사가 생길 수 있다. 초시생 때 저지른 가장 큰 실수가 기본서를 먼저 1회독 하려고 덤벼들었다는 것이다. 시험에 나오는 부분은 고작 50% 정도의 핵심내용인데, 책을 다 읽고 내용을 모두 이해하려고 했으니 당연히 시간도 오래 걸렸고, 실패할 수밖에 없었다.

세법처럼 양이 방대한 과목일수록 기출문제에 빈출하는 논점부터 공부하고, 강의를 듣더라도 그런 부분을 중점적으로 복습하는 것이 좋다. 공부는 선택과 집중이 중요한 만큼 중요하지 않은 부분은 과감히 포기하고 자주 출제되는 부분은 다 맞힌다는 생각으로 공부하는 것이 효율적이다.

세법은 서브노트나 정리집을 따로 만드는 것이 비효율적인 과목이다. 양이 많고 세세하게 암기해야 할 것이 많기 때문에 차라리 문제집이나 요약집을 반복하면서 회독수를 늘리고 연습량을 늘리는 것이 낫다. 서브노트를 만드는 데 들이는 시간 자체가 낭비일 수 있다는 이야기다. 세법은 반복과 암기가 생명이기 때문이다.

가장 좋은 공부법은 기본강의를 빠르게 돌린 뒤 기출문제를 반복적으로 풀면서 요약된 내용을 틈나는 대로 보아 내용을 상기하는 것이다. 법인세법을 먼저 마스터하고, 소득세법과 부가가치세법은 시간이 되는 대로 회독수를 늘려나간다. 국세기본법과 기타세법의 비중은 작지만 내용이 쉽고 정답률을 높이기 쉬우므로 시험보기 두 달 전에는 눈도장을 찍으면서 자주 보는 것이 좋다. 국세기본법처럼 단순암기 부분은 미리부터 보지 말고 시험 직전에 몰아서 정리하는 것이 시간을 절약하는 길이다.

2. 재무관리

재무관리는 공부량이 많다기보다는 이론과 적용에서 깊이가 있고 문제 자체의 난도가 높은 과목이다. 사실은 문제풀이 방법도 다양하게 나올 수 있고 경제적 모형의 활용방법 자체도 다양할 수 있기 때문에 강사 선택에도 신중할 필요가 있다. 수학을 공부하는 것처럼 이론정리가 되었다면 문제풀이 연습을 많이 하는 것이 중요하다. 처음에는 이해가 안 되더라도 연습하는 과정에서 이해되는 경우가 많다.

재무관리는 기출문제만 가지고 대비하기가 힘든 과목이기도 하다. 내가 합격할 때만 해도 역대급 난도를 자랑한 과목이었지만, 불의타 문제는 대부분 재무관리에서 나왔다는 이야기가 있었기 때문에 기출문제 정리는 기본이고, 외국의 원서를 번역한 새로운 문제들을 수록한 강사들의 책으로 다양한 문제를 연습해볼 필요가 있다.

개인적으로 김종길 선생님의 강의와 교재가 좋았는데, 연습문제 풀이방법이 정형화돼 있어서 어떤 문제가 나와도 표준화해서 접근하기가 쉽고 강의 설명이 자세하고 친절했기 때문이다. 아마 강의에서 설명한 이론과 기출문제에 고급문제들을 약간만 풀어보고 시험장에 가도 큰 무리는 없을 것이다.

솔직히 나는 기출문제 위주로 공부하는 것도 나쁘지 않다고 생각한다. 기출문제는 중요한 부분에서 70% 출제하고 지엽적인 부분에서 30% 정도 출제하기 때문에 기출문제만 보아도 중요한 부분을 거의 다 흡수할 수 있다. 그리고 그 논리를 가지고 불의타 문제는 아는 부분만 제대로 쓰고 나와도 합격에는 지장이 없다.

3. 회계감사

회계감사라는 과목 자체가 실무의 다양한 사례와 감사 매뉴얼을 기반으로 한 이슈를 출제하기 때문에 오래 공부한다고 점수가 높게 나오지는 않는다. 게다가 회계감사는 대다수의 수험생들이 1차 시험 직후 시작하기 때문에 공부법을 제대로 잡지 않고 접근하다가는 헤매기 십상이다.

나도 동차합격을 할 당시 회계감사는 3개월만 공부하고 합격했기 때문에 그 방법이 얼마나 중요한지 깨달을 수 있었다. 솔직히 동차생들 대부분이 회계감사는 시간이 모자란다고 생각해서 포기하기 때문에 제대로 공부하기만 하면 턱걸이로 합격할 수 있는 과목이다.

회계감사는 권오상 선생님이 가장 유명한 강사인데, 기본서는 너무 두껍기 때문에 서브노트를 구입해서 그것만 들고 다니며 틈틈이 암기하고 고민해보는 시간을 가지는 것이 효율적이다. 나도 3개월 만에 회계감사를 마무리해야 했기 때문에 서브노트 외에 다른 책은 보지 않았고, 서브노트만 10회독 이상 하려고 노력했다. 아울러 스터디를 통해 일정한 시간대에 함께 말로 떠들면서 암기하는 시간을 가지는 등 지식이 휘발되지 않도록 꾸준히 공부했다.

회계감사의 문제유형을 살펴보면 사례를 주고 개념이나 해결방안을 쓰라는 것이 대부분이다. 그렇기 때문에 개념을 정확히 숙지하고 논리를 실무적으로 사례에 대입해서 쓰는 능력이 중요하다. 즉, 서술형 시험의 특성상 글을 잘 꾸며서 써야 한다. 이것이 평소 서브노트를 자주 보아 개념을 내 것으로 만들고 주변 사람들에게 설명하는 시간을 가져야 하는 이유다.

4. 원가관리회계

원가관리회계는 공부해야 할 이론의 분량은 적지만 연습해야 하는 문제의 양은 굉장히 많은 과목이다. 1차 시험에서 대충 공부했다면 2차 시험에 와서 가장 힘든 과목이기도 하다. 우선 문제의 난도가 높고 자료도 많이 주어지므로 한 문제를 해결하기 위해서는 종합적인 자료해석과 논리력이 필요하다. 한 문제를 해결하기 위해 30분 이상을 투자해야 할 만큼 문제를 분석하고 풀어내는 능력이 관건이다.

개인적으로 원가관리회계는 연습서 가운데 기출문제 정리가 가장 잘되어 있는 것을 골라서 안 보고도 풀릴 때까지 반복해서 풀어볼 것을 권한다. 나는 김용남의 《원가관리회계연습》이라는 연습서를 사서 대부분의 기출문제와 응용문제를 10번 이상 풀며 거의 암기했다. 실제로 기본이 되는 문제들은 문제를 보지 않고도 연습장에 쓸 수 있을 정도였다.

원가관리회계는 절대로 눈으로만 공부해서는 안 되는 과목이다. 조금 귀찮고 힘들더라도 연습장을 꺼내서 계산기도 두드려가면서 손으로 공부하는 것이 가장 좋다. 아예 연습장을 하루에 몇 장 쓸지 정해놓고 연습량을 늘리는 방식으로 공부하는 것도 나쁘지 않다.

5. 재무회계

재무회계는 1차 시험과 2차 시험 모두에서 중요한 과목이며, 회계사 시험에서 가장 중심이 되는 과목이라고 할 수 있다. 재무회계를 잘해야 법인세법상 세무조정을 잘할 수 있고, 원가회계와 회계감사 문제해결의 기본적 논리도 제대로 잡을 수 있다. 그래서 재무회계는 회계사 시험의 처음이자 끝이라고 해도 과언이 아닐 만큼 중요하다.

수험가에는 재무회계의 고수들이 많다. 게다가 공부량도 세법에 뒤지지 않을 정도로 많기 때문에 하루아침에 실력을 올리기가 힘들다. 회계원리, 중급회계, 고급회계가 시험범위인데 중급회계만 해도 상하로 나눠 50개가량의 챕터로 구성되므로 범위를 모두 합치면 1천 페이지를 훌쩍 넘는 양이다. 이 정도의 공부량을 소화하려면 역시 선택과 집중이 필요하다.

동차생의 경우에는 문제가 전 범위에서 골고루 출제되기는 하지만 스스로 생각해볼 때 도저히 풀지 못하는 챕터는 미리 솎아내고 자신 있는 챕터에서는 모두 맞힌다는 생각으로 접근하는 것이 좋다. 고급회계에서 연결회계, 현금흐름표, 주식매수선택권 등 어려운 챕터일수록 기본적인 문제를 반복해서 뼈대를 잡고 응용문제는 이해 정도만 해두자. 그러면 실전에서 최대한 기본논리를 세우고 모두 풀어낼 수 있는 힘이 생길 것이다.

086

세무사
시험 과목별 공부법

1차 시험 과목별 공부전략

1. 재정학

재정학은 미시경제학에서 파생된 경제학의 한 분야이다. 경제학 전체에 비해서 양은 적은 편이지만 논리를 완벽히 알아야 문제를 풀 수 있다. 그렇기 때문에 그래프를 내 것이 될 때까지 암기하고 숙달해두며 그것을 말로 설명할 수 있을 만큼 익숙해져야 한다.

우선은 강의를 통해 기본적으로 이해한 뒤 기본서와 기출문제를 반복하면서 암기하는 것이 좋은 방법이다. 강의는 개인적으로 김판기의 강의를 추천하지만, 누구의 강의를 듣든지 복습만 잘하면 크게 문제될 것은 없다고 생각한다.

2. 상법(회사법) – 선택과목

상법은 판례와 조문의 논리에 따라 챕터가 구성돼 있다. 그만큼 전체 구조와 뼈대를 잡고 암기해야 하는 과목이다. 암기량이 많기 때문에 지속적으로 회독수를 높이면서 머릿속에 팝업되는 시간을 늘려나갈 필요가 있으며, 눈도장이라도 자주 찍어두면서 내용에 익숙해져야 한다.

나는 핸드북(이수천 상법)을 분철해 수업내용을 가필하고 단권화해서 내용을 지속적으로 반복했고, 기출문제는 암기가 될 만큼 자주 눈으로 풀면서 감을 익혔다. 절대로 책을 여러 권으로 늘리지 말고 한 권으로 정리하면서 기출문제를 최대한 많이 자주 푸는 것이 좋다.

3. 행정소송법 – 선택과목

행정소송법은 상법보다는 쉬운 과목으로 알려져 있다. 강사를 선택해 기본강의를 듣고 난 뒤 기출문제만 모두 풀어도 70점 정도를 득점하는 데는 큰 어려움이 없다고 한다. 책은 한 권만 사서 그것을 5회독 이상 하는 식으로 공부하는 것이 좋다. 행정소송법의 특성상 법조문과 OX문제만 자주 반복해서 눈도장을 찍어두면 충분히 득점할 수 있는 과목이다.

4. 세법개론

세법은 공부량이 매우 많은 과목으로 2차 시험의 세법학 1, 2와 연결되므로 1차 시험을 공부할 때부터 완벽히 해둘 필요가 있다. 계산문제의 경우에는 기출문제를 반복해서 숙달하는 것이 중요하며, 기본서에 자주 나오는 부분은 연습문제를 자주 풀면서 감각을 유지하는 것이 좋다. 문제를 푸는 동안 개념이 이해되는 경우도 있으므로 계산문제는 시간이 날 때마다 푸는 습관을 들이자.

5. 회계학개론

세무사 시험의 특징은 회계학개론 시험의 70%가 계산문제라는 것이다. 그렇기 때문에 개념을 확실히 할 뿐만 아니라 손이 저절로 문제를 풀 만큼 계산문제에 숙달돼 있어야 한다. 말문제가 비교적 시간이 적게 걸리므로 말문제를 먼저 푼 뒤 쉬운 계산문제 순으로 풀어 나가는 것이 좋다. 공부를 할 때는 계산문제 위주로 하는 것이 득점에 유리할 것이다.

2차 시험 과목별 공부법

1. 회계학 1부

회계학 1부 시험에는 재무회계 2문제와 원가관리회계 2문제가 출제된다. 1차 시험 때 공부한 회계학 지식을 주관식으로 풀어내는 능력만 키우면 크게 어려움이 없다. 재무회계 문제는 틀이 정형화돼 있기 때문에 기출문제와 문제집의 기본문제들만 반복해서 숙달하면 높은 점수를 받을 수 있다. 원가관리회계는 특성상 한 문제는 기본적이고 정형화된 문제가 나오고, 나머지 한 문제는 신유형을 섞어서 내기도 한다. 기출문제에 충실하되 응용력을 키우기 위해 다양한 문제를 접해볼 필요가 있다.

회계학은 손을 많이 쓰면서 공부해야 능률이 오르고 기억에도 오래 남기 때문에 연습장을 최대한 많이 쓴다는 자세로 공부하는 것이 좋다. 또한 시험장에서 계산기를 자유자재로 쓰려면 평소에도 계산기를 자주 사용해 문제를 푸는 데 숙달해두는 것이 좋다.

2. 회계학 2부

회계학 2부는 법인세법, 소득세법, 부가가치세법에서 출제되며 고득점이 쉽지 않다. 세법이라는 과목 자체가 양이 많은 데다가 세무회계의 특성상 계산문제가 복잡하고 지저분하기 때문에 연습도 많이

해야 한다. 이렇게 양이 많을수록 책 한 권을 기본으로 삼고 반복하면서 기출문제 위주로 공부하는 것이 바람직하다. 학원 모의고사는 참고용으로만 활용하고 너무 범위를 넓히지 않는 것이 좋다.

3. 세법학 1부

세법학 1부는 국세기본법, 소득세법, 법인세법, 상속세 및 증여세법의 다양한 사례형 문제가 주로 출제된다. 사례형 문제는 대부분 판례를 변형해 출제되므로 각종 판례를 읽고 쟁점을 도출한 뒤 그와 관련된 논리와 이론을 녹여서 답안에 현출하는 것이 중요하다. 다양한 판례를 읽어보고 세법학 기본서나 요약서(수험생들이 가장 많이 보는 것은 《임팩트Impact 세법학》이다)의 목차와 내용을 연결하는 연습을 해보는 것이 도움이 된다.

　기본서를 보아야 하는 이유는 논술형 시험에서 답안지로 제출할 글감을 머릿속에 많이 저장하기 위해서다. 만약 글쓰기에 자신이 있다면 요약서만 반복하며 목차와 논리 흐름 위주로 정리하는 것이 시간을 절약하는 방법이다. 아울러 강의를 듣지 않고 공부를 하면 전체 논리를 잡기 어려울 수가 있다. 그러므로 자신에게 맞는 인터넷 강의라도 하나 선택해서 빨리 1회독을 하고 시작할 것을 권한다.

4. 세법학 2부

세법학 2부는 법인세와 소득세를 제외한 부가가치세법, 개별소비세법, 지방세법, 조세특례제한법 등 기타세법에서 출제된다. 기타세법의 특징은 개념이 중요하다는 것이다. 사례보다는 기본개념을 서술하는 문제가 많이 출제되며, 정확한 목차 현출과 논점을 빠뜨리지 않고 다 써내는 것이 고득점의 비결이다.

　최근에 와서는 사례형 문제도 출제되고 있으므로 세법학 1부처럼 스스로 쟁점을 분석해서 써보는 연습이 필요하다. 사례가 복잡하거나 어렵지는 않으므로 정확한 법조문 암기와 빠짐없는 내용서술이 더 중요한 공부 포인트가 될 것이다.

087

변리사
시험 과목별 공부법

1차 시험 과목별 공부전략

1. 산업재산권법

변리사 1차 시험에서 산업재산권법은 전통적으로 암기과목에 해당했다. 그런데 2017년 2월에 치러진 변리사 시험에서는 출제경향이 다소 변화해 적용·응용문제가 많이 출제돼 상대적으로 어려웠다는 것이 수험생들의 반응이다. 또한 상표법은 어렵고 특허법과 디자인법은 쉬웠다는 이야기가 많았다.

산업재산권법은 법 과목인 만큼 기본서를 중심으로 공부하다가는 양이 너무 많아 질리기 쉽다. 빨리 합격한 대다수 수험생들과 이야기해보니 문제집 위주로 공부하면서 기본서는 기본강의를 빨리 돌려 이해만 하고 넘어가는 식으로 끝냈다고 한다. 문제집도 기출문제와 응용문제를 포함해 문제수가 매우 많기 때문에 처음부터 끝까지 다 풀려고 하다가는 1차 시험공부에서 산업재산권법만 붙잡고 있게 된다. 균형 잡히고 거시적인 공부를 위해서는 챕터별로 홀수문제를 다 풀고 다시 복습할 때는 짝수문제를 푸는 식으로 번갈아가며 전체 회독수를 높이는 것이 좋다.

상표법, 특허법, 디자인법은 문장을 읽고 이해하면서 옳고 그름을 파악하는 것이 1차 시험의 관건이다. 이를 위해서는 봤던 문제도 계속 반복해서 읽으며 머릿속에 옳은 문장에 대한 잔상을 남겨두는 것이 좋다. 특히 기출문제의 지문은 최소한 5번 이상 빠르게 눈으로 반복하는 것이 좋다. 처음에는 무슨 말인지 이해가 안 되다가도 이렇게 회독수를 늘리면 이해 및 암기가 되므로 반드시 기출문제를 반복해야 한다.

보통 수험생들은 기본서와 기본강의를 듣고 객관식 문제집을 푼다음, 최신판례 요약 등을 병행하다가 막판에는 모의고사를 치르며 복습을 한다. 나는 개인적으로 기출문제를 계속 반복하면서 문제집과 요약서 위주로 간소하게 공부할 것을 권한다. 그리고 막판에는 시험에 나올 만한 쟁점이나 판례강의를 듣는 것이 좋다.

2. 민법개론

민법은 다른 시험들과 마찬가지로 양이 많은 과목이지만, 한 번 지식과 실력을 올려두면 잘 떨어지지 않는 효자과목이기도 하다. 민법은 다른 시험들까지 합하면 기출문제가 굉장히 많고 참고할 만한 자료도 많아서 상대적으로 공부하기가 수월한 편이다. 학원 커리큘럼상으로는 대개 기본강의와 기본서를 돌리고 난 다음 객관식 문제집을 풀고 막판에 모의고사를 치르는 순서로 공부한다. 하지만 나는 다른 과목과 마찬가지로 기출문제와 판례지문을 지속적으로 반복할 것을 추천한다. 기본서나 이론서에 지나치게 시간을 투자하면 시험 합격과 멀어지거나 다른 과목을 공부할 시간이 줄어들 것이다.

　판례와 기출문제 해설이 잘 정리된 문제집 한 권을 고르고 그 문제집을 빠른 속도로 반복하며 5회독을 넘긴 다음에는 변호사시험이나 감정평가사 민법 등 다른 시험의 기출문제도 구해서 풀어볼 것을 권한다. 민법은 고득점이 가능한 과목이므로 이렇게 시간을 투자하면 평균점수가 높아질 것이다.

3. 자연과학개론

이과생들이 크게 강점을 보이는 과목이 자연과학개론이다. 고등학교 때 화학·생물·물리 과목을 들었던 기억을 더듬으며 대학에서 관련 전공을 들었던 학생이라면 어렵잖게 시작할 수 있을 것이다. 또한 이공계 학생이 아니더라도 학원강의를 통해서 배우고 이해를 넓힌다면 충분히 공략이 가능한 과목이다.

　문과 출신은 학원 커리큘럼상 이론과 문제풀이 강의를 모두 수강하며 기본기를 제대로 다질 필요가 있다고 본다. 개인적으로는

민법 공부의 왕도

민법 공부는 판례가 중심이다!

모든 시험에서 민법 시험문제는 판례를 알고 있는지를 물어보는 것이 대부분이다. 쉬운 시험일수록 민법 조문을 암기하고 있는지에 대해 출제했는데, 요즘 자격시험에서는 그렇게 단순한 문제를 내지 않는다. 민법 조문은 기본으로 알아야 하겠지만, 판례를 숙지하고 있는지가 더 중요하다.

민법의 개념문제는 자세히 보면 판례에서 나온 법리를 대놓고 물어보는 식이고, 사례문제는 모두 판례를 사례로 만들어서 그 논리를 묻는다. 따라서 자격증 시험에서 민법을 공부한다고 하면 판례를 이해, 암기하는 것으로 이해하면 된다.

민법은 암기와 이해가 다 중요하다!

보통 법 과목은 암기만 하면 된다고 생각하는 사람들이 많다. 그런데 자격시험의 민법은 판례를 묻고 복잡한 사안을 어떤 법리로 풀어가는지 그 논리를 묻는다. 판례의 논리는 생각보다 정교하고 복잡한데, 그 논리를 이해하지 않으면 조금만 지문을 바꿔서 출제해도 여지없이 틀리고 만다. 즉, 단순히 암기해서는 지문의 옳고 그름을 판단하는 데 한계가 있으므로 이해가 병행돼야한다. 그렇다고 암기를 소홀히 하면 문제 푸는 속도가 떨어진다. 자주 나오는 지문을 OX문제로 정리해놓고 자주 봐서 암기를 해두는 것이 좋다.

민법은 문제를 많이 풀수록 유리하다!

민법은 양이 많은 과목이다. 총칙, 물권법, 채권법, 계약법 등 종류도 다양하고 판례도 어마어마하다. 이것을 다 정리하고 시험장에 가려면 거의 2천 페이지가 되는 양을 소화해야 한다. 그래서 자격시험을 준비할 때 민법을 공부하는 가장 좋은 방법은 문제를 많이 풀면서 자주 출제되는 판례와 논리를 익히는 것이다. 기출문제나 모의고사문제를 많이 풀다보면 자연스럽게 판례의 입장과 논리를 알게 된다. 그리고 중요한 판례나 조문은 당연히 문제에 들어 있기 때문에 시간을 절약할 수 있다.

'한빛고시학원'이 이 과목에서 강점을 보이는 것 같다.

학생들에게 들어보면 물리와 화학이 쉽다고 하는 의견도 있고, 반대로 생물과 지구과학이 쉽다는 의견도 있다. 이런 개인차는 그동안 공부했던 전공이나 배경지식의 차이에서 비롯된다. 물리, 화학, 생물, 지구과학 가운데 한두 과목은 포기하고 나머지 과목에 집중하는 학생들도 많은데, 과락의 위험이 있으므로 전 과목을 모두 공부할 것을 권한다.

간혹 대학 교과서로 공부하는 학생들도 있는데, 그럴 경우 수험 적합성이 떨어지고 범위가 지나치게 넓어 정리가 안 될 수 있다. 학원의 공부자료나 요약자료를 이용해 단권화하면서 공부하는 것이 현명하다.

2차 시험 과목별 공부법

1. 특허법

특허법은 암기와 이해, 답안지 현출의 삼박자가 중요한 과목이다. 다른 과목도 마찬가지지만 굳이 비중을 따지자면 암기의 비중이 상대적으로 크다고 볼 수 있다.

특허법은 다른 수험생들이 가장 많이 보는 교재를 선택해 그 교재를 시험장에 들어갈 때까지 반복하는 것이 좋다. 대다수의 수험

생이 임병웅 변리사의 교재를 보는데, 만약 학원 커리큘럼을 따라
갈 생각이라면 그 강의 교재를 기본서로 삼고 끝까지 보는 것도
나쁘지 않다. 책은 너무 넓히지 말 것을 권한다.

전업수험생의 경우에는 GS모의고사반을 기초와 실전까지 수강
하고, GS문제를 개인적으로 반복해 숙달하면서 기출문제를 지속적
으로 분석하는 공부법을 권한다. 강의는 샘플을 들어보고 개념과
이론을 잘 잡아주는 강의를 선택하되, 여러 강의를 동시에 듣기보
다는 한 강사의 강의를 끝까지 밀고 가는 것이 좋다.

특허법도 법 과목이므로 법조문에 익숙해져야 한다. 조문의 내
용을 내 것으로 만들려면 자주 보고 문제를 풀면서 자주 찾아보
는 습관을 들이는 것이 좋다. 시험장에서 법전을 주는지와 상관없
이 자주 사용하는 법조문은 암기하는 것이 1분 1초가 중요한 시험
의 특성상 합리적인 자세라고 생각한다.

기본서를 어느 정도 공부하고 난 뒤 문제집을 볼 것이냐에 대해
서는 강사나 수험생마다 의견이 분분하다. 기본서는 최대한 빨리
돌리고 문제집의 A급, B급 논점 위주로 반복해서 답안지의 현출
퀄리티를 높이는 것이 시험에 빨리 붙는 방법이 아닐까 생각한다.
대부분의 문제집은 기출문제와 중요도, 답안 현출 방식 및 타 개념
과의 구분이 잘되어 있으므로 보기 좋은 책을 한 권 선정해 반복
하면 된다.

판례도 따로 정리하기보다는 GS모의고사반에서 주는 자료나 문
제집에 실린 판례 정도면 충분하다. 만약 최신판례를 문제화하더
라도 큰 틀에서는 논리를 벗어나지 않으니 불안해할 필요는 없다.

2. 상표법

상표법은 민법과 특허법의 기초 위에 쌓아올려야 하는 과목이다. 상표법에서 좋은 성적을 거두려면 민법과 특허법을 잘 정리하고 이해해서 이와 관련된 스키마를 머릿속에 정립해두어야 한다. 즉, 특허법 공부를 철저히 하면서 법리, 용어, 개념에 능숙해지면 상표법에서도 힘이 생긴다.

상표법은 다른 지적재산권법과는 달리 정신적 창작물을 다루는 것이 아니라 기호나 문자의 조합적 표시인 상품과 서비스의 상표를 다루므로 다른 법과는 차별화되는 개념이 많이 나온다. 법조문의 암기는 기본 중의 기본이며, 법조문을 자주 사용하는 동시에 어떤 문제나 판례에서 사용되는지도 함께 정리해두어야 한다.

기출문제의 정리는 처음부터 시험장에 가는 마지막 순간까지 중요하다. 기출문제는 보통 최신 경향을 유지하는 습성이 있다. 작년에 크게 나온 논점이 올해 똑같이 나오지는 않지만, 지속적으로 강조돼 출제되는 논점은 확실히 정리해둘 필요가 있다.

3. 민사소송법

민사소송법은 변호사 시험, 노무사 시험의 2차 시험 과목이기도 한 만큼 다양한 기출문제가 누적되어 있어 공부할 때 참고할 자료가 많다. 과목의 특성상 신의칙부터 재심까지 수많은 논점별 조문,

학설, 판례, 결론도출을 한 덩어리로 정리해서 문제 분석과 함께 현출할 수 있어야 한다. 그러므로 기본적인 논점마다 한 페이지 정도로 위 로직을 정리, 암기해서 안 보고 쓸 수 있어야 한다.

나는 박승수 변호사의 민법과 민사소송법 강의가 좋다고 해서 들었던 적이 있다. 그런데 두꺼운 기본서를 다 보기는 힘들기 때문에 요약된 핸드북이나 논점요약집 또는 사례문제집을 통해 공부하고 기본서는 참고용으로만 볼 것을 권한다. 또한 GS모의고사반을 수강하거나 학원의 커리큘럼을 따라갈 생각이라면 차라리 GS자료를 반복하면서 단권화하고 기출문제를 분석하는 것이 시간을 절약하는 방법이 되리라 생각한다.

민사소송법은 양이 방대하므로 공부도 분할해서 전략적으로 접근하는 것이 좋다. 이를테면 사례집을 10등분해서 이틀에 1파트씩 반복하거나 개별 스터디그룹을 만들어 강제로라도 분할된 부분을 직접 써보면서 감각을 늘리고 회독수를 높여 나가는 것이다.

사실 회독수를 높이는 이유는 기억의 정확성을 높이기 위해서인데, 최대한 단기간에 회독수를 올려놓으면 나중에는 목차만 보고 넘어가도 구체적인 내용은 살을 붙이듯 쓸 수 있다. 그러므로 최대한 빨리 회독수를 높일 필요가 있다.

4. 선택과목

선택과목은 사람들마다 배경이 다르기 때문에 어느 과목이 좋다고 단정할 수는 없다. 다만 공부량 대비 최고점수를 받을 수 있는 과목에 몰리는 경향이 있는데, 이공계 학생들에게는 회로이론이 고득점 과목으로 알려져 있다. 회로이론은 이공계열 전공자에게 매우 유리한 과목이어서 간혹 100점에 가까운 고득점을 하는 사람도 등장한다. 같은 맥락에서 제어공학을 선택하는 이공계열 전공자들도 많다.

반면 문과생들의 입장에서는 공대 계열의 과목에 취약하기 때문에 디자인법 등 법 과목을 선택하는 경향이 두드러진다. 비교적 공부량이 적고 무난히 점수를 확보할 수 있다는 점에서 나쁘지 않은 전략이다. 법 과목의 특성상 초고득점은 불가능하지만, 그래도 열심히 공부한 것에 걸맞은 점수를 기대해볼 만하다.

사실 선택과목의 공부에는 답이 없다. 자신의 배경지식과 전공, 경험이 각기 다르기 때문이다. 따라서 전공이나 진출분야를 고려해서 선택하는 것이 현명하며, 학원의 커리큘럼상 가장 무난한 과목을 선택해 공부하는 것도 좋은 방법이다.

088

관세사
시험 과목별 공부법

1차 시험 과목별 공부전략

1. 관세법 개론(FTA특례법 포함)

1차 시험뿐만 아니라 2차 시험에서도 출제되는 관세법은 가장 중심이 되는 과목이다. 1차 시험의 관세법은 기초개념 수준으로 납부기한 등 절차와 관련된 문제와 시행령, 부령과 같이 규칙에 대한 세부적인 부분까지 암기해야 하는 과목이다. 1차 시험을 공부하면서 2차 연습서를 구입해 병행하는 것도 시너지 효과를 낼 수 있는 방법이다.

학원강의는 인터넷 강의로 기본강의를 한 번 빠르게 들은 뒤 객관식 관세법 책 한 권을 구해 기출문제 위주로 반복하는 것이 바람직하다. 관세법은 다른 과목보다 평균점수를 높이기에 유리하므로 60~70점 이상을 목표로 공부해야 한다. 즉, 다른 과목보다 회독수를 높여서 틀리는 문제를 최소화하는 것이 좋다. FTA특례법은 5문제가 출제되는데, 국가명이나 개념 암기 위주이므로 요약강의와 학원자료 정도로 공부해도 크게 어렵지 않다.

2. 무역영어

무역영어는 무역지식과 협약, 규칙에 대한 공부가 중심이 되므로 영어를 못한다고 해서 주눅들 필요는 없다. 수험서를 잘 골라 반복해서 개념에 숙달되면 충분히 좋은 점수를 받을 수 있다. 무역영어에 출제되는 범위는 무역 관련협약이며 법규인 만큼 무역실무와 병행하면 자주 출제되는 용어를 흡수하는 데 유리할 것이다.

무역영어는 지속적으로 암기하고 자주 봐야 한다. 단어암기는 매일 시간을 정해두고 모르는 게 없을 때까지 소거하는 식으로 공부하는 것이 좋은 방법이다.

3. 내국소비세법

내국소비세법은 부가가치세법, 개별소비세법, 주세법에 관한 문제가 출제된다. 관세법과는 달리 국내 거래과정에서 부과되는 세금에 대한 내용이므로 관세사 시험에서는 비주류로 느껴질 수 있는데, 공부량이 얼마 안 되고 정리만 잘하면 고득점이 가능한 효자

과목이다. 기본강의나 요약강의를 빠르게 돌리고 기본개념을 반복하면서 기출문제만 제대로 풀고 시험장에 가도 무방하다. 또한 회계학과 같은 시간에 시험을 보므로 내국소비세법을 빨리 풀고 회계학 시험에 시간을 투자하는 것도 좋은 전략이다.

4. 회계학

관세사 회계학은 감정평가사 1차 시험의 회계학과 난이도가 비슷하다. 시험범위는 재무회계와 원가관리회계이고, 그중 재무회계가 75% 정도 출제된다. 따라서 재무회계를 우선으로 공부하고 원가관리회계는 자신 있는 챕터 위주로 선택과 집중을 하면 된다. 또한 말문제를 먼저 풀고 쉬운 계산문제 순으로 푸는 것이 유리하다.

여력이 된다면 세무사나 감정평가사 시험의 회계학 기출문제도 풀어보는 것이 좋다. 공인회계사 시험의 회계학은 난도가 지나치게 높기 때문에 쉬운 문제만 선별적으로 풀어보면 도움이 될 것이다.

보통 문제집 한 권을 고르면 그 안에 웬만한 강사의 문제집과 다른 시험의 기출도 포함돼 있을 것이다. 내 생각에는 회계사 시험의 강의까지 들을 필요는 없을 것으로 보이며, 김성수 세무사나 황윤하 회계사의 강의가 무난한 것 같다.

2차 시험 과목별 공부법

1. 관세법

관세법은 1차 시험에서는 전반적으로 공부를 하고 2차 시험에서는 답안지 작성을 연습한다. 따라서 다른 과목에 비해 1차와 2차의 연계성이 좋은 과목이다. 하지만 2차 시험의 특성상 답안지 현출이라는 산이 남아 있으므로 주관식 논술형의 특성에 맞게 정확한 암기와 연습이 이루어져야 한다.

법규정마다 입법취지를 비롯해서 의의, 요건, 효과와 논점마다 정해진 목차를 암기하고 답안지에 바로 현출할 수 있도록 매일 시간을 정해서 떠들어보거나 써보는 연습을 해야 한다. 목차와 키워드 노트를 따로 만드는 것은 유예생일 때부터 하는 것이 좋고, 동차생이라면 시간이 부족하니 기본서의 목차와 강사가 강조해주는 키워드를 책에 가필해 암기하는 방법을 추천한다.

2. 관세율표 및 상품학

관세율표 및 상품학은 초심자가 가장 답답해하는 과목이다. 용어와 규정이 생소한 데다 세세하게 암기해야 할 것이 많기 때문이다. 하지만 학원의 순환과정을 들으면서 어느 정도 회독수를 늘리면 금세 실력이 올라서 나중에는 효자과목으로 통하게 된다.

이 과목은 통칙, 각류의 호의 용어, 주규정의 두문자를 따서 암기하는 것이 중요하다. 통칙은 완벽하게 암기해야 하고 호의 경우에는 짧은 것은 완벽하게, 긴 것은 대표적인 것 위주로 암기해야 한다. 이렇게 하면 제한된 기억력 안에서 가장 안전한 시험대비가 될 것이다.

3. 관세평가

관세평가는 비교적 범위가 좁기 때문에 관련 법조문을 충분히 암기해야 한다. 협정을 충분히 숙지하고 사례문제와 계산문제에 대비할 수 있어야 한다. 사례문제는 단순하게 과세, 비과세를 판단하는 것이 아니라 주어진 상황에 따라 과세가격 구성요소의 과세요건 충족 여부 등을 서술해야 한다.

이 과목은 50점 문제의 지문이 길고 사례해석 및 계산이 필요하기 때문에 시험을 볼 때 시간관리가 매우 중요하다. 따라서 모의고사를 볼 때 정해진 시간 안에 최대한 효율적으로 치르는 연습을 해두는 것이 좋다. 실제로 문제 푸는 순서를 바꾸거나 시간관리만 잘해도 전체 점수를 올릴 수 있는 것이 2차 시험이다. 그러므로 이에 대해서 끊임없이 고민할 필요가 있다.

4. 무역실무

수험가에서는 무역실무를 관세사 시험에서 가장 양이 많고 어려운 과목으로 꼽는다. 기본서가 두 권일 뿐만 아니라 정리해야 할 이론도 범위를 확정하기 어려울 만큼 많다. 협약과 규칙은 기본이고 무역에 관해 전반적으로 이해와 암기를 병행하면서 문제에 맞는 내용을 답안지에 현출할 수 있어야 한다.

범위가 가장 넓으면서도 배점은 80점밖에 되지 않아 중요한 부분 위주로 완벽히 암기하고 나머지는 키워드 중심으로 간단히 암기하는 등 선택과 집중이 필요하다. 특히 대외무역법과 외국환거래법은 10점 문제가 하나씩 출제되므로 가장 잘 정리해야 하는 파트이고, 나머지는 학원에서 GS순환이나 단과에서 강조하는 내용 위주로 정리하면 된다.

089

감정평가사
시험 과목별 공부법

1차 시험 과목별 공부전략

1. 경제학원론

감정평가사 시험에서 경제학원론은 5지선다형으로 시험범위는 미시경제학과 거시경제학이고, 보험계리사 시험의 경제학보다는 어렵고 공인회계사 시험의 경제학보다는 쉬운 편이다. 2017년 3월 치러진 감정평가사 시험에서 체감 난도가 가장 높았던 과목인 만큼 철저한 준비가 필요하다.

경제학원론 공부는 빠르게 기본강의 또는 요약강의를 들은 뒤 기출문제를 최근 10년 치까지 다 풀어보는 것이 좋으며, 여력이 있다면 공인회계사 시험 문제들도 풀어보는 것이 고득점에 유리하다. 내가 수험목적에 가장 적합하다고 생각하는 것은 김판기 선생님의 강의인데, 그의 저서 《다이어트 경제학》을 5회독 이상만 해도 충분히 좋은 점수를 받을 것으로 예상한다.

2. 회계학

감정평가사 1차 시험에서 회계학의 시험범위는 재무회계와 원가관리회계이고, 그 가운데 재무회계가 75% 정도 출제되므로 이를 우선적으로 공부하고 원가관리회계는 자신 있는 챕터 위주로 선택과 집중을 하면 된다. 2017년 감정평가사 시험 때는 회계학이 다소 어렵게 출제되었지만, 대체로 세무사 시험과 관세사 시험의 회계학 수준으로 보면 된다. 역시 말문제를 먼저 풀고 쉬운 계산문제 순으로 푸는 전략이 유리하다.

감정평가사 시험의 회계학은 쉬운 편이 아니므로 기출문제를 다 풀고 여력이 된다면 세무사나 관세사 시험의 회계학 기출문제도 풀어보는 것이 좋다.

3. 민법

감정평가사 시험에서 민법은 민법총칙, 물권법만 제대로 마스터해도 고득점이 가능한 과목이다. 예전과 달리 최근에는 판례 위주로 나오고 있으며, 기본서나 문제집의 OX문제와 판례만 자주 보아 익숙하게 해두면 답을 고르는 데 별로 무리가 없다. 2017년 3월 치러진 감정평가사 1차 시험에서 민법의 체감 난도는 보통이었다(《법률저널》조사). 민법은 기본서를 보지 않고 곧바로 민법이론과 문제가 잘 정리된 문제집 또는 수험서를 사서 회독수를 늘리며 공부할 것을 권한다.

4. 부동산학원론

부동산학원론은 감정평가사 시험에 2016년부터 추가된 과목이다. 그만큼 아직 기출문제가 쌓이지 않았으며, 덕분에 어렵게 출제되기 힘든 과목이다. 보통 공인중개사 시험의 부동산학원론 과목과 비교되기도 하는데, 공인중개사 시험의 기출문제와 감정평가사 2차 시험의 감정평가사 이론공부만으로 충분히 대비가 되는 과목이다. 2017년 3월 치러진 감정평가사 시험에서 대다수 수험생들이 난이도를 보통이거나 쉬웠다고 말할 정도이니 이 과목에서 고득점을 노리는 것도 하나의 전략이라고 본다.

5. 감정평가관계법규

감정평가관계법규는 초반부터 공부하는 것보다는 시험 직전에 몰아서 공부하는 것이 유리한 과목이다. 회계학이나 경제학원론에서 낮아진 점수를 만회하기에 좋은 전략과목이기도 하다. 기본강의를 깊이 있게 듣고 이해할 필요는 없으며, 요약강의를 반복해서 듣고 기출문제를 반복해서 풀기만 해도 충분히 고득점이 가능한 과목이다. 또한 앞글자를 따서 암기한다거나 노래로 만들어서 암기하는 등 효율적 암기법을 찾는 것이 좋다.

내 경험을 말하자면, 이상곤 선생님의 요약강의와 기출문제집으로 공부한 것이 합격에 도움이 되었다.

2차 시험 과목별 공부법

1. 감정평가실무

감정평가실무는 감정평가사 2차 시험 합격을 위해 가장 중요한 과목이다. 제27회 감정평가사 2차 시험에서 응시생 982명 가운데 786명이 과락을 받았을 만큼 과락률이 높기 때문이다. 감정평가실무 과락(40점)만 넘으면 합격이라고 할 정도로 영향력이 크고 난도도 굉장히 높다.

감정평가실무는 한 문제당 10페이지가 넘을 정도로 자료도 방대하고, 물음에 답하기 위해서는 자료와 논점을 잡고 목차의 뼈대를 세우는 동시에 중간과정의 계산을 빠짐없이 수행해야 한다. 그만큼 짧은 시간에 높은 집중력을 요하며, 기본적으로 답안 작성에 숙달돼 있어야 한다. 사실 많은 지식을 쌓는 것보다는 어떻게 하면 간결하고 정확한 답안을 현출할지를 공부하는 것이 수험기간을 줄여주는 비법이라 할 수 있다.

가장 중요한 일반평가의 3방식부터 정확히 정리하고 세부적인 계산의 로직을 숙지하는 것이 선행돼야 한다. 그다음으로는 목적별 평가인 담보평가, 경매평가, 보상평가 등의 논리를 달리해서 정확히 정리할 필요가 있다. 나는 기본서를 공부하지는 않았지만 요약강의를 통해서 전체 논리를 한 번은 정리했다.

또한 자신에게 가장 적합한 문제집을 한 권 선정해서 단권화하는 것이 좋다. 책을 여러 권 사서 늘리면 막판에 곤란해진다. 기출문제와 연습문제가 잘 정리된 책을 한 권 사서 여러 번 풀고 요약정리를 가필하는 등 단권화해서 회독수를 높여야 한다.

2. 감정평가이론

감정평가이론 역시 40~50% 정도의 높은 과락률을 자랑하는 과목이다. 대부분 어떤 주제에 대해서 논하라거나 설명하라는 등 서술하는 방식이고, 해당 논점을 꽉 채워서 내도 50점 이상을 받기가 힘든 것이 현실이다. 단순히 기본서를 암기해서 적는 것은 요즘의 트렌드가 아니고 사례형으로 출제되기도 하므로 감정평가실무를 공부할 때는 실무문제를 말로 설명하거나 글로 표현해보는 연습을 하는 것이 도움이 된다.

실제로 나도 감정평가실무를 공부하면서 이를 세 방식으로 분류해서 설명해보고, 가치형성 요인으로 나누어 자연적 요인, 사회적 요인, 경제적 요인으로 말을 지어보거나 주변의 유사 사례를 들어 설명해보았다. 이것을 감정평가이론 공부와도 연결해 통합적으로 해보는 것이 이론 성적을 효율적으로 높이는 비결이다.

한 채점위원의 말에 따르면, 감정평가이론 과목의 고득점을 위해서는 교과서나 수험서의 내용을 그대로 외워 적는 데 그치지 않고 더 나아가 해당 제도의 목적이나 취지에 대한 깊은 이해가 이루어져야 한다. 제도의 목적 및 취지에 대한 이해가 선행되어야 이를 바탕으로 자신의 생각을 논리적으로 답안지에 현출할 수 있다는 지적이다. 미래의 감정평가사로서 토지와 인간의 관계에 대한 이해나 업계에서 이슈가 되는 사안에 대한 견해를 드러내는 답안은 더 좋은 평가를 받을 수 있다.

시중에 기본서가 많이 나와 있지만, 내 생각에는 기출문제를 한 번 자신의 언어로 정리해보면서 답안지 작성 연습을 해보고, 기본서는 필요한 부분만 찾아서 보는 식으로 공부하는 것이 좋을 것 같다. 아울러 학원의 GS모의고사를 구해서 문제와 답안지를 한 번 보는 것도 다양한 관점을 이해하고 답안지를 현출하는 데 도움이 될 것으로 본다.

3. 감정평가법규

감정평가법규도 평균 과락률이 50% 정도나 되는 어려운 과목이다.

그런데 시험범위가 확정돼 있고, 행정법과 개별법규(토지보상법 등)를 철저히 공부해 어느 정도 실력이 오른 상태에서는 점수가 잘 하락하지 않는 과목이기도 하다.

출제자들은 감정평가법규의 경우 법률에 대한 기본적 이해와 그에 따른 법리적 능력이 필요하다고 조언한다. 출제자가 설문을 통해 묻고자 하는 의도를 파악하는 것, 자신이 아는 내용을 논리적으로 서술하는 것은 합격 답안 작성의 필수조건이다. 나아가 법률가로서 갖춰야 할 법리적 능력을 측정하는 과목인 만큼 법령과 학설, 판례에 대한 설명이 답안지에 충분히 현출되어야 높은 점수를 받을 수 있다.

감정평가법규는 강사들마다 강조하는 부분이 다소 차이가 있으므로 여러 강의를 혼용해서 듣는 것은 기본개념의 형성에 도움이 되지 않는다. 나는 GS모의고사를 기본축으로 하면서 행정법 전문 강사의 책을 참고해 행정법의 깊은 논점을 보충한 나만의 단권화 노트를 만들어 회독수를 높였다.

또한 GS스터디를 통해서 주요논점이나 기출문제를 직접 시간 안에 풀어보는 연습을 했다. 아울러 부족한 부분을 집중적으로 반복하면서 정교하게 답안을 쓸 수 있도록 복습을 병행했다. 그리고 GS모의고사 위주로 공부하면서 내 나름대로 추려낸 약 100가지의 핵심논점을 수십 번 반복해 중심을 잃지 않으려고 노력했다.

090

공인노무사
시험 과목별 공부법

1차 시험 과목별 공부전략

1. 노동법 1

노동법1은 근로기준법, 산업안전보건법, 직업안정법, 파견근로자보호 등에 관한 법률, 기간제 및 단시간근로자 보호 등에 관한 법률, 남녀고용평등법, 최저임금법, 근로자퇴직급여보장법, 임금채권보장법, 근로자복지기본법 등 암기해야 할 범위가 넓다. 하지만 고득점이 어려운 과목은 아니어서 처음에 개념을 잘 잡고 기출문제와 요약서만 잘 반복하면 좋은 점수를 획득할 수 있다. 강의는 합격의 법학원과 윌비스 한림법학원이 모두 괜찮으니 자신에게 맞는 강사를 선택해 한 번 정도 들을 것을 추천한다.

　　노동법1은 개별 노동자에게 적용되는 법률을 공부하는 것이므로 노동자의 보호에 초점을 맞추고 법조문과 판례를 바라보아야 한다. 근로관계, 부당해고, 부당노동 등의 개념을 명확히 비교하고 근로시간과 관련된 제도는 확실히 암기하고 그 개념을 철저히 이해해야 헷갈리는 지문이 나와도 정확히 풀어낼 수 있다.

　노동법1도 법학이므로 법원리를 기본적으로 이해하고 법조문과 판례가 왜 그렇게 구성될 수밖에 없는지를 알면 암기하지 않아도 풀 수 있는 문제가 많다. 그러므로 기출문제와 요약서를 반복해 암기하는 한편, 그 취지 등을 이해하려고 꾸준히 노력해야 한다.

2. 노동법2

노동법2는 노동조합 및 노동관계조정법, 근로자참여 및 협력증진에 관한 법률, 노동위원회법, 공무원의 노동조합 설립 및 운영에 관한 법률, 교원의 노동조합 설립 및 운영에 관한 법률 등 조직구성에 관한 부분을 다루는 과목이다. 노동조합의 노동쟁의가 어떻게 쟁의행위까지 연결되는지를 논리적으로 공부하고, 그 과정에서 제도가 어떻게 설계되었는지를 하나하나 공부해야 한다.

　결국 노동조합의 구성원리와 과정을 이해하고 암기하면서 굵직한 단체협약, 단체교섭까지 공부해야 한다. 기출문제가 많이 누적돼 있으므로 이를 지속적으로 반복하고 강의는 개념강의를 하나 정도 듣는 것이 좋다.

3. 민법

공인노무사 민법은 다른 시험에 비해서 양이 적다. 민법총칙과 채권법만 공부하면 되기 때문이다. 총칙은 전공과 상관없이 입문하는 사람이 크게 어렵지 않게 소화할 수 있는 개념적인 부분이지만, 채권법은 계약원리를 담은 조문들과 판례가 다양하기 때문에 좀더 시간을 투자해 공부해야 한다. 내 생각에는 기본강의나 요약강의를 한 번 정도 동영상으로 수강하고 기출문제집만 반복해서 풀어도 좋은 점수를 획득할 수 있을 것으로 본다.

최근에는 판례를 이용한 문제가 많이 나오므로 기출문제뿐만 아니라 최신판례 자료도 구해볼 필요가 있다. 매년 개정되는 내용이 거의 없어 옛날 강의를 들어도 무방하다. 다만 문제를 다양하게 풀어보는 것이 고득점의 비결이므로 문제풀이에 소홀해서는 안 된다.

4. 사회보험법

사회보험법은 사회보장기본법, 고용보험법, 산업재해보상보험법, 국민연금법, 국민건강보험법, 고용보험 및 산업재해보상보험의 보험료 징수 등에 관한 법률 등 각종 사회보험의 파트가 출제되고 있다. 이 과목은 다른 과목에 비해서 내용이 산발적이고 큰 논리가 없어 휘발성이 강한 편이다.

보통 시험 보기 한두 달 전부터 시작하는 과목이라는 것이 수험가의 중론이지만, 내 생각에는 미리 수험서를 일독하고 막판에 몰아치는 것이 유리하다. 한 달 전부터 공부를 시작해서 개념을 잡으려고 하다가는 이해와 암기를 통해서 문제풀이 능력을 배양할 시간이 부족할 수밖에 없다.

5. 선택과목 – 경제학원론, 경영학개론

가끔 노무사 수험생들이 경제학원론과 경영학개론 가운데 어느 과목을 선택하는 게 좋을지 질문하는데, 나는 자신의 배경지식을 보고 선택하라고 대답한다. 물론 표면적으로는 경영학개론이 경제학원론보다 내용이 쉽고 단순하다. 하지만 경제학 전공자나 경제학 공부를 오래 해온 학생이 갑자기 경영학을 선택하는 것이 좋을 만큼 경영학이 만만한 과목은 아니다.

경영학은 깊이는 얕지만 내용을 보면 회계, 인사, 재무, 노무, 경영전략, 경영과학, 경영조직론, 마케팅 등 범위가 방대하다. 그래서 피상적으로 암기해야 하는 학자와 모델, 이론, 연도 등이 많기 때문에 오히려 경제학보다 공부하기가 힘들 수도 있다. 경제학은 양은 많지만 한 번 제대로 논리를 잡아두면 실력이 잘 떨어지지 않는데 비해 경영학은 출제위원에 따라 난이도가 천차만별이 될 수 있기 때문이다. 그래도 노무사 경영학은 다른 시험에서보다는 쉬운 편이니 경영학을 선택하는 것이 유리할 것으로 본다.

2차 시험 과목별 공부법

1. 노동법

2차 시험 노동법은 논술형, 약술형, 사례형이 골고루 섞여 출제된다. 노동법의 경우 150점 만점에 주관식으로 출제되며 출제범위는 근로기준법, 파견근로자보호 등에 관한 법률, 산업안전보건법, 산업재해보상보험법, 고용보험법, 노동조합 및 노동관계조정법 등 1차 시험의 노동법1, 2 시험범위와 거의 같다.

보통 근로계약 관련 문제가 75점, 집단적 노사관계 문제가 75점이 출제되므로 둘 다 대비해야 한다. 사례형과 서술형의 경우에는 판례와 그 의미를 물어보는 문제가 확대돼 출제되고 있다.

주로 기본서와 사례집으로 공부를 많이 하는데, 나는 기본서를 오래 보는 것에 대해서는 회의적인 입장이다. 차라리 제대로 된 문제집을 한 권 사서 기본서처럼 반복하고 GS모의고사나 학원의 보충자료를 가필하면서 단권화하는 방법을 추천한다. 어차피 문제집에는 기출문제와 주요논점이 다 정리되어 있으니 이렇게 공부하면 기출문제를 반복하는 효과도 있을 것이다.

시험범위를 노동법 기본서와 최신판례, 사례연습서, 노동법학회의 학회지까지로 본다면 너무 방대하기 때문에 다 볼 수도 없을뿐더러 다 보아서도 안 된다. 다 보려 하다가는 하나도 제대로 쓰지 못한 채 시험장을 나와야 할 것이기 때문이다.

2차 시험의 경우에는 학원에 꼭 갈 것을 권한다. 2차 시험은 내용 공부에서 끝나는 것이 아니라 답안지를 효율적으로 작성하는 연습을 해야 한다. 이를 위해서는 꾸준히 모의고사를 보고 강평을 들으면서 나의 답안지를 다듬을 필요가 있다. 이와 더불어 최신판례의 트렌드나 이슈 등이 시험에 나올 가능성이 있으므로 이를 잘 정리해주는 학원의 도움을 받는 것이 효율적이다.

2. 인사노무관리론

인사노무관리론은 경영학과 학생들에게 유리한 과목이다. 나도 경영학과에 다닐 때 인사노무관리를 수강한 적이 있는데, 경영학에서는 각종 현업의 이슈와 학자의 이론, 노동 관련 사회제도의 논리를 배웠다. 그만큼 범위가 넓고 현업의 이슈와 출제자의 시각에 따라 출제경향의 변동이 커서 대비하기가 어려운 과목임에 틀림없다. 그래도 기본에 충실하면 적어도 논리의 일관성을 유지하면서 새로운 문제가 출제되어도 당황하지 않는다.

인사노무관리는 학원의 GS커리큘럼을 따라가거나, 예비순환은 듣지 않더라도 기본강의는 듣는 것이 좋다. 기본적 이론의 기반을 잡고 단권화를 시작하는 것이 다양한 이슈를 흔들림 없이 정리할 수 있는 지름길이기 때문이다. 따라서 수험생들이 가장 많이 보는 수험서 하나를 택해 너덜너덜해질 때까지 반복하고, GS모의고사를 치면서 이슈가 되는 부분을 단권화하는 것이 좋다.

노무사 2차 시험의 핵심은 범위를 좁히면서 아는 범위 내에서는 최대한 쓸 수 있도록 연습하는 것이다.

3. 행정쟁송법

행정쟁송법은 행정소송법, 행정심판법, 민사소송법 가운데 행정소송 관련부분이 시험범위에 해당한다. 행정쟁송법의 특성상 논점이 되는 것을 100개 이내로 추려서 반복적으로 출제되는 문제를 분석하고, 어떤 논점에 해당하는지 추려서 그 부분을 답안지에 완벽히 담아내는 것이 중요하다.

행정소송법은 조문이 그리 많지 않고 자주 출제되는 부분도 정해져 있다. 예를 들어 원고적격, 피고적격, 가처분, 집행정지 등 권리구제제도 안에서 판례상 가장 이슈가 되는 부분을 중점적으로 정리하고 암기해두면 점수를 고르게 유지할 수 있다.

그만큼 쟁점정리 위주로 빨리 단권화하고 그 부분을 반복해서 완벽하게 답안지에 현출하는 연습을 해야 한다. 사례화할 수 있는 행정쟁송법의 쟁점이 학설, 판례, 검토 순으로 잘 정리된 책을 한 권 구해서 반복학습을 하는 것이 좋다. 또 학원의 GS커리큘럼을 듣는다면 학원 자료로 단권화하는 것도 시간을 효과적으로 줄이는 방법이다.

내 생각에는 행정쟁송법은 잘 나온 책을 한 권 구입해서 반복하거나 선배들이 만든 서브노트를 구해서 단권화하는 것이 유용한 것 같다. 쟁점마다 A급, B급, C급으로 나뉘어 있으므로 최대한 A급 논점 위주로 공부하고, B급 이하의 논점은 막판으로 가면서 눈도 장을 찍어두면 될 것이다.

4. 선택과목 – 경영조직론, 노동경제학, 민사소송법 중 택1

선택과목은 자신에게 가장 유리한 과목을 골라야 한다. 경영학과 출신이라면 경영조직론이 가장 유리할 것이며, 경제학과 출신이라면 분량이 적은 노동경제학이 가장 유리할 것이다. 또한 법학과 출신이라면 상대적으로 민사소송법이 유리할 것이다.

경영조직론은 경영학의 특성상 논리의 깊이보다는 다양한 학자의 이론을 논리틀에 맞게 정리해 답안지에 써내는 것이 중요한 과목이다. 경영학은 혁신과 창의성의 과목인 만큼 독창적으로 지식을 표현하는 답안이 고득점의 비결이라고 생각한다. 보통 수험서의 의의와 근거, 논리과정을 서술하는 틀을 최대한 간결하게 정리해 키워드 중심으로 암기하고 목차를 머릿속에 암기하는 것이 기본이다. 여기에 덧붙여 출제자에게 어필하기 위한 전략이 필요하다.

예를 들면, 조직행동론에서 자주 나오는 논점마다 관련된 기업의 혁신사례 등을 정리해서 중간중간 써주거나, 김인수 교수님의 교재처럼 수험생들이 많이 보는 교재상의 표현으로 통일해서 적시하는 것이 좋을 것이다. 목차는 논점마다 정형화해서 막판에 머릿속에 한꺼번에 넣을 수 있도록 미리 준비하면 시험장에서 시간을 줄일 수 있을 것이다.

노동경제학은 경제학답게 그래프를 깔끔하게 정리해서 답안지에 현출하는 것이 중요한 과목이다. 2014년 노동경제학 채점평을 보면 시험의 출제의도가 미시경제학적 기초를 바탕으로 노동경제학의 핵심개념을 이해하고, 분석방법론을 정확히 숙지해 노동시장의 다양한 이슈에 적용할 수 있는 능력을 평가하는 데 있다고 되어 있다. 아울러 출제의도에 맞춰 경제학적 분석모형을 적절히 사용해서 명확한 결론을 도출하면 좋은 점수를 받을 텐데 그래프를 그려서 경제학적 분석기법을 적용하고 설명하는 데 서투른 수험생이 많았다는 아쉬움도 드러냈다.

경제학 자체가 그래프를 잘 다루는 데서 시작하는 만큼 미시경제학적 기법을 그래프로 잘 정리해 암기하고, 답안을 작성할 때 그래프를 통해서 현상을 명확히 설명하는 연습을 꾸준히 하는 것이 가장 좋은 공부법이다. 노동경제학은 다른 과목에 비해 공부량은 적지만 엄격한 논리의 현출을 위한 연습량이 더 필요할 수 있다는 점을 명심하자.

민사소송법은 다른 시험에서와 마찬가지로 법리적 논점에 대해 법조문을 정확하게 알고, 관련 판례 지식을 통해 사례의 핵심쟁점을 분석하며, 문제점 적시·학설대립·판례·검토를 정확하게 보여주면서 사안의 해결까지 도출하는 것이 중요하다. 과거 채점평을 보면 출제자는 사례문제의 경우 관련 개념에 대해 기본적으로 이해를 하고 있는지, 개념에 대한 이해를 통해 관련 사례를 제대로 풀이하고 있는지를 보기 위한 것이라고 밝히고 있다. 즉, 사례의 논점 분석은 기본이고 기본개념과 이론을 답안지에 적시하면서 풍부하게 보여줄 것을 요구하는 것이다.

간혹 판례와 결론만 적시하거나 학설의 대립을 대충 얼버무리는 경우가 있다. 이런 실수를 하지 않으려면 공부할 때부터 논점에서 반드시 써야 할 부분을 철저히 정리해서 암기해둘 필요가 있다.

091

보험계리사
시험 과목별 공부법

1차 시험 과목별 공부전략

1. 보험계약법, 보험업법, 근로자퇴직급여보장법

보험계약법은 손해사정사와 시험범위가 같다. 보험계약법은 상법의 보험과 해상편만 시험을 보기 때문에 분량이 많지는 않지만, 논리를 정확히 잡지 않으면 암기하는 데 시간이 많이 걸린다. 그래서한 번쯤은 학원에서 기본강의나 요약강의를 듣는 것이 좋고, 판례만 정리한 특강은 굳이 듣지 않아도 된다. 상법은 판례를 따로 정리하기보다는 법조문과 이론을 중심으로 녹여내는 것이 효율적이다. 즉, 수험서 하나를 잘 고른 뒤 판례와 조문을 나누지 않고 논리를 중심으로 모두 회독하는 것이 시험에 잘 대비하는 방법이다.

각 학원에서 나온 보험계약법 수험서들을 보면 법조문을 그대로 옮긴 것이 아니라 조문과 판례가 이해하기 쉽게 해석되어 있다. 요즘에 나오는 책에는 이처럼 풀이가 친절하게 되어 있어 이해하는데 어려움이 없다. 내 경우를 예로 들면, 보험계약법 기본강의를 인터넷 강의로 빠르게 돌린 뒤 교재의 문제를 중심으로 10회독 이상 돌려 시험에 빠르게 반응할 수 있는 상태로 훈련했다.

보험업법은 보험업의 영위와 관련해 규정된 다양한 약관 및 법규에 관한 과목이다. 보험계약법과는 달리 단순 암기과목이므로 시험 한 달 전쯤부터 정리해서 반복하고 시험장에 가면 충분할 것으로 본다.

특히 보험업법은 개정내용이 있을 수 있으므로 막판에 학원의 보험업법 요약강의나 문제풀이 강의를 수강하는 것이 좋다. 만약 강의를 듣지 않을 경우에는 개정된 보험업법 자료를 구해서 별도로 정리해야 시험장에서 틀리지 않을 것이다.

근로자퇴직급여보장법은 2014년 시험제도가 개정되면서 새로 추가된 과목으로 아직 역사가 오래되지 않아 쉬운 난이도로 출제되고 있다. 시험을 보기 직전 보험업법과 같은 방법으로 개정된 내용을 반영해 5번만 반복하고 들어가면 충분할 것으로 본다.

2. 경제학원론

경제학원론은 감정평가사 1차 시험과 난이도가 유사하거나 다소 쉬운 편에 속한다. 5지선다형으로 시험범위는 미시경제학과 거시경제학이고, 난이도는 공인회계사 시험에서 출제하는 경제학 과목보다는 쉬운 편이다.

경제학원론의 공부는 빠르게 기본강의 또는 요약강의를 듣고 나서 최근 10년 치의 기출문제를 다 풀어보는 것이 좋으며, 여력이 있다면 공인회계사 시험의 문제들도 풀어보는 것이 고득점에 유리하다. 나의 경험을 말하자면, 김판기 선생님의 강의가 가장 수험목적에 적합하다고 생각하며, 그의 저서 《다이어트 경제학》을 5회독 이상만 해도 충분히 좋은 점수를 받을 것으로 본다.

3. 회계원리

과목명은 회계원리지만 회계학이라고 봐도 무방할 만큼 다른 시험의 회계학과 범위 및 난이도가 유사하다. 회계학의 시험범위는 재무회계와 원가관리회계로 재무회계에서 75% 정도가 출제된다. 따라서 재무회계를 우선적으로 공부하고 원가관리회계는 자신 있는 챕터 위주로 선택과 집중을 하면 된다.

기출문제를 다 풀고도 여력이 있다면 세무사 시험이나 관세사 시험의 회계학 기출문제도 풀어보는 것이 좋다. 대부분의 문제집에는 웬만한 강사의 문제집과 다른 시험 기출도 포함돼 있으니 한 권을 사서 집중적으로 공부하면 되고, 강의를 따로 들을 필요는 없을 것으로 생각한다.

4. 보험수학

보험수학은 보험계리사 2차 시험과 연계성이 가장 좋은 과목으로 어찌 보면 2차 시험을 위한 기초가 되는 과목이라 할 수 있다. 이와 관련해서는《최신보험수리학》이 가장 유명한데, 이 책의 연습문제를 풀 수 있을 정도라면 고득점이 가능하다. 또한 출제비중이 약 30%인 일반수학의 경우 고등학교 교육과정에 나오는 미적분과 확률통계 정도의 문제들이 출제되므로 고등학교 교과서 연습문제를 풀어보는 것도 도움이 된다. 실제로 나는 1차 시험에 합격했던 2013년에 수능공부를 하는 고3 수험생들이 보는《수학의 정석》으로 공부해서 대부분의 문제를 맞혔다.

해마다 보험수학과 일반수학이 번갈아 난이도를 높이고 낮추기 때문에 어느 하나를 소홀히 했다가는 과락이 날 위험도 있다. 수학 공부의 특성상 손으로 쓰면서 공부를 해야 실력이 빨리 늘기 때문에 연습장을 많이 쓰면서 공부할 것을 권한다.

2차 시험 과목별 공부법

1. 계리리스크관리

계리리스크관리는 보험에 대한 폭넓은 이론을 다루는 과목이라

할 수 있다. 보험료 산정 이론뿐만 아니라 각종 리스크관리적 이론, 통계학 이론, 금융에 대한 이해, 우리나라 보험제도와 회계제도까지 범위가 굉장히 넓다. 2014년에 보험계리사 시험이 개정되기 전에는 보험이론 및 실무라는 과목으로 통용되기도 했으며, 현재 실무상의 이슈가 문제화되는 경우가 많다.

이 과목의 경우에는 강사마다 강조하는 분야와 스타일이 다르므로 가장 많은 수험생이 보는 수험서와 강사를 선택하는 것이 유리하다. 또한 보험연수원의 교재를 참고하면서 단권화하면 도움이 될 것이다.

2. 보험수리학

보험수리학은 1차 시험의 보험수학을 깊이 있게 공부한 수험생에게는 상대적으로 부담이 적은 과목이다. 최신 보험수리학의 연습문제를 모두 풀어보는 것이 좋고, 역시 기출문제를 빠짐없이 풀어봐야 한다. 관련 강의가 많지만 하홍준 선생님의 '수리통계학과 보험수리연습' 등의 강의를 들으면 기본기를 확실히 다질 수 있다.

그리고 나머지 시간에는 문제풀이 연습을 정말 많이 해야 한다. 보험수리학은 최대한 손을 많이 사용하면서 공부해야 하고, 수식에 익숙해지면서 보험수리기호를 자유자재로 사용하는 연습을 꾸준히 해야 한다. 하루라도 공부를 건너뛰어서는 안 되는 과목이다.

수학과 확률론의 기초가 없이는 결코 60점을 넘길 수 없으므로 빠른 시일 안에 수리적 기초를 튼튼히 다져야 한다. 막상 시험을 보면 아주 기초적인 부분에서 실수하는 바람에 떨어지는 수험생이 많기 때문이다. 이 또한 연습량을 늘림으로써 개선할 수 있는 부분이다.

3. 연금수리학

연금수리학은 전통적으로 생명보험수리의 영역으로서 퇴직연금제도부터 시작해 계리적 손익분석, 공적연금재정, 국제회계기준의 해당 파트, 퇴직급여충당부채의 실무 등 다양한 제도와 수리적 기법을 융합해야 하는 과목이다. 그만큼 암기해야 하는 양도 많고 한번 제대로 정리해두면 실력이 잘 떨어지지 않지만, 그렇게 제대로 정리하기가 또 어려운 과목이기도 하다.

미래보험교육원, 인스티비, 로이즈, 보험연수원 등에 강의가 개설돼 있으니 수험생들이 가장 많이 듣는 강사를 선택해서 개념부터 정확히 잡는 것이 중요하다. 시중에 나와 있는 책들을 보면 아직까지는 내용이 부실한 측면이 있다. 그러므로 유예생의 경우에는 미국 계리사 시험의 MLC 교재 등의 연습문제를 풀어보는 것이 감각을 익히는 데 도움이 될 것이다.

연금수리학은 보험수학에 비해 연습보다는 개념학습의 비중이 큰 과목이라고 볼 수 있지만 문제풀이도 주기적으로 해주어야 한다. 개념을 잘 잡은 상태에서는 회계학처럼 문제유형이 정형화돼 있으므로 문제에 익숙해질 때까지 문제 위주로 학습을 하면 된다.

4. 계리모형론

계리모형론은 전통적으로 손해보험수리의 영역이다. 확률변수를 설정하고 문제에서 제시된 자료를 통해 손해의 경우의 수와 확률을 모델링해서 보험료를 도출해내야 하는 만큼 통계학과 확률론의 기초가 매우 중요하다.

　이 과목에 제대로 접근하기 위해서는 수리통계학의 기초가 잘 잡혀 있어야 하므로 하홍준 선생님의 확률론 강의를 한 번쯤 수강할 것을 권한다. 전공자에게는 쉽겠지만 비전공자가 확률론과 미적분의 스킬이 제대로 숙달되지 않은 상태에서 응용문제를 풀 수는 없기 때문이다. 어찌 보면 계리모형론은 확률론 그 자체라 할 수 있으므로 확률론 공부에 집중하라는 조언을 하고 싶다.

5. 재무관리 및 금융공학

재무관리 및 금융공학은 한때 공인회계사 시험의 재무관리를 공부하는 방법으로 접근하면 된다는 것이 중론이었다. 그런데 최근에는 확률론적인 기법도 조금씩 출제되고 있으므로 미국계리사 시험의 MFC 교재를 사서 풀어보는 것이 도움이 된다. 또한 명강의로 알려져 있는 공인회계사 김종길 선생님의 강의를 듣고 개념을 확립하는 것도 좋을 것 같다.

내 경험상 재무관리는 범위가 넓기 때문에 기출문제도 많이 풀어보고 시중에 번역되어 돌고 있는 유명 미국 교재의 문제들도 많이 풀어본 것이 도움이 되었다. 경제학과 학생들은 수업으로 이를 학습하지만, 비전공자의 경우에는 김종길 선생님의 연습문제집이나 실전문제집 문제들을 5번 정도 반복해서 풀고 문제풀이 능력을 키우는 것이 가장 좋은 방법이라고 생각한다.

변호사에게 듣는
변호사 시험 공부법

신석준 변호사

1. 전반적인 수험생활

저는 학부 전공이 법학이었고, 잠깐 사법 시험을 준비한 경험이 있습니다. 그러나 수험 법학은 특성상 조금만 손에서 놓으면 잊어버리기 쉽고, 또한 변호사 시험 합격률이 해가 갈수록 점점 떨어질 뿐만 아니라 로스쿨에서의 수업과 방학 때 이루어진 실무실습으로 생각보다 개인 공부시간이 많지 않았습니다. 그래서 개인 공부시간을 최대한 확보하려고 노력했고, 또한 확보된 시간을 최대한 효율적으로 사용하려고 노력했습니다.

변호사 시험은 과목수가 많고 유형도 선택형, 사례형, 기록형으로 나누어 시험을 보기 때문에 유형별로 공부법이 다르다고 생각했습니다. 그래서 저는 선택형의 경우에는 사법 시험 1차, 변호사 시험, 법원행정고시 등 국가시험 선택형 기출문제를 한데 모아놓은 시중 기출문제집을 2학년 겨울방학 시작 때부터 반복적으로 풀고 오답 노트를 간단히 정리하는 방법으로 공부했습니다.

사례형, 기록형의 경우에는 판례집을 따로 공부했고, 법률과목별로 80~100개가량의 논점(민법의 경우에는 좀 더 많음)을 선정해서 반복 숙달했습니다. 그리고 여러 사람과 스터디를 조직해서 설명해주고 물어보면서 이해와 함께 분량조절 연습 및 특정 판례문구를 서술하려고 노력했습니다.

특히 논술로 쓰는 시험은 혼자 공부하는 것보다 자신과 잘 맞는 사람들과 스터디를 조직해 서술하는 연습을 하면서 자신이 놓치는 부분을 피드백 받는 과정이 필요하다고 생각합니다. 다행히 로스쿨에서는 별도로 학원을 가지 않아도 동기들과 스터디를 조직해서 함께 공부할 수 있었습니다. 학교 스터디를 통해 시험장과 유사한 분위기에서 꾸준히 서술하는 연습을 하는 것이 서술형, 사례형 문제에서 당황하지 않는 방법이라고 생각합니다.

2. 과목별 공부법

가. 선택형

선택형 문제집은 기출문제집만 보았고, 사례형 대비로 봐온 판례집을 공부하면서 보충하는 형태로 공부했습니다. 공법, 형사법, 민사법 모두 아우라 기출문제집을 보았고, 시중에 나와 있는 기출문제집은 모두 비슷할 것이라고 생각해서 편집이나 해설이 충실한 것으로 선정했습니다. 그 외에 사법 시험 1차 기출문제집을 따로 구입해 5개년 분량의 기출문제를 풀었습니다.

선택형 문제는 기출만 보아도 그동안 쌓인 법전형 모의고사와 변호사 시험 및 사법 시험 기출 등이 있기 때문에 양이 상당히 많습니다. 그런데 선택형 대비는 OX답을 단순히 반복 암기하고 판례의 결론만 숙지하면 평균점수 이상은 충분히 받을 수 있습니다. 그렇기 때문에 2학년 겨울방학이 시작되자마자 위에 언급한 책들을 빠르게 풀면서 답을 암기하는 과정을 거쳤습니다.

그리고 틀린 부분이나 문제 자체가 유도하는 함정, 출제자가 선호하는 함정(판례 문구를 틀리게 하거나 혼동하도록 바꾸는 등) 등의 부분은 문제를 풀면서 형광펜으로 표시하고 간단하게 오답 노트를 작성했습니다. 공부를 해나가면서 제가 표시한 문제와 오답 노트를 중심으로 확실하게 아는 문제는 제치고 회독수를 늘리는 방법으로 공부했습니다.

여기에서 당부하고 싶은 것은 10월경부터는 최신판례를 따로 꼼꼼히 정리하고 공부하는 과정이 필요하다는 것입니다. 이번 제6회 변호사 시험에서도 최신판례가 지문으로 상당히 많이 구성되었습니다. 따라서 해당 연도를 포함해 3개년 최신판례집은 반드시 따로 공부해야 합니다.

나. 사례형

1) 공법

헌법은 김유향 기본서에 김유향 300을 보았고, 아우라 사례 기출문제집과 〈법률저널〉에 나온 사법 시험 2차 기출문제집을 보았습니다. 1학년 때는 기본서 위주로 공부했고, 2학년 여름방학과 2학년 2학기에 걸쳐 동기들과 사례형 스터디를 하면서 분량조절과 꼭 서술해야 하는 판례문구를 두문자를 따서 암기하는 과정을 거쳤습니다.

3학년 때는 김유향 300과 기출문제, 김유향 250 판례집을 보면서 논점 위주로 회독수를 늘려가며 암기하는 작업을 반복했고, 기출문제 위주로 문제를 풀었습니다. 3학년 여름방학이 지나면서는 김유향 300과 김유향 250 판례집을 저 나름대로 수십 페이지 분량으로 요약한 요약집만 보았습니다. 서술형은 해당 논점에 서술이 필요한 문구가 있고, 그 문구를 서술하려면 암기가 돼 있어야 합니다. 그러므로 논점을 최대한 반복하면서 암기하는 작업이 필요하고, 이 과정을 반복하면서 암기할 양을 줄여 나가야 합니다.

행정법은 시간이 없어서 3학년 때 박도원 기본서와 박도원 요약집, 교수님 판례집, 아우라 기출문제집, 사법 시험 2차 기출문제집을 보았습니다. 박도원 기본서는 1회독을 하고 궁금할 때마다 발췌독만 하는 형식으로 보았으며, 주로 박도원 요약집과 교수님 판례집만 보았습니다. 행정법은 마지막까지 가장 불안했던 과목인데, 더 이상 양을 늘리는 것은 어렵다고 판단해 박도원 요약집과 판례집만 계속 반복하면서 양을 줄여 나갔고, 기출문제를 풀면서 서술형의 감을 유지하는 방향으로 공부했습니다.

2) 기록형

공법 기록형에 대비해서 따로 산 책은 유니온 기출문제집뿐입니다. 공법은 사례나 기록이나 크게 다르지 않다고 생각해서 수업시간과 시험 볼 때 최대한 집중해서 실전감각을 살리려고 노력했습니다. 또한 학교에서 진행하는 특강도 되도록 참석하려고 노력했고, 모의고사를 본 뒤 틀린 문제는 답을 그대로 다시 써보기도 하고 형식적인 부분에서 틀리지 않기 위해 소송유형별로 형식틀을 반복적으로 외웠습니다.

특히 공법 기록형은 논점이 사례형과 유사하므로 사례형을 공부하면서 따로 공부한 판례집이 많은 도움이 되었습니다. 형식적인 부분도 배점이 크므로 반복적으로 연습할 필요가 있습니다.

다. 형사법

1) 사례형

형사법은 학교강의와 시험자료가 시중의 책들보다 훨씬 좋다고 판단되어 학교 교수님의 강의자료와 기출자료, 최신판례자료를 중심으로 신호진 기본서와 정주형 기본서를 보았습니다. 신호진 기본서와 정주형 기본서는 나와 있는 판례를 중심으로 보았고, 마지막에는 학교 교수님의 강의자료와 기출자료, 최신판례자료 그리고 제가 논점별로 만들어놓은 자료만 반복해서 보고 암기했습니다.

다른 과목도 그렇지만 형법은 특히 논점을 놓치지 않고 잘 잡는 연습이 중요합니다. 이 부분은 학교 수업에서 교수님도 강조한 부분으로 처음 서술하는 죄책이 틀리기 시작하면 그와 엮인 공법의 죄책도 줄줄이 틀리기 때문입니다. 그러므로 사례형 스터디를 하면서 함께 논점 잡는 연습을 할 것을 권합니다.

2) 기록형

기록형은 노수환 기록 문제집과 유니온 기출문제집을 보았습니다. 수업시간과 모의고사에서 열심히 풀었고, 틀린 부분은 다시 틀리지 않으려고 노력했습니다. 형식적인 부분이 많지는 않지만, 그래도 뭐가 나올지 모르기 때문에 모든 양식을 충분히 연습했습니다. 전문법칙이나 증거법 부분을 시험 전에 반복해서 봤고, 역시 판례가 중요하기 때문에 사례형 대비로 판례를 공부한 것이 기록형에도 도움이 되었습니다.

라. 민사법

1) 사례형

민사법은 배점이 가장 크고 공부량이 많아 시간을 많이 투자해야 해서 가장 부담이 되는 과목이었습니다. 민법과 민사소송법은 박승수 기본서에 박승수 사례집, 상법은 장원석 기본서를 보았고, 여기에 아우라 기출문제집과 사법 시험 2차 기출문제집을 보았습니다.

1, 2학년 때는 박승수 기본서와 장원석 기본서를 보았고, 사례집은 3학년 때부터 보았습니다. 3학년 1학기가 시작된 뒤에는 민법, 민사소송법은 사례집만 계속 보았고, 사례 스터디를 하면서 쓰는 연습을 계속했습니다. 3학년 2학기부터는 양을 줄여야 했기 때문에 3학년 1학기 때 스터디하면서 뽑아둔 민법, 민사소송법, 상법의 논점 80~100개씩(민법은 좀 더 많았음)의 두문자를 암기하면서 계속 눈에 발랐습니다.

여기서 제가 또 강조하고 싶은 점은 다른 과목과 마찬가지로 판례, 중요논점, 기출문제 위주로 공부하면서 양을 늘리지 말라는 것입니다. 특히 민사법은 양을 늘리면 한도 끝도 없기 때문에 선택과 집중을 잘해야 합니다.

2) 기록형

민사법 기록형은 학교 실무 교수님들이 잘 가르쳐주셨고 수업자료도 워낙 충실해서 교수님의 자료 위주로 공부했습니다. 제가 따로 본 것은 유니온 기록 기출문제집인데, 이것을 교수님의 자료와 함께 회독수를 늘려가며 반복해서 암기했습니다.

민사 기록형에서 중요한 것은 청구취지와 요건사실을 암기해야 한다는 점입니다. 그래서 청구취지를 확실히 암기하려고 노력했고, 학교수업에서나 모의고사를 풀 때 계속 써보면서 연습했습니다. 그리고 요건사실 항마다 목차를 잡고 서술하는 연습도 꾸준히 했습니다. 이런 방법으로 하면 요건사실을 놓치지 않고 답안지 구성이 깔끔해져서 좋았습니다.

마. 선택과목 – 노동법

선택법은 손을 놓고 있다가 3학년 2학기 때부터 시작했습니다. 만약 누군가가 선택법 선정에 대해 묻는다면 저는 솔직히 노동법보다는 국제거래법을 추천하겠습니다. 노동법은 선택과목 가운데서도 양이 많은 편이고, 논점도 학교 교수님이나 특강 교수님이 선정해주는 것만 50~60개가량이나 되기 때문입니다.

그런데도 제가 노동법을 선택한 이유는 학교에서 노동법을 수강했고, 노동법 판례가 잘 읽혔기 때문입니다. 저처럼 노동법 판례가 잘 읽히고 1, 2학년 때 노동법을 꾸준히 접한 분, 그리고 학교에서 노동법을 선택한 선배들이 많고 교수님의 수험자료가 좋은 상황이라면 노동법을 선택하는 것이 표점확보에 유리하다고 말할 수 있습니다.

노동법 역시 다른 과목 사례형 공부방법과 유사하게 기출문제와 학교 교수님이 주신 논점자료만 반복해서 공부했습니다. 다만 노동법 판례 공부는 따로 하지 않았습니다. 노동법은 선택법이지만 배점의 비율로 보면 민사소송법보다 큰 과목일 수도 있습니다. 따라서 늦어도 3학년 여름방학이나 3학년 2학기를 시작할 무렵부터는 공부를 하는 것이 좋습니다.

금융자격증
이야기

나는 1년 만에 금융자격증을 12개나 취득한 경력이 있다. 회계, 세무, 증권, 금융리스크, 보험 등 분야도 다양하다. 금융자격증은 자신이 진출하고자 하는 금융업의 업종에 맞게 취득할 필요가 있다.

모든 금융공부에는 공통되는 핵심논리와 과목이 있다. 그 가운데 가장 기초가 되는 것이 경제학과 통계학이다. 그리고 그 기본적인 도구는 수학이다. 수학을 못하면 당연히 금융의 탈을 쓰고 있는 이자율, 환율, 수익률, 각종 위험지표를 이해할 수 없다. 물론 고급 금융자격증이 아니라 투자상담이나 은행업무, 회계학을 기본으로 하는 자격증은 수학보다는 법률이나 규정이 더 중요한 공부분야일 것이다.

일단 금융자격증을 취득하려면 자격증의 종류가 무수히 많으므로 어느 분야에 진출할지 업무분야부터 선정해야 한다. 금융의 영역은 은행, 증권, 투자, 보험 등으로 세분화돼 있고 영역별로 필요한 지식과 능력도 다르다. 또한 자격증 취득의 난이도와 과목도 세부적으로 차이가 있다. 다만 공통과목인 경제학, 통계학, 회계학 등을 잘한다면 다양한 자격증을 취득하는 것이 어려운 일은 아니다. 공통과목을 제외한 과목들은 대부분 응용된 기술이기 때문에 암기만 잘하면 과락점수를 넘기기가 쉽기 때문이다. 요즘에는 서점에서도 자격증 관련 문제집을 찾기 쉽고 동영상 강의도 많기 때문에 혼자서 공부하기에도 좋다.

나는 증권/투자분석 관련 자격과 기업회계/세무분야 자격증, 재무설계PB 자격증을 주로 취득했다.

우선, 증권/투자분야는 보통 증권사에서 주식과 채권 등 자산에 투자할 때 수익률과 위험을 분석하는 업무를 말한다. 이 분야의 전문성을 어필하기 위해서 취득할 수 있는 자격증은 다양하다.

나는 증권/투자분야와 관련해서는 국제공인투자분석사, 증권분석사, 금융투자분석사, 재무리스크관리사FRM를 보유하고 있다. 국제공인투자분석사와 FRM 등은 증권사나 투자은행의 입장에서 증권이나 파생상품 보유의 수익과 위험을 분석해서 최적의 투자를 수행한다.

이 분야의 자격증은 경제학과 출신들에게 유리하다. 미시경제학,

거시경제학, 금융통계학, 재무관리, 투자론 및 기업재무 등이 주된 시험과목이고 실무적인 내용도 출제된다. 평균 공부기간은 6개월에서 1년 6개월 정도이며, 국제공인투자분석사의 경우에는 3차 시험까지 있으므로 2년이 넘게 걸릴 수도 있다.

다음으로, 기업회계/세무분야는 회계사무소나 회계법인뿐만 아니라 대기업의 회계나 재무팀에서 장부를 작성하고 정리하며, 세금신고 등의 업무를 처리하는 영역이다. 나는 교관으로서 기업회계/세무분야 관련 자격증에 대해 강의하고 있다. 이 분야의 자격증에는 재경관리사, 회계관리 1·2급, 기업자금관리사, 세무회계 1·2급, IFRS관리사가 있다. 자격증 시험은 재무회계, 원가관리회계, 세무회계 등 회계학과 회계실무에 대해서 출제된다. 회계 외에 경영학 공부만 제대로 해놓으면 대부분 쉽게 접근할 수 있다. 평균 3개월에서 1년 정도만 공부하면 누구나 취득할 수 있지만, 그렇다고 너무 만만하게 봐서는 안 된다.

개인재무설계[PB] 관련 자격증으로는 AFPK, CFP, 증권투자상담사, 펀드투자상담사 등이 있다. 보통 기업보다는 개인의 자산관리에 초점을 맞춰 주식, 채권, 펀드, CMA, 보험상품 등에 투자 시 투자제안 역할을 수행할 수 있는 자격증이다. 은행이나 보험사, 투자자문사 등에서 개인자산전문가로 활동하고 싶다면 취득하는 게 좋다. 시험 과목에는 기본적인 금융 및 세무, 회계, 거시경제학에 대한 지식과 법령 및 윤리가 포함된다. 공부기간은 보통 3개월에서 1년 정도가 소요되며, AFPK와 CFP는 교육이수 등이 필요하다.

금융업, 금융자격증에 필요한 전문지식

금융은 자금의 흐름을 파악하고 그 자금의 수요자와 공급자를 연결해주는 하나의 자금통로 역할을 한다. 그렇기 때문에 이러한 자금의 특성을 분석하고, 수요자와 공급자를 파악하며, 정확한 자금을 계산하고, 그 자금을 융통하는 수단인 금융상품을 개발 또는 분석하기 위해서 공통적으로 필요한 기본지식을 몇 가지로 추려볼 수 있다.

우선, 회계에 대한 지식은 기본 중의 기본이다. 여기서 회계란 회사의 경영활동에 관심을 가지는 다양한 이해관계자가 합리적 의사결정을 할 수 있도록 경영활동을 기록하고 추적하여 이를 재무정보로 전달하는 과정을 말한다. 즉, 회계는 채권자, 경영자, 주주, 임직원 등 다양한 이해관계자가 합리적 의사결정을 하도록 돕는 역할을 한다.

회계에서 제공되는 정보를 얻는 이해관계자들을 회사 내부와 외부로 나누어보자. 회사 내부의 이해관계자인 경영자 및 관리자를 위한 회계는 원가관리회계라 하고, 회사 외부의 이해관계자인 주주와 채권자를 위한 회계는 재무회계라고 한다. 그리고 세금을 계산해서 신고를 목적으로 하는 회계를 세무회계라고 한다. 이렇게 회계도 세분화돼 있으며, 자격증에 따라서 강조하는 회계의 영역도 다르다.

다음으로, 경제학의 기본 내용은 필수지식이다. 금융은 자금money의 수요자와 공급자를 분석해 그 접점에서 거래를 성사시키는 역할을 한다. 이러한 수요와 공급의 논리는 경제학을 통해 쌓을 수 있다. 정확한 금융 분석모형들도 모두 경제학에 뿌리를 두고 있으므로 경제학은 기본 중의 기본이다.

경제학은 희소성의 원칙을 기반으로 가장 효율적인 자원의 배분을 연구하는 학문이며, 이때 효율성은 비용을 최소화하거나 이익을 극대화하면 달성할 수 있다. 이러한 이윤극대화의 논리는 이윤 추구를 본질로 하는 금융업에서 전제되는 제1의 원칙인데, 경제학을 제대로 공부하지 않고서는 이를 정확히 알 수 없다.

금융자격증의 세부분야

1. 보험

보험회사는 보험료의 산출을 통해 수익을 올리고 위험을 부담하는데, 이를 관리해주는 직업이 보험계리사이다. 반면 보험사고 발생 시 손해를 분석하고 보험금으로 현금이 유출되는 측면을 담당하는 전문자격증은 손해사정사이다. 또한 보험계약 체결에서 보험자와 보험계약자를 중개하는 보험중개사, 보험계약자와 피보험자에게 보험상품을 소개하고 위험관리를 설계해주는 보험설계사, 보험사가 위험을 인수할지 등을 분석하는 언더라이터 등의 자격증이 있다.

보험업에는 생명보험회사, 손해보험회사, 보험계리법인, 손해사정법인, 보험중개사무소, 보험대리점 등 다양한 취업분야가 있다.

2. 은행

은행은 주로 예금과 대출에 관한 업무를 처리하고, 자금의 흐름을 관리하며, 개인 또는 법인의 재테크를 관리해주는 업무를 처리한다. 이와 관련해 자산관리사^{FP}, 은행텔러, AFPK, CFP 등의 자격증이 있다.

은행업에는 대형은행과 소형은행, 농협, 수협, 저축은행 등 우리가 흔히 아는 은행뿐만 아니라 한국은행, 산업은행, 수출입은행 등 금융공기업까지 진출분야가 매우 넓다고 볼 수 있다.

3. 증권

증권업은 주로 자금을 공급하는 투자자와 자금을 조달하는 수요자를 동시에 상대하는 분야로서 자금조달의 수단인 주식, 채권, 선물, 옵션 등의 금융상품을 다루는 직역이다. 증권업에는 증권분석가, 투자자문업, 투자중개업, 리스크관리전문가 등이 있고, 그 자격증은 하나의 요건으로 작용한다. 세부 자격증으로는 국제자격증에 CFA, FRM, CIIA 등이 있고, 국내자격증에 증권분석사, 재무위험관리사, 금융투자분석사, 금융3종, 신용분석사 등이 있다.

증권업에는 주로 투자은행^{investment bank}, 증권회사, 투자자문회사, 벤처캐피탈, 투자중개사, M&A 전문회사 등 다양한 회사가 있고, 필요한 지식은 대체로 비슷하다.

4. 회계/세무

회계직역은 일반기업의 경리팀에서부터 전문적인 회계법인까지 다양한 분야에서 재무의 흐름을 표시하고 관리하는 역할을 한다. 구체적으로는 세무 목적의 세무회계, 외부공표 목적의 재무회계, 내부관리 및 경영 목적의 관리회계, 재무제표를 감사하는 회계감사 등으로 분야가 세분화돼 있다.

이 분야의 자격증으로는 국제자격증에 해당하는 AICPA, CMA, CIA, 미국세무사 등과 국내자격증인 한국공인회계사, 세무사, 경영지도사, IFRS관리사, 재경관리사, 회계관리, 전산회계 등이 있다. 또한 해당 분야로는 국세청, 회계법인, 세무법인, 회계사무소, 세무사무소, 일반기업의 경리팀, 군대의 재정장교, 공무원의 계리직 등 다양한 분야가 있다.

내신과
학점

이번 챕터에서는 대학교 입학 후 학점관리의 노하우를 소개한다. 그런데 대입이라는 목표를 학점관리라는 목표로 단순히 치환해서 세세한 노하우에만 집중하지 않기를 바란다. 만약 이 책을 읽는 당신이 아직 대학생이고, 인생에 대한 장기적 설계를 아직 갖추지 않았다면 더 늦기 전에 치열하게 고민해보기를 바란다.

청년들이
꼭 해야 할 것

우리나라 학생들은 대부분 고등학교 때까지는 대입이라는 목표 하나를 보고 달려간다. 그들은 좋은 대학에 간 이후에는 왜 공부를 하는지, 취업이든 고시든 다음 진로는 어떻게 정할지, 궁극적으로 인생에서 어떤 일을 목표로 할지 등에 대해 진지하게 고민해볼 기회를 가지지 못한다. 그저 부모님이 하라고 하니까, 사회에서 학생은 공부를 해야 한다고 하니까 무작정 달려갈 뿐이다. 그렇기 때문에 막상 대학교에 입학하고 나면 목표가 사라져버려 무엇을 해야 할지 막막해하고 방황하는 경우도 있다.

나는 남보다 이른 나이에 사회생활을 경험하고 뒤늦게 공부의 필요성을 느껴 대입을 준비했기 때문에 특수한 경우에 해당한다. 그 과정에서 여러 번의 실패를 경험했고 대학진학은 다른 친구들보다 늦어졌지만, 그 모든 것이 어쩌면 행운이었다고 생각한다.

우리나라에서는 부모님의 목표를 자신의 목표로 받아들여 공부하는 학생들이 많다. 이들이 대학진학 후에도 스스로 목표의식을 가지지 못한다면 먼 길을 돌아올 가능성이 높다. 또 방황 중에도 시련을 이겨낼 수 있는 힘, 넘어졌을 때 다시 일어날 힘이 부족할 수밖에 없다. 그러므로 부모님과 사회의 통념으로부터 정신적 자립심을 키우는 일이 시급하다.

이번 챕터에서는 대학교 입학 후 학점관리의 노하우를 소개한다. 그런데 대입이라는 목표를 학점관리라는 목표로 단순히 치환해서 세세한 노하우에만 집중하지 않기를 바란다. 만약 이 책을 읽는 당신이 아직 대학생이고, 인생에 대한 장기적 설계를 아직 갖추지 않았다면 더 늦기 전에 치열하게 고민해보기를 바란다.

사람들은 인생의 3할을 직장에서 일하며 보낸다. 그렇다면 자신이 어떤 일을 하면서 살지에 대해 깊이 고민해봐야 한다. 이 일을 평생 해도 괜찮을지, 고통스럽지는 않을지, 설사 고통이 있더라도 행복할 수 있을지 등을 따져보며 인생의 커리어를 설정하는 과정을 최대한 빨리 했으면 좋겠다.

이 과정이 선행되면 이 책에 담긴 노하우들을 본인에게 적절히 활용할 수 있을 것이다. 아울러 자신이 원하는 직업과 장기적 목표에 따라 대학에서 과목을 수강하고, 대외활동을 하고, 사람들과 사귀면서 그 목표에 다가가고 있는 나를 발견할 수 있을 것이다.

092

최우등 졸업의
최고 비결

확실한 목표와 꿈,
그에 걸맞은 노력

교수님의 지도 방향에
맞는 꾸준한 공부

연세대학교 경제학과는 학점이 짜기로 유명하다. 교수님들 가운데
는 원하는 수준에 미달하면 A를 전혀 안 주는 분도 있고, 진정으
로 학문하려는 사람을 키울 목적으로 기본기가 약한 학생에겐 F
를 주는 분도 있었다. 워낙 수재들이 모인 곳이기 때문에 웬만해서
는 점수를 잘 받기 힘들다는 이야기도 나올 정도다.

　그런데도 나는 저학년 때 교양과목 두 과목에서 B⁺를 받은 것을
제외하면 모든 과목에서 A학점을 받았고, 재수강 한 번 없이 상위
1%로 졸업했다. 치열한 경쟁 속에서 최상위권의 학점을 유지할 수
있었던 비결은 뭘까?

1. 목표와 의지가 핵심

최우등 졸업의 최고 비결은 전공에 대한 열정과 집요한 공부에 있었다고 생각한다. 나는 어릴 때부터 매우 가난한 환경을 경험했다. 중학교 때 인터넷쇼핑몰과 장사를 해봤고, 고등학교 1학년 때는 벤처기업 데모닉스를 창업해서 경영해보기도 했다. 나중에 사업을 접고 공부를 시작하면서 경제학과 경영학을 해야겠다고 생각하게 된 것도 나의 이러한 경험 때문이었다.

당시에는 제대로 공부해보고 싶다는 생각이 나를 지배했다. 정말 공부를 해서 성공하고 싶다는 생각이 머릿속에 가득했다. 이렇게 내적으로 충분히 동기부여가 된 상태에서는 무슨 방법을 쓰든 공부를 잘하려고 노력하게 된다.

덧붙여 말하자면, 나는 대학에 입학하자마자 목표를 구체적으로 설정했다. 대한민국 최고의 경영·경제전문가가 나의 1차적인 목표였다. 목표를 정하고 나니 경제학을 전공으로 선택하고 경영학을 이중전공으로 받을 수 있게 학점관리를 제대로 해야 했다. 경영학 이중전공 승인을 받으려면 학점이 좋아야 했기 때문이다. 그래서 나는 1학년부터 학교 수강과목을 철저히 관리하고 점수를 높이기 위해 하루도 거르지 않고 예습과 복습을 할 수 있었다.

사실 공부는 '정말 잘하고 싶다'는 생각을 가질 때 상위권으로 갈 수 있다. 아무리 억지로 시켜도 자신이 최고가 되겠다는 마음가짐이 없으면 최우등을 하기 힘들다. 나처럼 최우등 졸업을 한 친구들의 이야기를 들어보면 역시 굉장한 고통을 견딜 만큼 의지와 꿈이 확실했다는 것을 알 수 있다. 본질적으로 학점을 잘 관리해 미국 유학을 가거나 로스쿨에 가거나, 한국은행 등 큰 기관에 가고자 하는 분명한 목표 아래 하루하루를 설계했던 것이다. 이런 목표와 의지가 없이는 그날그날의 유혹을 뿌리치고 예습, 복습, 과제, 조모임을 성실히 하며 죽어라 공부하기는 어려웠을 것이다.

2. 과연 교수님이 원하는 방향으로 가고 있는가

무조건 복습을 열심히 하고 책을 많이 읽는다고 해서 학점이 잘 나오는 것은 아니다. 요즘 대학생들은 밤늦게까지 도서관에서 책을 읽고 동영상 강의로 부족한 부분을 보충하고 대학 영어수업 등을 위해 영어학원에 다닌다. 대학수학과 경제수학을 위해 수학학원이나 수학 인터넷 강의를 듣는 학생들도 많다.

　그런데 여기서 잘 생각해봐야 한다. 과연 교수님과 잘 소통하고 있는가? 교수님의 의도와 커리큘럼을 무시한 채 학점에 도움이 될 것 같은 책과 인터넷 강의를 듣는 것은 학점에 큰 도움이 되지 않는다.

　대학수업은 교수님과의 대화라고 볼 수 있다. 중간고사와 기말고사도 마찬가지다. 교수님이 말씀하신 내용과 다른 답을 쓰는데 학점이 잘 나올 리 없다. 아무리 뛰어난 학자의 책을 보아도, 아무리 좋은 인터넷 강의를 들어도 학교수업에서 교수님이 가르쳐주신 내용을 이해하지 못하면 별 의미가 없다. 따로 찾아본 자료나 강의는 수업을 이해하기 위한 예습자료로만 활용하고 대학수업에서 배우는 내용을 소화할 시간을 많이 확보하는 것이 최우등생으로 가기 위한 밑거름이 아닌가 생각한다.

093

대학에서 학점을 잘 따는 실전 전략

학점관리 10계명

[1계명] 출석은 무조건 하자.

[2계명] 교수님과 친해지자.

[3계명] 맨 앞자리에서 리액션을 잘하자.

[4계명] 기한은 확실하게 지키자.

[5계명] 조모임에서 가능한 한 조장을 맡자.

[6계명] 최대한 A⁺를 채워주는 강의를 듣자.

[7계명] 여러 과목의 수업을 하루에 몰아 듣지 말자.

[8계명] 선배들에게 족보를 구하자.

[9계명] 수업에서 친한 사람을 만들자.

[10계명] 수업은 처음부터 끝까지 놓치지 말자.

대학에 입학하는 순간 무한한 자유와 함께 학점 또한 자신의 선택사항이 되어버린다. 그런데 학점은 졸업 후 취업이나 대학원, 교환학생, 이중전공, 장학금 등에 중요한 요소로 작용한다. 학점이 좋으면 대학에서 마련한 다양한 공부기회를 얻을 수 있고, 학점이 좋지 않으면 그것을 포기해야만 한다. 고교 내신도 마찬가지지만 학점도 누가 대신 관리해줄 수 없다. 자기 스스로 관리해야 하는 것이다. 다음에서는 학점관리를 위해 반드시 지켜야 할 10계명을 소개해본다.

[1계명] 출석은 무조건 하자

학점관리는 출석을 잘하는 데서부터 시작한다. 아무리 머리가 좋은 학생도 출석을 하지 않으면 학점이 바닥일 수밖에 없다. 출석점수가 별도로 있는 것은 물론이고 수업에 참여하면 중간고사와 기말고사에 대비할 수 있는 내용을 훨씬 많이 얻을 수 있다.

설사 교수님의 강의가 자신과 맞지 않는다고 해도 시험문제는 교수님이 내는 것이다. 교과서에는 나오지 않는 교수님의 의견이라든지 추가적인 개념이나 사례도 시험에 나올 수 있다. 또 시험에 그대로 출제되지 않더라도 답안지에 그 내용을 서술하면 더 좋은 점수를 받을 수 있다.

[2계명] 교수님과 친해지자

평소에 출석과 수업태도만 좋아도 교수님이 예뻐할 수밖에 없다.

거기에 질문도 자주 하고 과제도 칼같이 지켜서 제출한다면 열정적 학생이라는 이미지를 심어줄 수 있다. 대학시험은 대부분 서술형이어서 채점자의 주관이 많이 개입되는 만큼 친한 학생의 답에 더 후한 점수를 줄 가능성도 높다. 아울러 간혹 수업시간에 지각을 하거나 사정이 생겨서 과제물을 늦게 내야 할 때도 교수님께 양해를 구할 수 있는 여지가 많다.

[3계명] 맨 앞자리에서 리액션을 잘하자

우리나라 학생들은 다른 학생들의 눈치를 참 많이 본다. 눈에 띄면 욕먹을까봐, 교수님이 질문을 하실까봐, 딴짓하는 걸 들킬까봐 등의 이유로 뒷자리에 앉는 학생이 많다. 그런데 뒷자리에 앉으면 최고점을 받기가 쉽지 않다. 앞자리에 앉으면 우선 다른 생각을 하지 않고 수업에만 집중할 수 있다. 또 교수님에게 더 빨리 질문할 수도 있고 교수님과 친해질 기회도 더 많이 생긴다. 그뿐인가. 교수님의 질문에 대비해 예습까지 하게 된다. 전체적으로 우등생으로 가는 좋은 습관이 생기는 것이다.

[4계명] 기한은 확실하게 지키자

수업시간을 지키는 것은 기본이다. 수업 시작 10분 전에 미리 와서 맨 앞자리를 맡는 것이 습관이 돼야 지각 한 번 안 하고 출석점수를 채울 수 있다. 결석이나 지각으로 점수가 하나둘 깎이게 되면 자포자기를 하게 되고 성적에도 나쁜 영향을 미칠 수 있다.

또한 과제나 조모임의 기한도 확실히 지키는 것이 중요하다. 특히 교수님은 과제를 늦게 내는 학생을 좋게 평가하지 않는다. 늦게 제출하면 감점을 당하는 수업도 있고, 비록 감점은 없더라도 심리적 감점 또한 매우 크다는 것을 명심해야 한다.

[5계명] 조모임에서 가능한 한 조장을 맡자

많은 학생이 조모임을 기피하고, 또 조모임을 하더라도 조장은 절대 맡지 않으려고 한다. 교수님이 따로 시키는 것도 많고 공부시간을 많이 빼앗길 것이 염려되기 때문이다. 그런데 조장을 하면 생각보다 얻는 것이 많다. 교수님과 개별적으로 접촉하면서 친해질 수도 있고, 조원들을 대표해서 발표하는 등 주도적으로 해당 과목을 공부하게 되는 효과도 있다. 또한 조모임 점수에서 조장에게 추가점수를 주는 과목도 있다. 이런 것들이 하나씩 모이면 큰 차이를 만든다. 이왕 조모임을 할 바에는 조장을 맡아 조모임 성적에서 우위를 누려보자.

[6계명] 최대한 A⁺를 채워주는 강의를 듣자

수강신청을 하기 전 대학교 커뮤니티에 들어가거나 선배들에게 물어보면 강의별로 교수님의 성향을 알 수 있다. 이때 A학점을 최대한 몰아주는 교수님이 눈에 띄는데, 그런 강의를 최대한 골라 수강신청을 하는 것도 하나의 요령이다. 아무리 열심히 해도 A학점을 절대 주지 않는 교수님의 수업을 들으면 학점이 좋을 수 없다. 그렇기 때문에 이런 부분을 미리 알아보고 수강신청을 하는 것이 좋다.

[7계명] 여러 과목의 수업을 하루에 몰아 듣지 말자

보통 시간표를 짤 때 일주일에 3일만 학교에 나와도 되게 한 번에 몰아서 짜는 경우가 많다. 그렇게 하면 7일 중 3일만 학교에 나오고 나머지는 공부에 투자할 수 있다는 계산에서다. 그런데 이렇게 계획을 세우면 오히려 좋은 학점을 받기가 어렵다.

우선, 과제 제출일이 겹쳐서 한 번에 처리해야 할 가능성이 커진다. 밤을 새우거나 몰아서 리포트와 과제를 작성하면 당연히 퀄리티가 높을 리 없다. 게다가 시험날짜가 겹칠 가능성도 크다. 하루에 세 과목 이상의 시험을 치를 수도 있는데, 이런 시험시간표는 매일 한 과목씩 나눠서 시험을 보는 경쟁자에 비해 좋을 것이 하나도 없다.

[8계명] 선배들에게 족보를 구하자

고시만 기출문제가 중요한 것이 아니다. 대학에서 수강하는 과목도 마찬가지로 족보라는 기출문제가 존재한다. 교수님이 초임 교수가 아닌 이상 이전에 출제했던 문제가 돌아다니게 마련이다. 기출문제는 주로 선배들에게 복사해달라고 해서 구할 수 있다. 또 커뮤니티에 들어가 검색하면 나오기도 한다. 어쨌든 이를 구해서 미리 풀어보고 수업을 함께 들으면 시험문제를 예상하며 공부할 수 있다. 어떤 문제가 나올지 미리 알고 수업을 받는 셈이다.

[9계명] 수업에서 친한 사람을 만들자

수업에서 친한 사람을 만들어두면 여러모로 도움이 된다. 친한 사람끼리 수업을 들으면 과제를 서로 도와주거나 시험공부를 할 때 정보를 교류할 수 있어 한 학기 수업에 효과적으로 대응할 수 있다. 가끔 피치 못할 사정으로 결석하는 경우에는 다음 진도를 위해서 노트를 빌린다거나 공지사항을 전해 들을 수도 있다.

[10계명] 수업은 처음부터 끝까지 놓치지 말자

수업을 잘 들어야 하는 이유는 수업에서 교수님이 언급한 내용 하나하나가 중간고사와 기말고사에 모두 나오기 때문이다. 특히 교수님이 강조한 부분을 놓친다면 시험에서 좋은 성적을 얻기 힘들다. 따라서 교수님이 말씀하시는 것은 하나도 놓치지 말고 필기해 두어야 한다.

094

중·고등학교
내신 과목별 공부 전략

1. 수학은 문제풀이 방법 자체를 암기하자.

2. 국어는 지문과 수업시간에 작성한 필기를 암기하자.

3. 영어는 어휘, 어법, 지문을 통째로 암기하자.

4. 사회는 교과서를 10회독 이상 하자.

5. 과학은 교과서를 10회독 하면서 문제풀이법도 암기하자.

내신은 수능과 달리 이해하는 것만큼 '암기'도 중요하다. 나는 고등학교 때 하위권에서 전교 2등까지 성적을 올려본 적이 있는데, 내신에서는 전 과목을 고루 90점 이상 받는 것이 중요하다. 한 과목만 특출하게 잘하는 것보다는 모든 과목을 잘해야 한다. 학교 수업시간을 철저히 따라가면서 필기를 하고, 그것을 막판에 몰아치면서 암기해도 좋은 성적을 낼 수 있는 게 내신이다.

다음에 설명하는 과목별 공부 전략을 참고하기 바란다.

1. 수학 : 문제 푸는 과정 자체를 암기

《수학의 정석》이나 교과서를 보면 용어설명이나 개념정의가 많이 나온다. 이런 것을 읽고 암기하는 데 시간을 낭비하면 정작 문제를 풀지 못한다. 이때는 과감하게 개념이나 용어공부 시간을 줄이고 문제풀이 위주로 공부를 해야 한다.

시험범위에 해당하는 교과서와 참고서에 나온 예제와 연습문제, 그리고 수업시간에 풀었던 문제는 모두 암기해야 한다. 이때 그냥 외우는 것이 아니라 풀이방법을 내 방식대로 암기하는 것이 중요하다. 나는 문제를 눈에 익히기 위해 자주 보고 답은 내 방식대로 노트에 여러 번 적어보면서 과정 자체를 암기했다. 억지로 외우면 효율이 오르지 않기 때문에 최대한 친구들에게 설명해주고 여러 번 풀어보는 것이 효과적이었던 것 같다.

2. 국어 : 지문과 수업시간에 작성한 필기를 암기

국어는 내신에서는 크게 어렵지 않은 과목이다. 학교에서 배운 범위가 정해져 있기 때문이다. 평소에 수업을 잘 들었다면 교과서에 필기를 꼼꼼히 해두었을 것이다. 만약 그렇지 않을 경우에는 친구의 교과서를 빌려서라도 수업시간에 한 필기를 옮겨 적고 요약해 두어야 한다.

그리고 선생님이 알려주신 요점을 따라가면서 교과서 지문을 읽어 나간다. 처음에는 이렇게 여러 번 읽기만 해도 이해가 잘될 것이다. 국어의 특성상 이해적 요소가 많기 때문이다. 그리고 회독수가 늘어나면서 이 과정이 그대로 암기되어 설명할 수 있을 정도가 돼야 한다. 통째로 암기해야 할 내용은 이론적인 개념정의 부분이나 시詩 정도면 되고, 나머지는 선생님의 지문해설 과정 자체를 암기하는 데 초점을 두고 반복한다.

3. 영어 : 어휘, 어법, 지문을 통째로 암기

영어는 고교과정상 교과서를 중심으로 이루어지게 되어 있다. 학교수업에서 사용한 교재의 시험범위를 빨리 파악하고 선생님의 어휘와 어법, 구문해설 등을 필기한다. 만약 필기가 되어 있지 않으면 필기를 잘하는 친구의 것을 옮겨 적는다. 그런 다음 필기내용과 영어지문, 단어, 어법을 순서대로 암기한다.

지문은 10번 정도 읽으면 자연스럽게 암기된다. 문제는 배운 부분에서 벗어날 수 없기 때문에 지문을 암기해두면 해석을 하기 전 빠르게 답을 찾을 수 있어서 좋고, 단어와 어법을 암기해야 정확도를 높일 수 있다.

4. 사회 : 교과서를 10회독 이상

사회는 전형적인 암기과목이다. 이해를 하려면 시간이 너무 오래
걸리고, 이는 내신관리의 목적상 비효율적이다. 먼저 수업시간에
다루는 교과서와 필기를 위주로 반복해서 읽어 나간다. 처음에는
쓰면서 공부하지 않는다. 밑줄을 그어도 좋고 소리 내서 읽어도 좋
으니 회독수를 늘리자.

   나는 사회 과목이나 다른 암기과목의 경우에는 교과서와 필기
한 내용을 하나도 빠짐없이 암기했다. 암기하는 것 자체가 고통스
럽지만 이만큼 확실한 시험대비 방법도 없다. 사회 과목은 반복 또
반복이 살길이다.

5. 과학 : 교과서를 10회독 하면서 문제풀이법도 암기

과학은 내가 개인적으로 좀 어려워했던 과목이다. 수학과 느낌이
비슷하면서 개념정리도 중요한 과목이다. 그렇기 때문에 수업에서
사용하는 교과서에 나온 개념을 반복적으로 읽으며 습득하고, 문
제집이나 연습문제를 통해서 풀이과정 자체를 암기할 필요가 있
다. 과학은 사실 이과형 학생들은 재미있어 하지만 나 같은 문과형
학생들은 싫어하는 과목이다. 그렇기 때문에 미리 공부하고 정리
해두는 것이 좋다. 수업 때 다룬 개념을 반복해서 암기해두어야 시
험기간 동안 대미지를 줄일 수 있다.

095
수업시간을
활용하는 방법

최우등생과 일반 학생의 내신(학점)성적 차이를 가르는 것이 '수업시간의 활용'이다. 최우등생들은 수업시간에 수업에 최대한 집중해서 배우는 내용을 이해하고 자기 것으로 만들기 위해 노력한다. 수업시간에 수업내용을 이해한 뒤 혼자 복습하는 시간에는 그날 공부한 것에 몰입한다. 이렇게 그 즉시 복습을 하면 따로 시간을 내서 공부할 필요가 없기 때문에 시험기간에 다른 학생들보다 시간이 많이 남는다. 그래서 시험기간에는 전체적인 정리와 문제 푸는 응용력을 기르는 데 집중하면서 더 완벽해지도록 반복, 숙달만 하면 되는 것이다.

이와는 달리 평소 수업내용을 잘 안 듣고 시험기간에만 공부하는 학생들은 그때 닥쳐서 개념을 다시 이해하느라 여념이 없다. 이렇게 시간에 쫓겨 암기는커녕 제대로 연습도 못해보고 시험을 치르게 된다. 그 결과 내용숙지도 충분히 못하고 문제를 시간 안에 푸는 연습도 못해서 시험장에서 우왕좌왕하게 된다.

만약 지금까지 수업시간을 제대로 활용하지 않았다면 이제부터는 수업시간에 내용을 최대한 이해하고 수업이 끝난 직후 복습과 암기를 해보자. 수업시간에는 선생님 또는 교수님이 가르치는 내용에 모든 것을 걸어야 한다. 그리고 이해되지 않는 내용이 있으면 즉각적으로 질문해서 해결해야 한다. 나중에 해결하려고 미뤄두면 무엇을 물어야 할지 헷갈릴 때가 많다.

어찌 보면 수업 자체가 예상 시험문제라고 할 수 있다. 선생님은 수업준비를 하면서 중요한 부분을 추려서 전달하려고 노력한다. 그렇게 수업에서 가르친 내용으로 시험문제도 출제하기 때문에 수업이 곧 예상 시험문제인 것이다.

예습은 여력이 있을 경우에는 하는 것이 좋다. 복습은 반드시 해야 하는 것이고, 예습은 해두면 수업을 좀 더 입체적으로 이해할 수 있다는 장점이 있다. 미리 읽어보고, 수업에서 중요한 부분을 이해하고, 다시 복습하면서 암기할 수 있으므로 학습 측면에서는 3번 보는 효과를 누릴 수 있기 때문이다.

어쨌든 수업은 내신과 학점에서 가장 중요하다는 것을 명심하자.

096

공부를
친구들과 하는 게 좋을까

어렵고 족보가
없는 문제가 많다.

→

혼자서 해결하는
데는 한계가 있다.

→

같은 수업을 듣는
학생들과 만든
스터디그룹이
도움이 된다.

수강과목이 어려울수록 다른 사람들과 일주일에 한 번이라도 함께 공부하는 것이 좋다. 학과 수업마다 역대 교수님의 기출인 족보라는 것이 있다. 그런데 족보에는 모범답안이 없는 경우가 흔하다. 그리고 어려운 과목일수록 풀리지 않는 문제의 해답을 혼자 도출하기는 힘들다. 자신 있는 챕터가 있는 반면 그렇지 못한 부분은 끝까지 정복하기 어렵다.

이런 어려움은 스터디그룹으로 해결할 수 있다. 같은 수업을 듣는 몇몇 사람들과 친해질 계기를 만들고 수업 직후 모임을 가지거나 주말에 스터디를 잡으면 쉽게 시작할 수 있다. 역할을 분담해서 기출문제 해답을 도출하거나 필기를 공유하면 서로 도움이 되는 방향으로 시너지 효과를 낼 수 있다. 이렇게 스터디를 만들고 중간고사와 기말고사를 함께 준비하면 같이 스터디한 사람들이 모두 A 학점을 받을 가능성이 높아진다. 윈윈win-win 전략이다.

나는 고급 회계과목과 산업과 전략이라는 경제학 고급과목에서 스터디그룹을 적극적으로 활용했다. 수업내용이 워낙 어렵기 때문에 연습문제를 매주 풀어서 과제로 제출하는 것 자체가 버거웠다. 그렇게 혼자 공부하다가는 언제 그 과목을 포기할지 모를 일이었다. 이때 굉장히 잘하는 사람이 있었는데, 내게 한 가지 제안을 해왔다. 스터디를 조직해서 가르쳐주면 다른 과목을 도와주기로 한 것이다. 나는 이렇게 네 명을 모아서 스터디를 시작했다.

우리는 한 학기 동안 매주 과제를 함께 공유하며 모르는 부분을 서로 없애 나갔다. 내가 잘하는 부분은 설명해주고 부족한 부분은 가장 잘하는 형님한테 배우면서 서로 식사도 같이 하는 관계가 되었다. 이렇게 한 학기를 지내다보니 다른 사람들은 정리하지 못한 내용까지도 정리할 수 있었고, 그 결과 네 명 모두 A⁺를 받았다.

097

연습문제로
공부하는 방법

1. 내용을 이해한 뒤 연습문제를 풀자.

2. 시간을 재면서 속도감 있게 풀자.

3. 연습문제를 풀다가 안 풀리는 것은 꼭 질문하자.

4. 자주 틀리는 문제는 자주 봐야 하는 문제다.

대학이든 고등학교든 대부분 수업내용만으로 시험을 대비하는 데는 무리가 있다. 그래서 연습문제를 풀며 문제풀이 연습을 해야 실전에서 제대로 점수를 획득할 수 있다. 연습문제를 푸는 것은 정리와 암기된 내용을 문제에 적용하는 과정으로 이는 공부를 점검하는 과정이기도 하다. 다음에서 올바른 연습문제 풀기 방법을 소개해본다.

1. 내용을 이해한 뒤 연습문제 풀기

내신이나 대학공부는 수능이나 자격증 시험과는 달리 내용 이해 및 암기가 더 중요하다. 그리고 연습문제는 그것을 확인하는 과정이다. 공부한 내용을 내가 확실히 숙지했는지 확인하는 수단으로 연습문제를 활용하는 것이 좋다. 문제로만 접근하면 수업과 동떨어진 공부로 이어질 수 있기 때문이다. 다만 선생님이나 교수님이 시험범위를 알려주었을 때는 그에 해당되는 문제를 여러 번 풀어보는 것이 중요하다. 앞에서도 설명했지만 문제 위주로 공부하면 좋은 수학 같은 과목은 문제를 암기하는 것이 도움이 된다.

2. 시간을 재면서 속도감 있게 풀기

연습문제는 말 그대로 연습의 의미가 강하다. 세월아 네월아 하고 풀다가는 공부효과가 사라진다. 모의고사를 풀듯 시간을 재며 풀어보고, 이해가 안 되는 것은 해설을 보고 정리하는 등 속도감 있게 해야 한다.

3. 연습문제를 풀다가 안 풀리는 문제는 꼭 질문하기

연습문제를 풀다보면 쉬운 문제부터 어려운 문제가 골고루 섞여 있

다. 쉬운 문제는 빠르게 풀고 이해하고 넘기면 되지만 어려운 문제
는 어떻게든 해결해야 한다. 이게 만약 자격증 시험이라면 그냥 넘
어가도 된다고 했을 것이다. 하지만 내신의 경우는 만점을 목표로
공부해야 한다. 범위가 정해져 있기 때문에 그 안에서는 완벽해야
하는 것이다. 풀리지 않는 문제는 모아서 한 번에라도 교수님이나
선배들에게 묻고 풀이방법에 숙달해야 한다.

4. 자주 틀리는 문제는 자주 봐야 하는 문제

답을 보지 않고 풀었을 때 자주 틀리는 문제가 있다면 곧 쉽게 풀
릴 때까지 반복해야 하는 문제다. 이런 문제에는 별표시를 해두고
시간이 날 때마다 시도 때도 없이 풀어서 숙달해야 한다. 사람은
반복하다보면 암기가 되고 나중에는 이해가 되기도 한다. 그러니
이런 문제는 암기가 될 정도로 반복하는 것이 좋다.

098

녹음기 사용법

녹음기를 가지고 수업 도중
놓치는 내용을 빠짐없이 정리

녹음 파일을 다시 들으면서
노트 정리와 복습

내가 대학에 다닐 때는 스마트폰이 지금처럼 많이 보급돼 있지 않았다. 당시 공부를 잘하는 친구들의 필수품은 소형 녹음기였다. 하루 분량을 녹음해 MP3 파일로 만들어서 복습할 때 듣기 위해서다. 지금은 스마트폰 용량도 크고 녹음 앱도 많기 때문에 녹음기가 필요 없지만 그 당시에는 녹음하려면 꼭 녹음기가 있어야 했다.

나는 전공수업을 들을 때는 맨 앞자리에서 강의를 녹음했다. 그리고 녹음한 뒤에는 바로 대중교통 안에서나 식사를 하며 듣곤 했다. 이렇게 하면 수업 때 필기하느라 놓쳤던 수업내용이 다시 들리고, 수업에서 나온 다양한 이야기를 떠올리며 복습도 된다. 이렇게 하고 복습도 따로 했기 때문에 결국 3번을 반복해서 복습한 효과가 있었다.

물론 이렇게 녹음해서 듣는 데 에너지가 많이 필요한 것은 사실이다. 하지만 나는 노력을 기울인 만큼 시험을 볼 때 불안감을 없앨 수 있어서 좋은 방법이라고 생각한다.

녹음기는 수업내용을 복습할 때뿐만 아니라 혼자 시험공부를 할 때도 유용한 도구다. 나는 공부한 내용을 뇌에서 꺼내는 연습을 하기 위해 혼자 말로 설명하는 연습을 많이 했다. 그런데 그냥 거울을 보고 연습하는 데 그치지 않고 시험에서 반드시 암기해야 하는 부분을 녹음해 들으면서 따라 말해봤다.

이렇게 몇 번만 하면 그 내용에서는 전문가 수준으로 설명할 수 있게 된다. 그러면 당연히 그 과목은 A⁺를 받게 된다. 녹음기를 틀어놓고 한번 떠들어보는 것도 이런 공부를 할 때 괜찮은 방법이다.

녹음기를 사용해서 교수님의 강의를 녹음하면 수업에서 전달하려고 하는 내용을 빠짐없이 모두 정리할 수 있다. 게다가 녹음한 것을 듣고 노트 정리를 하는 과정에서 수업내용을 즉각 복습하는 효과도 있다. 그렇기 때문에 한 번쯤 해볼 만한 작업이다.

099

보고서와 리포트를
잘 쓰는 요령

1. 표지에서 최대한 나를 어필하자.

2. 목차에서 말하고자 하는 바를 어필하자.

3. 글만 적지 말고 그래프와 표를 활용하자.

나는 리포트 점수가 항상 최상위권이었는데, 그 비결은 리포트를 논문 쓰듯 썼다는 데 있다. 논문은 서론, 본론, 결론이 있고 논리적이다. 서론에서는 현상에 대한 문제제기를 하고, 본론에서는 그 원인을 이론과 함께 설명하며, 결론에서는 그에 대한 해결책과 전망을 언급한다. 이 구조로 멋지게 작성해서 제출하면 누구나 만점짜리 리포트를 쓸 수 있다. 다음에서 구체적으로 리포트 작성요령을 알아보자.

1. 표지에서 최대한 나를 어필

리포트의 얼굴은 당연히 표지다. 물론 목차부터 보는 교수님들도 있지만, 표지가 깔끔하고 뭔가 멋지면 "이 리포트는 뭔가 다른데?" 하면서 더 호감을 가지고 읽게 된다. 그렇다고 표지에 금박지를 붙인다거나 만화캐릭터를 그려 넣는 등 너무 오버해서는 안 된다. 요즘 인터넷으로 컨설팅보고서를 검색하면 멋진 표지양식이 나와 있으니 그 디자인 몇 개를 보고 차용해서 작성하면 좋을 것이다.

2. 목차에서 말하고자 하는 바를 어필

내가 연구해서 결론을 내고자 하는 문제의식과 주제, 그리고 결론에서 말하고자 하는 해결책이 목차에 드러나야 한다. 목차는 기본적으로 서론-본론-결론으로 이루어져야 하지만, 서론에서 문제제기 자체를 목차로 뽑아 구체적으로 보여주고, 본론에서 연구하는 현상과 해석을 위한 이론, 사례 등을 어필하면 좋다. 결론은 '○○의 해결책과 미래전망' 등 구체적으로 적시할수록 좋다.

이렇게 전체 구조가 논리적이고 한눈에 들어오게 만드는 것도 능력이다. 인터넷으로 다른 보고서 샘플을 많이 찾아보고 흉내를 내볼 필요가 있다.

3. 그래프와 표의 적절한 활용

교수님들은 적게는 수십 장에서 많게는 수백 장의 리포트를 단기간에 보고 채점해야 한다. 글만 빼곡히 적혀 있는 리포트는 보다가 지쳐버리기 쉬우며, 이렇게 지루한 리포트는 그냥 평균점수만 나간다. 만점짜리 리포트는 그림과 그래프, 도표를 최대한 활용해 '있어 보이게' 작성해야 한다. 그리고 제목의 글씨는 크게 하고 중간에 강조할 부분은 밑줄을 긋는 것도 좋다. 최대한 눈에 띄는 보고서를 만드는 것이 득점 포인트다.

100

발표 준비 요령

1. PPT 만들기가 가장 기본이다.

2. 발표는 일종의 연극이다.

3. 청중을 잘 활용하자.

대학에서 학점은 시험만으로 결정되지 않는다. 프레젠테이션! 즉, 발표수업의 비중이 매우 크기 때문이다. 한 번도 발표를 해본 적 없어 고민이고, '내가 스티브 잡스도 아닌데 어떻게 준비해야 하나' 고민되는 학생도 있을 것이다. 다음에서 프레젠테이션 준비과정을 소개해본다.

1. PPT 만들기는 기본

나는 경영학과 수업을 들을 때마다 조장을 했기 때문에 PPT 만들기와 발표에 모두에 관여했다. 특히 잘 만든 PPT는 자신감을 가지고 발표할 수 있게 만드는 원동력이다. PPT 슬라이드를 하나하나 손보면서 디자인하는 작업은 생각보다 시간이 오래 걸리지만, 이 과정에서 발표를 위한 준비도 은근히 이루어진다.

전체적인 주제와 순서, 적절한 애니메이션 효과를 고려하면서 제작해야 하는 만큼 여러 번 검토를 거쳐야 한다. 내용은 사실 리포트처럼 서론–본론–결론의 구조만 잘 갖추면 되고, 그 구조를 멋지게 작성하는 것은 이미 앞에서 배웠다. 이제 키워드와 핵심문구를 뽑고 눈에 보기 좋게 PPT로 잘 만들면 된다.

이렇게 논리구조가 완성되면 다음으로 신경 써야 할 것은 디자인이다. 보통 PPT 디자인은 전체 내용의 신뢰도에도 영향을 주기 때문이다. 디자인은 전문가가 제작한 템플릿을 활용하면 기업의 컨설팅 보고서 느낌으로 제작할 수 있는데, 잘하면 구글 검색만으로도 PPT 템플릿을 많이 찾을 수 있으니 참고하기 바란다.

2. 발표는 일종의 연극

발표는 대본에서 시작해 애드리브로 끝난다. 발표자가 청중에게 내용을 얼마나 전달력 있게 발표하느냐에 따라 우리 조의 철저한 준비에 대한 인상이 결정된다. 그렇기 때문에 일단 대본을 씹어 먹을 정도로 연습해야 한다. 대본암기가 어느 정도 이루어지면 절대로 보고 읽는 연습을 해서는 안 된다. 혹시 기억이 안 나면 애드립을 해도 좋으니 청중을 바라보고 PPT를 넘기며 발표하는 연습을 해야 한다.

발표는 일종의 연극이다. 연기자는 처음엔 대본대로 연습을 하지만 더 참신한 아이디어가 있으면 애드리브로 작품성을 살린다. 그러므로 20분짜리 연극을 한다는 생각으로 준비하면 청중을 휘어잡는 멋진 발표를 할 수 있을 것이다.

3. 청중 활용하기

대부분의 발표자는 그냥 밋밋하게 프레젠테이션을 진행하고 끝낸다. 그런데 청중에게 질문도 하고 농담도 하면서 상품을 주는 등 청중을 좌지우지하는 발표자가 있다면 당연히 돋보일 것이다. 조발표도 마찬가지다. 발표자는 그냥 대본을 읽듯이 무미건조하게 발표해서는 안 된다. 청중에게 질문도 던지고 피드백을 유도하기도 하면서 흥미를 유발해야 한다. 만약 청중의 돌발행동이 부담스럽다면 미리 친구 한 명을 섭외해서 질문을 하기로 약속하는 것도 좋은 방법이다.

101

시험기간의
마지막 정리 노하우

1. 요약 노트나 프린트물을 이용하자.

2. 어려운 챕터는 녹음 파일을 활용하자.

3. 객관식·주관식 시험유형에 따라 구분해서 따로 공부하자.

4. 수면상태가 최고의 복습시간이다.

중간고사나 기말고사 기간이 되면 평소에 공부를 많이 해온 학생들도 긴장하고 불안해한다. 지금까지 한 공부를 정리하고 시험에 최적화된 상태를 만들어야 하기 때문에 정신이 없다. 이때 조금이라도 성적을 올릴 수 있는 몇 가지 팁을 소개한다.

1. 요약 노트나 프린트물을 이용

마지막이 될수록 시험에 나올 내용을 추려 나가야 한다. 이미 기본적인 내용은 이해된 상태이기 때문에 반복하며 암기해야 한다. 암기를 해야 시험장에서 아무 버퍼링 없이 내용을 써 내려갈 수 있다. 암기에는 미리 만들어놓은 요약 노트나 평소 메모해둔 프린트물이 효과적이다. 이때 족보(기출문제)에 해설을 달아서 함께 반복하면 효과적이다.

2. 어려운 챕터는 녹음 파일을 활용

녹음의 중요성에 대해서는 앞에서 이야기한 바 있다. 시험기간에는 녹음 파일 가운데 쉬워서 이해가 된 부분은 삭제해도 좋다. 어려운 부분은 반복해서 듣고 연습장에 손으로 적으면서 따라서 말해보자. 이렇게 듣고, 말하고, 쓰는 등 오감을 활용하면 이해가 훨씬 빨라진다.

3. 객관식·주관식 시험유형에 따라 구분해서 공부

객관식 시험공부는 일명 '눈에 바르기 전법(눈으로만 빠르게 반복해 읽으면서 무의식적으로 뇌 속에 잔상을 심어놓는 방법)'으로 공부하는 것이 효율적이고, 주관식 시험공부는 목차와 키워드 암기 위주로 공부하는 것이 효율적이다. 두 유형의 공부법이 확연히 다르기 때문에 과목별로 시험유형을 구분해서 따로 공부하는 것이 효과적이다.

4. 수면상태는 최고의 복습시간

시험기간에는 꿈에도 공부를 해야 한다. 이게 실제로 가능할까? 나는 자면서 공부한 경험이 있다. 꿈속에서도 문제를 풀고 암기한 것을 되새기고 있었다. 이것은 잠들기 직전 엄청난 양의 내용을 한 번 리마인드하고 잠드는 버릇에 따른 결과다.

　매번 시험기간에는 공부하는 과목에 대해서 처음부터 끝까지 목차를 떠올리고 세부내용을 기억하는 연습을 하면서 잠드는 것이 좋다. 불을 꺼놓고 아무것도 안 보이는 상태에서 매일 밤 이런 연습을 하면 꿈속에서도 공부할 수 있다. 그리고 잘 정리된 기억으로 그다음 날 복습을 하면 훨씬 자세하게 기억하는 자신을 발견할 수 있다.

Chapter
10

수능

수학능력시험은 대학에 입학하기 위해서 보아야 하는 가장 기본적인 시험이다. 국어영역, 영어영역, 수학영역, 탐구영역 등으로 세분화되어 있다. 한때 수능 모의고사에서 꼴찌에 가까운 성적을 경험한 뒤 1등급까지 성적을 올리면서 겪은 시행착오를 토대로 성적을 올리는 노하우를 나누고자 한다.

나도 '삼수'했다

고등학교 3학년 때 처음 치른 모의고사가 아직도 생생하게 기억난다. 벤처기업을 갑자기 폐업하고 방황하던 나는 대학에 가서 경영이나 경제학을 공부해 벤처기업을 다시 일으키거나 기업을 차리려는 사람들을 도와주겠다는 단순한 생각으로 공부를 시작했다. 어차피 배우려면 수학, 영어, 국어는 잘할수록 좋지 않은가. 수능공부를 해야 대학에 가고, 수능점수가 좋으면 공부의 기본기가 잡힐 것으로 생각했다.

그런데 공부는 생각처럼 쉽지 않았다. 영어·수학 실력이 중학생 수준이어서 잘하는 친구들을 따라가려면 몇 배나 더 노력해야 했다. 나는 첫 수능에서 원하는 대학, 원하는 학과에 가지 못했다. 목표는 높을수록 좋다는 생각으로 서울대학교 경영학과를 지원했는데, 내 한계는 시험장에서 드러났다.

결국 서강대학교 법대에 들어갔고, 목표를 좇아 수능을 두 번 더 봤다. 그렇게 해서 연세대학교 경제학과에 입학했지만, 남들보다 2년 늦게 입학한 신입생이라는 부담감, 일명 '삼수생 콤플렉스'가 지독하게 나를 따라다녔다. 지금 생각하면 그것은 부끄러운 일도 아니고 오히려 사회생활을 일찍 경험한 데 따른 값진 역사였는데, 당시에는 철이 없어 그것을 참 부끄러워했다.

어쨌든 삼수생 콤플렉스 때문에 나는 흔히 말하듯 놀고먹는 대학생활이 아니라 누구보다 치열한 대학생활을 할 수 있었다. 그 결과 공인회계사를 거쳐 공군대위로 복무했고, 감정평가사와 로스쿨까지 합격했다. 그렇게 나는 내가 목표로 한 장기적 비전을 차근차근 이뤄가며 살고 있다.

대학교가 평생의 목표가 될 수는 없다. 공부를 늦게 시작했다고 해서 부끄러워할 필요도 없다. 대학생활에는 빠름과 느림이라는 개념 자체가 없다. 인생을 길게 보면 결국 자신의 꿈과 목표를 '제대로' 좇아가고 있느냐의 문제만 남기 때문이다.

지금 고등학생이라면 공부하기에 참 좋은 시기라는 것, 왜 공부하는지를 끊임없이 고민할 시기라는 것을 생각하기 바란다. 만약 재수를 결심했다면 그 자체가 미래에 위대한 일을 하기 위한 큰 움츠림이라고 생각한다. 또 나처럼 삼수를 한다고 해도 결코 늦은 게 아니다. 오히려 더 멀리 날아가기 위한 수련과정일 수 있기 때문이다.

수험생들이여.

모든 과정을 위대한 사람이 되기 위한 훈련으로 생각하고 하루하루 꿋꿋이 버텨 나가자.

102

수능을 위한
공부계획 세우기

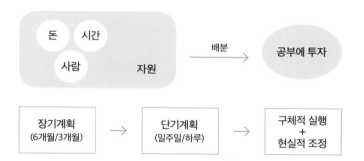

공부계획은 시간을 어떻게 사용할 것인가에 대한 일종의 설계도다. 공부계획을 통해 공부시간을 계획하고 어떤 과목을 언제 공부할지를 구상해 시간을 적절히 배분할 수 있다.

1. 내가 가진 자원 검토하기

공부계획을 짜기 전 내가 얼마만큼의 자원을 가지고 있는지 점검해볼 필요가 있다. 즉, 내가 가진 시간과 돈이 얼마나 되는지, 그리고 나를 도와줄 수 있는 환경이 어떤지를 검토한 다음 그것을 내가 공부해야 할 과목에 연결하면 되는 것이다.

이를테면 내가 올빼미형이어서 새벽 2시까지 공부하고, 아침 8시에 일어나며, 점심시간에 낮잠을 자는 게 익숙하다면 거기에 맞게 공부계획을 짜면 된다. 그리고 내가 경제적으로 여유가 있다면 학원이나 과외의 도움을 받을 수 있어 그 시간을 고정해놓고 자습시간을 공부계획으로 설정하면 되겠지만, 그만큼의 금전적 여유가 없다면 당연히 자습시간이 늘어나게 될 것이다.

2. 장기계획 세우기

공부를 하려면 1년간의 목표가 있어야 한다. 보통 장기계획은 1년 단위로 설정하지만 수능공부를 하는 수험생의 경우 6개월, 3개월, 1개월 단위의 계획이 장기계획이라고 할 수 있다. 나는 수능을 보는 순간을 최종점으로 설정하고 1개월 단위로 계획을 세웠으며, 1개월마다 달성목표를 설정했다.

5등급도 안 되던 공부 초보 시절에는 공부량과 지식을 늘리고 공부습관을 들이기 위해 '1개월에 문제집 15권 풀기'를 목표로 잡고 가장 쉬운 문제집을 우선적으로 배치했다. 즉, 문제집을 이틀에 1권씩 풀면서 약한 과목을 우선적으로 배치했다.

3. 단기계획 세우기

단기계획은 장기계획보다는 분량 목표를 구체적으로 설정해야 한다. 보통 단기라고 하면 일주일 내지 하루 단위를 뜻한다. 나는 하루 단위로 목표를 세워 공부했는데, 주말마다 일주일 치 계획을 세우고 매일 목표를 달성할 수 있도록 분량을 배분했다. 이를테면 다음과 같은 식이다.

<u>3월 2일 월요일</u>
수학 문제집 8챕터 문제 풀고,
모르는 문제는 체크해 3번 반복하기

이렇게 해야 할 분량과 행동을 정해놓고 실천했다. 그리고 해당 분량을 끝냈을 경우에는 매일 하면 좋은 영어단어를 암기하거나 국어 모의고사를 20문제 정도 푸는 등 감각을 유지해야 하는 과목에 투자하고 나머지 시간은 푹 쉬었다. 반대로 목표량을 달성하지 못하면 잠자는 시간을 줄이거나 등하교시간에 걸어 다니면서라도 어떻게든 그 분량을 끝냈다. 이렇게 하면 놀랍게도 1개월 동안 설정한 공부량을 채울 수 있으며, 바로 이런 노력이 실력을 만든다.

4. 나만의 비법 : 달력 활용하기

나는 따로 계획표를 그리거나 시간표를 만드는 것만큼 미련한 일
은 없다고 본다. 시간도 많이 걸릴 뿐 아니라 시간 단위로 계획을
세우면 지키지 못할 가능성이 거의 99%다. 그 시간대로 정확히 살
수 있는 사람은 이 세상에 거의 없기 때문이다. 간혹 모든 것을 통
제하고 사는 사람도 있긴 하지만, 그렇게 한다고 해서 반드시 실력
이 오르는 것도 아니고 또 유연하지 못해서 전체 수험계획이 무너
지는 것도 많이 보았다.

나는 차라리 달력에 1개월 단위로 크게 목표량을 설정한 다음
매일 해야 할 분량을 써두고 매일 잠들기 전 목표량의 달성 여부
를 체크하는 방법을 추천한다. 이렇게 하면 한 달이 지났을 때 내
가 달성한 공부량을 확인할 수 있고, 다음 달 달력에 표시할 때 참
고할 수 있다. 또한 갈수록 공부 목표를 공격적으로 잡을 수 있게
강력한 동기부여를 해준다. 구체적인 방법은 생략하겠다. 자신에게
맞는 방법은 달력을 사서 목표량을 표시하며 찾아보는 것이 현명
하기 때문이다.

103
EBS 활용법

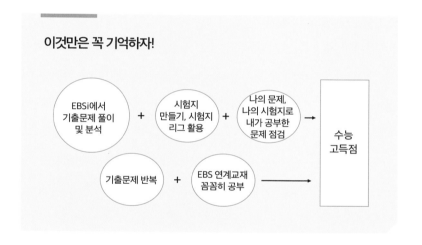

내가 처음 수능공부를 시작한 2005년부터 EBS 활용에 대해서는 참 이야기가 많았다. 지금은 EBSi에서 제공하는 다양한 서비스와 EBS 연계교재를 통해 수능 최고득점이 가능하다고 하기 때문에 이를 잘 활용하려는 시도가 많이 이루어진다.

1. EBSi 서비스를 최적으로 활용하기

현재 EBSi에서는 사교육의 부담을 덜어주기 위해 수능 전 과목의 강의를 편성하고 현직 교사뿐만 아니라 사설학원 유명강사들도 영입해 질 높은 강의를 무료로 제공하고 있다. 그러므로 EBSi를 잘만 활용하면 수능에서 고득점을 받을 수 있다. 피시나 태블릿 또는 스마트폰으로도 국어, 영어, 수학, 한국사, 사회, 과학, 제2외국어 등의 과목을 수강할 수 있다.

1) 기출문제 내려받아 풀기

EBSi에서 제공하는 기출문제는 EBSi 홈페이지에서 무료로 내려받을 수 있다. PDF 파일 형식으로 제공되므로 태블릿이나 피시를 이용해 풀어보거나 인쇄를 해서 볼 수도 있다. 먼저 EBSi 사이트에서 회원 가입을 하고 로그인을 한 다음 메인 화면 위쪽에 있는 기출문제 탭을 누른다. 다음과 같은 화면에서 원하는 학년을 선택하고 찾는 기출문제의 연도, 시험, 영역에 체크를 한 다음 검색을 누른다.

바로 아래 화면에서 문제와 정답, 해설을 내려받을 수 있으며 해설 강의도 들을 수 있다. 기출문제를 내려받지 않고 웹에서 풀어보려면 응시하기를 눌러 문제를 풀면 된다.

2) 나의 기출문제로 공부 내용 점검

기출문제 메뉴에서 나의 기출문제에 들어가면 내가 만든 시험지와 시험지리그에서 풀어본 시험지, 기출문제에서 푼 시험지까지 모두 확인할 수 있으며 나의 학습현황, 나의 문제, 나의 시험지코너를 이용해 공부 진도를 체크하고 나만의 시험지를 만들어볼 수 있다.

2. EBS 연계교재 최적으로 활용하기

EBS 연계교재는 수능을 준비하는 수험생이라면 반드시 봐야 하는 필수교재다. 주요 영역의 연계대상 교재를 보면 다음과 같다.

영역	연계대상 교재
국어	1. <수능특강> (공통) 독서, 문학 (선택) 화법과 작문, 언어와 매체 2. <수능완성> 독서·문학·화법과 작문/독서·문학·언어와 매체
수학	1. <수능특강> (공통) 수학 Ⅰ, 수학 Ⅱ (선택) 확률과 통계, 미적분, 기하 2. <수능완성> 수학 Ⅰ·수학 Ⅱ·확률과 통계/ 수학 Ⅰ·수학 Ⅱ·미적분/ 수학 Ⅰ·수학 Ⅱ·기하
영어	1. <수능특강> 영어 2. <수능특강> 영어듣기 3. <수능특강> 영어독해연습 4. <수능완성> 영어
한국사	1. <수능특강> 한국사
사회·과학탐구	1. <수능특강> 17개 선택과목 2. <수능완성> 17개 선택과목 ※ 17개 선택과목: 생활과 윤리, 윤리와 사상, 한국지리, 세계지리, 동아시아사, 세계사, 경제, 정치와 법, 사회·문화, 물리학 Ⅰ, 화학 Ⅰ, 생명과학 Ⅰ, 지구과학 Ⅰ, 물리학 Ⅱ, 화학 Ⅱ, 생명과학 Ⅱ, 지구과학 Ⅱ
직업탐구	1. <수능특강> 6개 선택과목 2. <수능완성> 6개 선택과목 ※ 6개 선택과목: 성공적인 직업생활, 농업 기초 기술, 공업 일반, 상업 경제, 수산·해운 산업 기초, 인간 발달

제2외국어/한문	1. <수능특강> 9개 선택과목
	2. <수능완성> 9개 선택과목
	※ 9개 선택과목: 독일어 Ⅰ, 프랑스어 Ⅰ, 스페인어 Ⅰ, 중국어 Ⅰ, 일본어 Ⅰ,
	러시아어 Ⅰ, 아랍어 Ⅰ, 베트남어 Ⅰ, 한문 Ⅰ

EBS 수능 교재·강의와 수능 출제의 연계 방식은 '간접 방식'으로 이뤄진다. 교재에 나온 문항이나 지문을 그대로 수능에 출제하는 것이 아니라 중요 개념·원리를 활용하고 지문이나 그림·도표 등을 변형해 재구성하는 것이다. EBS 수능 교재·강의와의 출제 연계율은 영역·과목별 문항 수 기준 50%를 유지한다고 한다. 이는 문항을 변형하거나 재구성하는 등 EBS 연계교재를 다양하게 활용해서 공부해야 한다는 것을 시사한다.

EBS 교재는 해당 연도의 수능에 연계되어 나올 것이다. 즉, 기존의 수능에 나온 방식은 유지한 채 EBS 교재에서 응용작업을 거쳐 시험문제가 출제될 것이다. 이에 대비해서 가장 먼저 해야 할 작업은 기출문제를 통해 기존 수능의 출제 유형과 주제를 익히는 것이다. 그래서 기출문제를 먼저 보면서 수능문제에 익숙해져야 한다. 그런 다음에는 EBS 연계교재와 EBSi 강의를 활용해서 수능에 대비하면 될 것이다. 연계교재는 반복하면서 암기할 만큼 많이 보고, 수능에 어떤 식으로 나올지 생각해보는 시간을 가지는 것이 중요하다.

104

국어영역의
성적을 올리는 방법

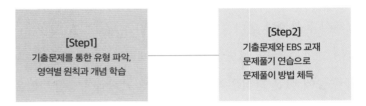

[Step1]
기출문제를 통한 유형 파악,
영역별 원칙과 개념 학습

[Step2]
기출문제와 EBS 교재
문제풀기 연습으로
문제풀이 방법 체득

국어영역은 공부한 만큼 성적이 잘 나오지 않는 과목이다. 그런가
하면 어떤 수험생은 특별히 공부를 안 해도 시험점수가 잘 나오기
도 한다. 이는 국어영역이 암기과목이 아니라 이해와 분석을 필요
로 하는 과목이기 때문이다.

　국어영역은 먼저 기출문제 분석을 통해 국어영역의 특성을 파악
하고 기본개념을 구조적으로 체화하는 것이 중요하다. 어떻게 보면
거꾸로 공부하는 것 같지만, 국어영역은 개념암기나 이론파악보다
는 기출문제의 사고방식과 영역의 특성을 잘 체득하는 것이 고득
점에 유리하다.

내가 생각하는 국어영역 공부의 단계는 다음과 같다.

Step1 _ 기출문제를 통한 유형 파악, 영역별 원칙과 개념 학습	Step2 _ 기출문제와 EBS 교재 문제풀기 연습으로 문제풀이 방법 체득
1. 기출문제를 풀어보고 파트별로 문제유형을 파악한다. 2. 영역별로 기본원리를 파악하고 개념을 학습 및 정리한다.	1. 기출문제와 EBS 교재를 반복해 풀면서 풀이방법을 스스로 체화한다. 2. EBS 교재의 지문을 배경지식으로 만들기 위해 지속적으로 분석한다.

[Step1] 기출문제를 통한 유형 파악, 영역별 원칙과 개념 학습

기출문제를 풀어보고 시험의 유형을 전체적으로 파악하는 것이 선행돼야 한다. 또한 파트별로 나뉜 개념서를 통해 기출문제의 원리와 개념을 학습하고 정리해나가는 것이 중요하다.

내 경험을 말하자면, 이해황 저자의 《국어의 기술》이라는 책이 수능 영역별로 개념정리와 유형분석, 문제스킬 정리가 잘되어 있는 데다 풀이방법도 상세하게 제시되어 첫 단계에서 공부하기 좋은 책이라고 생각한다. 국어영역은 수학이나 탐구영역처럼 암기하는 게 바람직한 과목이 아니다. 오히려 지나치게 암기식으로 공부할 경우 선입관으로 인해 문제를 틀릴 가능성이 커진다. 그렇다고 개념 및 기본원리를 소홀히 한 채 문제만 많이 풀었다가는 끝까지 잘못된 방법을 교정하기가 힘들다.

따라서 수능 국어영역을 처음 시작할 때는 기출문제를 통해 국어영역 유형별 개념정리, 문제풀이 방법을 익히는 것이 선행되어야 한다. 영역별로 문제 출제유형과 특징을 살펴보면 다음과 같다.

화법과 작문·문법	화법의 경우 A형은 주로 대화 지문, B형은 면접이나 토론과 같은 공식 대화가 문제로 나온다. 작문은 글의 개요 중 잘못된 부분을 수정하거나 평가하는 문제와 조건에 따라 글을 작성하는 문제가 출제된다. 어휘와 문법은 각 어휘의 의미와 문법을 주고 선택지를 판단하는 문제가 나온다.
비문학	비문학은 제시문을 읽는 방법과 문제풀이 방식에 따라서 점수차이가 날 수 있는 영역이다. 교수들이 다양한 주제를 가지고 제시문을 구성하고 어려운 글을 제시하기 때문에 수험생 간에 점수차이가 많이 날 수 있다. 절대로 배경지식을 바탕으로 선입관을 가지고 문제를 풀지 말고 제시문의 단서를 통해 풀어 나가야 한다. 속독기술도 중요하지만 정확한 독해습관을 들이는 것이 더 중요한 유형이다.
문학	문학은 비문학에 비해 추상적이고 주관적일 수 있는 영역이다. 운문문학은 화자의 감정과 이미지를 긍정과 부정으로 나누어 잘 파악하는 것이 중요하고, 최대한 객관적으로 감상하기 위해 노력해야 한다. 산문문학은 제시문의 길이가 긴 편이므로 비문학처럼 시험에서 독해를 할 방법을 미리 연습해두는 것이 좋다. 소설이나 시나리오의 주요원리인 주체, 구성, 문체를 잘 분석하고 문제를 파악하는 연습도 해야 한다.

이렇게 수능 국어영역은 각 영역이 세분화돼 출제원리가 다르다. 따라서 세부영역별로 공부방법도 차별화할 필요가 있다. 이에 대해서 구체적으로 살펴보자.

화법과 작문·문법	실제로 화법과 작문의 난이도가 그리 쉬운 편이 아니고 수능에서 처음부터 나오기 때문에 적응되지 않은 뇌 상태에서 문제를 접하다보면 당황할 수 있다. 이 영역은 제시문을 읽고 문제에서 요구하는 그대로를 선지에서 고르는 것이 핵심이다. 단순하지 않은가? 해마다 유사한 유형이 반복해서 출제되므로 유형별로 최적화된 풀이방법을 정리해두면 도움이 된다. 그러나 빠르게 푸는 데만 집중하면 은근히 실수를 많이 하게 되므로 더욱 기본에 충실해야 하는 영역이다.

(1) 제시문의 논리구조 파악연습

비문학은 어려운 제시문을 읽고 글의 핵심을 짚어내는 것이 중요하다. 주제만 파악하는 것은 문제풀이에 큰 도움이 되지 않으므로 글의 논리구조와 개요를 파악하는 것이 더 필요하다. 수능의 글들을 자세히 보면 논문이나 대학서적이 상당수다. 교수들은 그 글의 논리구조를 잘 다듬어서 재창조한다. 결국 논문 등을 가지고 글의 개요인 서론-본론-결론의 구조를 다시 잡아서 출제하므로 이것만 제대로 파악하면 발문에 맞는 선지를 고르기가 수월하다. 이러한 글의 전체 구조를 잡는 연습은 각 문단을 한마디로 요약하는 방법으로 할 수 있다.

평소에 구체적으로 어떻게 연습하면 되는지는 내가 썼던 방법을 적용해보면 도움이 될 것이다. 단계별로 연습해보기를 바란다.

1단계 _ 제시문을 읽을 때 문단마다 중요한 문장을 찾아 밑줄을 그어본다.
2단계 _ 제시문을 모두 읽고 나서 밑줄 친 문장만 읽으면서 구조를 파악한다.
3단계 _ 이 글의 전체 주제와 글쓴이의 주장이나 의도가 무엇인지 파악해서 제시문 위에 요약한다.

비문학

(2) 그림, 도표, 그래프가 제시된 경우

비문학 제시문은 다양한 주제를 선별해 출제하기 때문에 그림과 그래프, 도표 등이 제시되는 경우가 많다. 특히 생물학이나 고고학, 경제학, 경영학, 물리, 화학에서 그림이나 그래프가 나오면 그림만 보아서는 잘 풀리지 않게 출제된다. 물론 배경지식이 풍부하면 제시문 없이도 그래프 등을 보고 문제를 풀 수 있겠지만, 이때도 틀릴 가능성은 커진다.

나는 그림이나 그래프가 나온 문제를 연습할 때 발문을 먼저 보고 나서 글을 읽으며 그림의 어떤 부분을 설명하는 것인지를 파악한다. 그리고 그림에 간단하게 요약하거나 표시를 한다. 시험장에서는 순식간에 해야 하기 때문에 평소에 연습을 많이 해두어야 한다.

(3) 제시문 표시에 대한 소소한 팁

첫째, 키워드를 무조건 동그라미나 네모 등으로 표시해둔다. 키워드는 핵심 주제와도 관련이 있는 단어이며, 무엇보다 선지를 분석할 때 키워드가 들어간 선지가 답일 확률이 매우 높다. 내 경우 키워드는 무조건 표시를 하고 그 부분이 포함된 문장을 자세히 읽었다. 키워드는 따옴표 표시나 괄호 안에 영어나 한자가 표기된 단어다. 예를 들어 '콜로세움', '에클로자이트', 역진귀납법(Backward induction) 등은 형태만 보고도 키워드라는 것을 알 수 있다.

둘째, 변화관계는 화살표로 표시한다. A 다음 B가 탄생했다는 것은 "A→B", A가 증가하면 B도 커진다는 것은 "A↑ B↑"처럼 표시하면 쉽게 제시문에 나타난 개념관계를 표시할 수 있다. 이는 나중에 개념 간의 관계로 선지가 구성되었을 때 해당부분을 빠르게 찾을 수 있게 도와준다.

마지막으로, '그러나', '하지만', '~가 아니다' 등 반대 의미 또는 정의 의미 등은 별도로 표시해서 중요하게 읽었고, '결국', '그러므로', '따라서', '즉' 등은 정리형 접속사이므로 더 중요하게 읽었다. 그리고 '중요한 것은', '핵심은', '무엇보다도', '오직 ~만이' 같은 말은 주제나 핵심 주장일 가능성이 크기 때문에 따로 표시해두었다.

문학은 주관적으로 해석할 여지가 많으므로 조심해야 하는 영역이다. 문학에는 현대시, 고전시가, 현대소설, 고전소설이 있으며 각각 설명하면 다음과 같다.

(1) 현대시 공부
현대시의 경우 내가 배경지식이나 선입관을 가지고 이 선지가 맞다고 생각하고 고르면 틀리는 경우가 많다. 철저하게 제시문에 나온 상황을 보고 선지를 고르는 연습을 해야 한다. 나는 현대시를 공부할 때 제시문의 화자가 누구인지를 먼저 파악하는 연습을 많이 했다. 비교적 상상력이 풍부했던 나는 없는 화자가 있다고 믿고 오답을 고른 적이 많았기 때문이다. 이런 실수에 대비하기 위해서는 제시문을 뜯어 분석하는 연습을 해야 한다.

(2) 고전시가 공부
현대시는 그나마 양반이다. 고전시가는 읽어도 무슨 소리인지 모를 수가 있기 때문이다. 고전시가는 고전문학 읽는 방법을 잘 숙달시켜야 편하게 접근할 수 있다. 우선 고어에 익숙지 않기 때문에 어려운 것인데, 고어를 자주 보면서 유사한 발음의 일상어를 떠올리고 상황을 유추하는 연습을 많이 해야 한다. 이런 고어를 따로 정리해두고 우리가 흔히 쓰는 일상용어로 변환해 정리하는 것도 좋은 방법이다. 내가 써보고 도움을 받은 훈련방법을 다음에 소개한다.
1단계 _ 고전시가만 따로 모아본다. 기출과 EBS 교재에 나온 제시문이면 충분하다.
2단계 _ 연습장을 꺼내 직접 쓰면서 입으로 발음해본다. 그런 다음 일상어로 번역해본다. 이때 중요한 것은 스스로 해야 한다는 점이다.
3단계 _ 번역이 잘 안 되는 부분은 해설을 보거나 검색을 해서 정리해둔다.

문학

(3) 현대소설 공부

현대소설은 인물과 배경, 사건을 파악하고 인물의 심리에 빙의돼 생생하게 읽어야 문제풀이가 쉬워진다. 소설은 어떤 스토리가 전개되는지를 인물, 사건, 배경이라는 3요소로 나누어 분석해야 한다. 그중에서 가장 중요한 요소가 인물이다. 작가의 메시지를 인물이 전달하기 때문이다. 실제로 인물의 심리나 인물과 인물 간의 관계에 대한 문제가 많이 출제된다. 선지마다 인물의 생각을 추적하면서 근거를 찾는 연습을 하다보면 자연스럽게 소설 독해능력이 향상될 것이다.

(4) 고전소설 공부

고전소설은 글에 대한 이해만 한다면 문제를 풀기가 그리 어렵지 않다. 그런데도 고전소설이 어려운 이유는 인물파악 자체가 어렵고 고어가 익숙하지 않을 뿐만 아니라 용어도 대부분 한자로 돼 있어 의미파악이 힘들기 때문이다. 이러한 문제를 극복하면 고전소설이 현대소설보다 쉬울 수 있다.

나도 한때는 고전소설만 나오면 지레 겁을 먹고 다른 문제부터 풀기도 했다. 그러나 어차피 극복해야 고득점으로 갈 수 있다는 생각으로 고전소설에 익숙해지자고 생각했다. 익숙해지면 의미파악이 훨씬 수월해지기 때문에 내용파악만 되면 문제 푸는 연습은 어렵지 않다. 자주 보면서 익숙해지는 것이 공부의 시작이자 끝이다. 이때 연습은 기출문제와 EBS 교재를 활용하면 좋다.

고전소설은 인물파악과 내용전개를 파악하는 것이 핵심이기 때문에 인물에 나만의 표시를 해두는 것이 좋다. 좋은 인물은 동그라미, 나쁜 인물은 엑스 표시를 하는 것도 한 방법이다. 만약 인물묘사 외에 작가가 말하고자 하는 의미전달 부분이 나오면 반드시 밑줄을 치고 주의 깊게 살펴야 한다. 이를 '편집자적 논평'이라고 부르는데, 기본적인 개념공부를 하다보면 저절로 알게 될 것이다.

아울러 앞부분의 줄거리를 제시하는 경우 글 전체 스토리 이해의 결정적 단서가 될 수 있으므로 꼭 보아야 한다. 평소에 문제를 풀고 나서 선지마다 오답의 근거를 찾아 메모하는 정리습관을 들이는 것도 중요하다. 나중에 다시 복습하더라도 오답의 근거를 제시문에서 읽어보며 문제의 구성원리를 이해할 수 있기 때문이다.

[Step2] 기출문제와 EBS 교재로 문제풀기 연습

개념과 원리를 잡고 유형별로 감을 잡은 다음에는 문제를 풀며 풀이방법을 체화體化하는 것이 중요하다. 80분 동안 45문제를 푸는 것은 개념을 빠삭하게 아는 것과는 또 다른 차원이다. 시간의 압박 때문에 평소에 알던 부분도 틀릴 수 있고, 사고과정이 몸으로 습득되지 않으면 시험장에서 반응속도가 더딜 수도 있다.

수능 국어영역에서 고득점을 하려면 실전연습과 풀이감각을 키우는 것이 중요하다. 실전과 비슷하게 시간을 재고 문제를 풀면서 속도를 늘려가는 동시에 틀린 부분을 지속적으로 보완해 정답률을 높여 나가야 한다. 실전감각을 위해서라도 실전 모의고사 연습을 일주일에 적어도 3회 이상은 해야 한다. 문제를 풀 때 잘못된 습관으로 틀리는 것을 적극적으로 교정하는 오답분석 노력도 기울여야 한다.

□ 국어영역 오답분석 요령

오답과 찍어서 맞힌 문제를 모두 표시	틀린 문제뿐만 아니라 찍어서 맞힌 문제도 별표시를 하고 모아두어야 한다. 보통 오답은 반복되기 때문에 대충 넘어가면 안 된다.
문제를 풀고 오답은 해설을 보고 틀린 이유를 문제에 메모	틀린 문제와 찍은 문제는 해설을 보고 제시문과 선지에 오답의 근거를 메모한다.
자주 틀리는 부분은 개념서 및 EBSi 강의 등을 통해 철저히 공부	자주 틀리는 부분은 개념이 약할 가능성이 크므로 그 부분은 개념서를 참고하거나 강의를 찾아 듣는 것이 좋다.

105

수학영역의
성적을 올리는 방법

수학영역 공부 10계명

[제1계명] 개념서 한 권을 구해 수험생활 동안 반복하라.

[제2계명] 기출문제를 반복하되 같은 문제를 여러 방법으로 풀어라.

[제3계명] 기본기가 약하다면 저학년 과정으로 돌아가라.

[제4계명] 처음에는 쉬운 교재로 시작해 단계적으로 난도를 높여라.

[제5계명] 문제는 많이 풀수록 좋지만 제대로 소화하라.

[제6계명] 강의도 중요하지만 자습은 더 중요하다.

[제7계명] 수학은 연습장에 쓰면서 공부하라.

[제8계명] 올해 나온 EBS 연계교재의 문제는 모두 풀어라.

[제9계명] 일주일에 적어도 2회분의 모의고사를 시간을 재며 풀어라.

[제10계명] 오답분석은 철저히 하라.

수학은 내가 획기적으로 점수를 올린 과목이다. 6등급에서 만점까지 올렸으니 말이다. 수학은 개념을 확실히 잡고 문제 푸는 연습만 꾸준히 해도 다른 과목에 비해 시험성적을 올리기가 수월하다. 다른 과목과는 달리 수학은 개념의 습득이 우선되어야 하고, 완벽한 개념의 이해를 통해 문제에 접근해야 한다. 또한 기출문제를 보면 매년 반복되는 주제가 따로 있으므로 그 부분을 집중적으로 공부해야 한다. 한마디로 범위가 정해져 있는 과목이 바로 수학이다.

수학은 정직한 과목이다. 공부를 얼마나 꼼꼼하게 하고 얼마나 연습을 많이 했느냐에 따라 점수가 달라진다. 그렇기 때문에 기본에 충실한 공부를 하는 것이 좋다. 수학영역에서 좋은 성적을 받기 위한 다음의 10계명을 통해 공부습관을 교정해보기를 바란다.

[제1계명] 개념서 한 권을 구해 수험생활 동안 반복하라

수학은 기본적인 개념이 확실히 잡혀야 응용문제를 제대로 풀 수 있다. 그렇기 때문에 자신의 기본기가 어느 정도인지 확인해볼 필요가 있다. 우선 기출문제를 풀어보고 정답률이 50%도 안 된다면 기본이 되는 개념서를 지겨울 때까지 반복해서 풀어야 한다.

내가 공부할 때는 《수학의 정석》, 《수학의 바이블》, 《개념원리》 등이 가장 유명한 수학 개념서였다. 나는 그 가운데 다른 친구들이 가장 많이 보는 《수학의 정석》을 개념서로 택했다. 그런데 개념서를 처음 볼 때부터 지나치게 자세히 보려고 하면 절대로 마지막 챕터까지 진도를 나갈 수 없다. 처음에는 빠르게 1회독 할 수 있게 개념을 훑고, 예제를 연습장에 빠르게 풀어보고 풀리지 않으면 해설을 옮겨 적으면서라도 진도를 나가야 한다.

이렇게 개념서를 처음부터 끝까지 5번은 반복하고 연습문제와 응용문제를 푸는 것이 좋다. 그러지 않고 연습문제를 다 풀려고 덤벼들었다가는 앞부분의 몇 챕터만 진도를 나가다가 도중에 포기하게 될 것이다.

이렇게 해서 속도가 붙으면 연습문제와 응용문제도 처음엔 홀수, 다음엔 짝수 식으로 번갈아가며 1장부터 마지막 장까지 풀어본다. 이렇게 해야 전체 진도를 고루 나갈 수 있다. 수험생활이 끝날 때까지 이런 식으로 반복 횟수를 늘리는 것이 수학의 기본기를 다지는 방법이다.

[제2계명] 기출문제를 반복하되 같은 문제를 여러 방법으로 풀어라

기출문제도 개념서만큼이나 많이 풀어야 한다. 이것은 아무리 강조해도 지나치지 않다. 기출문제는 그냥 무한반복하자. 나는 최근 8년 치의 기출과 전년도까지의 평가원 모의평가를 외울 정도로 반복해서 풀었다. '정말 문제가 외워지는구나' 할 정도였다.

그런데 단순히 해답을 옮기는 것만 반복해서는 수학실력이 늘지 않는다. 수학의 고수가 되고 싶다면 해설과 다른 풀이방법을 시도해봐야 한다. 해설에 나오는 방법이 순서대로 푸느라 너무 오래 걸린다면 중간의 몇 가지 방법은 암산으로 생략하고 풀리는지도 확인해보자. 또 공식을 이용해 풀었다면 규칙이 나올 때까지 '막노동 방법'으로도 풀어보자. 그림으로도 풀어보고 직관으로도 풀어보

자. 다양한 시도를 하지 않으면 절대 새로운 문제에 유연하게 대처할 수 없다.

[제3계명] 기본기가 약하다면 저학년 과정으로 돌아가라

처음 수능공부를 시작했을 때 내 수학 성적은 완전히 엉망이었다. 모의고사를 푸는데 정말 한 문제도 제대로 손대지 못했다. 뭐가 문제일까 고민하고 있을 때 어머니가 일하는 병원의 원장님이 초등학생들이 푸는 수학문제집부터 풀어보라고 하셨다. 처음에는 정말 창피했지만, 중학교 1학년 과정 문제집부터 풀기 시작했다.

중학교 3학년 과정을 다 푸는 것은 어렵지 않았다. 이렇게 풀다 보면 고학년이 응용하는 개념의 뿌리를 알 수 있다. 그리고 기본적인 것은 가볍게 넘겨도 머리에 잔상이 남게 된다. 이렇게 빨리 중학교 과정을 마치고 고등학교 1학년 과정까지는 한 달 안에 끝낼 수 있었다.

저학년 교과서를 풀어보고 나서 고등학교 3학년용 《수학의 정석》을 읽고 예제를 풀어보니 느낌이 완전히 달랐다. 이 방법의 가장 큰 효과는 불안감이 사라진다는 점이다. 나는 고3 이전 단계의 수학을 한 번 정리했다는 생각에 본격적으로 수능공부를 해도 되겠다는 안도감이 들었다. 그리고 개념서를 반복할 때도 저학년 때 배우는 개념에 대해서는 미련을 가지지 않고 오롯이 수능을 위한 문제연습만 풀 수 있었던 것이다. 아직 수학의 초보라고 할 만한 수험생들은 이 방법을 꼭 시도해보라.

[제4계명] 처음에는 쉬운 교재로 시작해 단계적으로 난도를 높여라

사실 이 계명은 모든 공부에 통하는 원리다. 시작은 무조건 쉬워야 한다. 처음부터 어렵게 접근하면 공부를 지속하기가 힘들다. 특히 수학은 더욱 그렇다. 처음부터 어려운 문제를 붙잡고 있으면 좌절감만 밀려온다. 수학공부를 하기 싫어지고 자신감도 떨어져 결국 첫째 장만 풀다가 '이 공부는 내 길이 아니다' 하면서 포기하게 된다.

처음에는 쉽고 얇은 문제집이나 교과서로 공부하는 게 좋다. 쉬운 문제집의 장점은 1회독을 빨리 끝낼 수 있다는 점이다. 빠르게 처음부터 끝까지 책을 끝내는 순간 해냈다는 뿌듯한 감정이 솟아나고, 수학공부가 재미있게 느껴지기 시작한다. 그러면 당연히 공부시간을 더 늘리게 되고, 다소 도전적인 문제집을 잡아도 성공기억으로 속도를 낼 수 있다. 이렇게 단계별로 난도를 높여 나가면 나중에는 어려운 문제집도 빨리 풀어낼 수 있을 것이다.

[제5계명] 문제는 많이 풀수록 좋지만 제대로 소화하라

수학실력을 높이려면 문제를 많이 풀어보아야 한다. 문제는 많이 풀면 풀수록 좋다. 하지만 문제를 많이 풀어야 한다는 생각에 대

충 풀어서는 안 된다. 그냥 문제를 풀고 넘어가는 데만 집착해 찍어서 답을 맞히고도 풀었다고 착각하면 큰일이다. 그렇게 할 바에는 내가 풀 수 있는 적당량을 찾아 그만큼만 꼼꼼히 풀고 해설도 해보면서 같은 문제를 음미하는 것이 나을 수 있다. 이 점을 명심하고 내가 문제를 제대로 소화하고 있는지 항상 생각해보자.

[제6계명] 강의도 중요하지만 자습은 더 중요하다

수학은 손으로 풀어내야 하는 학문이다. 암산으로 다 풀 정도로 머리가 좋다면 공부를 하지 않아도 되겠지만, 단언컨대 수능시험장에 그런 학생은 없다. 손을 많이 사용할수록 실력도 늘고 뇌도 활성화하는 것이 수학공부다.

강의를 들으면 분명 수학의 개념과 원리를 잡는 데 큰 도움이 된다. 때로는 수능문제를 명쾌하게 푸는 것을 보고 기술적으로 도움을 받을 수도 있다. 하지만 강의만 들어서는 실력을 키울 수 없다. 강의시간의 두 배 이상 내가 스스로 풀어보고 정리하는 시간을 가져야 한다. 이렇게 자습을 하지 않으면 그저 문제를 잘 푸는 강사를 구경한 것밖에 안 된다는 사실을 명심하자.

[제7계명] 수학은 연습장에 쓰면서 공부하라

수학은 연습장을 얼마나 쓰느냐에 따라 성적이 달라진다는 말도 있을 만큼 많이 쓰면서 풀어보아야 한다. 나는 연습장 대신 A4용지 묶음을 가방에 들고 다니면서 일주일에 한 묶음씩 썼다. 정말 많은 문제를 풀었고, 기출문제의 경우 같은 문제를 다른 방법으로 두 번씩 풀어보았다.

나중에는 다 쓴 연습장이 내 허리까지 쌓일 만큼 연습을 많이 했고, 이것은 고스란히 성적으로 증명되었다. 내가 연습장을 많이 쓰고 고민한 흔적을 많이 남길수록 성적도 그에 보답한다는 것을 명심하자.

[제8계명] 올해 나온 EBS 연계교재의 문제는 모두 풀어라

EBS 연계교재와 수능의 연계율이 50%라는 사실에 영향을 가장 많이 받는 과목이 아마도 수학일 것이다. 물론 수학영역에 나올 문제를 고르라고 하면 기출문제를 분석해서 확실히 예측해볼 수 있다. 하지만 EBS 연계교재의 출제 아이디어나 주제들을 모두 습득하는 것이 올해 수능시험 준비에는 더 적합할 것이다.

EBS에서 공식적으로 수능과 연계한다고 발표한 이상 연계교재에 나온 문제는 하나도 빠짐없이 풀어봐야 한다. 사람은 한 번 이상 풀어본 문제는 조금 변형해서 나와도 완전히 처음 보는 문제에 비해 익숙하게 풀 수 있다. 그리고 자신감 있게 풀게 되며, 결국 정답률도 올라갈 것이다. 힘들더라도 올해 EBS 연계교재에 나온 문제는 다 풀어보자.

[제9계명] 일주일에 적어도 2회분의 모의고사를 시간을 재며 풀어라

수학은 시간의 압박이 심한 과목이다. 시험장에서 주어진 시간 안에 모든 문제를 완벽하게 풀려면 평소에 실전연습을 꾸준히 해두어야 한다. 시간을 많이 주면 누구나 풀 수 있는 문제도 시간의 압박 속에서는 틀리기 쉬운 것이 인간이다. 따라서 시간의 압박 속에서도 문제를 정확히 풀어내는 능력을 키워야 한다.

제한된 시간 안에 푸는 연습은 모의고사를 통해 꾸준히 쌓아야 한다. 적어도 일주일에 2번 이상은 모의고사로 연습하자. 틀린 문제는 오답 노트를 만들거나 오답분석을 하는 과정에서 공부가 되므로 일주일에 2번 정도의 모의고사는 실력향상에 크게 도움이 된다.

[제10계명] 오답분석은 철저히 하라

수학영역은 오답분석을 반드시 해서 틀린 문제는 어떻게든 풀 수 있는 상태로 만들고 넘어가야 한다. 수학은 범위가 정해져 있기 때문에 똑같은 아이디어에서 착안된 문제가 다시 출제될 가능성이 높다. 문제를 틀렸다면 개념이 잡혀 있지 않거나 문제의 아이디어를 따라가지 못했기 때문일 가능성이 높다. 개념이 잘 잡히지 않아서 틀렸다면 해당 파트의 공부를 다시 해야 하고, 문제의 아이디어를 따라가지 못했다면 문제분석을 통해 철저하게 사고방식을 잡고 가야 한다. 그래야 같은 유형의 문제를 다시 틀리지 않는다. 시험장에서는 한두 문제가 한 등급을 갈라놓기 때문에 오답분석은 정말 중요하다.

106

영어영역의
성적을 올리는 방법

| 단어와 구문 암기 다다익선 | 독해문제집 풀기 다다익선 | 영어 듣기 다다익선 |

영어는 기초적인 독해와 듣기가 되지 않으면 수능문제를 풀지 못하는 잔인한 영역이다. 그래서 기본기를 쌓고 기출문제 분석과 많은 문제풀이를 병행해야만 한다. 자신의 현재 위치를 알고 그에 맞는 독해교재와 단어장을 골라 절대적 공부량을 늘려야 한다. 사실 영어는 공부하는 만큼 독해속도도 빨라지고, 단어를 많이 암기할수록 독해가 정확해진다. 그래서 국어와는 달리 양치기가 가능한 영역이기도 하다. 단어를 많이 외우고 문제를 많이 풀면 점수가 오르기 때문이다.

일단 자신의 현재 등급에 맞는 공부법을 따져보고, 어떻게 공부하는 것이 영어영역의 점수향상에 좋을지 고민해보자.

□ 영어영역 등급별 공부법

1~2등급 **(상위권 학생)**	1등급이나 2등급이 나오는 학생은 이미 영어 독해와 듣기에서 기본기는 갖추었다고 볼 수 있다. 이 단계에서 점수를 더 올리는 것은 매우 힘든 작업이다. 오히려 이 점수를 유지하는 것이 좋은 전략일 수도 있다. 이미 어느 정도 점수가 나오는 상황이기 때문에 실수를 줄여야 한다. 실수만 줄여도 점수를 올릴 수 있다. 상위권일수록 수능 기출문제와 모의고사 문제를 시간을 재며 풀고, 단어와 구문 암기를 철저히 해야 한다. 더 이상 양치기를 할 필요는 없다. 정확한 독해와 문맥의 파악이 더 중요하고 오답분석을 하면서 약점을 줄여나가야 한다. EBS 연계교재는 암기할 만큼 꼼꼼하게 보는 것이 좋고, 배경지식을 넓히는 차원에서 다른 문제집을 보아도 상관없다.
3~4등급 **(중위권 학생)**	어느 정도 독해가 가능하지만 정확한 독해와 듣기가 되지 않는 상황이다. '영어가 익숙해질 무렵'이라는 표현이 더 정확할 것 같다. 나도 3등급이었을 때 가장 점수를 올리기가 힘들었다. 사실 이 단계에서도 문제를 푸는 양이 많을수록 점수가 오른다. 그래서 기출문제, EBS 연계교재뿐만 아니라 많은 문제집을 풀어보는 것이 좋다. 쉬운 문제집부터 푸는 것이 도움이 될 것이다. 하지만 문제를 정확히 풀지 못하는 상황에서 대충 찍고 넘어가는 일이 많다면 단어와 구문의 암기량을 늘려야 한다. 사실 단어와 구문의 암기량이 많고 문법만 정확해도 정확도는 급상승한다.
5등급 이하 **(하위권 학생)**	영어 독해 자체가 버거운 학생들이다. 듣기도 절반은 감으로 찍거나 집중력이 약해서 놓치는 문제가 많은 단계다. 독해능력과 듣기능력을 키우려면 단어 암기량을 늘리고 기본적인 문법점검부터 하는 게 좋다. 나는 6등급이었을 때 초등학교에서 보는 쉬운 책부터 읽어 나가기 시작했다. 리딩튜터 초등학생용, 중학생용, 고등학생용을 차례로 끝내면서 독해에 대한 기초근육을 키웠다. 이는 운동과 같다. 하면 할수록 가속도가 붙고 실력도 향상된다. 하위권 학생일수록 쉬운 것부터 시작해서 빨리 진도를 빼면서 자신감을 올리고 점수도 올려야 한다. 이렇게 해서 3~4등급까지 올려놓은 뒤 다른 친구들처럼 일반적인 수능공부를 하면 된다.

　　영어영역의 공부전략은 나의 위치에 따라 달라진다. 나는 개인적으로 영어는 특별한 공부방법이 없다고 믿는다. 많이 쓰고 많이 반복하고 노력할수록 점수가 오르기 때문이다. 특별한 비법을 찾으

며 방황할 시간에 단어 하나, 구문 하나라도 더 암기하고 독해책 한 권이라도 더 보는 것이 훨씬 낫다. 문제를 푸는 기술은 3등급 이상의 학생들에게는 중요할 수 있지만, 하위권 학생들의 경우는 무식하게 공부량을 늘려서 기초근육을 키우는 것이 더 중요하다.

영어영역은 수학이나 국어와는 달리 오답분석이 큰 의미가 없을 수도 있다. 단어를 몰라서, 구문을 몰라서, 문법을 몰라서 틀리는 경우가 많기 때문에 틀린 문제의 해설을 통해 꾸준히 공부하면 된다. 그리고 문제를 많이 풀면서 구문과 단어를 암기하는 것도 하나의 방법이다. 단어와 구문은 문제에 나온 것을 암기하는 것이 더 좋은데, 따로 단어장을 사서 암기를 하면 금방 질리기 때문이다. 사실 구문과 단어를 정리할 때 가장 좋은 소스는 기출문제다. 기출문제에 나온 문장과 단어 등을 해설을 통해 학습하면 기출문제 지문에 금방 익숙해진다.

영어 듣기는 많이 들을수록 유리하다. 나는 듣기를 카세트 플레이어(일명 찍찍이)로 걸어 다니면서 많이 들었는데, 특히 하위권일 때는 무조건 많이 들으려고 했다. 심지어 잘 때 영어문제를 틀어 놓고 잔 적도 있는데, 그 정도로 듣기를 많이 하려고 하는 마음이 중요한 것 같다. 영어 듣기는 들으면서 지문을 읽어보고, 문제를 많이 풀고, 소리 내서 읽어보는 등 스스로 다양한 노력을 기울여야 한다.

EBS 연계교재는 연계율이 공식적으로 50%라고 하니 다른 문제집을 많이 푸는 것보다 EBS 연계교재를 반복해서 푸는 것이 더 나을 수도 있다. 게다가 EBS 연계교재에 나온 제시문이 수능에 그대로 나올 수도 있으니 이왕이면 자주 눈도장을 찍어 EBS 연계교재 제시문에 익숙해질 필요가 있다. 물론 문법과 어휘의 기본기가 없는 상태에서는 EBS 교재를 아무리 본들 수능에서 좋은 성적을 거둘 수 없다. 따라서 기본기가 부족한 학생들은 일단 절대량부터 늘리고 나서 EBS 연계교재로 넘어가자.

'시험 합격'으로
모두가 원하는 꿈을 이루길!

이 책에는 내가 그동안 다양한 시험을 치르면서 겪은 에피소드, 고생과 성공을 바탕으로 수험생들이 가장 궁금해하고 알고 싶어 할 부분만 추려서 담았다. 나는 이른 나이에 장사와 사업을 하느라 공부를 뒤늦게 시작했지만 수능부터 시작해서 내신과 학점, 고시와 자격증까지 많은 시험에 합격하며 공부 하나만은 누구보다 잘한다는 소리를 듣고 있다.

그런데 얼마 전부터 '나 혼자만 비결을 알고 있으면 뭐 하나' 하는 자기반성을 하게 되었다. 그래서 나만의 공부 노하우를 공개하고 많은 사람과 나누고 싶었다.

이미 공부를 잘하는 사람은 이 책을 보지 말기를 바란다. 한때 수능 6등급이 나왔던 나처럼 공부를 하고 있지만 죽고 싶을 정도로 좌절을 겪은 수험생들이 이 책을 읽고 용기를 얻었으면 좋겠다. 공부는 아직도 유효한 경제력 상승의 사다리가 아닌가.

세상에 타고난 천재는 없다. 간혹 인터넷 커뮤니티상에서 나를 천재로 부르거나 '타고난 머리'라고 표현하는 사람들이 있는데, 그것은 내가 이룬 결과물만 보고 하는 이야기다. 타고난 머리도 노력하지 않으면 바보가 되고, 둔재도 갈고 닦으면 천재가 되는 법이다. 나는 노력으로 모든 것을 바꿀 수 있다고 믿는다.

지금 시행착오를 겪고 있다면 고민에 고민을 거듭해 마침내 우등생이 되도록 노력해주기 바란다.

부록

곽상빈의
자기 관리 비법 인사이트

PART 1

기적의 독서법과
글 잘 쓰는 법

억대 연봉자가 되는 독서법

억대 연봉을 받게 된 후 내가 어떻게 이 돈을 받으며 일하게 되었는지를 생각해보니 '박학다식', '일머리', '지혜' 등의 키워드가 떠올랐다. 지금도 나보다 몸값이 더 높은 사람들은 어떻게 그 정도 보수를 받고 일하게 되었을지를 생각한다. 그리고 그것이 가능한 이유를 찾아보니 핵심은 독서법에 있었다. 나 역시 지금까지 책을 27권 저술하면서 경제, 경영, 자기계발, 공부법, 법학, 과학 등 5,000권이 넘는 책을 읽었다. 아무리 인터넷에 정보가 넘쳐나는 시대라지만 경험상 제대로 된 지식과 노하우는 책에서 나오고 이를 가장 쉽게 얻는 방법도 책 읽기였다.

기존의 방식과 지식을 고수하다보면 현재 수준에서 벗어나기 어렵다. 하지만 나는 책에서 새로운 계기나 아이디어를 얻었고 새로운 기술 역시 책에서 습득했다. 그 덕분에 몸값이 높아졌다고 생각한다. 수많은 대가와 혁신가들이 쓴 책을 내 것으로 요약하고 습득하다보면 내 인생에 변화가 일어난다. 그렇다면 어떻게 해야 책으로 인생을 바꿀까? 이제부터 그 방법을 알아보자. 독서가 몇 배나 즐거워지는 것은 덤이다.

대부분 간과하는 독서의 진짜 이유

남들이 읽어주고 꾸준히 사랑해주는 책을 만들려면 엄청나게 많은 고민과 리서치 과정, 저술 과정을 거쳐야 한다. 작가는 보통 자신의 인생에서 경험한 노하우를 압축해서 책에 담는데, 작가의 이런 노력과 노하우를 가장 효율적으로 받아먹으면 성공하는 것이다.

작가의 노하우를 내 것으로 만들기만 해도 작가의 수십 년 인생을 단번에 경험하는 효과를 볼 수 있다. 남의 인생을 책에서 훔칠 수 있다면 해볼 만하지 않은가? 좋은 책을 많이 읽을수록 그 노하우를 내 것으로 만들 수 있고, 그만큼 내 가치도 올라간다.

이렇게 읽어야 내 것이 된다

책은 그냥 기분이 좋아지려고 읽는 것이 절대 아니다. 책은 목표의식을 가지고 봐야 한다. 나를 업그레이드하고 삶에 필요한 강력한

엔진을 만들려면 반드시 책을 읽어야 한다. 그럼 어떻게 읽어야 할까? 자기계발을 위해 책을 읽는 것은 시험공부를 하려고 책을 읽는 것과는 조금 다르다.

수험서는 같은 책을 수십 번 읽는 게 가장 효과적인 전략이다. 반면 자기계발서는 여러 분야의 다양한 책을 골고루 읽어서 시야를 넓히는 것부터 하는 게 좋다. 나는 경제·경영뿐만 아니라 과학, IT와 프로그래밍, 인문학과 역사, 자기계발 등 다양한 분야를 다룬 책을 두루 읽으면서 창의성을 키우고 다양한 콘텐츠를 만들었다. 그리고 그 내용들을 책을 쓰고 업무를 처리할 때 활용했고 그 결과 엄청난 효과를 보았다. "저 사람은 뭘 해도 잘하네?" 하는 이들은 대부분 다양한 분야의 책을 골고루 읽고 자기만의 인사이트를 만든 사람들이다.

여러 분야의 책을 틈나는 대로 읽으면 독서 감각을 키워나갈 수 있을 뿐 아니라 나중에 적성시험이나 커뮤니케이션 시험, 업무 소통 등에도 크게 도움이 된다. 게다가 사람은 한번 집중해도 30분 이상 초집중하기 어려운데 집중이 안 될 때마다 새로운 주제로 바꾸면서 책을 읽으면 효율성도 챙길 수 있다.

나는 기본적으로 독서란 살아가면서 필요한 것들을 여러 책에서 취사선택해 저자들의 노하우를 내 것으로 만드는 과정이라고 생각한다. 그래서 다양한 분야의 책을 폭넓게 읽기도 하지만 닮고 싶은 사람, 멘토로 삼고 싶은 사람의 책은 10번도 넘게 반복해서 읽기도 했다. 고시공부를 하고 사업을 하고 영업을 해야 했던 시절 너덜너덜해질 때까지 반복해서 읽었던 책들도 있다. 그 책들을 탐독할 때 나는 그들처럼 되길 간절히 원했고 멘토로 삼은 사람에게 빙의되고자 할 때는 그들이 쓴 책을 반복해서 읽으며 동기부여 상태를 유지했다.

반복해서 읽어야 하는 책은 자기계발서 외에 또 있다. 내 경우 IT 전문서적이나 사업에 필요한 책, 실무서 등인데 한번 보기 시작하면 수십 권씩 들춰봐야 한다. 그래서 여러 권을 미리 눈도장 찍어놓고 평소에 활용하면 좋다. 이것이 독서의 효율성을 높이는 또 다른 방법이다.

한편, 독서를 하면서 꼭 버려야 하는 습관도 있다. 바로 모든 내용을 암기하거나 정독하려는 것이다. 훑어본다는 생각으로 가볍게 보다가 영감을 주는 부분만 잘 체크하면 된다. 정독해서 모든 내용을 보려다가 시간을 지체하면 안 된다. 또 '이 책은 얻을 게 없네', '너무 어렵네' 하는 책은 과감하게 읽기를 중단해도 된다. 같은 분야의 쉬운 책을 찾아서 보면 되기 때문이다. 책과 친해지는 게 더 중요하지 모든 책을 다 완파하는 것은 중요하지 않다.

책을 골랐으면 읽는 순서도 중요하지 않다. 흥미 있는 부분부터 봐도 된다. 절대로 책 읽는 게 어렵고 부담스러운 작업이 되면 안 된다.

투자의 귀재로 불리는 버크셔 해서웨이 CEO 워런 버핏Warren Buffett은 책을 수시로 읽고 종이신문도 매일 읽는다고 한다. 집은 물론 일터에도 책들을 곳곳에 두고 보이는 대로 틈틈이 읽는 게 좋다. 책 읽는 시간을 따로 내서 읽으려고 하면 작심삼일이 되고 만다. 다양한 지식과 인사이트를 얻는 데 활용한다는 생각으로 책과 친해지길 바란다.

책 한 권을 통째로 먹는 방법

'1만 시간의 법칙'이 유행한 이유는 한 가지 분야에 그만큼 시간을 투자하면 전문가가 되기 때문이다. 독서도 내가 전문가가 되고 싶은 분야는 더 깊고 다양하게 읽어야 한다. 선택과 집중이 필요한 분야에 더 몰두하는 것이다. 내가 책을 읽을 때 쓰는 방법은 다음과 같다. 책 한 권을 읽더라도 알차게 읽고 싶다면 다음과 같이 해 보자.

① 나에게 당장 필요하고 중요한 분야를 적어본다.

② 그 분야의 베스트셀러 또는 가장 쉽게 다가갈 수 있는 책을 서점에 가서 직접 산다. 전문가가 되려 투자한다고 생각하고 사야 하는데, 이때 최소 3권 이상 준비한다.

③ 책을 읽을 때 샤프 연필이나 연필로 표시하면서 읽는다. 더러워질수록 좋다. 스스로 읽었다는 뿌듯함을 느낄 정도로 지저분하게 읽어도 된다.

④ 중요하다고 생각한 내용이나 단어에는 형광펜 등으로 표시하면 더 좋다.

⑤ 다 읽은 후에는 인스타그램이나 블로그 등 자신이 자주 이용하는 SNS에 표시한 내용을 그대로 올린다.

나도 한때 책 한 권씩 끝낼 때마다 내용을 요약해서 블로그에 올렸다. 이 작업을 하다보니 나만의 콘텐츠가 쌓이는 것을 느꼈고 나중에는 유명 칼럼니스트로 성장했다. 칼럼을 쓴다는 것은 그 분야의 전문가가 된다는 것을 뜻한다. 이때 자신이 책을 읽으며 느낀 점까지 같이 올리면 금상첨화다. 특히 요약해서 SNS에 게시한 내용을 다시 보며 복습하면 새로운 아이디어와 영감이 떠오를 수 있다. 그러니 평생 유용하게 활용할 수 있는 작업이다.

나를 전문가로 만들어준 기적의 독서 루틴

책 리뷰를 제대로 활용하라

사람들은 대부분 과학, 기술, 경제학 등 어려운 분야의 책을 읽기 전에 지레 겁부터 먹는다. 그런데 책을 미리 읽은 뒤 쉬운 언어로 풀어 쓴 독서평을 읽어보면 한결 수월하게 책을 읽을 수 있다. 이때 해당 책 내용을 유추하고 궁금증을 정리한 뒤 읽으면 내용을 훨씬 잘 이해할 수 있다. 더구나 요즘에는 책을 읽고 요약해서 풀이한 유튜브 영상 등을 쉽게 찾아볼 수 있다. 그것만으로도 대략적인 내용을 파악할 수 있다.

책은 영화와 달리 스포일러가 많을수록 좋다. 특히 미리 생각할 거리를 파악하거나 구체적인 내용이 궁금해지거나 기초지식이 쌓이는 정도로 가벼운 리뷰일수록 더 좋다. 첫 단추부터 어려우면 절대로 안 된다.

미리 내용을 유추하고 책을 읽으면 그만큼 자신감도 생기고 읽는 시간도 단축할 수 있어 더 재미있다. 미리 쉽게 풀어놓은 글이나 리뷰를 보고 책을 읽는 것이 아무 배경지식 없이 읽는 것보다 100배는 효과적이다.

정독하려 하지 마라

손에 책을 잡았으면 처음에는 목차 위주로 보면서 책 전체에 무슨 내용이 담겼는지 추측해보는 것이 좋다. 그러고는 빠르게 책 읽기에 돌입한다. 이때 잘 이해되지 않거나 어려운 문장이 나오더라도 멈추지 말고 진도를 나가야 한다. 책을 다 읽은 뒤 그 부분을 다시 보면 무슨 말인지 이해될 것이다.

이것은 꼭 기억해야 한다. 통독하는 단계에서는 가벼운 마음으로 끝까지 빠르게 읽는 것이 중요하다. 무슨 얘기인지 도무지 이해가 안 되어도 일단 훑으며 전체적으로 빠르게 읽는 것을 하나하나 곱씹으며 정독하는 것보다 먼저 해야 한다.

계속 강조하지만 숲을 먼저 보고 나무를 정복하는 것이 전체를 이해하고 기억력을 높이는 데 도움이 된다. 따라서 이해되지 않는 부분은 별표를 해놓았다가 나중에 다시 본다.

정독해야 하는 순간

인간은 망각의 동물이라고 한다. 헤르만 에빙하우스^{Hermann Ebbinghaus}의 망각곡선에 따르더라도 한 번 읽은 내용은 시간이 지나면서 기억에서 사라져간다. 그래서 빠르게 한 번 읽어낸 책은 다시 봐야 한다. 그리고 다시 볼 때는 반드시 하나하나 의미를 되새기고 표시

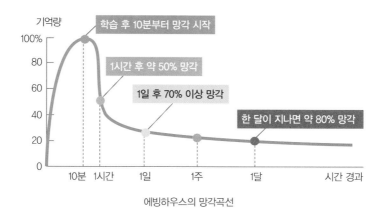

에빙하우스의 망각곡선

도 하면서 봐야 한다.

에빙하우스의 망각곡선을 보면 인간의 기억력은 학습 후 10분이 지나면 망각이 시작된다. 그리고 1시간 후에는 약 50%를 망각하며 1일 후에는 70% 이상을 망각한다. 그렇게 한 달이 지나면 약 80%를 망각하게 된다.

사실 이때가 빠르게 훑어본 책을 정독할 타이밍이다. 리뷰를 보면서 책에 대한 감을 잡고 목차로 그 궁금증을 더 높인 후 전체적으로 빠르게 훑으면서 전반적인 내용을 익혔다면 그다음 순서는 정독하면서 내용을 하나하나 내 것으로 만들 차례다.

콘텐츠화

이 과정에서 내가 표시한 내용을 블로그나 SNS에 요약해서 올리면 정말 큰 도움이 된다. 이때 다른 사람에게 설명하는 형식을 갖추면 더 좋지만 이 작업 자체가 수고스럽게 느껴질 수 있으므로 나에게 편한 방식을 택한다. 참고로 목차별로 중요한 키워드 또는 표시해둔 문장을 옮기면 좀 더 수월하게 핵심 내용을 전달할 수 있다. 이처럼 책 내용을 글로 기록하는 것이 내 독서법의 핵심이다. 이 방법으로 경영학, 경제학, 금융 분야에서 전문가가 되었고 관련 칼럼을 180개 넘게 쓸 수 있었다.

해본 사람은 알겠지만 글로 요약만 해둬도 책의 중요 내용이 금방 머릿속에 떠오르고 그만큼 장기기억으로 저장된다. 이 과정을 꾸준히 반복하다보면 책 내용을 나만의 언어로 설명하는 수준까지 오를 수 있다. 특히 요약한 내용을 다시 읽는 것만으로도 책을 한 번 더 읽는 효과가 있으니 꼭 해보자.

스노볼 효과

책 한 권을 마스터한 후 그 뼈대까지 블로그 등에 요약했다면 이제는 관련 지식을 확장하여 더 풍부하게 만들어야 한다. 작은 눈덩이를 만들었다면 그다음에는 눈을 굴리면서 좀 더 큰 눈덩이로 만들 수 있다. 독서도 마찬가지다. 특정 분야의 책 한 권을 마스터했다면 관련 분야의 다른 책은 쉽게 느껴질 것이다. 이때도 역시 앞에서 언급한 루틴을 그대로 적용하여 확장한다. 블로그나 SNS에 그만큼 글이 쌓이면서 뿌듯함을 느껴보는 것도 중요하다. 그렇게 읽은 책이 여러 권 쌓이면 좀 더 폭넓고 깊이 있는 내공까지 함께 쌓이게 된다. 나는 10권 정도를 이 방법으로 마무리한 사람은 당장 칼럼을 써도 된다고 생각한다.

물론 10권 이상을 읽어야만 글을 쓸 수 있다는 것은 아니다. 단 한 권을 읽은 사람도 해당 분야의 핵심지식을 이해했다면 자기만의 생각을 담은 칼럼이나 블로그 글쓰기 등을 충분히 할 수 있다. 다만 전문 분야라면 최소한 책 10권은 봐야 그 분야에서 공통으로 사용하는 언어, 맥락, 스킬을 한쪽으로 치우침 없이 습득할 수 있다. 그런 후 글을 쓰는 것이 내용 역시 깊이 있고 읽는 사람에게도 유용하다.

나는 책을 읽을 때 지저분해질 정도로 낙서를 하며 여러 번 반복해서 읽는 습관이 있다. 특히 특정 분야의 핵심이 되는 책, 가령 『맨큐의 경제학』이나 피터 드러커 관련 책들, 주식의 기본기를 잡아주는 베스트셀러 같은 책은 최소 세 번 이상 보아야 내 것이 되며 핵심 내용을 다른 곳에 응용할 힘이 생긴다. 그래서 책 한 권을 독파할 때 절대로 깨끗하게 읽어서는 안 된다는 것이 내 지론이다. 눈으로만 읽어 내려가는 분들은 내용의 10%도 못 건질 뿐만 아니라 천재들의 뇌를 다운로드하다가 부정확한 기억 때문에 오류에 빠질 확률이 높다. 그냥 읽기만 하는 것은 뇌 기능의 10~20%만 쓰겠다는 뜻이기 때문이다.

독서도 결국 아웃풋을 적극적으로 해서 책 내용을 내 것으로 체화하는 과정이 수반되어야 한다. 그 방법으로는 메모 및 SNS 요약하기, 전문적인 칼럼 쓰기만 한 것이 없다. 물론 독서토론이나 강의를 하기도 하지만 현실적으로 그런 기회가 자주 오는 것은 아니다. 그러므로 좀 더 손쉽게 아웃풋할 방법을 찾는 것이 독서의 질을 높이는 데 유리하다.

나는 책 내용을 온전히 습득하려고 책 한 권을 정복할 때마다 핵심 내용을 요약하거나 다른 글쓰기 혹은 실무에 적용할 내용은 포스트잇으로 태그를 해둔다. 형광펜이나 붉은색 볼펜으로 별표 표시를 해두거나 급할 때는 사진을 찍어 카톡이나 블로그에 올려 놓기도 한다. 이렇게 전투적으로 책을 읽어야 비로소 책 내용을 내 것으로 만들고 관련 지식을 더욱 확장할 수 있다. 그저 눈으로만 보며 수동적으로 읽는 건 눈요기 혹은 시간 때우기에 지나지 않는다.

특히 중요하다고 생각되는 책이나 좋은 인사이트를 준 책은 한 번 더 읽는데 그때는 태그해놓은 부분과 중요 표시를 해둔 부분 위주로 본다. 이때 중요하다고 생각했던 부분이 별로 중요하지 않은 경우들도 있는데 그런 부분은 과감하게 X를 한다. 이 작업은 끝까지 이어가야 하는데 이때 소거되지 않고 마지막까지 남아 있는 부분이 정말 중요하기 때문이다. 내 경우 이런 부분만 따로 메모하거나 기록해두었다가 두고두고 써먹는다. 그렇게 10권이 쌓이면 핵심 중의 핵심 지식만 추린 나만의 무기를 가질 수 있으며 그러고 나면 관련 분야의 어떤 일이든 자신 있게 적용할 수 있는 경지에 이르게 된다.

독서 목록이 쌓여 이른바 스노볼 효과를 누리려면 이 정도의 밀도로 책 한 권을 독파해야 한다. 이런 과정이 쌓이고 나서야 비로소 책으로 전문적인 지식을 확장하고 스노볼 효과를 누릴 수 있다.

하지만 이런 과정을 거쳤어도 해당 분야의 진짜 전문가라고 하려면 경험도 무시할 수 없다. 책은 분명 저렴한 비용으로 풍부한 간접경험을 제공해주지만 현장에서 하는 직접경험에는 미치지 못하는 한계점도 있으니 너무 자만하지 않는 자세가 필요하다.

몸값 급상승, 나만의 칼럼 쓰기

글쓰기 능력은 사회생활을 하면서 꼭 필요한 능력일까? 누군가 나에게 이런 질문을 한다면 나는 글쓰기 능력만큼 내 경쟁력을 제대로 완성해주는 기술도 드물다고 대답할 것이다.

글쓰기 훈련을 하다보면 표현력과 논리력이 남들보다 월등히 뛰어나게 발전한다. 그래서 글을 많이 쓴 사람의 어휘는 남다른 매력이 있고 그만큼 설득력이 있는 것이다. 글을 쓰는 것이 직업인 변호사나 작가가 아니더라도 독서량을 늘린 이후에 반드시 글을 많이 쓰는 훈련을 해야 하는 이유가 여기에 있다. 사실 한 분야의 전문가라면 자기 생각과 지식을 글로 풀어낼 수 있어야 한다. 특히 이 능력은 커뮤니케이션 스킬뿐만 아니라 영업 능력과 마케팅 능력을 향상해주고 결과적으로 몸값을 급상승하게 해줄 것이다.

이 단계까지 와 있다면 전문분야뿐만 아니라 다양한 책을 잡식성으로 읽으면서 창의성까지 키워나가는 것이 좋다. 이렇게 하면 나를 이길 수 있는 사람이 드물 정도로 대단한 실력을 갖추게 된다. 나 역시 이 방법으로 사업을 성공 궤도에 올렸고, 억대 연봉과 투자 성공, 저서 28권 집필, 5개 논문 게재, 180개 칼럼 기고 및 다양한 분야의 전문가로 활약할 수 있었다.

글을 쓴다는 것이 누군가에게는 긴장과 두려움을 불러일으키는 일일 수 있다. 하지만 훈련이 안 되어 그렇지 글쓰기가 특별한 자질이나 능력이 있는 사람만 할 수 있는 것은 아니다. 앞에서도 말했듯 글쓰기 능력은 내 경쟁력을 완성해주고 몸값을 급상승하게 해주는 치트키 같은 것이다. 그런 만큼 글쓰기 능력을 키워 스스로 가치를 더 높이기를 바란다. 이 책을 읽는 분들도 더 많은 책을 읽고 더 많은 글을 쓸수록 지금까지보다 더 큰 사회적·직업적 성취를 거둘 것이다.

뇌를 독서 근육으로 꽉 채우는 법

책을 손에 잡아도 첫 장만 읽다 그만둔 적이 있을 것이다. 그런 일이 반복되면 독서에 발전이 없고 지식도 늘지 않는다. 그래서 책을 제대로 읽을 수 있도록 독서 근육을 키우는 훈련법을 소개한다. 이 방법을 사용하면 뇌 근육이 커지고 독서 기본기도 잡혀 나중에는 엄청난 독서 스킬을 보유하게 될 것이다. 나는 이 방법으로 큰 효과를 보았고 지금도 휴일에 책 한 권은 1회독할 수 있다.

첫 번째로 할 일은 책을 분철해서 시간 단위로 목표량을 설정하는 것이다. 즉, 책을 끊어서 읽는 방법인데 달리기를 할 때도 고강도 인터벌이 효과가 있듯이 책 읽기에도 역시 고강도 끊어 읽기를 적용할 수 있다. 내 경우 10회 인터벌이면 책 한 권을 통으로 1회독할 수 있다. 만약 10회가 어렵다면 15회로 늘려도 무방하다. 이 부분은 편한 대로 설정하면 된다.

이렇게 의식적으로 노력하지 않거나 체계를 잡지 않은 채 무작정 독서나 공부를 하는 주먹구구식으로는 아무리 시간이 지나도 발전할 수 없다. 골프나 농구 등 운동은 자주 하면서 책 읽기는 연습이나 훈련을 안 하는 것이 나는 이상하게 느껴질 정도다. 원래 책을 많이 보는 사람이나 고시에 합격한 사람도 자기가 책을 잘 읽는다고 착각하는 경향이 있는데 이 방법을 써보면 겸손해질 수밖에 없다.

최적의 독서 속도로 온몸으로 읽기

달리기할 때 적당한 속도를 설정하고 뛰듯이 독서도 마찬가지다. 우선 속도와 목표량을 정해야 한다. 예를 들어 책 한 권이 목표라면 30분을 기준으로 빠르게 읽어나갈 분량을 잡는다. 기준을 30분으로 잡는 이유는 보통 이 정도가 가장 집중하기 좋은 시간이기 때문이다. 더 집중력이 좋으면 길게 설정해도 좋지만 여러 번 경험해본 결과 짧게 끊는 게 더 효과적이었고 경험상 30분이 가장 이상적이었다. 다만 독자들은 스스로 가장 집중을 많이 할 수 있는 시간을 스톱워치로 측정해서 그 길이만큼의 시간마다 분량을 소화해도 된다. 하지만 너무 욕심을 내면 금방 지치므로 초반에는 가벼운 마음으로 시작한다.

글자를 눈으로만 따라가며 읽을 때보다 오감을 사용할 때 우리 뇌는 더 활성화된다. 책을 눈으로만 읽으면 읽었다는 기분도 잘 안 날 뿐만 아니라 오히려 지루해지기 쉽다. 그래서 30분 인터벌 중에는 샤프 연필을 하나 준비해서 가볍게 밑줄도 긋고 동그라미도 치면서 읽는 것이 좋다. 30분 끊어 읽기 한 부분을 표시할 때는 포스트잇을 붙여두면 유용한데, 책을 다시 볼 때 내가 독서했던 흔적도 남고 내용도 새롭게 복기되면서 읽는 재미가 더 살아나는 것을 느낄 수 있다.

사실 이것은 책과 친해지는 방법이다. 책에 표시하고 손때를 묻힐수록 더 친근해지고 그만큼 애착이 생길 것이다. 나는 직접 정복한 책은 지저분할수록 좋다고 생각한다. 머리가 엄청 좋은 이들은 눈으로만 봐도 바로바로 이해되고 암기할 수 있겠지만 대부분은 그럴 수 없다. 반면 이렇게 표시하면서 읽으면 나중에 독서 관리를 할 때도 유용하게 활용할 수 있으니 의식적으로 훈련해 몸에 익히자.

회독과 콘텐츠화와 나만의 독서 루틴

끊어 읽기와 표시하며 읽기를 강조했지만 이런 방식으로 빠르게 1권을 읽었다고 해서 책을 마스터한 것은 절대 아니다. 반드시 복습 혹은 회독을 한 번 더 해야 한다. 그리고 다시 읽을 때는 조금 더 속도를 높인다.

달리기할 때 처음에는 근육이 약해서 느렸지만 조금 쉬었다가 다시 뛸 때는 그 전보다 수월해진 경험을 해보았을 것이다. 독서도 다르지 않다. 읽었던 책을 다시 볼 때는 목표 속도를 이전보다 1.5배 이상 빠르게 잡고 최선을 다해서 읽는 훈련을 하는 게 좋다. 두 번 이상 읽으면 뇌 속에 여러 개념이 자리 잡는 것을 느낄 수 있다. 이때 블로그나 SNS에 요약 글쓰기를 올려 콘텐츠화하면 책 한 권을 온전히 내 것으로 만들 수 있다.

그렇지만 아무리 좋은 방법도 어쩌다 한 번 실행하면 체득할 수 없다. 따라서 책 읽는 근육을 키우려면 꼭 주말이나 쉬는 날을 이용해서 하루에 한 권은 끝까지 정주행해야 한다. 미국 드라마나 러닝타임이 긴 영화들은 정주행하면서 책은 그렇게 하지 못한다는 것을 반성해야 한다. 사실 책에 엄청난 정보와 경험, 지혜들이 응축되어 있는데 매주 이것을 놓치는 건 너무 아까운 일이다.

책은 눈으로 읽는 게 아니다

책을 읽을 때 눈을 부릅뜨고 문장 하나하나를 곱씹어서 읽어야 내용을 이해할 수 있다고 생각한다면 착각이다. 오히려 이런 부분에 집중하면 책 내용이나 본질에 다가가지 못하고 방해만 될 뿐이다. 책은 가볍게 책과 대화한다는 생각으로 머리로 읽는 것이다.

신문이나 카톡 문자는 잘 읽으면서 책을 잘 읽지 못하는 것은 책을 볼 때 눈으로 읽기 때문이다. 그렇게 하지 말고 자연스럽게 의미 단위로 읽어보자. 문단 하나하나가 덩어리로 묶이면 더 좋다. 굳이 디테일을 다 챙기며 읽어야 하는 이유는 어디에도 없다. 그보다는 중요하다고 생각되는 키워드에만 표시하며 속도감 있게 읽는 연습을 해보자. 이 방법을 쓰면 더 많은 책을 볼 여유를 갖게 된다.

필수 지속시간

앞에서 소개한 루틴대로 16주 이상 책을 읽으면 정말 놀라운 경험이 여러분을 기다릴 것이다. 책 읽는 양과 체계가 잡혀 훈련되면 칼럼, 논문, 판결문 등 어떠한 종류의 글도 나름의 분석력과 속도를 가지고 읽어낼 수 있다. 특히 학습 속도 자체가 빨라지는 자신을 발견하게 되고 일 잘하는 사람, 똑똑한 사람이라는 평가를 받게 될 것이다.

단, 이러한 보상을 받으려면 당연히 그에 상응하는 노력이 뒷받침되어야 한다. 16주가 넘는 동안 꾸준히 성실하게 앞에서 다룬 독서 루틴을 반복하면 이러한 보상을 받을 충분한 자격을 갖추는 것이며 독서가 어떻게 사람의 인생을 바꾸는지 생생하게 지켜볼 수 있다.

베스트셀러 1위 저자가 알려주는 글 잘 쓰는 법

글쓰기 능력은 현대사회에서 성공하려면 꼭 필요한 능력이다. 글쓰기가 직업인 변호사나 직업작가가 아니더라도 시험을 보거나 직장에서 일할 때 또는 일상에서 글을 잘 쓰는 사람은 결국 인정받을 수밖에 없다. 그러면 자연히 몸값도 오르게 되어 있다.

나는 주관식 시험이 출제되는 자격시험에만 여덟 차례 붙으면서 문장 전달력이 얼마나 중요한지 깨달았다. 그 외에 책이나 논문을 쓰면서, 고객을 설득하는 이메일을 쓰면서 글 하나하나가 얼마나 중요한지 절감했다. 이에 그동안 해온 수백 건, 수천 건의 업무와 시험, 책을 쓰면서 쌓은 간결하고 임팩트 있는 글쓰기 노하우를 풀어놓으려고 한다.

일관된 체계를 잡아라

의식의 흐름대로 쓴 글이 아니라 일관성 있고 체계가 잡힌 글은 읽는 사람뿐만 아니라 쓰는 사람에게도 안정감을 준다. 글쓰기 초보이거나 답안 또는 보고서 쓰는 게 서투를수록 더욱 틀을 잡고 그 틀에 맞춰서 쓰는 연습을 해야 한다. 오래전 논술 과외를 할 때 학생에게 글을 최대한 단순화해 서론-본론-결론에 맞춰서 쓰는 연습만 시키거나 결론+근거만 계속 적도록 한 적이 있다. 당시 그 학생은 서울대 논술시험에서 좋은 점수를 받았다.

아는 것이 많을수록 당연히 글을 길게 쓸 수 있지만 그렇다고 반드시 좋은 글을 쓰는 것은 아니다. 서론에는 문제 상황을 제시하고 본론에서는 그에 필요한 개념 정의, 원인, 해결책을 제시한 뒤 결론에서 요약해주는 글은 사람들이 쉽게 이해하며 좋은 인상을 준다. 그러면 당연히 기억에도 오래 남기 마련이다.

글쓰기를 업으로 하는 사람도 먼저 일관된 체계를 잡은 뒤 그에 맞춰 글을 쓰는 방법을 훨씬 선호한다. 이 과정이 숙달된 사람일수록 더 고차원적인 글도 매끄럽게 잘 써낸다. 그래서 처음에는 글을 쓸 때 네모 세 개를 그려두고 서론에 넣을 키워드와 문제 상황, 본론에 들어갈 키워드와 개념들, 결론에 들어갈 해결책이나 전망 등을 넣어 간명하게 설계하는 연습을 하면 작가 수준의 아주 멋진 글쓰기를 할 수 있다.

특히 비즈니스로 이메일을 쓰거나 시험 문제의 답안지를 쓸 때는 시간에 쫓기는 상황이 많으니 이런 체계적인 글쓰기가 빛을 본다. 다만 이때 전체 틀을 잡는 것부터 스스로 해야 한다. 이 부분을 못 하고 누가 대신해주기를 바라면 글쓰기 능력은 향상되지 않는다. 스스로 3단 논법으로 체계를 잡거나 결론과 근거 채우기를 반복하는 훈련을 한 후 이 부분만 정복하면 어떤 글도 빠르게 써낼 수 있다. 아마 금세 천재 소리를 들을 것이다.

스토리텔링을 넣어라

단행본이나 시나리오를 쓸 때뿐만 아니라 시험 답안지, 논문, 보고서 등의 글을 쓸 때도 스토리가 있는 글은 오랫동안 기억에 남는다. 뭔가를 설명할 때 이야기를 풀어나가듯이 스토리텔링만 들어가도 상대방에게 살아 있는 느낌을 주게 된다.

나는 회계사 2차 시험에서 목차마다 답을 쓰고 근거를 쓴 후 예시를 들면서 스토리텔링을 하는 전략을 썼다. 이때 필요하면 그래프처럼 그림을 넣거나 표를 그려서 시각화하는 작업도 추가했다. 이처럼 시각화가 잘되고 스토리가 생생한 글은 읽는 사람에게 좋은 평가를 받을 뿐만 아니라 감동까지 준다. 실제로 감정평가사 2차 시험에서는 데이터센터 평가에 대한 서술문제에 목차마다 예시로 부산의 센텀시티, 판교의 IT타운 등 가치형성요인을 비교하며 풀어 설명해서 고득점을 받았다.

간단명료함이 생명이다

법학을 공부할 때 그때까지 살면서 읽었던 문장 중 가장 긴 문장을 보았다. 페이지를 가득 채운 판결문 문장이었다. 끝이 보이지 않는 것은 둘째치고 도대체 어디서 끊어 읽어야 할지 감조차 잡을 수 없을 만큼 긴 문장에 당황했던 기억이 난다.

판결문은 대중적인 글은 아니기에 그렇다고 쳐도 원래 글은 상대방을 이해시키고 설득할 뿐만 아니라 좋은 인상을 주기 위해 쓰는 것이다. 그러려면 글을 단순화하려고 노력해야 한다. 특히 글은 생각을 문서로 전달하는 것이니 미사여구가 많은 글보다는 상대방에게 말을 하듯 써 내린 자연스러운 글이 가장 설득력이 높다. 그래서 글을 잘 쓰려면 내용 단위로 문장을 끊어내는 연습을 해야 한다. 한 문장에 한 가지 내용만 넣어야 읽는 사람이 지치지 않고 '글이 괜찮은데?' 하면서 계속 읽게 만들 수 있다. 여러 가지 내용을 뒤죽박죽 문장에 넣으면 논리도 꼬이고 나중에는 글쓰기 자체가 싫어져 총체적 난국으로 흐르게 된다.

비즈니스 글쓰기나 변론 준비서면에는 접속사를 많이 쓰는데 글쓰기가 직업인 사람들은 이를 자유자재로 사용할 수 있다. 하지만 글의 흐름만 잡는다고 생각하고 처음 쓰는 이들은 접속사 '그리고' '또한' '아울러' 등을 빼고도 글을 자연스럽게 쓰는 연습을 해야 한다. 물론 반대 접속사인 '그러나' '그런데'처럼 어쩔 수 없을 때는 써야 한다. 하지만 이마저도 최소화하려고 연습하면 글이 아주 심플해지고 명료해질 것이다.

피동태인 ~하게 되다, ~해지다 등은 번역 투 표현이므로 피하는 것이 훨씬 글이 자연스러워진다. 보여지다, 벌려지다 등은 보이다, 벌리다 등으로 바꾸고 ~하게 되다보다는 ~하다로 바꾸는 게 좋다. 국어 강사는 아니지만 글을 정말 많이 읽고 쓰다보니 깨달은 노하우다.

완벽하려 하면 망친다

앞에서 글쓰기의 기술적인 부분을 소개했다면 이제는 좀 더 의식적인 부분을 다룬다. 우리는 글을 쓸 때 무의식적으로 글의 구조와 맞춤법을 조심하게 된다. 그러나 맞춤법 하나하나를 신경 쓰며 글을 쓰면 진도도 나가지 못하고 내용도 엉망이 된다. 실제로 맞춤법을 엄청 의식하면서 글을 써보면 오류가 더 많아진다. 내용이 중요하지 형식에 너무 집착하지 않는 마음이 글쓰기에서 더 중요하다는 뜻이다.

그러면 '내용이 좋고 생각이 잘 담겨야 할 텐데' 하며 고민하는 사람도 있을지 모르겠다. 만약 그 부분이 신경 쓰인다면 그런 고민 자체를 버려야 한다. 글의 내용 역시 한창 쓸 때는 판단해서는 안 된다. 그 부분은 나중에 글을 퇴고하며 다듬을 때 다시 읽으면서 생각해야 한다. 시험 문제의 답안을 쓰거나 당장 급한 문자나 이메일을 쓸 때도 너무 잘 쓰려고 하기보다는 말하듯이 쓴 뒤 보내기 전에 다시 읽어보는 습관을 들이는 것이 훨씬 효과적이다. 고민할 시간에 우선 쓰고 난 후 나중에 고치는 것이 더 효율적이기 때문이다.

본래 좋은 글은 상대방과 대화하듯 글을 쓴 후 고치는 과정에서 나온다. 먼저 빠르게 쓰는 방법을 훈련한 후 검토하는 루틴을 체득하면 더 수월하게 글을 써낼 수 있다. 처음부터 완벽하게 쓰려는 마음을 버려야 한다. 그래야 원하는 결과에 도달할 수 있다.

합격하는 자기소개서 쓰는 법

자기소개서는 자기를 어필하는 문서이므로 스스로를 어떻게 멋지게 표현해서 상대방이 나를 만나 같이 일하고 싶어 하게 만들지 상상하는 것만으로 설렌다. 매력적인 자기소개서(이하 '자소서')는 유려한 문장이 아니라 진실한 내 히스토리와 팩트를 어떻게 전달하느냐가 관건이다. 자소서를 '그냥' 쓰면 소설이 되어 읽는 사람에게도 신뢰를 주지 못하므로 '근거'를 제대로 제시해야 한다. 결국 자기를 어필할 만한 활동이나 성취를 모아 재료로 준비해두어야 한다는 말이다.

자소서의 핵심은 자신의 현재 능력과 앞으로 가능성을 전달하는 것이다. 상대방에게 나를 뽑아달라고 설득하는 과정이기도 하다. 따라서 내가 나를 제대로 알고 정리해야 전달과 설득이 잘된다. 내가 나를 모른다면 정말 심각한 상황이라고 할 수 있다.

나 자신을 정립하기

어떤 회사든 학교든 나를 뽑으려는 목적이 있을 것이다. 그렇다고 너무 그 회사, 그 학교에만 집중하다보면 내 매력과 장점은 어필하지 못하고 들어가고 싶다는 간절함만 표시하고 끝나게 된다. 그 회사나 그 학교는 내 지원동기보다 내가 매력적인지 아닌지부터 볼 것이다. '될놈될'이라는 말이 있듯이 합격할 사람은 어디에 지원해도 뽑히고 그렇지 않은 사람은 어디에 지원해도 탈락할 게 뻔하다. 그 합격과 불합격을 가르는 기준은 같이 일하고 싶은 사람인지를 스스로 잘 아느냐에 달려 있다. 아무리 스펙이 좋은 사람이라도 아무런 콘셉트 없이 경력이나 활동만 나열하면 매력도 없고 함께 일하고 싶지도 않다. 나 자신을 알고 어떤 방향과 목표를 가지고 하루하루를 살아왔는지 정리하는 것이 합격하는 자소서를 쓰는 지름길이다.

그러려면 스스로 타인에게 어필할 만한 활동을 정리하고 이행하고 기록으로 남겨야 한다. 나는 '곽상빈 사용설명서'를 써본 적도 있다. 과거 경험과 자료들에서 스토리를 짜는 데 정말 큰 도움이 된다. 스스로를 알기 위해 자기 활동을 기록하고 각 활동을 하게 된 이유와 자료를 정리하는 것이야말로 나중에 지원하려는 곳에 어필할 재료를 갖추는 지름길이다.

스펙의 방향성 설계하기

다양한 경력이나 스펙이 한 가지 방향과 맞게 설정되어 있다면 엄청난 효과를 내게 되어 있다. 예를 들어 내가 나이와 학벌에 비해 김앤장법률사무소나 여러 대형 로펌에 컨펌될 수 있었던 비결도 '기업전문'이라는 키워드로 모든 스펙이 뭉쳐져 핵폭탄 같은 위력을 발휘했기 때문이다. 중고등학교 때 여러 차례에 걸친 스타트업 창업 경험, 특허출원·수상 경력, 회계사 경력, 관련 분야의 작가 경험 등 다방면으로 '기업전문'이라는 키워드로 묶여 스펙이 설정되어 있던 덕분이다.

하나의 키워드로 많은 경험을 하고 실제로 입증할 자료만 충분해도 일단 유려한 문장이나 설명 없이 설득된다. 심사위원이나 면접관도 사람이기 때문에 뽑는 사람이 원하는 능력을 갖추었다는 확신만 서면 면접에서 인성이나 이미지가 괜찮은지 보고 싶을 것이다. 그래서 평소 내가 가고자 하는 분야가 있을 경우 그 분야에서 다양한 시도를 한 뒤 실패했다면 느낀 점을 글로 남기고, 성공했다면 결과물을 정리해두는 것이 좋다.

성공보다는 실패와 극복으로

우리 뇌는 과정보다는 결과를 먼저 생각하려고 한다. 당장 우리도 매력적인 미래나 멋진 모습 등을 상상하면 기분이 좋고 그 과정의 험난함이나 실패는 될 수 있으면 생각하고 싶어 하지 않는다. 그래서 실패와 극복 과정을 의식적으로 기록하고 메모해야 한다. 뇌에 실패해야 극복도 하고 더 행복한 일이 생길 거라는 암시를 줘야 그 과정에 의미를 두게 된다. 그래야 스토리텔링할 만한 활동이 복리처럼 늘어날 수 있다.

마찬가지로 평가자로서는 내 성취를 보고 감동하거나 심지어 궁금해하지도 않는다. 그냥 당연히 잘 성취한 것일 테니까 무난한 주제가 되는 것이다. 그런 성취는 이력서에 나열하는 것으로도 충분하지 자소서에 쓸 정도의 스토리는 담지 못한다. 그러나 실패와 극복 과정은 이야기가 다르다. 인간적인 매력을 어필할 수 있으며 얼마나 끈기 있고 용감한 사람인지, 주변 사람들에게 어느 정도 믿음을 주는 사람인지 어필하는 데 이만큼 좋은 것도 없다. 그렇기에 지속적으로 자신의 실패, 좌절 경험과 이를 극복한 과정을 기록해두라.

내가 어릴 때 가난했고 청년기에 고생했다는 사실을 아는 사람들이 지금 내 성취에 더 큰 감동을 받는 것처럼 여러분도 크고 작은 활동을 경험하고 기록하다보면 자연스럽게 자소서와 면접의 재료가 완성될 것이다.

나에 대한 키워드 하나 만들기

나는 내 능력은 물론 주위에서 함께하고 싶은 사람이라는 점을 강조하려고 '도와줘요, 슈퍼맨'으로 불린다는 사실을 강조하기도 하는데, 나를 하나의 키워드로 나타냄으로써 읽은 사람에게 나에 대한 이미지를 강하게 심어줄 수 있다. 나를 뽑아줄 사람들에게 좋은 인상을 심어주면서도 함께 일하고 싶은 사람이라는 점을 강조하기에 적합한 키워드를 하나 만들어보자. 성실성과 전문성 그리고 팀워크나 협동심 등을 어필할 수 있는 것이면 좋다.

성장배경도 내 역량과 연결하기

대부분 기업이나 학교에서 원하는 자소서의 큰 항목은 성장배경일 것이다. 이 성장배경에 어떤 스토리텔링을 해야 할까? 그 회사나 직무 또는 학교와 학과에 관심을 가지게 된 이유를 쓰면 된다. 즉 성장배경을 묻지만 사실은 지원 배경과 동기를 묻는 것이다. 내가 살아오면서 왜 여기에 오고 싶어 하는지, 어떤 노력을 기울여왔는지를 구체적으로 써야 한다. 절대로 일반적인 이야기가 아닌 내가 경험한 스토리를 써야 한다. 가장 임팩트 있는 경험을 반드시 써야 하며 어릴 때 경험이나 경력을 쌓은 것도 좋지만 증빙으로 입증할 수 있는 것들이면 더 좋다. 예를 들어, 로스쿨에 지원한다면 법과 관련한 인생 에피소드 한 가지와 그 이후 내가 노력한 과정을 쓰면 된다. 내세울 만한 스펙이 있다면 그것을 달성하게 된 계기나 그 과정에서 느낀 점이 미래의 내 꿈을 실현하는 데 밑거름이 되었다는 점을 어필하면 좋다. 면접에서도 같은 것들을 물어볼 수 있으니 최대한 사실에 근거를 두어 정리하는 게 좋다.

핵심 문장-경험 예시-각오 순서로 스토리텔링하기

읽는 사람이 소제목이나 그림, 적절한 강조 표시를 활용해 전체 내용을 한번에 이해할 수 있게 시각화하는 것이 좋다. 우리가 유튜브를 보고 섬네일 문구에 이끌려 들어가듯이 평가자가 소제목만 보아도 그리고 강조표시한 문장만 보아도 전체 내용을 단번에 알 수 있게 자소서를 작성해야 한다.

예를 들어 소제목 또는 첫 문장으로 '실패를 스승 삼아 목표를 향해 꾸준히 달려왔습니다'처럼 내가 살아온 과정을 한번에 정리해서 보여준 뒤 "몇 번 불합격과 사업 실패에도 3년간 ○○를 하였고, 5년간 ○○를 하면서 ○○를 달성할 수 있었고 ○○에 대한 전문지식도 쌓아왔습니다. 이러한 지식을 실제로 활용하기 위해 ○○ 활동을 지원하여 수행하였고 과거부터 품었던 ○○에 대한 열정을 확인할 수 있었습니다"처럼 그것을 뒷받침하는 예시와 지원동기를 연결해주면 좋다. 자신의 장점을 '도전과 헌신' 등으로 묶어 앞으로 꿈꾸던 직무나 학업을 잘 수행할 수 있다는 점도 어필하고 내 자질과 능력을 연결해 포부나 각오를 밝히는 순서로 스토리텔링이 되면 좋다.

배-문-행-결로 스토리텔링하기

내가 처한 배경이 어땠는가?

그 배경 상황에서 어떤 문제가 발견되었는가?

그래서 어떤 행동을 시도했는가?

어떠한 결과가 나왔고 무엇을 느꼈는가?

이를 순서에 따라 서술한다. 예를 들어 내 공감 능력을 어필하고 싶다면 과거에 어떤 업무 배경하에 있었는지(배경)와 어려움을 호소하고 불만을 제기하는 고객이나 팀원 간 갈등과 문제점을 언급하고(문제점), 학교에서 봉사활동을 한 경험이나 아르바이트 경험 등을 들어 사람들과 대화하고 조정하는 성공 경험을 활용해서 원활한 의사소통을 시도했고(행동), 고객 만족이 증가하고 팀워크가 향상되어 '해결사'로 불리기도 했다는 사실 등을 제시(결론)한 다음 앞으로 의사소통 능력과 협동 능력을 활용해서 꼭 필요한 인재가 되고 싶다(느낀 점)는 정도가 추가되면 공감을 이끌어내는 스토리텔링이 될 수 있다.

결국 이런 스토리 구성이 나오려면 과거 경험을 정리하고 그것이 앞으로 직무에 어떻게 쓰일지와 내가 느낀 것은 무엇인지를 미리 정리해놓아야 한다.

지원동기에 추가하면 좋은 것들

지원동기는 다양한 기업이나 학교 중 왜 우리에게 지원했는지 물어보는 것으로 기대와 기여 두 가지를 반드시 써야 한다. 지원한 곳에 입사했을 때 내가 어떤 것을 기대하는지와 앞으로 내가 어떤 것을 기여할 수 있는지도 반드시 언급해야 한다.

기대하는 점과 기여할 수 있는 점이 같은 직군에 지원한다면 여러 곳에 지원하더라도 동일할 것이다. 다만 이곳에 꼭 들어가고 싶은 이유를 다른 곳과 차별화해서 적어야 한다. 즉, 왜 하필 다른 곳보다 이곳에 들어가고 싶은지 써야 하는데, 그 이유는 구체적이고 납득이 갈 만큼 나와 관련이 깊을수록 좋다. 내가 가려는 곳의 경쟁력이나 강점에 대한 팩트를 리서치하는 것은 기본이고 그런 팩트가 내 경험이나 경력 등과 어떤 연관성이 있어서 미래에 내가 하려는 분야에서 기대되는 것과 무엇을 기여하려는지 써야 한다. 그곳에 지원하고 싶은 이유인 객관적 팩트 리서치는 인터넷 검색엔진과 유튜브, 홈페이지, 언론기사, 회사 홍보 자료 등에서 찾을 수 있다.

구체적으로는 가고자 하는 곳에서 홍보한 자료에서 언급한 수상 기록이나 성과를 언급하고 내가 어떤 점에서 매력을 느꼈으며 미래 비전으로 공개된 정보가 있다면 내 경력이나 경험으로 그것에 기여해보고 싶다고 어필하면 좋다. 가장 좋은 전략은 가고자 하는 곳의 인턴십이나 봉사활동, 교육 경험으로 스토리텔링하는 것이다. 하다못해 발간자료나 교육자료 등을 탐독한 경험과 느낀 점을 바탕으로 직접 어필하면 좋다. 지원동기를 잘 쓰면 향후 계획에 대한 질문도 그것을 구체화하는 형태로 풀어나가면 되므로 상당히 쉬워진다. 사실 평가자 관점에서 볼 때 최종 목표가 회사나 분야의 어떤 역할에서 최고가 되고 싶다는 것으로 마무리되길 원하기에 이런 관점을 꼭 고려해야 한다.

참고로 나는 대형 로펌에 지원할 때 금융조세전문 변호사였는데 해당 로펌에서 시니어가 되어 세계 최고의 실력을 갖춘 금융조세 분야 전문가가 되고 싶다고 밝혔다. 즉 1년 동안은 업무를 익히려고 최선을 다하겠다, 5년 동안은 선후배 사이에서 다리 역할을 하며 프로젝트 매니지먼트까지 해보고 싶다, 10년 후에는 금융조세 분야 시니어 변호사로 가장 많은 업무실적을 쌓은 전문가로 성장하고 싶다고 했다.

PART 2
기적의
두뇌 디톡스

40kg 감량, 20년째 유지 중인 평생 다이어트법

나는 고등학교 때까지 몸무게가 100kg을 넘는 고도비만이었다. 그러다 독하게 마음먹고 감량에 성공한 뒤 지금까지 20년 넘게 저탄고지 다이어트를 해오고 있다. '저탄고지 다이어트'는 저탄수화물 고지방 다이어트Low carb-high fat diet, LCHF를 줄여서 부르는 말로, 열량의 총섭취량은 유지하며 섭취 비중 가운데 탄수화물(당질)이 들어간 음식을 줄이고 지방이 들어간 음식을 늘려 몸 안의 인슐린 저항성을 낮추는 것을 목표로 하는 식이요법이다. 이 다이어트 방식은 여러 가지 논란이 있는데 과연 이 방식이 아무 문제가 없는 것인지 내가 사용한 방법과 그동안 몸에 나타난 변화, 공부나 업무 성과와 어떤 관련이 있는지 정리해본다.

변화의 시작 저탄고지

나는 어릴 때부터 밥솥을 손에 들고 살았다. 한 끼에 라면은 5봉지, 피자는 2판 이상을 먹어치울 정도로 식성이 극단적이었다. 집안 형편이 어려워졌을 때는 가장 저렴한 음식이 컵라면이다보니 라면을 미친 듯이 먹고 그것으로 스트레스를 풀었다. 그 결과 아홉 살 때부터 고도비만에 시달렸고 초등학교 내내 의자를 몇 개나 부러뜨렸다. 살이 찌다보니 당연히 외모도 망가지고 자신감도 없고 공부에 집중도 잘 못 했다. 숨 쉬는 것도 힘들었다.

중학생 때 사업을 시작해 부천시 원미구 벤처센터에서 일하고 안양에서는 개발자로 활동했는데 그때 외모 때문에 사람들이 무시하고 피하는 것을 경험했다. 그래서 스스로 변해야겠다는 생각을 했다.

이후 선린인터넷고등학교에 진학해 내 사업을 키우겠다는 목표를 세웠고, 사업을 하려면 실력만큼이나 외모도 중요하다고 생각했다. 당시에는 어린 마음에 한 달간 굶어보자고 생각하고 단식하면서 운동도 했지만 죽을 것 같았다. 그래서 단식한 김에 밥은 안 먹고 반찬만 최소한만 먹어보자는 생각으로 고기와 오이 같은 채소 위주로 먹기 시작했다. 하루 세 끼를 먹되 단백질만 먹고 군것질과 탄수화물은 완전히 끊었는데 그 후 고등학교 1학년까지 40kg을 감량하고 마른 사람으로 변신했다.

최적화된 컨디션을 만들어주는 식단

다이어트 성공 후 지금까지 약 20년 동안 의식적으로 탄수화물을 줄이며 살아왔다. 그래도 시험 기간이나 중요한 업무 미팅, 퍼포먼스를 해야 하는 대회나 프레젠테이션 당일에는 에너지를 보충하려고 탄수화물을 섭취한다. 군대에서 훈련이나 고강도 운동을 할 때는 그 보상으로 군것질을 했다. 지금도 케이크나 아이스크림을 좋아하긴 하는데 군것질을 하면 그만큼은 칼로리를 소비하려고 운동하는 습관을 들였다.

저탄고지 식단은 우려하는 의사들이 많고 주변에도 걱정해주는 이들이 많다. 하지만 나는 극단적인 탄수화물 절제를 한동안 고수했는데도 부작용이 없었다. 오히려 운동과 공부를 병행하며 변화하는 몸을 관찰하니 자신감도 생기고 머리도 맑아지는 느낌을 많이 받았다. 물론 탄수화물이 뇌에서 연료 역할을 하기에 머리를 많이 쓰는 날에는 밥 몇 숟갈과 에너지바 정도로 보충하며 최대한 탄수화물을 적게 먹으려고 노력했다. 내 경우 그 정도 섭취만으로도 충분했다.

특히 매년 혈액검사를 포함해 건강검진을 받는데 콜레스테롤 수치가 약간 높은 것을 빼고는 건강하다는 진단을 받았다. 콜레스테롤 수치 역시 매일 오메가3를 복용해서 점차 정상수치로 돌아왔고 현재는 운동으로 조절하고 있다. 더 중요한 것은 지난 20년 동안 심장질환이나 뇌질환이 전혀 없었고 지금은 누구보다 컨디션 관리까지 잘하고 있다는 점이다.

저탄고지 식단에 외부 음식을 매일 섭취하다보니 비타민, 마그네슘, 무기질 등의 영양분이 부족한 것은 있다. 그래서 다양한 영양제로 보충하며 홍삼이나 마늘즙 등 몸에 좋다는 건강기능식품도 꾸준히 챙겨 먹고 있다. 특히 시험을 봐야 할 때나 업무능률을 최대치로 올려야 할 때 활용할 수 있는 나만의 식품 섭취 루틴을 발견했는데 그 효과가 기대 이상이었다.

퍼포먼스 극대화 루틴

나는 평소에 식단을 세팅해두고 매일 단순하게 먹는 편이다. 하지만 중요한 시험이나 발표, 대회가 있거나 클라이언트에게 브리핑해야 하는 날은 영양 섭취에 차이를 둔다. 평상시 루틴은 매일 아침 운동하기 전 우유에 단백질 셰이크를 타서 천천히 마시고 오메가3, 고용량 비타민 C, 멀티비타민을 조합하여 먹는다. 점심과 저녁 식사는 절대 과식하지 않으며 탄수화물을 적게 먹는 데 집중한다. 고기나 생선을 어느 정도 섭취해도 살이 찌지 않는 이유는 여러 의학채널에 공개되어 있다.

반면 탄수화물은 에너지로 소비되지 않으면 곧바로 지방으로 축적된다. 혹시 비만이라서 고민하는 분들이 있다면 내가 처음 했던 것처럼 탄수화물을 일정 기간 완전히 끊는 방법도 시도해볼 수 있다. 하지만 그 후에는 탄수화물을 저용량으로라도 섭취해야 뇌를 사용하고 정상적인 활동이 가능하다.

평소에는 살을 빼려는 용도로 저탄수화물 식단을 유지하고 에너지를 발산해야 하는 시기에는 초콜릿부터 온갖 탄수화물을 이용해 활동량을 끌어올리는 것이 내 방식의 핵심이다. 이는 특히 시험 기간에 많이 써먹었는데 평소 탄수화물을 잘 섭취하지 않아 에너지가 부족한 상태를 유지하다 시험을 보는 날이나 면접일, 대회 등 중요한 날에 당분을 충분히 섭취하면 머리가 빠르게 돌아가는 것을 느낄 수 있었다. 물론 여기에는 충분한 수면이 전제되어야 한다. 이 조건들을 기본으로 미라클 러닝을 병행하면 그 효과는 몇 배 이상 향상된다.

식단이 우리 삶에 미치는 영향

식단을 철저히 관리하면 몸도 긍정적인 방향으로 변화하지만 건강에 좋지 않은 것들을 계속 섭취하면 몸도 지속적으로 망가진다. 앞에서 주로 마인드를 세팅하는 방법들을 소개했지만 섭취하는 영양소도 그 못지않게 중요하다. 즉 운동만큼 중요한 것이 식단이다. 평소 잡곡이나 채소를 먹기 힘든 상황이라면 이를 보충해줄 보조 수단을 고민해보는 것이 좋다.

반대로 탄수화물을 과다 섭취해야 하는 상황이라면 살찌는 부작용을 최소화하는 방법을 찾아야 한다. 예를 들어 지방흡수를 억제해주는 보조제 광고를 봤는데 나는 그 정도까지 써보지는 않았다. 솔직히 이렇게까지 해야 하냐고 묻는 사람들도 있을 것이다. 당연히 강요하는 것은 아니다. 외모나 퍼포먼스, 건강에 투자할지를 결정하는 것은 누구나 자유다. 하지만 이를 실천하는 사람과 안 하는 사람의 차이는 극명하며 그 차이를 감수할지 결정하는 것 또한 자기 자신의 몫이다.

나는 저탄고지 식단으로 다이어트에 성공한 후 자신감과 집중력이 더 높아졌다. 고등학교 때 40kg을 감량하니 다른 일을 할 때도 도전해서 달성하고자 하는 의지가 강해졌다. 이후 각종 자격증 시험에 합격하고 경진대회에서 좋은 성적을 거두면서 '도전 중독'이라는 말을 듣기도 했다.

저탄고지 식단은 먹는 양을 극단적으로 줄이지 않고 실컷 먹으면서도 살이 빠지는 식단이라 더 효율적이고 가성비 좋은 방법으로 체중 감량에 성공할 수 있었다. 그래서 다른 일을 할 때도 효율적인 방법이 없을까 연구하는 습관이 들었다. 그 덕분에 목표한 바를 더 수월하게 달성할 수 있었다.

사실 앉았던 의자가 부서질 정도로 과체중이었던 시절에는 남들 앞에 서는 것도 두려웠다. 하지만 다이어트 성공 후 외모가 개선되다보니 뭐든 할 수 있다는 자신감을 갖게 되었고 여기에 운동까지 더하니 두뇌 회전도 빨라져 많은 것을 실천하는 데 성공할 수 있었다.

너무 고통스러운 방식으로 살을 빼는 것은 3개월을 넘기기가 쉽지 않다. 하지만 나는 저탄고지 식단에 적응해 살을 빼는 데 성공했고 체중이 정상으로 돌아오면서 체력 개선은 물론 감정 기복도 사라지면서 여러 면에서 안정적인 생활이 가능해졌다. 특히 탄수화물을 줄이면서 과식도 줄고 신체 스태미나까지 증가하는 경험을 했다.

고기를 많이 먹는 게 좋은 방법이냐고 물어볼 수 있지만 그것보다 채소와 고기 섭취를 늘리되 당을 줄이는 것에 핵심이 있다. 단순당은 쾌락 추구 중추를 자극하고 더 많은 당을 섭취하도록 뇌를 자극하게 되는데 그 악순환에서 빠져나와야 다른 성취에 대한 자극을 뇌가 받아들일 준비가 된다. 먹는 것으로 스트레스를 풀고,

당을 과다 섭취하면서 쾌락을 추구하는 늪에서 빠져나오면 공부를 하고 성취를 할 때 뇌에서 도파민이 분비되고 그 쾌감을 더 적극적으로 누릴 수 있게 된다.

당분이 있는 단 음식이나 밀가루 음식을 줄이면 식욕 폭증을 억제할 수 있고, 단백질과 채소 위주의 식단으로 지방 축적량을 감소시키면 최단기간 내에 10kg 이상 체중을 줄일 수 있다. 그러다보면 자기절제 능력도 지속적으로 상승시킬 수 있다. 결과적으로 다이어트 성공이 학업이나 업무 능력 향상에 매우 긍정적 역할을 한다. 그래서 나는 다이어트 성공과 학업, 업무 성과 향상 간에 관련성이 크다고 생각한다. 오로지 식단 때문은 아니지만 식단을 바꾸고 다이어트에 성공하면서 삶의 질이 달라졌기 때문이다.

저탄수화물 실천 전략

단백질과 지방 섭취 비중이 탄수화물 섭취 비중보다 높으면 확실히 몸매 관리와 스태미나 향상에 도움이 된다. 나는 이 효과를 직접 확인했지만 그럼에도 이 식단을 유지하기가 무척 어렵다는 것도 잘 알고 있다. 고기나 채소만 먹던 시기에는 빵이나 과자, 초콜릿 등이 먹고 싶어 신경이 예민해지기도 했다.

누구나 처음 시작할 때는 몸이 적응하기 전까지 힘들 수 있다. 그래서 탄수화물을 단계별로 절반 정도만 줄이고 천천히 줄여나가면서 몸의 변화를 체크해보는 것이 좋다. 이 방법은 단기간 내 감량 효과가 큰 만큼 탄수화물을 과다 섭취하면 금세 살이 찌게 되어 있다. 그래서 저탄고지 다이어트만 맹신하면 평생 탄수화물을 통제해야 한다. 나도 처음에는 너무 힘들었지만 지금은 익숙해졌다. 필요할 때 탄수화물 섭취량을 약간 늘려 섭취하면서 보기 좋을 정도로 몸을 유지하고 있다.

가능하다면 나처럼 탄수화물 섭취량을 조절해도 되지만 어렵다면 운동을 병행하는 방법도 있다. 특히 술이나 과식을 멀리하는 등 식습관을 개선하면 더 효과가 좋다. 몸에 이로운 잡곡이나 채소 등의 섭취량를 늘리면 장기적으로 균형 잡힌 몸을 만들어나갈 수 있다. 저탄고지는 단기 감량이 필요할 때 유용한 방법이니 비만이 올 때마다 적절히 활용하는 것도 좋은 전략이다.

무작정 저탄고지 식단을 고수하면 수명이 줄어든다는 분들도 있지만 체중을 감량하고 좀 더 멋지고 건강한 몸을 만드는 단기 전략으로 활용하는 것까지 겁먹고 시도하지 않을 이유는 없다. 적절한 영양소 섭취량은 스스로 통제·관리하면 되니까. 그래서 가족이나 친구들과 어울리기 위해 탄수화물을 섭취할 경우 그만큼 혼자 있을 때 탄수화물 섭취량을 줄이는 식으로 관리하면 인간관계와 몸 관리 두 마리 토끼를 잡을 수 있다.

·팁· **학업(업무) 성취도 10배 올리는 체력 관리법**

체력은 몸이 어떤 일을 할 때 버텨내는 힘을 말한다. 체력이 부족하면 몸이 힘들고 아픈 데다 아무것도 하기 싫어지므로 목표를 달성하려면 체력 역시 관리를 해줘야 한다. 반대로 체력이 좋으면 어떤 일이든 의욕 넘치게 할 수 있고 창의적인 생각도 더 많이 날 수밖에 없다.

체력이 좋다는 것은 지구력이 좋다는 것과 같은 의미다. 뭔가를 지속하는 힘도 체력에서 나온다. 그래서 체력은 자신의 커리어를 만들거나 공부할 때 갖춰야 할 기본 중 기본 조건이다. 사실 체력을 향상하는 것만큼 일을 쉽게 할 수 있게 도와주는 것도 드물다.

이렇게 체력이 중요하다는 사실을 알면서도 우리는 더 우선순위가 있다는 생각에 할 일부터 허겁지겁 챙기기 일쑤다. 그러다 번아웃에 빠져 더 중요한 일들을 놓치곤 한다. 솔직히 시간이 부족하거나 의지가 부족하다는 핑계로 체력 관리에 소홀한 사람이 대부분이다. 물론 체력 관리에만 신경 쓰느라 과도한 웨이트 운동이나 극단적인 운동 때문에 피로가 쌓이고 시간을 허비하는 경우도 많아 이 부분은 각별히 조심해야 한다. 체력만 키우다가 정작 커리어 관리나 시간 관리 같은 것을 놓치는 우를 범할 수도 있기 때문이다. 따라서 체력 관리도 가성비를 따져서 해야 한다. 그런 의미에서 체력 관리를 효율적으로 해낼 방법을 소개한다.

우선 체력 관리를 할 때도 계획을 세우고 효율적인지 따져봐야 한다. 여기서 신체 능력 향상뿐만 아니라 정신 및 마음의 체력을 모두 챙기는 것이 중요하다. 몸의 체력을 유지하는 방법은 앞에서 소개한 미라클 러닝을 추천한다. 매일 꾸준하게 하는 미라클 러닝은 유산소 루틴을 짜는 데 큰 도움이 된다.

마음의 체력을 증진하는 방법은 스트레스와 불안감을 잘 관리하는 것이다. 정신과 마음 역시 체력이라는 사실을 인정하고 관리할 때 슬럼프에 빠지지 않게 된다. 사실 마음 상태가 신체 건강에도 상당한 영향을 준다. 스트레스를 지속적으로 받으면 심장질환 등을 유발한다는 연구 결과만 봐도 알 수 있다.

물론 마음은 그게 아니더라도 나이를 먹어감에 따라 체력은 당연히 약해질 수밖에 없다. 고령으로 갈수록 밤을 새우거나 무리를 하면 몸이 아프다는 신호를 보내고 회복 역시 이전보다 더뎌지기 마련이다. 체력 관리란 이런 부분까지 잘 체크해 대비하는 것을 말한다.

어릴 때는 며칠 밤을 새워서 공부하거나 일해도 괜찮지만 30대, 40대를 넘어가면 그에 따른 타격이 심하게 오기 때문에 장기전인 수험생활이나 직장생활 자체를 망쳐버릴 수 있다. 따라서 평상시 자신의 체력이 버틸 수 있는 역치를 체크해두었다가 임계치마다 휴식을 취하는 것이 필요하다.

실제로 내 경우 로펌에서 일할 때 한계치 이상으로 업무를 하다 몸에 무리가 와 상당히 아픈 시기를 장기간 겪어야 했다. 너 자신을 알라는 소크라테스의 말이 체력 관리에도 적용되는 것이다. 반면 노화가 진행되더라도 적절한 운동 루틴을 지키고 휴식을 취하면 우리 몸의 회복 탄력성이 늘어나 더 많은 일을 할 수 있다. 나역시 10대, 20대 때는 앞뒤 가리지 않고 열심히 일하고 공부했지만 30대 후반에 접어들어서는 아프지 않으려고 좀 더 운동하고 휴식을 취하면서 체력과 스트레스를 관리하고 있다. 이 역시 스스로를 위한 일종의 투자라고 할 수 있다.

지금까지 내 경험상 운동과 휴식 등도 체력 관리에 포함시켜야 장기간 일할 수 있고 성공 가능성을 높일 수 있었다. 사실 나이가 들면 부모님도 연로해지고 가정도 생기기 때문에 더 많은 스트레스에 노출된다. 그에 따라 책임져야 할 것도 늘어나므로 나이가 들수록 체력을 기르고 운동이나 영양성분 보충을 해두어야 한다.

그런데 이런 노력은 생활이 불규칙하면 효과를 보기가 어렵다. 나는 가장 중요한 체력 관리 법칙으로 규칙적이고 단순한 생활 루틴, 운동의 습관화, 수면 시간 유지, 주기적으로 스트레스 풀기를 꼽는데 규칙적인 생활 패턴이 체력 관리의 가장 중요한 핵심 조건이라고 보기 때문이다. 만약 어느 날은 밤을 새우고 어느 날은 몰아서 자는 불규칙한 생활을 한다고 생각해보자. 그런 생활이 반복되면 어느새 번아웃이 오거나 지쳐서 아무것도 못 하는 나를 발견할 것이다.

인간은 본래 낮에 활동하고 밤에 자도록 인체가 설계되어 있다. 그래서 낮에 최대한 퍼포먼스를 내려면 이른 아침에 일어나서 운동하고 낮에는 최선을 다해 공부나 일을 한 뒤 밤에 정해진 시간에 잠을 자야 한다. 물론 나 역시 급한 일이 생기면 규칙적인 루틴에서 벗어난 적이 있지만 웬만하면 지속적으로 지키고자 노력했다. 그것은 장기전에 강한 체력을 유지하기 위해서였다.

특히 체력관리를 할 때는 운동의 습관화가 아주 중요하다. 사람의 뇌가 운동할 수록 더 활성화되고 똑똑해진다는 것은 많은 연구 결과로 입증되었다. 이것만 봐도 우리가 틈나는 대로 몸을 움직이고 뛰면서 뇌 건강과 체력을 유지해야 하는 이유는 충분하다.

운동 다음으로 체력과 컨디션에 가장 큰 영향을 주는 것이 바로 수면이다. 수면의 질을 향상하려면 수면위생을 챙겨야 하며, 운동도 도움이 된다. 하지만 가장 중요한 것은 정해진 시간에 잠을 자는 것이다.

사실 우리 뇌는 잠을 자는 시간을 기억한다. 잠들고 일어나는 시간은 우리 뇌 속 수면중추의 영향을 받는데 어떤 이유 때문에 수면 리듬이 흐트러지면 뇌는 그 것을 바로 받아들이지 못한다. 뇌의 특성상 적응하기까지 시간이 걸리기 때문이 다. 이런 상태에서 잠자는 시간이 불규칙하면 익숙한 시간에 자고 일어나려고 하 는 뇌가 혼란을 일으킬 수밖에 없고 그것은 컨디션 난조로 드러난다. 그것은 곧 하 루를 허비할 가능성이 높다는 결론으로 이어진다.

따라서 수면 관리는 매우 중요하며 생활이 불규칙해지기 쉬울수록 더 신경 써 서 챙겨야 한다. 불규칙한 수면 습관이 반복되면 불면증과 같은 수면 장애를 얻기 쉽고 회복하려면 적지 않은 시간과 노력이 필요하기 때문이다.

마지막으로 체력 관리를 할 때는 주기적으로 스트레스를 풀어주어야 하는데 그 방식은 사람마다 다를 수밖에 없다. 다만 진정한 휴식은 모든 사람과 소음을 멀리하고 홀로 가만히 쉬는 시간을 만드는 것이다.

공부하는 사람은 홀로 책 한 권 들고 산에 가거나 강가를 걷는 것만으로도 충 분한 효과를 누릴 수 있다. 어떤 사람들은 스트레스를 푼답시고 게임을 하거나 회 식을 즐기는데 이것은 스트레스를 더 유발할 수 있으므로 지양하는 것이 좋다. 그 보다는 고요한 가운데 몸과 마음을 이완할 수 있는 방식으로 스트레스를 풀 것을 추천한다.

두뇌 최적화에 필요한 영양제

수험생이나 직장인 모두 퍼포먼스와 장기전에 대비해야 하는 특징 이 있다. 그들에게 필요한 능력도 비슷한데 꾸준히 향상해야 할 능 력은 체력, 인지력, 기억력이다. 그리고 추가로 관리해야 할 것은 스트레스와 수면의 질이다. 이 세 가지 능력과 컨디션은 운동으로도 개선할 수 있지만 매일 섭취하는 영양소도 큰 역할을 한다. 요즘 수험생이나 직장인에게 피로해소제나 카페인은 필수품이 되었는데, 꾸준히 복용하는 영양제도 몸에 쌓이면 복리 효과를 낸다. 즉, 10년, 20년 후에도 영향을 미치기에 지금부터 챙겨야 한다.

비타민 C가 체력에 미치는 영향

수험생이나 직장인 모두에게 기본적으로 중요한 것이 체력관리다. 체력은 결국 평상시 컨디션이 누적된 결괏값인데, 하루하루의 컨디션에 큰 영향을 미치는 것이 비타민이다. 비타민 C는 코로나19를 겪을 때 면역력 개선을 위해 고용량을 복용하는 것이 유행한 적이 있다. 면역력이 떨어지면 그만큼 체력도 약해지기 때문에 비타민 C는 체력 관리를 위해서도 챙겨야 하는 영양소다. 나는 중요한 시험을 준비하는 기간에는 식사 직후 비타민 C를 500~1,000mg씩 복용했다. 비타민 계통은 식전에 먹으면 속이 쓰리기 때문에 식사할 때 함께 섭취하면 부작용 없이 먹을 수 있다.

한편, 진짜 체력에 필요한 영양소는 비타민 B군이다. 비타민 B군으로 분류되는 B_1, B_2, B_6, B_{12}, 니아신, 판토텐산, 비오신, 엽산 등은 몸의 활력을 증가한다고 알려져 있다. 특히 비타민 B는 수용성이므로 몸에 축적되는 용량을 초과하면 체외로 배출되어 고용량을 복용해도 무방하다고 알려져 있다. 물론 빈속에 먹으면 속이 매슥거리기 때문에 식사할 때 함께 복용하는 것이 좋다.

비타민 B군은 단백질 대사, 탄수화물 대사, 지방 대사뿐만 아니라 에너지 생성에도 도움을 준다. 비타민을 좋아하는 이유는 위장 장애가 일어나지 않도록 음식물과 함께 섭취하는 것만 주의하면 부작용이 없고 고함량을 복용해도 체내에서 대사되기 때문이다. 고함량 비타민 B군을 섭취하면 스트레스 완화에도 효과가 있는데, 용량이 충분해야 효과를 볼 수 있으니 적어도 20~30mg 이상 함유된 제품을 복용해야 한다.

그 밖에 체력에 좋다는 안데스의 산삼 마카를 고용량으로 섭취했는데 남성 기능과 남성호르몬이 증가해서 그런지 탈모가 촉진되었다. 원래 20대 때부터 탈모가 조금 있었는데 꾸준히 운동하고 비타민을 장기간 복용하니 많이 완화되었고 체력도 꾸준히 관리되었다.

인지력과 기억력 향상에 좋은 영양제

인지력은 어떤 일을 하거나 문제를 풀 때 꼭 필요한 능력이고 기억력은 지식을 축적할 때 없어서는 안 되는 필수 능력이다. 인지력과 기억력이 좋으려면 생리적으로 뇌에 혈액이 원활하게 공급되어야 하는데 그러려면 뇌 활동에 필요한 영양소를 충분히 섭취해야 한다. 나는 기억력 향상이나 두뇌활동 개선을 위한 영양제 몇 가지를 복용해 효과를 보기도 했는데 대표적으로 은행잎 추출물이 있다. 이 제품은 혈행을 개선해 뇌세포에 혈액과 영양소가 원활하게 공급되도록 돕는다고 알려져 있다.

최근에는 안토시아닌이 뇌 기억력 향상에 효과가 탁월하다고 해서 각광받고 있다. 노인들을 대상으로 한 연구에서 놀라운 효과가 있는 것으로 파악되었는데, 당연히 젊은 사람에게도 적용되는 성분이다. 베리류에서 추출한 안토시아닌은 연구 결과도 신뢰할 만한 것으로 나왔다. 항산화 작용으로 혈관기능을 개선해 두뇌와 눈 건강에 도움이 된다고 하는데, 요즘에는 눈 영양제로 많이 나오고 있다.

수면의 질이 중요한 이유

수험기간뿐만 아니라 로펌 생활을 하면서도 불면증이 체력과 인지력을 깎아 먹었다. 수면은 원활한 두뇌 활동에 필수 조건으로 잠을 자지 못하면 두뇌가 멈춘다고 보면 된다. 그런데 수면의 질은 운동이나 다른 영양제로 극복하기는 조금 어려운 영역이어서 로펌에 다닐 때는 정신과 치료를 받기도 했다.

수험기간에는 정신과에 가는 것 자체가 두렵고 부작용이 우려되어 가지 못했다. 이때 영양제의 도움을 많이 받았는데 그중 하나가 슬로우카우라는 음료수에 들어 있는 L테아닌이었다. 신경안정 효과가 있고 스트레스도 개선된다고 알려졌는데 그 후 편의점에서도 구할 수 있어 매일 마시고 잤다.

그 밖에 감태추출물이 한때 유행했는데 수면의 질 개선에 도움이 되었던 것 같다. 내 경우 시험이나 중요한 브리핑 등 컨디션이 좋아야 하는 날에 요긴하게 사용했고 효과를 봤던 만큼 불면증이 있는 분들은 활용해보길 추천한다.

지금까지 공부, 사업, 투자 등 다양한 활동을 하면서 실패도 하고 성공도 해보았다. 그 과정에서 결국 성공할 수 있게 해주는 마인드를 발견했는데 모든 것은 마음먹기에 달린 거라는 진실을 깨달을 수 있었다. 그중에서도 방탄 멘탈을 만들어주는 핵심 노하우 두 가지를 공유하고자 한다.

결핍 이용하기

성공은 강한 멘탈과 삶을 대하는 태도에서 나온다고 생각한다. 인생의 바닥이라고 생각하는 순간 터닝 포인트를 만들어내는 마인드셋은 "이것이 마지막이다." "내 모든 걸 걸어보자"라는 생각과 간절한 만큼 노력하는 태도다. 나는 목표가 생기면 가장 힘들었던 때를 떠올리며 내 인생의 마지막 도전이라고 생각하며 실행했다. 마지막이라는 생각은 기회가 다시는 없을 거라는 생각으로 이어진다. 그러면 1초도 헛되이 쓰지 않게 된다.

한 번 지나가면 다시는 오지 않는 기회가 있다고 상상해보자. 그 기회를 놓치지 않으려면 최선을 다할 수밖에 없다. 1만 원으로 인생을 다시 시작하라고 하면 최선을 다해 구걸하거나 가난에서 벗어나려고 무슨 일이든 할 것이다. 즉 이게 마지막 기회라고 생각하고 무언가를 하면 시간의 결핍을 어떻게든 만회하려고 뇌가 작동하기 시작한다. 그 결핍상태를 해결하는 방법은 시간을 최대한 효율적으로 쓰고 내 능력치를 올리고자 치열하게 고민하는 것뿐이다. 특히 그렇게 간절한 상태에서는 초인적 능력이 더 잘 발휘된다.

　애플 창업자 스티브 잡스도 스탠퍼드대학교 졸업식 연설에서 Stay hungry, stay foolish라고 했고, 자수성가한 많은 사업가가 최악의 상황을 극복하고 결핍을 충족하고자 미친 듯이 노력했다. 이것을 잊지 않는다면 이미 절반은 성공한 것과 같다.

내려놓기

나에게 내려놓는다는 의미는 엄청난 것을 성취할 준비를 하고 있다는 뜻이다. 즉, 지금 내가 가진 모든 걸 버리라는 뜻이 아니다. 오직 생각으로만 내가 가진 지위, 명예, 부 등을 내려놓으라는 것인데 예를 들어 자존심을 내려놓으면 타인에게 부탁하기가 더 쉬워진다. 특히 창피함을 내려놓고 내 명예를 잠시 내려놓으면 더 많은 고객과 친구들이 내게 좀 더 쉽게 다가올 수 있다.

　당장의 자존심과 지위를 내려놓고 내가 목표하는 것을 도와줄 사람을 찾아 나서고, 그들에게 도움을 청해보자. 물론 그들도 시간과 자원이 부족할지 모른다. 다만 지원군이 되어줄 수는 있다. 공부를 하든, 일을 하든, 사업이나 투자를 하든 혼자서 성장하기는 어렵다.

　간절하게 좋은 스승을 찾고, 멘토를 찾고, 고객을 찾고, 투자자를 찾으며 적극적으로 내가 목표로 하는 것을 어필해보자. 그들 중 도움을 주는 사람과 파트너십을 맺고 성과물을 키워나가면 된다. 그러려면 자존심뿐만 아니라 욕심도 내려놓아야 한다. 당장은 그렇게 보이지 않더라도 내려놓고 나누면 커진다. 지식을 나눌수록 내게 더 큰 지식이 쌓이고 노하우를 나눌수록 사람들에게서 더 큰 노하우를 얻는 것도 같은 이치다. 사업성과나 업무를 나눌수록 더 큰 성취와 이익이 생긴다는 것도 사업과 일을 병행하면서 확인한 것이다.

오래전의 사업 실패도 사실 모든 것을 독차지하려고 한 욕심에서 비롯되었음을 나는 지금도 한 번씩 상기한다. 오늘날 내가 하는 일마다 성공할 수 있었던 것도 욕심을 내려놓았기 때문이 아닐까 싶다. 많은 강연이나 사업 기회가 지속적으로 찾아오는 것도 자존심을 내려놓고 스스로를 낮춤으로써 다양한 사람과 어울린 결과일 수 있다.

도파민을 지배하고 원하는 것을 얻는 방법

도파민이 분비되는 조건

도파민^{dopamine}은 쾌락과 즐거움을 관장하는 호르몬이다. 쾌락을 느낄 만한 일을 할 때 우리 몸에서는 도파민이 분비된다고 한다. 그래서 도파민을 자유자재로 조절할 수 있다면 일을 쉽게 진행하고 목표를 달성할 수 있다는 것이다. 게다가 행복감까지 느낄 수 있으므로 크게 남는 장사다. 그럼 어떻게 해야 도파민을 분비시킬까?

여러 연구 결과에 따르면 도파민은 목표를 달성했을 때 강하게 분비된다고 한다. 실제로 긴 준비 기간이 필요한 어려운 시험에 합격했을 때 도파민과 엔도르핀이 증가하면서 이상한 쾌감에 사로잡힌 적이 있다. 그럼 도파민은 목표를 달성할 때만 분비되는 걸까? 그건 아니다. 학자들에 따르면 목표를 설정할 때도 도파민이 분비된다고 한다. 즉 도파민은 스스로 명확한 목표를 세우고 이를 이루고자 노력하고 상상할 때 우리 몸에서 분비된다. 반면 남이 대신 지정해준 것 혹은 내가 통제할 수 없는 것에 대해서는 아무리 노력해도 도파민이 분비되지 않는다.

내게는 '나만의 부적'과 '마일스톤 이론'이 도파민 분비를 촉진하는 도구다. 나만의 부적은 내가 직접 선택한 수첩에 10년 목표, 5년 목표를 토대로 1년 목표를 역방향으로 채워가면서 내 목표에 근접하는 방법이다. 이렇게 하면 동기부여가 되고, 내 인생의 가장 소중한 자원인 시간을 가장 좋은 방향과 수익률 높은 곳에 쓸 수 있다. 마일스톤Milestone은 한마디로 '중단기 목표'다. 궁극적인 목표를 달성

너덜너덜해진 나만의 부적(수첩) 앞면과 뒷면

하기 위해 완수해야 하는 중간 단계의 목표들을 마일스톤이라고 한다. 중단기 목표를 하나씩 이뤄갈수록 강력한 동기부여가 되면서 도파민이 분비된다. 운동하면서 30분 이상 뛰었을 때 밀려오는 행복감인 러너스 하이runners' high를 경험하는 것처럼 말이다.

나만의 부적 만들기와 마일스톤 이론을 활용할 때 자녀들이나 친구 또는 동료와 함께하고 있다면 절대로 서로 간섭해서는 안 된다. 스스로 정말 하고 싶은 게 무엇인지 되물으면서 그걸 상상하고 목표를 설정하고 수첩에 적고 읽어야 도파민이 분비된다. 오롯이 내가 선택하고 결정한 목표를 달성하려고 노력할 때만 도파민이 분비된다는 것을 기억하자. 그렇게 행복감과 자신감이 생기면 곧바로 공부나 일을 하면서 실질적인 행동을 강화하면 된다.

도파민 보상 메커니즘 역이용하기

목표를 설정하고 계획을 세울 때 목표 달성이 가능하면서도 난도는 높아야 효과가 있다. 그리고 최종 목표와 단계별 실행 계획이 다음 요소를 포함해야 한다.

충분히 구체적인지
측정이 가능한지
행동지향적인지
현실적으로 달성이 가능한지
시간제한이 있는지

목표를 달성할 수 있다는 믿음을 갖고 원하는 것을 얻은 상태를 상상하는 것만으로도 도파민은 계속 분비된다. 이때 우리가 해야 할 일은 위의 요소를 점검하면서 목표에 도달하기 위한 마일스톤을 다시 구체화하는 것이다.

나는 올해 목표를 세우고 매달 무엇을 해야 그 목표에 도달할 수 있는지 해야 할 일들을 수첩에 적었다. 그리고 하나씩 완수할 때마다 X를 치면서 나름의 성취감과 행복감을 느꼈다. X를 칠 때마다 분비되는 도파민이 내게 행복이라는 보상을 준 셈이다.

좀 더 구체적으로 예를 들어보겠다. 나는 2023년에 회계법인에서 개업하면서 1년간 목표 매출을 50억으로 잡았는데 결국 미수금까지 합치면 목표를 달성했다. 그 과정에서 목표로 하는 거래처에 어떻게 접촉할지, 상대가 반응을 보이면 서비스 제안은 어떻게 할지 하나하나 고민하며 미팅 일정을 조정하고 소화하였다. 매일 3개 이상 미팅을 진행하면서 제안서와 의견서 초안을 제시했고 고객과 긴밀하게 소통하며 업무를 챙긴 결과 하반기 들어서는 단기 계획들이 순조롭게 달성되며 최종 목표량에 도달했다. 이런 목표는 구체적이되 시간이 제한되어 있으며 현실적으로 달성 가능하고 도전적이다. 이 모든 과정을 진행하고 하나씩 이뤄나갈 때마다 도파민이 분비되었고 뇌의 반응도 스스로 조정할 수 있을 정도가 되었다.

목표 수치화하기

우리는 상상과 현실을 구분하지만 뇌 자체는 이를 구별하지 못한다고 한다. 이 점을 어떻게 이용할 수 있을까? 일단 뇌를 불안하게 하는 것보다 안정시켜주는 것이 더 유리하다. 안정된 만큼 뇌는 더 많은 일을 할 테고 그러면 우리가 상상 속에서 원하는 미래를 현실화할 확률이 높아진다. 그런 이유로 나는 하루 세 번 이상 원하는 상황을 상상하려고 노력한다.

우선 아침에 일어나서 목표를 점검할 때 그것을 달성한 모습을 상상한다. 하루가 시작되는 아침에 기분이 좋을수록 그날 일이 잘 풀리는 경험을 해보았을 것이다. 점심시간이나 이동시간에도 계획표를 보고 상상하는데 이때 느끼는 긍정적 감정은 주변 사람들에게도 좋은 영향을 준다. 저녁에 잠들기 전에는 소리 내어 떠들면서 원하는 상황을 상상하고 미래를 꿈꾼다. 이런 과정을 거치면 뇌가 도파민을 분비하면서 스스로 목표 달성을 위해 박차를 가하게 된다. 동기부여가 될수록 더 도전적인 계획을 세우고 그러다보면 시간 가는 줄 모르고 새벽까지 열심히 일하는 경우도 있다. 물론 건강도 함께 생각해야 목표 달성에 더 근접해질 수 있다.

어쨌든 이런 과정을 거쳐 도파민이 분비되도록 유도하는데, 이때 중요한 포인트는 원하는 것을 이룬 내 모습을 이미지화해서 아주 생생하게 상상하는 것이다. 내가 어떤 옷을 입고, 어떤 분위기에 있으며, 어떤 사람들과 어떤 목표치를 달성할지 구체적으로 상기하는 것이 키포인트다.

특히 최대한 구체적으로 목표를 수치화할수록 좋다. 막연한 기대보다 명확한 수치가 더 강력하게 작용한다는 것을 이 방법을 써본 사람들은 너무나 잘 알고 있다. 그렇게 계속 확인하다 어느 순간 잊어버릴 것 같으면 재차 확인해서 다시 도파민을 분비시킨다. 그러면 어려움이 있어도 이겨낼 수 있다. 특히 고비의 순간마다 나만의 부적을 꺼내 행복감을 느끼면 다시 시작할 힘을 얻을 수 있다.

힘들어도 즐겨라

목표를 달성하려면 매우 고강도로 계획을 실행하는 것이 중요하다. 고통스러운 작업일지라도 목표를 달성했을 때 미래 모습을 상상하면 즐겁게 진행할 수 있다. 정말로 힘들다면 신나는 음악을 들으면서 최대한 즐겁다고 자기 암시를 하는 것이 도움이 된다. 일할 때마다 너무 행복하다고 생각하며 더 적극적으로 한다. 부정적 생각이 들더라도 계속 웃으면서 잘될 거라는 말을 되새기면 상황을 긍정적으로 이끌어갈 수 있다.

일이 잘 풀리지 않을 때 우리가 할 방법 중 하나가 긴장된 몸을 푸는 것이다. 실제로 우리 몸은 스트레스를 받으면 몸에 힘이 들어가고 그것이 곧 긴장으로 이어진다. 긴장 상태에 있는 사람은 무엇을 해도 부자연스럽게 보이기 때문에 실질적으로 원하는 목표를 달성할 확률이 낮아진다. 그러므로 의식적으로라도 몸에서 힘을 빼고 편한 자세로 즐기면서 공부하고 일하는 습관을 들이는 것이 중요하다. 영업, 회의, 공부 등 모든 일에서 긍정적인 면을 찾으며 하다보면 어느새 모든 상황이 좋아져 있음을 발견하게 될 것이다.

사실 일할 때 밤새우는 것은 힘들지만 게임하면서 밤새우는 것은 가능하다. 게임은 당장 보상과 재미가 있어서 그럴 수도 있다. 하지만 일하는 것 역시 게임하는 것과 많이 다르지 않다.

나는 목표를 달성할 테고 지금 하는 일은 나를 성장시킬 것이다, 이 일은 내가 정말 하고 싶어서 하는 것이다, 지금 하는 일에 감사하다고 생각하면서 하면 게임할 때의 즐거움보다 원하는 목표를 이뤘을 때의 기쁨이 더 클 것이다. 이런 방식으로 현재 하는 일의 의미를 스스로 정의하며 가치를 부여하면 일 자체를 즐길 수 있다. 그리고 이 경험이 가져다주는 즐거움은 그 어떤 쾌락보다 클 것이다.

주기적인 보상 설계

작은 목표라도 일단 원하는 것을 얻었으면 주변에도 알리고 스스로에게 충분한 보상을 하는 것이 좋다. 어떤 목표를 달성했는지 블로그나 인스타그램에 올리는 것도 강력하게 추천한다. 성취가 반복되면 더 큰 성과를 바라는 것이 인간의 마음이지만 수많은 성취에 의미를 부여하고 그것을 달성했을 때 만족감을 느껴야 다음 단계의 성취를 이룰 수 있다.

내 경험상 장기적으로 버티려면 자기보상이 아주 중요하게 작용했다. 물론 목표 달성 과정에서 당근과 채찍을 번갈아 가며 사용하는 스킬도 필요하다. 최선을 다하도록 동기부여를 하되 만약 달성하지 못했다면 스스로를 채찍질할 줄도 알아야 한다. 가령 목표 달성에 실패한 이유를 수첩에 적어두고 수시로 보는 방법을 활용할 수 있다.

나는 보통 시험이 끝날 때까지 하루도 쉬지 않았다. 그 대신 시험이 끝나면 여행을 가서 그동안 못 누린 휴식을 충분히 취했다. 이런 방법을 사용하니 시험이 끝나는 날이 기다려지고 그래서 더 스스로를 몰아칠 수 있었다.

큰 프로젝트를 수행할 때 역시 마찬가지였다. 성공했을 때의 희열을 상상하며 업무에 박차를 가할 수 있었고 성과를 달성하면 경제적 보상도 받았지만 스스로에 대한 보상으로 동료들과 즐거운 시간을 기획하기도 했다.

한편, 보상을 해줄 때도 단기간으로 나누어 설계하는 것이 우리 뇌가 더 빠른 반응을 보이게 하는 데 유리하다. 가령 모의고사를 주기적으로 치고 일정 성적 이상을 달성하면 맛있는 것을 먹으러 간다거나 자신에게 칭찬을 하고 기록을 해두는 식으로 보상을 해주면 좋다. 앞에서도 언급했듯 타인에게 보여주면 효과는 배가된다.

보상과 휴식을 주는 시기는 내가 전력을 다해 노력하되 한계라고 생각할 만한 기간 직전으로 설정하는 것이 좋다. 그런 다음 마지노선으로 정해놓은 기간이 되기 전에 나 자신에게 보상을 해주면 다음 단계로 넘어갈 힘을 얻을 수 있다. 이때 체력 관리와 운동을 병행해주어야 한다. 물론 웨이트 같은 고강도 운동을 하라는 것이 아니다. 수험기간 중이라면 장소를 옮기며 공부를 하거나 책을 읽으며 산책을 하는 것만으로도 충분하다. 사실 번아웃되는 것도 심리에서 오는 경우가 대부분이므로 가벼운 기분전환만으로도 예상보다 큰 효과를 볼 수 있다.

그래도 공부가 안 되거나 일에 능률이 오르지 않을 때는 여러 번 언급한 미라클 러닝을 하거나 다소 격한 운동을 하는 것도 도움이 된다. 아니면 사우나 또는 반신욕을 한 뒤 다시 시작하는 것도 회복하기에 좋은 방법이다. 내 경우 스스로에게 생각할 시간을 주기 위한 보상으로 반신욕을 자주 했다. 목욕탕에서 생각을 정리하기도 하고 공부의 방향과 계획도 다시 세울 수 있었다.

한 가지 팁을 더 말하면, 매일이라도 작지만 행복한 보상을 주는 것을 추천한다. 가령 정말 열심히 한 날에는 내가 좋아하는 일을 할 시간을 1시간 정도 주는 것이다. 음식, 커피, 산책, 반신욕, 친구들과의 전화통화 등 무엇이든 다 좋다. 그 일들을 다시 하기 위해 정말 열심히 일하고 공부 동기를 만들 수 있다면 충분하다. 다만 이때 조심해야 할 것은 즐거운 일에 너무 깊이 매몰되면 안 된다는 것이다. 무조건 공부나 일을 지속하는 보조수단으로 각인해야 한다.

이렇게 하나씩 성취하고 보상을 준 뒤에는 조금 더 도전적인 목표를 설정하고 주변에 알린다. 성공했을 때 느끼는 뿌듯함, 주변의 축하 등 좋은 자극을 기억하고 그것을 다시 한번 느끼기 위해 더 열심히 일하고 공부하면 스스로는 물론 주변에도 긍정적인 영향을 줄 수 있다.

PART 3
기적의
시간 관리 비법

상위 0.1%의 시간 관리 비법 2가지

새해가 시작되는 1월이면 많은 사람이 1년 계획을 열심히 세운다. 그런데 시간이 흘러 연말이 되면 시간을 조금 더 알차게 보냈으면 좋았을 걸 하며 후회하는 사람들이 많다. 나도 오래전에는 이렇게 계획과 후회를 반복했다. 그러다 의미 없이 시간을 흘려보내서는 안 된다는 경각심을 갖게 되었고 이제부터라도 시간을 체계적으로 관리해야겠다는 마음을 먹었다. 이후 계획에 따라 꾸준히 실천한 결과 놀라운 변화를 이뤄냈고 직접 효과를 확인한 만큼 어떤 일을 하든 최상위권에 도달하게 하는 효율적인 시간 관리법을 소개한다.

시간 관리의 본질
나이가 드는 만큼 시간의 흐름도 그에 비례해 빨리 흐른다는 말이 있다. 20대면 20km/h의 속도로 흐르고 30대면 30km/h의 속도로 흐른다는 뜻이다. 그러니 나이를 먹으면 먹을수록 시간이 더 빨리 지나가는 것처럼 느낄 수 있다. 그래서 많은 사람이 시간 관리를 중요하게 생각한다. 아무리 애써도 지나간 시간은 되돌릴 수 없기 때문이다.

그런데 시간 관리의 필요성은 알면서도 시간 관리를 하는 이유는 생각해보지 않는 사람들이 많다. 결론부터 말하면 시간을 왜 관리하는지부터 깨달아야 인생을 드라마틱하게 변화시킬 수 있다. 왜 하는지 알면 시키지 않아도 꾸준히 하게 되기 때문이다.

시간 관리를 하는 목적은 목표를 달성하고 내 인생을 성공적으로 이끌기 위해서다. 경영학에는 '목표설정이론Goal Setting Theory'이라는 개념이 있다. 목표를 설정하고 과업을 설계하며 피드백을 받아 조정하는 과정을 통칭하는 개념인데 이 과업을 수행하는 과정에 투입되는 원재료가 바로 시간이다. 원재료가 좋으면 좋은 결과물이 나오고 공장 시스템이 효율적이면 더 훌륭한 결과물이 생산되듯이 시간을 잘 분배하고 관리하면 결과가 좋을 수밖에 없다.

따라서 시간을 그저 흘러가는 것으로 볼 게 아니라 이제부터 내가 가진 가장 비싼 원재료라고 생각하고 그 원재료를 어떻게 가공해 멋진 상품을 만들어낼지 끊임없이 고민해야 한다. 간절한 목표가 상품이라면 그 상품을 만드는 원재료인 시간을 확보하고 확보한 시간을 알차게 써야 한다.

그렇기에 시간을 쓰는 활동도 함께 의미 분석을 해야 한다. 우리가 일을 열심히 하는 이유는 인정을 받고 몸값을 올리고 성취욕을 충족하기 위해서다. 공부를 열심히 하는 것도 비슷한 논리다. 운동을 열심히 하는 것은 체력을 키우고 뇌를 활성화해 목표를 더 잘 달성하려는 것이다. 휴식을 취하는 것도 비슷한 논리다. 이런 식으로 시간을 소비하게 하는 활동들의 의미를 명확하게 정의하고 그 의미에 맞춰 활동을 수행하는 태도가 필요하다.

로펌이나 회계법인에서 일할 때는 스톱워치로 시간을 기록해 일한 만큼 고객에게 청구하기도 했다. 공부할 때는 스톱워치로 순 공부시간을 재고 일할 때 1초까지 쪼개서 관리하려고 했는데 너무 세분해서 시간을 관리하면 오히려 목표에 방해되고 성과를 크게 향상하지도 못했다. 그보다는 먼저 그 활동을 해야 하는 이유와 의미를 찾고 마인드 세팅을 한 뒤 활동별로 시간을 관리하는 것이 더 효율적이었다. 시간은 원하는 모든 걸 이루는 데 원재료라는 것을 대전제로 자기만의 관리 단위를 설정하는 것이 관리에 용이하다. 이때 너무 빡빡하게 관리 단위를 잡는 것보다 조금 낮은 수위로 잡는 것이 더 효과적이며 다른 것보다 완수해야 할 과업과 목표 관리에 좀 더 초점을 맞추는 것이 중요하다. 여기까지가 마인드 셋에 해당하는 과정이고 그다음은 기술적인 부분으로 넘어갈 차례다.

30분 단위로 기록하기

로펌에서 일하기 전부터 시간을 30분 단위로 나눠서 관리했다. 30분인 이유는 내가 집중을 가장 잘하는 시간이 30분이기 때문이다. 30분 단위로 시간을 나눠 타임 시트처럼 수첩에 무엇을 했는지 기록했는데 그렇다고 30분마다 기록하라는 이야기는 절대로 아니다. 0.5라는 시간은 어디까지나 내가 임의로 정한 기본 단위로 특정 과목 공부 1.5시간, 인터넷 강의 2.5시간, 운동 및 미라클 러닝 수행 0.5시간, 그룹스터디 1.5시간, 회의 및 토의 2시간 등 하루 동안 한 일을 0.5시간 단위로 기록했다는 뜻이다. 그리고 30분이 지날 때마다 기록한 것이 아니라 하루가 끝나갈 즈음 복귀한 후 기록하거나 이동시간 중간중간 메모해놓은 것이다.

돈을 잘 모으고 잘 불리는 사람은 회계장부를 정확히 기록한다. 시간 역시 마찬가지다. 주어진 시간을 잘 활용하고 목표를 이루는 사람은 시간과 목표 두 가지를 관리하는 데 필요한 사항들을 꼼꼼하게 메모하는 습관이 있다.

하루 동안 완수할 목표를 세우고 그 목표를 달성하려면 예상되는 소요 시간 그리고 실제로 수행하는 데 걸린 시간을 잘 관리하는 사람이 결국 성공한다. 나중에 기록한 것들만 봐도 목표를 얼마나 잘 지켜왔는지가 한눈에 들어올 테고 그것이 다음 목표를 향해 전진할 동기를 부여해줄 것이다.

하루는 24시간으로 정해져 있고 이것은 누구에게나 공평하게 주어진다. 우리가 해야 할 일은 그 안에서 낭비를 최소화하는 것이다. 그렇다고 너무 세부적으로 계획을 세우면 절대로 안 된다. 하루 목표와 과업은 단순할수록 좋다. 그 목표를 달성하려고 내가 투자한 시간을 잘 기록해나가는 것이 시간 관리의 핵심이다. 달성해온 목표들이 한눈에 들어오고 누적 상황을 파악할 수 있는 것이 중요하다. 사실 공부든 일이든 잘하는 사람은 과거를 정말 잘 기록하고 이뤄놓은 성취를 끊임없이 미래에 반영한다. 이것을 꾸준히 지속할 수 있는 원동력으로 그동안 이뤄왔던 성취를 한눈에 볼 수 있게 적어둔 기록만 한 것이 없다.

계획을 세울 때는 어떤 목표를 이루고자 어떠한 일을 해야 하고 이때 어느 정도 시간이 들지 먼저 생각한 후 최선을 다해 그 일을 해야 한다. 그리고 사후에 이를 기록하며 필요하면 조금씩 계획을 조정하면 된다. 중요한 건 이때 완벽주의는 버려야 한다는 것이다. 한동안 '1만 시간의 법칙'이 유행한 것처럼 매일매일 내가 해온 활동들과 목표 달성을 위해 투자한 시간이 쌓여 큰 업적을 만든다고 생각하면 당장 100% 만족스럽지 않더라도 꾸준히 지속하는 동력을 확보할 수 있다.

중요한 건 내가 조금씩 성장하고 발전하는 것을 체감하는 일이다. 내 경우 한 달 동안의 기록을 모아 합산한 후 점유율이 높은 시간 순서대로 요약해 다음 달에 반영하는 방법을 썼다. 우선 목표치를 향해 조금씩 발전하고 있다는 것을 느끼는 게 핵심이다. 특히 시간 관리는 하루아침에 된다는 생각을 버리고 꾸준히 자기만의 방식을 만드는 것이 중요하다.

나는 '나만의 부적'을 만들거나 작은 수첩에 그동안 성취해온 것들을 기록하고 월 단위로 합산해서 달력에 표시했다. 이렇게 시각화하면 내가 무엇을 성취해왔는지 자주 확인할 수 있으므로 더 큰 효과를 낼 수 있다. 장담하건대 이것만 실천해도 1년이 지났을 때 엄청나게 성장한 자신을 발견할 것이다.

하루 24시간 중 잠자는 8시간 정도를 빼면 산술적으로는 16시간 동안 활동할 수 있다는 계산이 나온다. 하지만 정작 순수하게 공부 또는 일만 하는 시간을 스톱위치를 찍어보면 얼마 되지 않는다. 본 격적으로 공부나 일을 하기 위해 허비되는 시간이 많기 때문이다.

자투리 시간 활용하기

예전에 나는 도서관에서 각 잡고 앉아야 공부를 할 수 있다는 착 각에 빠지곤 했다. 그래서 도서관 자리에 앉을 때까지 걸리는 귀중 한 시간을 모두 흘려보내곤 했다. 솔직히 공부하다보면 딴생각도 나고 집중력도 흐트러지기 때문에 그런 시간까지 더하면 앉아 있 는 시간의 상당 부분을 낭비하게 된다. 그래서 시간을 효율적으로 쓰는 것이 중요하다. 실제 경험해보니 자투리 시간과 이동시간을 최대한 활용해 내 것으로 만들어야 원하는 성과를 낼 수 있었다.

　수험생활을 할 때는 목욕하면서도 스프링으로 분철한 서브노트 를 손에 쥐고 암기했고, 화장실 가서 볼일을 보는 시간에도 계속 암기장을 보았다. 사람들이 독하다며 놀리기도 했지만 걸어 다니 면서도 공부하고 시험에 도움이 되는 강의를 들었다. 미라클 러닝 을 할 때 역시 요약집을 암기하거나 교수님의 강의를 녹음한 파일 을 들었다. 다른 사람에게는 너무 유난 떠는 것으로 보일 수도 있 었지만 내 기준에서는 이동시간과 중간 휴게시간 등을 모으면 실 제 앉아서 공부하는 시간만큼이나 긴 시간을 확보할 수 있었다.

장소에 구애받지 말기

어떤 사람은 혼잡한 카페나 식당에서는 집중하기 어려우니 그런 데서는 공부하지 말라고 한다. 하지만 내 생각은 다르다. 주위에서 여러 시험에 붙거나 좋은 성적을 낸 분들 중 카페에서 노트북으로 공부한 분도 있고 식당에서 밥을 천천히 먹으면서 벼락치기를 한 분도 있다. 나 역시 맥도날드나 스타벅스 매장에서 종종 공부하곤 했다. 물론 카페에서 공부하는 것이 좋다는 얘기는 아니다. 하지만 그런 곳에서도 집중력을 유지할 수 있다면 못 할 이유는 없다고 본다. 사실 집에서만 공부하다보면 지루해지기 쉽고 무엇보다 주위를 환기해야 집중력이 올라가니 집 안에서도 자주 옮겨주는 것이 공부에 더 도움이 된다.

어디서 공부했느냐보다 철저하게 공부량을 체크하고 하루 목표량을 채웠는지에 집중하는 것이 훨씬 중요하다. 얄궂게도 우리의 뇌는 목표 달성을 좋아하지 않는다. 하지만 뇌가 원하는 대로 끌려갈 수는 없는 일. 우리가 좋아하는 일을 뇌가 하도록 의식적으로 장치를 마련하고 자투리 시간도 아껴 뇌에 일을 시켜야 한다. 그렇게 하면 하루를 남들보다 두 배로 살 수 있다. 반면 장소를 따지는 순간 스스로 일하기 싫어하는 뇌에 핑계를 주는 꼴이 되므로 장소 같은 부수적 요소보다 그날의 목표량을 채웠는지를 더 중요하게 봐야 한다.

스스로 손실 인지하기

많은 사람이 돈을 낭비하면 민감하게 반응하면서 시간을 낭비하면 크게 죄책감을 느끼거나 자책하지 않는다. 하지만 내 시간의 단가를 한번 매겨보면 생각이 달라질 수밖에 없다. 예를 들어 시간당 변호사 상담료 30만 원을 기준으로 원가를 매겨보았다. 그럼 1시간을 그냥 날려버릴 때마다 30만 원씩 기회손실이 발생한다. 10시간이면 300만 원이니 하루를 날리면 잠이 안 올 것이다.

우리가 돈을 벌려면 반대급부로 시간을 들여야 하듯이 시간을 잃으면 곧 돈을 잃는 것과 마찬가지다. 이런 마인드를 가지면 남들보다 시간을 훨씬 효율적으로 쓸 수 있을 뿐만 아니라 절대로 의미 없이 시간을 낭비할 수 없다. 장담하건대 그렇게 시간을 관리하면 당신의 삶은 반드시 드라마틱하게 바뀔 것이다.

오프라인 기법으로 뇌 리셋하기

특별한 이유 없이 머리가 아프거나 멍한 적이 있지 않은가? 하루종일 카톡 또는 유튜브만 보거나 비트코인, 주식 호가창만 보고 있지는 않은가. 만약 이런 일상을 보낸다면 이 모든 행동이 우리의 뇌를 망쳐놓고 있다는 것을 알아야 한다. 그래도 다행스러운 것은 이런 상태에서 벗어나 뇌를 더 똑똑하고 싱싱하게 만들 수 있다는 점이다. 단순히 회복되는 수준이 아니라 몇 가지 방법만 알면 뇌를 더 업그레이드할 수 있고 심지어 천재 소리까지 들을 수 있다. 단순히 아이큐가 좋아지거나 현명해진다는 그런 추상적인 이야기가 아니다. 물리적으로 뇌가 좋아지고 세포 구조까지 바꿀 수 있다.

물론 이런 이야기를 하면 정말일까, 의심부터 할 수 있다. 하지만 얼마든지 가능한 일이며 지금 당장 변화하기 위해 노력한다면 평생 천재로 살아갈 수 있다.

반복 행동으로 뇌 변화시키기

우리가 특정 활동을 반복하면 뇌에서는 눈에 띄는 변화가 일어난다. 뇌세포 간의 시냅스가 활성화되면서 전체 뇌의 형태까지 변하기 때문이다. 많은 연구 결과 사람의 뇌는 1년마다 완전히 다른 뇌로 바뀌기도 한다는 사실이 입증되었다. 우리가 1년 동안 한 분야를 죽어라 파고들면서 노력하면 그 분야의 기술에 익숙해지고 나중에는 전문가가 되는 것과 비슷한 이치다. 그럼 1년 동안 뇌를 아주 활동적이고 똑똑한 상태로 바꾸려면 어떻게 해야 할까?

플라세보 효과 이용하기

일이 잘 풀리지 않는다고 생각하면 실제로 일이 잘 풀리지 않고, 아프다고 생각하면 정말 아픈 경험을 해보았을 것이다. 이 약을 먹으면 나을 거라고 믿고 약을 먹으면 아픈 게 싹 나은 경험도 해본 적 있을 것이다. 실제로 사람의 뇌는 몸 전체와 연결되어 믿는 대로 신체와 뇌 자체가 변화하는 속성이 있다.

나만의 부적 만들기를 하는 것도, 매일 그것이 이루어질 거라고 상상하는 것도 이런 플라세보placebo 효과를 이용해 우리 뇌를 더 잘 속이라는 뜻이다. 과학으로 설명되지 않는 많은 기적도 사람 스스로 믿음이나 생각을 변화시켜 일으킨 경우가 많다.

우리 뇌는 실제와 상상을 동일하게 인식하는데, 이것은 호르몬 실험으로도 검증되었다. 상상의 반복과 믿음의 강화만으로도 우리 몸에서는 세로토닌, 도파민, 엔도르핀이 분비된다. 플라세보 효과를 이용해 뇌를 속이면 내가 원하는 목표를 훨씬 수월하게 달성할 수 있으므로 이런 심리상태를 유지하는 것은 아주 중요하다. 이 과정은 자주 반복할수록 좋으며 특히 음악을 들으며 상상하고 오감을 자극하면 더 큰 효과를 기대할 수 있다.

미라클 러닝 중 시각화 반복하기

앞에서 나만의 부적을 활용한 목표 시각화 방법을 언급했다. 이 방법의 핵심은 목표를 시각화하고 원하는 것을 얻은 내 모습을 계속 상상하는 것인데 여기에 미라클 러닝으로 뇌를 활성화하면 이제껏 경험하지 못한 기적 같은 성취를 이룰 수 있다. 목표 시각화와 미라클 러닝 이 두 가지 방법을 매일 병행하면 뇌를 완전히 바꾸는 것이 가능하며 그것은 곧 새로운 나로 거듭난다는 것을 의미한다.

이 두 가지를 매일 병행하여 뇌를 완전히 바꾸고 새로운 나로 셋업해보자. 달리는 중에도 공부를 할 만큼 치열하게 살아내는 날들이 쌓여갈수록 당신이 원하는 미래가 현실화될 것이다. 그 순간을 상상하며 이루고자 하는 목표를 달성했을 때의 내 모습을 아주 구체적으로 상상해보자. 국내 최고 로펌에서 멋지게 일하는 상상, 억만장자가 되어 경제적 자유를 누리는 상상 등을.

이 작업은 목표를 모두 이룰 때까지 매일 반복해야 한다. 이것이 슬럼프를 방지하는 뇌 심상화 훈련일 뿐만 아니라 뇌를 최상의 상태로 만들어주는 비법이다. 달리기는 감정을 조절하는 능력을 키워주고 긍정적인 마인드를 더 강화해준다. 이때 목표를 달성했을 때의 내 모습을 상상하면 뇌는 우리 지배 영역으로 넘어온다.

부자들은 다 아는 성공 공식

업무 특성상 주변에 부자가 많고 성공한 이들이 많다. 이들은 단순한 능력자가 아니라 재산이 많은 진짜 부자다. 이들이 부를 일군 방식은 저마다 아주 다르다. 자기만의 사업을 일구어 엑시트한 대표님, 주식투자로 큰 재산을 증식한 대표님, 학원가의 스타 강사, 전문직으로 성공한 동기·선배님, 부동산 갭투자나 시행사업으로 부를 쌓은 사장님 등 저마다 방식은 다 다양하다.

나도 현재는 사업과 투자로 부를 증식하고 있는데 이런 자산가들과 어울려 지내다보니 그들의 특징과 성공법칙이 보인다. 그래서 이들이 가진 특징과 성공법칙을 정리해보려고 한다. 내가 그랬듯 이 책을 읽는 분들 역시 그들의 성공법칙을 벤치마킹하면 후천적 부자가 될 수 있다. 특히 현재 이들이 가진 특징을 가지고 있고 이들이 지나온 과정을 경험하는 중이라면 조만간 부자가 될 것이다.

오직 나만을 위해 시간을 투자하라
부자들은 아무리 바쁘고 일이 많더라도 자기 자신을 위한 시간을 철저히 지키고 오롯이 자기 자신을 위해 그 시간을 소비한다. 돈이 최고인 세상이라고는 하지만 돈으로도 살 수 없는 것이 시간이다. 나도 하루 종일 영업과 업무, 글쓰기로 바쁘더라도 이른 아침 러닝머신을 뛰면서 글로벌 경제나 최신 트렌드 기법들을 공부한다. 이왕이면 최신판례나 뉴스도 찾아보면서 영업 또는 앞으로 사업에 도움이 될 만한 정보를 정리한다.

주변의 어마어마한 부자들은 대부분 새벽에 일어나서 자신만의 시간을 가지고 남들보다 앞서 나갈 준비를 한다. 나 역시 아침이나 새벽 시간 혹은 일과가 끝난 퇴근 이후가 나를 위해 쓰기에 최적화된 시간이라고 생각한다. 나만의 시간대는 돈으로도 살 수 없을 정도로 비싸다고 생각해야 한다. 이 시간에 내가 더 앞서나갈 수 있는 투자를 하거나 새로운 도전을 이어가면 된다.

바쁜 일상을 살아가는 중에 급하지 않은데도 시간을 따로 내서 스스로를 업그레이드한다는 것이 보통 사람에게 쉬운 일은 아니다. 그런데 남들은 게을러질 시간에 나는 시간을 지배하며 자기계발을 하고 그것이 10년 동안 누적된다고 생각해보라. 그러면 아마 그 격차는 복리처럼 벌어져 나중엔 따라잡지도 못할 것이다. 나도 실제로 10년이 넘는 시간 직장생활을 하면서 자기계발과 자격증 취득, 재테크를 해왔고 그 덕분에 지금과 같은 성과를 내는 거라고 본다. 느린 거북이도 10년 동안 걸어가면 빠르게 달리는 토끼를 이길 수 있다.

선택적 실행과 초집중

돈을 벌려면 돈이 될 만한 아이템을 발굴하려고 끊임없이 노력하며 수도 없이 많은 작은 허들을 극복해야 한다. 그 과정에서 자신의 모든 에너지를 불태우는 것은 기본이다. 수익을 극대화할 수 있는 자신 있는 아이템이 있다면 수익이 날 때까지 끈질기게 물고 늘어져야 한다. 부자들은 돈만 된다면 다른 일은 제쳐놓고 일주일에 100시간도 일에만 파묻힌다. 실제로 일론 머스크는 일주일에 100시간 넘게 일에 몰두하는 것으로 알려져 있다. 스티브 잡스의 경우 매일 디자인이 같은 옷을 입으면서 낭비되는 시간을 최소화하고 일에 집중했다.

주식이나 부동산으로 돈을 번 이들이 불로소득으로 부자가 되었다고 생각하면 오산이다. 그들은 쉴 새 없이 투자종목을 연구하고 매매 타점을 잡으려고 공부한다. 부동산 임장을 다니며 비공개 정보를 얻고자 노력한다. 세상에 공짜가 없다는 생각과 돈을 벌려는 미친 듯한 노력은 결국 성과를 낸다. 특히 중간에 크고 작은 실패가 있어도 이를 조정하고 반성하며 성공할 때까지 끝까지 밀고 나가는 것이 부자들의 공통점이다.

습관적 독서

세계적인 부자들은 거의 모두가 독서광이다. 빌 게이츠는 책 읽기를 즐겨 한다고 했고 워런 버핏은 하루 2시간 무조건 책을 읽는다고 한다. 내 주변에도 사업으로 크게 성공한 이들은 자기 분야와 관련된 책을 엄청나게 읽는다. 투자의 귀재들도 투자 관련, 경제 관련 책을 달고 산다. 정말 무서울 정도로 책을 사서 본다. 나 또한 새로운 지식뿐만 아니라 칼럼, 글쓰기, 각종 자문을 위해 매달 수십 권씩 책을 사서 본다. 매달 50만~100만 원은 책 구매 비용으로 쓰고 있다.

억만장자나 성공한 사업가들은 자기 분야에서 최고 자리에 오른 사업가나 위대한 지도자의 스토리가 담긴 책을 많이 읽는다. 나는 롤 모델로 삼는 인물들의 책은 닥치는 대로 사서 읽고 그들의 사상과 행동 하나하나를 따라 한다. 그들을 따라 하는 것만으로도 그들처럼 부자가 될 준비를 하는 것이다. 아니 그들처럼 되고 있는 것이다.

성장기에는 성공을 위한 아이디어와 방법론을 얻고자 책을 읽었고 성숙기에는 현재 상황을 점검하고 더 좋은 방향을 모색하기 위해 책을 읽는다. 게다가 천재들의 인생철학과 노하우를 커피 몇 잔 값으로 얻을 수 있는 게 독서다. 워런 버핏이나 빌 게이츠를 직접 볼 수는 없지만 책으로는 만날 수 있다.

남들과 차별화할 수 있게 해주는 것도 독서다. 우리 국민 중 1년에 책을 한 권이라도 읽는 사람이 절반도 안 된다고 한다. 그럼 책을 몇 권만 읽어도 남들보다 초격차를 벌릴 수 있다는 의미다.

나만의 특별한 계획

부자들은 자신들만의 목표와 계획이 있고 그 목표를 세우고 계획하는 데 아낌없이 시간을 투자한다. 그리고 자신만의 방법으로 원하는 것을 얻는다. 나만의 부적 만들기와 마일스톤 이론에는 원하는 바를 이룬 성공한 사람들의 비결이 숨어 있다. 그들은 수첩에 특정 기간 이룰 중단기 목표를 적고 이를 달성할 때마다 하나씩 지워가며 목표를 관리했다. 이것이 바로 성공한 사람들이 만든 자기만의 루틴이다.

성실하게 수고하고 노력하지 않는 사람에게 다가오는 눈먼 행운은 없다. 당장은 보잘것없어 보이더라도 매일매일 목표를 세우고 그것을 달성하기 위한 계획을 이행하다보면 누구와 비교해도 우위를 점할 수 있는 자신만의 경쟁력을 갖추게 될 것이다.

자존감 충전으로 동기부여 극대화

살면서 스스로를 대우하거나 대접한 적이 있는가? 또는 내가 대접받을 만한 사람인지 생각해본 적이 있는가? 이 물음에 답하다보면 스스로를 대접하거나 대접받을 만한 이유를 찾아본 적이 별로 없다는 것을 깨달을 것이다.

하지만 나부터 스스로를 대접하고 대우해주다보면 그럴 만한 이유를 만들기 위해 더 노력하고 보상도 해주면서 흡족해하는 자신을 보게 될 것이다. 그리고 목표를 달성하는 것을 좋아하지 않았던 뇌가 더 열심히 노력할 수밖에 없는 동기를 강하게 부여하며 가속도를 낼 것이다. 그럴 때 스스로를 발전 동력으로 삼으면 똑같이 하루 24시간을 보내더라도 48시간 이상의 효율로 활용할 수 있다. 이를 위해서는 특별한 마인드셋이 필요한데 그 구체적인 방식을 소개한다.

대접받을 이유-어제의 나보다 더 발전하기

사람들은 대부분 다른 사람에게 대접받고 인정받고 싶어 한다. 그래서 외모를 꾸미는 사람도 있고 스스로 능력이 있다는 것을 드러내 보이는 사람도 있다. 어려움에 처한 타인에게 도움을 주기 위해 노력하는가 하면 상처 입은 사람의 마음을 헤아리고 위로해주는 사람도 있다. 사실 이렇게 인간관계를 맺으면 상대방에게 대접받고 인정받는 것은 물론 끈끈한 관계로 발전하기도 한다.

그런데 많은 사람이 자기 자신에게는 이런 식으로 접근할 생각은 하지 못한다. 타인과의 관계에서 스스로의 존재가치를 찾으려는 사람들이 많기 때문이다. 하지만 스스로에게 인정받으려 노력하고, 위로의 말을 건네고, 큰 성과를 축하하면 강력한 자가발전의 동력을 얻을 수 있다. 나 또한 스스로를 인정하고 대접하고자 하루한 가지 작은 목표를 세워 지켰다. 외모를 가꾸고 발전한 모습을 칭찬하면서 자존감과 자기효능감도 극대화했다.

이런 이야기를 하면 일하고 공부하기도 바쁜데 무슨 뚱딴지같은 말을 하냐고 할지 모르지만 실제로 바쁜 와중에 외모를 가꾸면서 자신감을 높여야 긍정적인 에너지를 얻을 수 있다. 정 못 믿겠다면 속는 셈 치고 스스로를 칭찬해보길 바란다. 그러다보면 예전보다 더 많이 노력하고 더 큰 성취를 거두는 스스로를 발견하게 될 것이다.

하루하루 나 자신을 대접할 이유를 만들고 실제로 대접하다보면 뇌는 스스로를 대접받을 만한 위대한 사람이라고 느낀다. 그 자신감으로 추진력을 가지고 일을 하면 좀처럼 지치지도 않고 슬럼프도 극복할 수 있다.

스스로를 대접해주는 방법

스스로를 대접하고 그럴 만한 이유를 찾아서 매일 자기 자신을 칭
찬하고 대우해주다보면 타인에게도 자연스럽게 그 습관이 묻어난
다. 다른 사람을 먼저 칭찬하고 장점을 발견하는 것이 몸에 밴 사
람은 어딜 가도 환영받는다. 외모를 가꾸고 노력하는 사람을 싫어
할 리 없다. 만약 싫어한다면 질투심 때문일 텐데 그런 사람은 멀
리해도 된다.

　그렇게 자기 자신을 대우하듯이 다른 사람에게도 예의를 갖춰
대하고 칭찬하면 자연스럽게 다른 사람에게 대접받고 인정도 받게
된다. 그리고 집에서 매일 보는 사람이나 부모님에게는 일부러라도
내가 이루려는 목표를 이야기하고 하루하루 노력했음을 자랑해라.
그리고 그것에 대해 칭찬하고 대접해달라고 하라. 그것이 누적되면
복리 이자처럼 쌓여 정말 대단한 사람이 된다. 1년 정도 이런 습관
을 지속하면 놀라운 효과를 보게 될 것이다.

나 자신을 키운다고 생각하기

아이나 반려동물을 키울 때 관심과 사랑을 주듯이 스스로를 키운
다고 생각하며 훈육하라. 이것이 마인드셋의 마지막 단계다. 첫 단
계는 앞에서 다룬 동기부여인데 이것은 일종의 자기통제 방법이다.
무언가를 키울 때 먹이도 주고 잘못된 일은 하지 못하게 자제시키
듯이 스스로에게 절제력을 가르치고 통제하는 역할을 한다고 생각

해보자. 남은 인생이나 시간을 어떻게 사용할지 설정해주고 그 가이드를 지키도록 매일 스스로 지도하고 교육하는 것이다. 그리고 하루하루의 지도와 결과를 나만의 부적 수첩에 하나씩 기록하고 체크한다.

내게 돈과 시간이 넘쳐난다면 아무 일이나 벌여도 괜찮다. 그런데 내게는 부족한 통장 잔고와 부족한 시간이 있을 뿐이다. 그렇다면 내가 세운 목표 중 가장 중요한 몇 가지에 집중하고 거기에 모든 자원을 쏟아야 한다. 그렇게 하도록 스스로에게 선생이자 훈육자가 되어보자.

목표가 강제로 달성되는 계획 설계법

대학에서 학사, 석사학위를 하고 박사학위를 받는 동안 나는 사업을 하고 전문직에 종사했으며 대형법인에서 일하고 개업도 했다. 특히 그 모든 일을 하며 공부도 계속해왔다. 이런 이야기를 하면 많은 사람이 어떻게 그 일들을 다 해냈냐며 혀를 내두르곤 한다. 나 역시 그 일들을 해내는 과정 동안 수많은 계획을 세우고 치열하게 고민했으며 그 결과 귀중한 깨달음을 얻었다. 이번에는 그 깨달음을 소개한다.

계획에 대한 인식 전환
계획을 세우면서 가장 먼저 하게 되는 고민이 세운 계획을 다 지

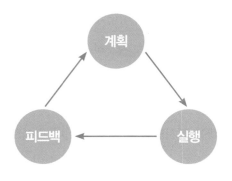

PDS 사이클

키지 못할 거라는 점이다. 그런데 계획을 완벽하게 지키기 어렵다는 점을 인정하는 것이 성공적인 계획 수립의 출발점이다. 앞서 소개한 '나만의 부적 만들기'는 계획을 지키기 위해 내가 고안한 일종의 보험이다. 우선 지키지 못한 것을 달력에 표시한 후 그중 중요한 것만 다음 날 악착같이 실행해야 한다. 나는 계획을 세워 실천하고 피드백하는 과정이 목표를 향해 달려가는 수레바퀴 같은 것이라고 생각한다. 그 수레바퀴를 자주 돌리고 점검할수록 성공으로 향하는 길을 갈 수 있다고 생각한다. 이것은 경영학 이론에서 계획-실행-피드백Plan Do See 사이클을 중요하게 여기는 것과도 맥을 같이한다.

계획을 실행하는 뇌 속이기

원대한 계획을 세워도 실행할 때만 되면 뇌는 즉각적인 자극에 이끌려 고통스러운 작업을 하기 싫어한다. 그래서 뇌에 당근과 채찍을 주어야 한다. 보통 계획을 세울 때 가슴에 큰 꿈을 품고 기대에 부풀지만 하루만 지나도 희미해질 때가 있다. 그런 경우가 생각보다 많기 때문에 이루고자 하는 목표가 있다면 세부 계획을 적어두고 수시로 봐야 한다. 그리고 달성한 항목은 그때그때 표시하고 기록해두는 것이 좋다. 그렇게 하면 내가 어느 지점까지 와 있는지를 한눈에 알 수 있다.

참고로 목표를 일찍 달성한 날은 나에게 보상을 주고 목표량을 채우지 못한 날은 스스로를 채찍질해야 한다. 나는 일을 할 때도 매달 달성해야 하는 성과를 설정하고 그날그날의 업무량을 할당해 성과 평가를 잘 받으려고 노력한다. 그래서 업무 계획을 세우며 최선을 다한다. 이것은 외부적 보상에 대한 기대와 내적 불안 때문에 하는 것일 수도 있다. 하지만 눈에 보이는 계획표와 타임 테이블 그리고 달성 정도와 시간 투입을 체크하다보면 부족한 점에는 뇌가 반응하고 잘한 부분에는 보상심리를 느끼며 발전한다는 것을 알 수 있다. 이때 밤마다 목표를 다시 읽고 나 스스로 목표 달성을 더 원하도록 뇌에 최면을 걸어야 한다. 즉, 한 가지에 집중한 상태로 매일 스스로를 리셋하는 것이다.

계획 수정 주기

주말에는 휴식도 중요하지만 잠깐 짬을 내어 지난주 소화한 일정과 실행한 것들을 점검하고 다음 주 계획에 반영하면서 달성 가능한 상태로 수정해야 한다. 수정 주기는 빠를수록 좋은데 적어도 일주일에 한 번은 계획을 세우고, 점검하고, 수정하면서 장기 목표를 얼마나 달성하고 있는지 점검해야 한다. 이 또한 미라클 러닝처럼 골든 타임이 있어 일주일을 넘기면 안 된다. 그래야 뇌도 계획과 실행, 목표를 까먹지 않는다. 하루는 계획을 점검하고 수정하는 시간을 만들어 직접 해야 한다.

큰 스케줄은 한 달 단위로 하고 세부 계획은 일주일을 넘기면 안 된다. 공부하는 분들은 인터넷 강의를 하루 특정 과목을 지정해서 5개씩 듣거나 과목마다 100문제씩 푸는 등 구체적인 하루 단위 계획은 2~3일 정도가 적절하다. 이때 일주일을 넘기면 달성 가능성이 현저히 떨어지니 주의해야 한다. 미리 계획해놓고 일주일 단위로 수정하되 하루하루 계획은 그때그때 융통성 있게 세우고 달성 여부를 체크한다.

능력과 루틴 고려하기

모든 사람의 상황과 능력이 똑같을 수는 없다. 나는 직장생활을 하면서 자격증 시험에 도전할 때 야근이 없는 날은 퇴근 후부터 인터넷 강의를 2배속으로 몰아 듣고, 야근이 있는 날은 일을 마치고 요약노트를 1회독 하자는 생각으로 빠르게 속독했다. 이동시간이 정해져 있으면 이동할 때 할 만한 것들을 미리 계획에 넣어서 준비해 다녔다. 하루는 누구에게나 24시간이지만 어떻게 활용하느냐에 따라 성과가 10배 차이 나는 이유가 여기에 있다. 자신의 상황에 따른 시간 활용을 끊임없이 고민하는 사람이 고민 없는 시간 부자보다 성과를 더 낼 수 있다.

사람마다 능력이 다른데 독해력, 이해력, 암기력도 고민하고 노력하다보면 자기 요령대로 능력이 좋아진다.

경제학과에 입학했을 때 학과공부 1등을 목표로 하고, 회계사와 세무사 시험도 준비하면서 주말에는 과외 아르바이트를 하느라 시간을 정말 쪼개서 썼다. 그때 체득한 루틴이 습관이 되어 지금까지도 월 단위, 주 단위, 일 단위로 나누어 일정을 체크하고 있는데 그때 들인 습관이 지금까지 큰 도움이 되고 있다.

당시 매일 아침 달력에 적어둔 이번 주 목표와 학교 시간표 등을 고려해 오늘 반드시 해야 하는 과제와 공부부터 수첩에 써 내려갔다. 그런 다음 그 일들을 다 하면 X를 치면서 마무리하는 작업을 했고 남는 시간에 회계사 공부를 하면서 진도를 뺐다.

학기 중에는 학교에서 재무회계나 경제학 등 회계사 시험과 겹치는 과목을 들었기 때문에 그와 관련된 기출문제집과 해설 회독을 높였다. 동시에 짧은 인강을 여러 번 반복해서 들어 뇌에 내용을 각인하는 작업을 꾸준히 했다. 그러다보니 학기 중 회계학 과목을 들으면 해당 과목에서 매우 높은 점수를 받을 수 있었다. 특히 20회독 이상 하다보면 나중에 회계사 시험 공부를 할 때 해당 부분은 공부 시간을 획기적으로 단축할 수 있었다. 이런 방식으로 수강 과목 설계부터 1년 후에 볼 시험에 포커스를 맞추고 계획했고 방학 때는 기출문제 회독을 높이면서 회계사 시험에 대비하는 전략을 짰다.

그다음 학기 역시 회계사 시험 과목으로 수강신청을 하면서 예습했는데 당시 내 목표 중 하나가 최우등상이었다. 그렇게 학교 공부와 자격증 공부 두 마리 토끼를 다 잡는 전략을 세웠고 그러면서 매일 해야 하는 공부와 과제를 최선을 다해 수행했다. 그날 해야 하는 일은 매일 아침 수첩에 다시 적어둔 후 잠자리에 들 때 전부 수행했는지 초과 달성한 것은 없는지 체크했는데 그것이 3개월 가량 누적되었을 때 엄청난 점프 업을 할 수 있었고 그런 경험을 계속 누적해나갔다. 그 덕분에 연세대 최우등졸업이라는 자랑스러운 성과를 낼 수 있었기에 이 전략을 가장 효율적으로 활용할 수 있는 구체적인 실천 방법을 몇 가지 풀어 놓으려고 한다.

피할 수 없는 루틴 채우기
학생일 때는 수강신청 후 손바닥만 한 수첩에다 달력 모양을 그려 수업시간표를 표시해두었다. 그리고 반드시 참석해야 하는 일정을 학기나 분기 단위로 전부 써넣었다. 학교 수업이나 중요한 세미나, 업무 일정이나 회의는 내가 바꿀 수 없으니 그 부분은 내 시간이 아니라고 생각해 진한 색으로 박스 표시를 했다. 이렇게 수업시간, 회의시간, 업무시간 등을 표시해두면 공백이 보이는데 그 공백에 달성할 마일스톤 미션을 채워 넣었다.

매일 한 가지 미션에 집중하기
매일 남는 시간을 포함해 밤 12시까지는 한 가지 목표를 달성하기 위한 활동만 채워넣고 온전히 하루를 목표 달성을 위해 올인했다. 예를 들면 수업이나 업무가 없는 나만의 시간이 생기면 무조건 밤 12시까지 목표 달성을 위한 활동만 했다. 내가 만들어놓은 틀에 나를 몰아넣은 셈이었다. 회계사 시험공부를 할 때도 학교 시간표를 최대한 시험에 도움이 되는 스케줄로 짰고 공강이나 남는 시간에는 회계사 시험을 위한 공부에 투자했다. 물론 학점도 중요했기에 학교 수업 전후로 목숨 걸고 예·복습을 했다. 이렇게 하면 하루가 생각보다 밀도 있고 단순해서 다른 생각을 할 여지가 없다. 이 방식의 핵심은 내가 놓치는 것이 없도록 스케줄을 짜야 한다는 것이다. 그래서 중요한 일정을 미리 넣고 그 일을 해결하는 데 필요한 보조 일정을 넣은 다음 나머지 시간을 온전히 중요한 목표를 달성하는 데 쏟아부었다. 이렇게 일정을 관리하면 지금 당장 해야 할 일을 하면서도 미래를 위해 필요한 활동들을 병행할 수 있다. 그러면 최소한 지금보다 미래에 더 나은 삶을 살 수 있다.

나는 매일 한 가지 미션을 써놓고 하루 동안 달성하면 그 위에 X 표시를 했다. 예를 들면 회계학 ○○챕터 1회독, 기출문제 100문제 풀기, 과제 리포트 끝내기, 논문 초안 10페이지 쓰기 등의 미션을 설정한 후 끝낼 때마다 X 표시를 해두었다. 이렇게 시각화하면 더 강력하게 동기부여가 될 뿐만 아니라 집중력도 상승해 똑같이 주어지는 24시간이라도 몇 배에 달하는 효율로 알차게 사용할 수 있다.

주말 활용에 답 있다

주말은 쉬는 날이라고 생각하는 순간 단기 내 목표 달성은 어려워진다. 비인간적이라고 할지도 모르겠지만 내 경우 돈도 벌면서 계속 공부해와서 그런지 주말에 한 번도 쉬어본 적이 없다. 심지어 여행을 가서도 일정한 분량의 공부를 하거나 글을 썼다. 목표가 있었기 때문이다. 물론 쉴 때는 정말 푹 쉬고 운동하면서 체력관리도 했다.

이루고 싶은 목표가 있다면 주말은 주중에 달성하지 못한 미션을 완수하는 날로 삼아야 한다. 매일 목표를 세웠지만 X 표시를 하지 못한 미션은 주말에 몰아서 끝내야 한다. 그다음 주로 미루는 순간 이미 실패한 것이고 그게 누적되면 복리처럼 부정적인 영향이 쌓인다.

월 단위로 목표를 점검하라

1년은 12개월로 나뉘어 있다. 어느 달은 일이 많거나 수업이 많고, 어느 달은 휴일이 많고 수업이 없을 수 있다. 그래서 6개월 단위로 계획을 세운다면 매달 이러한 사항들을 고려해 계획을 세우고 그동안 누적된 목표 달성 현황을 체크해야 한다.

나는 달력표에 한 달 동안 해야 할 미션을 5가지 항목 정도로 적어두고 수시로 점검했다. 예를 들면, 중간고사에서 모든 과목 상위 30% 안에 들기, 과제는 나오자마자 처리하기, 특정 과목 인터넷 강의 완강하기, 논문 한 편 초안하기 등 큰 틀을 잡아 계획을 세웠는데 이 정도면 이번 달은 완성이라는 생각이 들 정도로 목표를 세우면 좋다. 물론 다음 달로 이어지는 목표도 상관없다.

우리는 초등학교부터 대학교까지 사회가 잘 짜놓은 시스템에 맞춰 행동하는 것을 학습했다. 정해진 시간표에 따라서 수업을 듣고 쉬는 시간에는 무엇을 할지도 정해져 있었다. 그리고 그 틀 안에서 등수가 매겨지는 것도 경험했다.

나는 초등학교와 중학교 1학년 때까지 반에서 꼴찌에 가까운 성적을 받았다. 당시 집안 형편이 어려웠던 것도 한몫했지만 사회에 대한 반항심과 이탈 시도 때문이었다. 내 힘으로 사회에서 정해놓은 규칙에서 이탈하려고 끊임없이 시도했고 그 과정에서 성공과 실패 모두를 경험했다. 그리고 이런 경험이 오히려 사회 시스템을 더 잘 이용하는 밑거름이 되었다.

그 시절 내가 깨달은 것은 독불장군처럼 굴어서는 할 수 있는 일이 없다는 것이었다. 무엇보다 내게 돈을 주는 사람은 결국 사회에서 잘 교육되고 훈련된 사람들이었다. 틀에 갇혀 있을 때는 잘 보이지 않는 것도 밖으로 벗어나 도전과 실패를 경험하고 바라보면 성공하는 방법을 더 적극적으로 찾아낼 수 있다. 무작정 반항아가 되라는 이야기가 아니다. 평범함에서 벗어나 위대한 사람의 마인드를 가지라는 것이다. 그 과정에서 위대한 도전에 따르는 실패는 당연히 거쳐야 하는 통과의례다.

내면의 욕망을 자극하라

갇혀서 공부만 하거나 또래들과 어울리면서 이런 삶이 지긋지긋하다고 느낀 적이 있을 것이다. 그러면서도 내면에는 성공에 대한 꿈과 다른 사람들에게 존경받고 뭔가 사회에 기여하고 싶다는 꿈도 키워보았을 것이다. 사실 그 욕망만 있으면 뭐든 시작할 준비가 된 것이다. 마인드 세팅만 잘하면 그것을 현실화할 토양은 갖추어져 있다. 이런 욕망과 결핍된 현실이 역전 드라마를 쓰기에는 더없이 좋은 내적 토대가 된다.

내 경우 성공 욕구와 어려운 집안 환경, 가출과 떠돌이 생활이 성공에 대한 욕구를 증폭시켰다. 그리고 이런 경험이 남들보다 공부로는 뒤처지지만 금방 몰입해서 따라잡을 수 있는 독기를 만들어주었다.

독해져라

독한 놈, 지치지 않는 놈은 처음에는 얻어맞다가도 결국 좀비처럼 일어나서 끝까지 할 수 있다. 인생의 태도 자체가 보통 사람과 달라져 있기에 고통을 버티는 태도도 다르다. 끝까지 포기하지 않고 죽을힘을 다해서 1년을 버티고 2년, 4년을 버텨 결국 최상의 성과를 낸다. 중간에 닥쳐오는 실패들은 10년 후에 다시 생각하면 아무것도 아닌 것이 된다. 절대로 약해지지 않고 독하게 밀어붙이면 된다. 독하게 마음먹으면 죽이 되든 밥이 되든 뭐라도 되긴 한다.

도전 횟수를 늘려라

나도 나름대로 사소한 결함과 실패가 있다. 한번에 1등을 하지 못했고 남들이 1번 도전하면 나는 10번을 도전하고 독하게 실행해야 했다. 하지만 10가지에 도전했다고 쳤을 때 그중 2개만 건져도 남들의 두 배는 성취한 것이다.

원래 머리가 좋은 친구들은 대부분 정해진 엘리트 코스를 밟았다. 그런데 나는 같은 전략으로는 위대해질 수 없다는 것을 어릴 때부터 깨달았다. 환경도 머리도 다 안 따라줬기 때문이다. 그 격차를 극복할 방법은 그들보다 몇 배 더 시도하고 그중에서 내가 자신 있는 성취를 계속 쌓아가는 것이었다.

처음부터 고시에 합격하는 경우보다 합격하지 못하는 경우가 압도적으로 더 많다. 그러니 의기소침해질 필요가 전혀 없다. 우선 작은 자격증에 도전해 기초 체력을 쌓고 이후 큰 시험에 붙거나 중간·기말고사에서 성과를 내면 된다. 그러면서 공부한 과목의 성적을 올려 나가는 전략을 쓰면 단숨에 큰 목표를 이루지는 못해도 궁극적인 목표 달성에는 지장이 없다. 그리고 이것이 진짜 마일스톤 전략이다.

나태함에서 벗어나 스스로 동기부여하는 방법

우리 뇌는 게으르고 편한 것을 찾고자 하는 반면 성공에 대한 갈망이나 인정욕구도 가득하다. 성공을 위한 동력과 나태해지고자 하는 동력이 뇌 속에서 경쟁하다 이기는 쪽으로 행동하도록 설계되어 있다. 그렇기에 뇌가 습관적으로 나태함을 멀리하고 성공을 좇아 달려가도록 유도할 수만 있다면 우리가 바라는 성공도 코앞에 나타날 것이다.

나는 성공하기 위해 가장 먼저 한 일이 실패를 없애는 작업이었다. 즉, 뇌가 실패에 굴복하지 않게 하려고 노력했다. 나태함이나 게으름이 찾아오면 그것이 나를 지배하지 않도록 계속 차단하는 노력을 했고 그럼으로써 노력형 인간으로 발전할 수 있었다. 실패는 죽어도 싫다고 생각하는 순간 실패로 이끄는 행동을 스스로 혐오하게 된다.

한 예로, 나는 게임을 매우 좋아했다. 탄수화물도 중독적으로 좋아했다. 성인이 된 후에는 주식 단타를 너무 좋아해서 중독된 적도 있다. 특히 회계사 연수나 감정평가사 연수 시절에 이런 습관이 아주 심하게 작용해서 생산적인 공부나 글쓰기를 제대로 하지 못한 적도 있다. 이런 습관은 공부를 방해하고, 생산을 방해하고 성장도 방해한다. 성공을 방해하는 습관과 실패 자체를 극도로 싫어하는 것만으로도 일단 절반은 성공했다고 할 수 있다. 뇌도 싫어하는 것을 하라고 지시하지는 않기 때문이다. 이건 좀 심한데? 하는 생각이 들 정도로 나태함, 게으름, 중독증적 행동을 혐오하고 미워하고 나쁜 행동을 할 때마다 목표에 도움이 되는 행동을 먼저 이끌어내야 한다.

내 경험으로는 이렇게 혐오감정을 이용해 부정적 행동을 차단하는 것이 효과가 가장 좋았다. 만약 이것이 어렵다면 다음 방법으로 행동을 통제해 성공적인 목표 달성을 해보자.

자존감 충전으로 동기부여 극대화

한번 게임이나 주식을 시작하면 하루 종일 붙들고 있게 되어 한동안 고민이 많았다. 그런데 이런 행동을 완전히 끊기가 어렵다면 중간에라도 그만둘 수 있으면 된다. 그래서 주식도 적당히 하면서 시험에도 합격하기 위해 빠른 엑시트 전략을 사용했다. 이렇게 하면 내가 좋아하는 것도 적당히 하면서 미친 듯이 공부나 일에 몰입하는 것이 가능하다.

내가 하고 싶은 것을 적당히 한 뒤 멈추고 빠져나갈 수만 있으면 나태함과 실패의 늪에서 헤어나올 수 있다. 대부분 사람이 무언가에 중독되거나 재미있는 것에 빠지면 헤어나질 못한다. 이건 인간의 자연스러운 습성이다. 우리 뇌는 뭔가를 하고 싶다는 생각이 들면 급격하게 그것에 빠져든다. 이는 뇌의 편도체와 변연계가 욕구와 본능을 자극하기 때문이다.

반대로 뇌의 전두엽은 목표를 생각하게 하고 의사결정을 내리고 통제하는 기능을 한다. 결국 이것만 이해하면 된다. 뇌에서는 두 가지 부위가 싸우고 있고 내 기준에서도 뇌과학적으로 두 명이 충돌하는 것이다.

한쪽의 나는 욕구를 채우려 계속 쾌락적인 활동을 추구하고 다른 한쪽의 나는 욕구를 통제하고 감정을 절제하려고 한다. 그렇기에 나를 통제하고 감정을 절제하는 뇌 부위를 더 크게 만들고 강화하면 긍정적인 내가 부정적인 나를 이기게 되어 실패의 늪에 빠지는 것을 방지해준다. 평소 중독성 활동이나 쾌락을 즐기는 사람은 계속 그런 행동을 하는 뇌 부위가 발달해 실패를 반복한다고 보면 된다. 더 심각한 것은 실패가 되풀이될수록 부정적인 영향력이 복리로 쌓인다는 것이다.

반대로 자기를 억제하고 올바로 결정하는 것이 훈련된 사람은 계속 잘못된 활동에서 스스로를 건져내어 성공 궤도에 올려놓는다. 즉, 내 머릿속에서 긍정적인 뇌 부위와 부정적인 뇌 부위가 끊임없이 싸우는 것이며 이 점을 인식한다면 첫걸음은 뗀 것이다.

멈추고 싶다면 표현하라

그렇다면 어떻게 잘못된 행동을 통제하는 능력을 키울 수 있을까? 가만히 있으면 절대로 변화가 일어날 리 없다. 첫 번째 방법은 내가 하려는 행동이나 욕구를 말로 떠드는 것이다. 뭔가 중얼거리면 뇌의 전두엽 부분이 그것을 인식하고 한번 생각해보게 된다. 내가 원하는 것이 게임이나 도박이라면 나는 그것을 하려고 한다고 스스로 떠들어 보라. 아니면 나는 나태해지고 싶다고 말해보라. 그러면 욕구가 생각으로 바뀌고 우리의 행동을 통제하는 뇌가 이를 인지하게 된다. 별것 아닌 것 같지만 이것이 탈출의 기본 조건이다. 뇌가 인지해야 비로소 멈추고 빠져나올 수 있다. 또 스스로 부끄럽게 생각하거나 나쁜 행동을 혐오할 수 있다.

입으로 떠들지 않고 손으로 적어보는 것도 좋다. 해서는 안 될 행동을 하기 전부터 통제 기질이 있는 뇌에 살려달라고 SOS를 보내는 것이다. 만약 또다시 실패를 향해 달려가는 중이라면 이 정도면 충분하다고 말해보라. 아니면 글로 써도 되고 속으로 읽어도 된다. 일단 이렇게 의식적인 활동을 하는 것만으로도 중독에서 벗어나려는 힘이 강화된다.

쾌락과 고통의 결합

그래도 그 행동에서 빠져나오지 못한다면 스스로 질책하고 벌을
주면 된다. 나쁜 행동 이후 즉각 고통스러운 자극이 오면 자연스럽
게 뇌는 그 행동을 하지 않게 된다. 쾌락보다 고통을 크게 하여 중
간에 끊어내는 것을 반복해보자. 남이 하지 말라고 하면 더 하고
싶은 것이 뇌인데 반대로 우리 스스로 발을 내리고 수치심이나 불
쾌한 감정을 느끼면 그 효과는 타인이 말리는 것의 수십 배에 달
한다. 내면의 수치심과 혐오를 자극하고 현실적인 벌까지 주면 우
리는 그 행동을 지속적으로 통제할 수 있게 된다.

내가 사용한 벌은 주변 사람들에게 내가 오늘 이런 행동 때문에
공부나 일을 못 했다고 인정하고 밝히는 것이었다. 이렇게 수치심
을 인정해버림으로써 다시는 그러지 말자는 통제 행동이 강화되곤
했다. 타인에게 말하기가 창피하다면 스스로 반성문을 써보는 것
도 좋다. 인정하고 반성하고 고치는 사람이야말로 잘못 안 한 척하
고 몰래 즐기는 사람보다 멋진 법이다.

PART 4
기적의 성공 비법

무의식을 개조해서 새로운 나로 다시 태어나기

매번 똑같은 생각과 루틴을 반복하면서 변화를 기대하는 것은 말이 되지 않는다. 지금보다 더 나은 내가 되고 싶다면 스스로 자의식을 개조할 필요가 있다. 즉, 완전히 새로운 내가 되어야 한다. 자의식을 바꾸려면 우선 의식의 바닥부터 뒤집어엎어야 한다. 무의식이나 잠재의식을 개조할 수 있다는 것은 많이들 알 것이다. 하지만 개념이 너무 추상적이고 헷갈려서 이해하기 힘들 수 있다.

나는 C언어부터 자바까지 고급 프로그래밍을 해봤던 개발자이며 관련 자격증이 8개나 된다. 프로그래밍하면 원하는 결과물을 얻을 수 있듯이 우리 역시 자신의 랭귀지를 파악하고 속성을 알면 스스로를 프로그래밍하여 점진적으로 원하는 인생을 이끌어낼 수 있다.

자의식과 생각이 인생이라는 결괏값을 좌우한다

사람은 항상 뇌와 무의식의 지배를 받는다. 귀찮다고 생각하는 순간 귀찮음 때문에 적극적인 행동을 멈추고 습관대로 행동하는 것이 인간의 본성이다.

　매일 아침 일어나 의식적으로 나는 어떤 삶을 살 거라고 생각하고 잠자리에 들 때 어떤 상태를 간절히 원하는 기도를 매일 하는 사람은 거의 없을 것이다. 생각과 간절함만으로 삶이 당장 변하지 않을 거라고 믿기 때문이다. 그런데 매일 생각하고 간절하게 원한다면, 실제로 그것이 현실화될 거라는 강력한 믿음이 있고 확신한다면 하루도 빠지지 않고 할 것이다.

　반대로 절대로 일어나지 않길 원하는 상황이 있어서 그 상태를 피하려고 간절하게 기도해본 적이 있는가? 실제로 최악의 상황이 발생했을 때 그 상황에서 벗어나고 싶다고 간절하게 생각하고 매일 기도하면 상황은 바뀔 수 있다. 문제는 이것을 경험해본 사람만 알 수 있다는 것이다. 사람의 믿음은 너무나 강력해서 믿는 대로 현실이 된다. 안 될 거라고 믿으면 정말로 안 되는 것을 살아오면서 무수히 많이 경험했을 것이다. 반대의 경우 역시 마찬가지다. 될 거라고 믿으면 정말로 될 것이다. 이 둘 사이에는 어떤 차이점도 없다.

　이것은 내가 가진 생각이 현실이 되고 인생이 된다는 걸 의미한다. 어떤 생각을 하고 살아가느냐에 따라 삶이 좌우된다는 것을 아는 사람과 모르는 사람의 차이는 크다. 장담하건대 내가 하는 생각이 삶을 결정한다는 것만 확실히 알아도 그 사람은 이미 절반은 성공한 것이다.

미래를 과거라고 속이기

마일스톤 이론과 나만의 부적 그리고 다양한 방법론이 프로그래 밍 언어와 조작이라면 뇌는 정교하게 짜인 데이터베이스라고 할 수 있다. 지금까지 살면서 쌓인 정보가 유기적으로 정리된 집합체 인 것이다. 그리고 데이터는 대부분 과거의 것이다. 매일 똑같은 환 경에서 똑같은 생각을 하며 살아가면 그것들의 지배를 받게 된다. 뇌도 그 틀을 가장 안전하다고 생각하여 변화를 주기 싫어한다. 과 거가 곧 미래가 되어버리는 로직이다.

매일 같은 루틴을 반복하는 것이 반드시 나쁜 것은 아니다. 안전 하게 살고 있고 그것에 익숙해지는 것이 문제라고 볼 수는 없다. 하 지만 변화를 원하고 있고 최대치의 효과를 내며 목표를 달성하고 자 한다면 지금까지의 환경에서 벗어나야 한다. 더 크게 생각하고 더 도전적인 생각을 지속적으로 주입해서 스스로 변화해야 한다. 비전과 목표를 설정하고 그것을 내가 직접 경험한 것처럼 아주 생 생하게 상상하며 하루하루를 살아야 한다. 다시 말해 뇌를 속이고 프로그래밍을 다시 하는 것이다. 이것은 미래가 과거 데이터처럼 뇌 속에 기록되는 것과 같다.

위대한 업적을 쌓은 사람들은 대부분 '미래에 나는 이렇게 되겠 어' 하는 목표를 가졌을 뿐만 아니라 실제로 그것을 이룬 상태를 계속 상상하고 열망했다. 성공한 창업자들도 마찬가지다. 나 또한 지금보다 나은 삶, 위대한 업적을 꿈꾸면서 의식적으로 내가 원하 는 것을 얻었을 때 모습을 상상하고 지금까지 이뤄왔던 일들을 적 어둔 수첩을 보며 이미 목표를 달성한 나를 계속 상상했다.

다시 한번 말하지만 반복해서 상상하고 갈망하면 뇌는 바뀔 수밖에 없다. 그리고 우리가 원하는 것을 이미 일어났던 일들로 확고하게 인식하면 그것을 달성하려고 행동도 변화시킨다. 뇌가 기능하는 이 로직만 알면 누가 시키지 않아도 성공한 자기 모습을 상상하며 그것을 당장 현실을 버텨내는 동력으로 사용할 것이다. 설사 난관이 있다고 해도 달성해야 하는 목표가 있고 그 방법을 아는 사람은 어떻게든 버티게 되어 있다. 그러다보면 어느 순간 성공에 다가가 있을 테고 그 과정에서 했던 모든 의식적인 행동은 무의식의 영역에 자리해 실제로 그런 사람으로 만들어놓았을 것이다.

생각과 행동 제대로 바꾸기

원하는 목표를 달성하지 못하는 것은 아직 생각과 행동이 제대로 바뀌지 않았기 때문이다. 내 생각과 행동이 모두 바뀌고 그 힘이 강력하다면 이미 목표에 도달했을 것이다. 매일 내가 원하는 현실을 생각하고 갈망하며 목표 달성에 맞게 시간을 사용한다면 뇌는 계속 변화에 적응하며 혁명적으로 바뀔 수밖에 없다. 이때 포인트는 하루 동안 세울 단기 목표를 설정하고 그것을 매일 반복하는 것이다. 이때 중간중간 휴식하며 나 자신에게 보상해주면 스스로 변화하는 것이 느껴진다.

행복하다는 감정을 느끼고 위대한 목표를 상상하고 확신을 가지고 행동하면 그 효과는 우리가 상상하는 것 이상이다. 매일 수고하고 노력한 것을 기록하고 피드백하며 기록을 점검하는 것만으로도 뇌에서는 특정 영역이 자극되고 호르몬 작용이 일어난다. 그 과정이 반복되면 뇌의 작동 방식이 저절로 형성되고 어느 단계에 가면 의식적으로 하던 모든 게 물 흐르듯이 자연스러워지며 큰 쾌감을 경험하게 된다.

부정적인 생각 최소화하기

나는 안 될 거라는 생각, 잘못되었을 때 어떡하지 하는 걱정은 당장 아무런 도움이 되지 않는다. 뇌는 부정적 감정과 생각에도 익숙해지고 반응한다. 슬럼프나 번아웃은 대부분 생각에서 비롯한다. 부정적 생각이 독소처럼 쌓이면 몸도 무기력해지고 목표 달성 또한 요원해진다. 갈수록 불행해지는 것이다.

나이가 들면 경험과 감정이 쌓이면서 그 틀에서 벗어나기가 힘들어진다. 부정적인 생각이 가끔 불필요한 지출을 줄여주기는 하지만 큰 목표를 달성하는 데는 별 도움이 되지 않는다. 부정적인 생각이 가득한 사람은 자신을 개조하는 데 남들보다 수십 배 노력해야 한다. 잘나가는 사람은 계속 잘나가고 안 되는 사람은 계속 잘 안 풀리는 이유가 여기에 있다.

지금부터 하루도 빼먹지 말고 자기 생각을 긍정적으로 개조하자. 나는 이미 성공한 사람이라고 생각하고 잘 안 풀리는 날에는 어떻게든 감사할 만한 일을 생각하며 긍정적인 생각을 하면서 마무리하자. 긍정적 에너지도 복리로 쌓인다. 나쁜 생각이 내가 프로그래밍한 마인드를 해킹하려고 하면 스스로 방어해야 한다.

마일스톤 이론과 지능의 복리를 위해 시간 투자하기

주식투자의 복리 개념처럼 지능 역시 복리 효과를 누릴 수 있다는 것을 앞에서 언급했다. 이 지능의 복리는 구체적 목표를 세우고 하나씩 이뤄나가며 긍정적 마인드로 성장할 때 시간이 지날수록 쌓인다는 특징이 있다. 반대로 부정적인 생각만 하며 아무것도 하지 않으면 복리 효과는커녕 손실을 볼 수밖에 없다. 아무것도 하지 않는 비관적인 사람에게 세상은 절대 기회를 주지 않는 법이다.

그럼 지능의 복리 효과를 누리려면 어떻게 해야 할까? 앞서 다룬 다양한 방법을 적용하는 데 매일 시간을 투자해야 한다. 만약 시간이 아깝다고 생각하면 그 사람은 제자리걸음밖에 할 수 있는 것이 없다. 반대로 긍정적인 마인드를 갖고 목표를 달성할 때까지 포기하지 않고 꾸준히 노력하면 그 수고에 대한 대가는 반드시 받게 되어 있다.

당장은 큰 목표를 달성하기가 어려워 보일 수 있지만 정말로 어려운 건 어떤 상황에서도 한결같이 노력하는 것이다. 우리가 부러워하는 삶을 살아가는 사람들 중 힘들이지 않고 원하는 것을 얻은 사람은 없다. 그들은 시간이라는 가장 귀중한 자산을 아낌없이 투자했고 어떤 일이 있어도 포기하지 않았다. 이것이 우리가 지능의 복리 효과를 누리는 데 필요한 핵심 비결이다.

타인을 내 양분으로 이용하는 방법

우리는 주변에 잘나가는 사람들을 보면서 질투도 하고 부러워도 하면서 에너지를 소모하곤 한다. 하지만 그것은 우리에게 어떤 이득도 가져다주지 않는다. 중요한 건 그들의 방법을 배우는 것이고 그들이 발산하는 에너지를 내 목표 달성에 필요한 자양분으로 활용하는 것이다. 이것이 가능하다면 우리는 뇌의 활용도를 마이너스에서 플러스로 극적으로 변환할 수 있다.

 텔레비전이나 유튜브만 봐도 외모가 엄청나게 출중한 사람들이나 자산가, 스펙이 화려한 많은 사람, 훌륭한 회사를 이끌면서 유명해진 경영인, 재능이 출중한 연예인이 나와서 부러움을 산다. 특히 주변 사람이 잘되면 부러운 감정은 누구나 다 극대화되곤 한다. 당장 나보다 공부 잘하는 친구나 수익률 또는 실적이 좋은 동료를 보면 질투가 나는 게 인지상정이다. 하지만 이런 부정적 감정을 극복하는 것이 나에게 더 이득이며 그것을 역으로 이용하면 내 목표를 이루는 데 필요한 큰 자양분이 될 수 있다. 지금부터는 그 방법을 소개한다.

부러움이 주는 착각

부러움이나 질투는 당장 눈앞에 보이는 특성 하나에만 지나치게 몰입하여 일반화하려는 경향 때문에 우리 감정에 영향을 미친다. 나보다 좀 더 잘하는 한 가지로 모든 것에서 뒤처진다는 감정을 가지게 되는 것이 그 사례다.

돈을 조금 더 버는 것, 잘생긴 것, 공부를 잘한다는 이유로 다른 모든 면에서 나보다 우월하다는 착각에 빠지는 것은 오류다. 물론 주변 사람들이 가치 있다고 생각하는 분야에서 뒤처지는 것은 괴로운 감정을 일으킬 수 있다. 하지만 잘나가는 사람들이나 나 사이에 본질적 차이는 없다. 그저 잘하는 분야가 다른 것이고 나 역시 다른 사람들보다 잘할 수 있는 분야가 당연히 존재한다.

나의 우월성 발견하기

나보다 공부를 더 잘하는 친구가 한 명 있다고 하자. 그 친구가 나보다 성적이 더 좋다고 한들 나 역시 그 친구보다 더 잘하는 분야는 있기 마련이다. 예를 들어 그 친구보다 더 친화력이 있거나 말을 더 잘하거나 더 잘생겼을 수도 있다. 이러한 요소를 인식하면 열등감이나 나쁜 감정을 극복하는 데 도움이 된다. 단순히 정신승리를 하자는 이야기가 아니다. 긍정적 마인드를 먼저 세팅해야 에너지를 더 긍정적인 곳에 사용할 수 있다. 그래서 심리상태부터 긍정적으로 만들자는 뜻이다.

사람이 모든 면에서 완벽할 수는 없다. 또 모든 면에서 열등할 수도 없다. 비교우위라는 것이 있듯이 상대적으로 잘하는 것은 분명 누구나 있다. 이것만 제대로 알면 이미 뒤처지고 있다고 한들 얼마든지 극복할 수 있다.

플러스 마인드셋

나보다 잘난 사람을 봤을 때 우리가 해야 할 것은 나를 깎아내리는 것이 아니다. 그보다는 상대방의 긍정적인 부분을 있는 그대로 받아들이는 것이 중요하다. 즉 나 자신을 절대로 낮은 상태로 인식해서는 안 된다. 나는 꼴찌에 가까운 성적을 받을 때도 내가 무능하거나 못나서 목표를 이루지 못할 거라는 생각은 절대로 하지 않았다. 항상 긍정적인 장점을 어떻게든 찾아서 목표 달성과 연결 지으려고 노력했다. 요즘 말로 중요한 것은 꺾이지 않는 마음이라고나 할까. 이러한 마인드는 더 큰 플러스 성과를 가져온다. 그리고 그 마인드가 매일 누적되면 복리로 쌓여 천재적 성과로 이어질 가능성이 높아진다.

가장 잘나가는 사람과 비교하면 모든 사람이 못난 사람이 된다. 반대로 나를 중심으로 모든 사람을 바라보고 내 장점에 가치를 부여하는 순간 나는 0부터 시작할 수 있다. 그리고 다른 부분의 장점과 긍정적 요소를 하나하나 쌓아서 나를 만들어나가는 것이다. 이러한 마인드셋은 정말 중요하다.

가능성은 언제나 열려 있다

우리는 환경에 갇혀서 주변에 보이는 것들을 끊임없이 비교하고 평가한다. 주변을 의식하며 나와 비교하는 것은 사실 사람이라면 당연한 습관이다. 하지만 보이지 않는 것들을 생각하고 상상해볼 필요는 있다. 스스로 무한하다는 것을 인정하면 굳이 주변과 비교하면서 내 가능성에 캡을 씌우지 않는다. 얼마든지 상승할 수 있다고 생각하며 미친 듯이 상승할 가능성에 올인하자. 목숨 걸고 한다는 생각으로 태도를 세팅하면 주변 사람들과 나를 비교할 필요가 없다. 이것은 슬럼프가 오는 것을 방지하는 가장 좋은 방법이기도 하다.

가능성은 언제나 열려 있다고 생각하고 성공해서 주변 사람들에게 멋져 보이는 나를 상상하자. 그리고 나만의 부적과 다이어리를 보고 그 목표를 더 뚜렷하게 각인하자. 이때 소리 내어 읽으면 더 좋다.

목표 세분화의 효과

달성하려는 목표가 있다면 그것을 위한 계획을 세웠을 것이다. 하지만 그것으로는 충분하지 않다. 내가 세운 목표와 계획을 달성하려면 먼저 내가 가져야 하는 능력이나 단기적 성과를 속속들이 파악해야 한다. 그러려면 일단 무엇이 필요한지를 세분해서 적어야 한다.

여기까지 했다면 그중 내가 중요하다고 생각하는 순서대로 순위를 매긴다. 가장 중요한 요소부터 적되 능력과 성취도를 끌어올리려는 노력을 매일 기울여야 한다. 이때 최선을 다하는 것은 기본이며 그렇게 일주일만 지나도 자신감이 급격히 상승한다.

실제로 나는 주변 사람들보다 부족한 과목을 1순위로 두고 미친 듯이 정복했다. 초반에는 열등감과 슬럼프를 느꼈지만 이런 우선순위에 따라 하나씩 궤도에 올려놓는 작업을 하다보면 나중에는 부족한 과목에서 1등을 하는 것까지 목표로 삼을 수 있게 된다. 물론 그렇다고 꼭 1등을 할 필요는 없다. 인생은 종합예술이기 때문에 한 분야에서 특출나지 않아도 다른 과목이나 요소로 얼마든지 방어가 된다. 다만 내가 만족하는 수준까지 상승하는 모습을 스스로 확인하는 것이 핵심이다. 이렇게 순위를 옮겨가면서 클리어하면 능력치가 전반적으로 급상승하는 것을 경험하게 된다.

타인은 내 밑거름

세상을 살다보면 재능을 타고난 사람들을 보게 된다. 그런 사람들과 비교하여 내 가치를 낮추는 것은 안 되지만 재능 있는 사람을 굳이 낮춰서 볼 필요도 없다. 있는 그대로 인정하고 오히려 그 사람들로부터 내 단점을 보완할 방법을 배우거나 협업하는 것이 훨씬 이득이다. 내 상황을 드라마틱하게 끌어올릴 수 있기 때문이다.

예를 들어, 공부나 일은 잘하지만 사회성이 부족하다면 그런 부분에서 두각을 나타내는 사람과 협업하고 도움을 주고받으면 좋다. 서로 부족한 부분을 보완해주며 시너지 효과를 낼 수 있고 나아가 수익 역시 극대화할 수 있다.

공부도 나보다 성적이 좋은 사람과 스터디하는 것이 나를 업그레이드하는 지름길이다. 이런 점을 깨닫고 적극적으로 활용하려고 마음먹을 때 우리는 비로소 나를 이끌어줄 멘토나 스승을 얻을 수 있다. 나를 도와줄 사람이라고 생각하는 것과 질투 대상으로 보는 것 사이에는 엄청난 차이가 있다. 주변에 잘나가는 사람이 있다면 그에게 적극적으로 조언을 구해보자. 그러면 지속적으로 상승 곡선을 그려나갈 수 있다. 반대로 상대를 깎아내리기만 한다면 스스로 하락곡선을 타는 것이므로 그런 실수는 범하지 않길 바란다.

이처럼 주변 사람을 이용하며 긍정의 힘을 강화하려고 다가가면 그 사람들이 얼마나 뼈를 깎는 노력을 했는지도 배울 수 있다. 그런 점을 계속 흡수해서 내 능력치를 키워나가야 한다. 이때 재능 있는 사람들을 보며 약간의 열등감과 뛰어넘어보겠다는 오기를 품는 것도 좋은 태도다.

나만의 색깔 만들기

외모나 신체적 능력도 노력으로 끌어올릴 수 있는 부분이 상당히 많다. 단순히 공부나 업무, 소득만을 의미하는 것이 아니다. 오히려 내가 단점으로 인식한 부분이 개성으로 승화되어 더 특별한 사람으로 변신할 수도 있으므로 이런 부분을 끊임없이 고민하자.

그리고 현재 상태만 생각할 것이 아니라 미래에 내가 우월해질 수 있는 부분을 계속 개발하면 된다. 버티다보면 경쟁자들이 다른 관심사 때문에 떠나거나 건강이상이 오거나 자연도태되는 경우도 있다. 그렇다고 계속 안 되는 것에 매달리고 버티라는 이야기는 아니다. 다만 나만의 장점을 지속적으로 개발하면 진정한 천재이자 승리자가 될 수 있다는 말이다.

이렇게 시작하면 부자 되기 늦지 않았다

나는 벤처 스타트업을 운영해봤고, 대기업 월급쟁이도 해보았다. 전문직 개업도 벌써 두 번째다. 재테크는 주식투자로 시작해 재개발 지역 주택 투자와 법인 설립을 통한 건물 투자까지 안 해본 것이 없다. 중학생 때 옥션에서 물건을 팔아본 경험도 있다. 지금도 내 사업과 재테크는 여전히 진행 중이지만 그 과정에서 무수히 많은 자산가와 사업가들을 만났다. 그리고 빠르게 부자가 되는 방법을 깨우쳤다. 그중 몇 가지 비밀을 공개한다.

소득 채굴

잉여자본을 계속 늘려나가는 데는 소득이 많을수록 유리하다. 소득이 적으면 지출을 줄이더라도 한계가 있기 때문이다. 소득세법에서 열거하고 있는 소득에는 이자, 배당, 사업, 근로, 연금, 기타, 퇴직, 양도소득이 있다. 이 중에서 근로소득은 내가 통제하기 어렵다. 이자와 배당은 금융자산에 투자하면 생기고 사업소득은 부동산을 사서 임대업을 하거나 부업으로 N잡을 할 때 생길 것이다. 기타소득은 강연료나 원고료, 대회 상금 등이고, 양도소득은 좋은 회사의 비상장주식을 샀다가 팔아서 시세차익을 얻거나 부동산을 사서 팔면 생기는 돈이다. 이처럼 우리가 월급 외에 소득으로 만들 수 있는 것들은 정말 다양하다.

부업을 생각한다면 정말 제대로 소득을 만들 수 있도록 공부하고 시장조사도 하면서 남는 시간을 열정적으로 사용해야 한다. 주식투자 역시 마찬가지로 일단 시작해야 기회도 온다. 처음 1년은 소액으로 계속 거래하면서 강의도 듣고 잃었다가 따기도 하면서 스스로 거래량과 차트, 재무를 보는 법을 익혀야 한다. 스승이 있다면 더 좋고 아니라면 유튜브나 주식 책을 봐가면서 다양한 종목을 직접 분석해 투자를 늘려가는 방식을 권한다.

나는 운 좋게 로스쿨 졸업과 함께 빌라 투자를 해서 51평짜리 아파트 조합원 입주권을 받았다. 이때 소액 대출까지 받아가며 공부하고 빌라 투자를 시작하지 않았다면 불가능한 성과였을 것이다. 세상에 공짜는 없다. 부동산도 공인중개사들을 찾아다니며 매물을 보고 흥정을 해보며 시간 날 때마다 꾸준히 공부해야 하는 분야다. 그래야 기회가 왔을 때 채굴한 소득을 투자해 기회를 내 것으로 만들 수 있다. 소액으로라도 자기 형편에 맞는 부업이나 투자를 빨리 시작할수록 남들보다 앞서나갈 것이다. 그리고 그만큼 경제적 자유도 앞당겨질 것이다.

본업 즐기기

부업이나 투자에 심취한 나머지 본업이 소홀해지는 분들이 가끔 있다. 그런데 본업의 소득을 두 배 넘어서기 전에는 부업이나 투자보다는 본업을 좀 더 즐겨야 한다. 여기서 내가 '즐겨라'라고 이야기하는 데는 이유가 있다. 본업을 그전처럼 하면 아무래도 집중력도 흐트러지고 재미도 사라질 수 있다. 그런데 자신이 원래 하던 일에서 벌어들인 소득 덕분에 안정적으로 투자도 하고 부업도 할 수 있는 것이다. 본업보다 부업의 소득이 작다면 본업을 좀 더 열심히 하는 게 소득 채굴에 유리하다.

만약 내가 월급 500만 원에 노력에 따라 성과급이 몇천만 원이 될 수도 있다면 부업을 해서 성과급보다 더 벌 자신이 없는 한 성과를 내는 데 집중해야 한다. 나는 일하면서 성과를 낼 때마다 정말 게임하듯이 일하는 것을 즐겼다. 우리는 게임을 하면 지치지 않을 뿐만 아니라 실수해서 죽더라도 다시 다른 전략으로 도전해서 끝판왕을 깨고 만다. 본업도 게임처럼 정 안 되면 전략을 바꿀 수 있다. 핵심은 항상 즐겁게 하는 것이며 일하는 방식 하나하나에 의미를 두면서 하면 성과가 오르게 되어 있다.

일단 투자와 부업을 하더라도 본업을 우선순위에 두어야 한다. 이왕이면 본업에 도움이 되는 방식으로 부업을 병행하면 더 좋다. 부업이나 투자 소득이 본업으로 번 연봉의 2배를 넘기 전까지는 계속 이 방식을 유지해야 한다. 만약 2배를 넘는 소득이 부업이나 투자로 나오면 더 집중해서 소득을 늘릴지 고민해봐야 한다. 물론 부업이 본업이 될 수 있다. 하지만 그것은 기존 본업으로 벌어들인 소득의 2배가 넘는 수익이 난다는 전제조건을 충족해야 하며 그것이 아니라면 부업이나 투자를 가능하게 해준 본업에 더 충실하는 것이 정석이다,

구멍 막기

목표로 하는 재산을 달성하기 전까지는 거지같이 살아야 한다는 것이 내 지론이다. 나 역시 올해와 내년 예상소득이 10억 원 가까이 되는데도 단 한 번도 명품을 사본 적이 없다. 차도 구형 제네시스 9년식을 타고 다니는데 앞으로 3년은 더 탈 것 같다. 현재 재정 관리는 건물 유지비 등으로 지출되는 내역과 재개발 조합원 분담금을 제외하고는 대부분 주식에 넣어두거나 통장에 비축해놓고 있다.

개업을 하고 사업을 하다보니 당연히 식대로 나가는 돈이나 주

변에 써야 할 돈이 많지만 그것을 제외하고는 자기계발과 투자 외에 사치를 전혀 하지 않는다. 100억대 자산가가 되기 전에는 지출 통제를 계속할 계획이기 때문이다. 주위의 부자들이 목표 자본을 달성한 후 마음껏 소비하고 멋지게 사는데 그들도 그전까지는 아끼면서 자본을 늘려나갔다고 한다.

반복과 선물

위에서 다룬 내용들은 목표 자산을 쌓을 때까지는 꼭 지켜야 하는 원칙처럼 생각해야 한다. 그리고 그 목표가 달성되었을 때 나에게 큰 선물을 해주면 된다. 예를 들어 페라리가 사고 싶다면 목표를 달성했을 때 과감하게 사는 것이다. 그럼 이후에 더 큰 목표가 생겼을 때 끈기 있게 밀고 나갈 수 있는 동기부여가 된다. 한 번 목표를 달성해 큰 보상을 해주었으니 다음번 목표 역시 달성할 경우 받게 될 보상에 대한 기대심리가 생기기 때문이다.

돈을 벌 줄만 알았지 쓸 줄은 모른다며 비난하는 말들은 귓등으로 흘려보내길 바란다. 그런 사람들은 진정한 보상이 무엇인지도 모를뿐더러 아마 평생 모를 가능성이 높기 때문이다.

나만의 멘토 발굴 방법

워런 버핏에게도 멘토가 있다는 사실을 아는가? 워런 버핏은 2023년 11월 세상을 떠난 찰리 멍거Charlie Munger 버크셔 해서웨이 부회장이나 가치 투자의 아버지라고 하는 벤저민 그레이엄Benjamin Graham을 멘토로 삼아 투자할 때 직간접적으로 도움을 받았다. 이렇듯 멘토가 얼마나 중요한지는 워런 버핏은 물론 모든 부자가 다 알고 있다. 타인의 능력을 내가 지렛대처럼 가져다 쓰는 것을 '레버리지leverage'라고 하는데, 성공한 사람들은 항상 레버리지가 몸에 완전히 배어 멘토를 레버리지했다.

멘토 한 명만 잘 레버리지해도 인생에서 겪지 않아도 될 수많은 시행착오를 줄일 수 있다. 그래서 멘토가 없었다면 시행착오로 낭비했을 수십 년간 성공한 인생으로 사는 사람들도 있다. 반대로 멘토를 잘못 만나면 인생이 완전히 꼬이기도 한다. 내가 겪을 뻔한 시행착오를 온몸으로 막아줄 사람을 나는 '방탄 멘토'라고 하는데 30년 넘게 고생하면서 겨우 깨달은 방탄 멘토 찾는 원칙 몇 가지를 공개한다.

시각화 대상 찾기

인간은 상상하지 못하는 것을 절대 이룰 수 없듯이 목표를 달성하고 내가 원하는 삶을 살려면 성공한 사람을 가까이해야 한다. 그래야 나도 그 인생을 얻게 될 가능성이 생긴다. 실제로 가능하다는 것을 두 눈으로 똑똑히 보지 못하면, 우리 뇌는 그 꿈이 실제로 이루어질 가능성이 없는 망상이라고 판단하고 목표를 이루려는 에너지를 내지 않는다.

만약 인류가 하늘에서 달의 존재를 발견하지 못했다면 달에 가볼 시도조차 할 수 없었을 것이다. 마찬가지로 내가 원하는 삶을 사는 멘토를 직접 만나야 더 간절하게 성공한 삶을 원하게 된다. 그러다보면 그 멘토와 같은 삶을 살 가능성은 급격히 상승한다. 하늘에 있는 달을 보며 달에 가는 것을 상상한 인류의 꿈이 현실이 됐듯이 직접 보고 상상하면 그것이 곧 현실이 되기 때문이다.

레버리지 대상 찾기

방탄 멘토는 내가 레버리지할 노하우를 확실하게 가지고 있어야 한다. 그래야 내가 노하우를 그대로 배워 시행착오를 줄이고 쉽게 성공할 수 있다. 만약 그 사람이 나에게 무언가를 가르쳐주는 위치라면 반드시 주의할 점이 2가지 있다.

첫째, 그 사람이 가르치는 것으로 자신이 직접 성공해본 적이 있어야 한다. 둘째, 그 사람의 가르침을 받고 실제로 성공한 제자들이 있어야 한다. 이 2가지가 확인이 안 된다면 멘토로 삼을 가치가 전혀 없다. 만약 그런 사람이 내 앞에서 멘토 행세를 한다면 작정하고 덤비는 사기꾼이므로 도망쳐야 한다.

목숨 걸고 어필하기

목숨까지 걸어야 하냐고 할 수도 있는데, 정말 그만한 가치가 있다. 나는 이것을 제대로 할 줄 몰라서 아쉬움이 남았던 적이 있다. 인기가 많은 멘토들은 대부분 많은 요청을 받기 때문에 내 상황에 큰 관심이 없을 가능성이 높고, 설사 관심 있고 도와주고 싶어 하더라도 쏟아지는 요청을 다 확인할 수 없는 경우가 많다.

오래전에 정말 존경하는 교수님께 연락해서 멘토가 되어달라고 요청드렸는데 답변을 받지 못했다. 그때 다른 방법을 찾아서 더 열정적으로 어필하지 못했던 게 아직도 많이 아쉽다.

다들 그런 인기 많은 멘토들에게 무작정 시간을 내달라고 떼쓰는 식으로 접근한다. 하지만 그러면 100% 무시당하거나 거절당한다. 그분들에게 일방적으로 요구만 하지 말고 내 시간, 돈, 노력 등 모든 자원을 아낌없이 총동원하는 모습을 보여주면서 내가 당신처럼 되기 위해 얼마나 큰 확신을 갖고 과감하게 투자하는지 보여줘야 한다. 특히 충분히 당신처럼 될 가능성이 많은 인재라는 것을 계속 어필해야 한다.

확신에 찬 사람만이 스스로에게 과감하게 베팅할 수 있다. 여러분이 원하는 멘토들은 그런 확신에 찬 사람을 좋아한다. 이렇게만 하면 만날 거라고 기대도 할 수 없었던 사람이 어느 순간 내 방탄 멘토가 되어 있을 것이다. 그러면 그때부터 인생이 정말 말도 안 되게 달라진다.

사실 거절당하더라도 큰 상관은 없다. 괜히 상처받고 포기하면 얻는 게 없으니 나만 손해다. 내가 그만한 노력을 하고 있다는 것을 어필할 수만 있다면 응답이 없어도 성공한 것이다. 당신을 얼마나 존경하고 당신처럼 되려고 내가 어느 정도 노력하는지 보여주는 것만으로도 성공 가능성은 몇 배로 늘어난다. 내 뇌가 그분들을 스승이라고 인식해서 내적 원동력을 유지할 수만 있으면 된다. 이것도 뇌를 속여서 성공하는 방법이다.

심지어 아예 만날 수가 없는 멘토들도 도움이 된다. 나는 대학생 때 해외 경제학자들을 멘토로 삼았다. 그들을 직접 만날 수 없으니 비싼 원서를 직접 사서 읽으면서 자극을 받았다. 법조인을 꿈꿀 때는 국내 최고 로펌인 김앤장 법률사무소를 설립하신 김영무 박사님을 롤 모델이자 멘토로 삼았다. 그래서 상당한 시간을 들여 그분의 업적을 연구하기도 했다. 그 결과 김앤장 법률사무소에 들어가서 일할 기회를 얻었다.

인간은 돈과 시간을 쓰면 쓸수록 더 자극돼서 미친 듯이 노력하는 본성을 갖고 있다. 인간의 뇌는 공짜보다 자신이 투자한 것에 더 높은 가치를 두게 되어 있다. 나 자신에게 과감히 투자할수록 강제로 동기부여를 받는 것이다. 인간의 뇌는 그에 상응하는 투자 없이 큰 성공을 이룰 수 없게 설계되어 있으니 우리는 이것을 이용하기만 하면 된다. 이것도 결국 스스로 뇌를 속여서 성공하는 것이다.

나는 내가 멘토로 삼은 분들에 대해 상상하는 것만으로도 즐거웠다. 그래서 그들의 모든 걸 따라 하려고 강의와 자료들을 구하는 데 엄청난 시간과 돈을 투자하기도 했다. 물론 그들처럼 될 수 있다는 확신이 있었다. 그렇게 과감히 투자한 결과 지금은 그 수백 배 이득을 얻고 있다. 이런 투자는 아끼는 순간 혼자 바보 되는 것이다. 물론 이렇게 일방적으로 멘토를 삼는 것보다 실제로 만날 수만 있다면 그보다 좋은 기회는 없다. 멘토와 실제로 만나 유대를 쌓으면 내가 원하는 목표를 더 가까이에서 더 구체적으로 시각화할 수 있고, 그것들을 실제로 이룬 롤 모델에게서 직접 피드백까지 받을 수 있다. 그러면 정말 말도 안 되는 치트키가 된다.

워런 버핏과 식사하려면 수십억 원을 내야 하는데 실제 그 식사에서 사소한 이야기를 나누더라도 엄청난 효과가 있어서 그와 식사하려는 사람들이 줄을 서기도 했다.

투자의 귀재로 평가받는 버크셔 해서웨이 회장 워런 버핏과 함께 점심식사를 할
수 있는 행사다. 경매로 낙찰을 받은 사람이 미국 뉴욕 맨해튼의 한 식당에서 워
런 버핏과 식사하며 투자 등 다양한 주제로 대화하는 것이다. 연례 자선 행사로
2000년에 시작됐으며 코로나19 팬데믹으로 2020~2021년 2년 동안은 중단되었
다. 이유는 알려지지 않았으나 2022년을 마지막으로 행사가 종료됐는데 경매 수
익금은 모두 빈민구호단체에 기부된다고 한다. 여담으로 마지막(2022) 버핏과의
점심식사권 경매는 약 246억 원에 낙찰되면서 사상 최고가 기록을 세웠다.

어디서든 최상위권을 선점하려면

어느 분야든 최상위권이 되려면 자신만의 전략이 있어야 한다. 최
정상에 있는 사람들은 일반 사람과 다른 차별화 전략을 하나씩은
가지고 있다. 그리고 미친 듯이 그것에 몰입한다. 우리는 그들처럼
되고자 노력하고 몇 가지 특징만 꾸준히 따라 하고 실천한다면 그
들처럼 탁월한 능력을 갖추고 최정상으로 올라갈 수 있다.

신속한 실행

사실 정확하고 완벽해지려면 속도를 어느 정도 포기해야 하는 경우가 많다. 로펌에 있을 때 정확도나 완벽성은 떨어지지만 속도와 실행력은 누구에게도 뒤지지 않았다. 무식하게 실행하고 빠르게 도전해서 실수하더라도 선배나 동료의 피드백에 맞춰 수정을 거듭해 결국 완벽한 결과물을 납품하게 된다.

처음부터 망설이기보다는 빠르게 실행하여 목표를 달성할 수 있는 전략을 찾고 시행착오를 먼저 겪어보는 것도 좋은 전략이 될 수 있다. 처음에는 불완전하더라도 그 과정에서 더 좋은 전략과 방법이 나오므로 실패나 실수가 반드시 나쁜 건 아니다. 오히려 실수나 실패를 두려워하지 않고 빠르게 실행할 수 있는 마인드가 성공을 더 빠르게 앞당길 수 있다. 결국 이것이 누적되면 굉장한 복리 효과를 누리게 되며 최상위권으로 수직 상승하는 길이 열린다.

회계법인의 영업실적이나 업무 수주가 조금 부족할 때 무작정 나가서 다양한 기관과 접촉하고 영업을 해봤다. 대기업부터 중소기업까지 접촉하면서 깨져보기도 하고 성공한 사례가 있다면 빠르게 습득해 다른 프로젝트에도 반영했다. 그 결과 실패한 것보다 성공하는 경우가 압도적으로 늘어났고 결국 단기간 매출액 수십억 원을 올려 최상위권을 달성했다. 처음 해보는 세일즈 영역에서도 빠르게 도전하고 실패를 거듭하여 성공 경험을 누적한 것이 그 안에서도 최고점을 찍는 노하우가 되었다.

변화에 대처하는 자세

우리는 정말 빠르게 변화하는 세상 속에서 살아가고 있다. 변호사 생활을 하다보니 법령이 정말 빠르게 바뀌는 것을 느낄 수 있고 IT 기술은 더 빠르게 바뀌고 있다는 것을 매번 절감한다. 더구나 경제나 사회 트렌드의 변화는 상상을 초월할 정도로 빠르게 바뀌고 있다. 이러한 변화 속에서 적응하는 능력이 결국 최상위권과 평범한 사람의 차이를 만들어낸다.

그렇다면 변화에 대해서 어떤 태도를 지녀야 최상위권이 될 수 있을까? 선제적이고 민첩하게 관심을 가지는 것만으로도 매우 탁월한 상위 1% 안에 들 수 있다. 인터넷 발전을 예견하고 빠르게 플랫폼 비즈니스에 뛰어든 선점 회사들이 얼마나 가파른 성장을 했는지, 그리고 그 선발주자들과 그렇지 않은 자들의 격차가 얼마나 벌어졌는지 지난 수년간 생생하게 목격했다. 그래서 변화를 감지하고 확신이 선다면 누구보다 빠르게 편승해야 한다. 늦게 시작해서 남들에게 빼앗기는 일이 있어서는 안 된다는 생각으로 달려들어야 한다. 성공은 남들보다 빠르게 도전하고 변화를 즐기는 사람에게 오게 되어 있다.

변화를 즐기자. 그리고 계획은 계획일 뿐 언제든 수정될 수 있으니 계획 때문에 정말 중요한 방향에 투자하는 것을 망설이면 안 된다. 우리에게 가장 중요한 자원은 시간이지만 민첩하고 재빠른 결단과 실행 역시 그 못지않게 중요하다. 이 부분이 전제된다면 그만큼 시간 낭비를 줄이고 최정상으로 올라갈 수 있다.

한편, 이토록 변화무쌍한 세상에서 주도적 역할을 하는 사람이 되고 싶다면 나만의 부적을 활용할 것을 추천한다. 우선 장기 목표와 3년 이내의 목표를 세워보자. 그러고 나서 그 목표를 달성하는 계획을 잘게 쪼개서 설정하자. 그다음에 할 일은 단기 계획들을 하나씩 순차적으로 실행하고 그 성과들을 연결하는 것이다. 단기계획을 여러 개로 쪼개서 이어 붙이며 실행하다보면 어떤 계획은 성공하고 어떤 계획은 실패한다. 실패한 계획은 조정하고 성공한 계획은 그다음 계획에 반영해 성과의 질을 높여가면 된다. 목표가 달성되고 성과의 효과가 극대화할 때까지 바꿀 것은 바꾸며 시도하다보면 어떤 변화가 와도 유연하게 대처할 수 있다.

그밖에 계획을 실천하면서 방해물이 무엇인지, 무엇이 성공하게 만들었는지, 다른 벤치마킹할 만한 사례는 없는지 끊임없이 고민하고 실행하는 자세가 필요하다. 불가피하다면 빠르게 계획을 수정

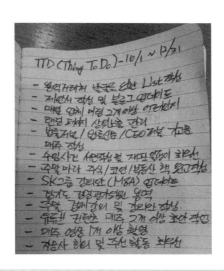

Things To Do 예시

하면서 변화를 받아들이다보면 결국 목표를 달성하게 된다. 그리고 시급한 일과 중요한 일을 구분해 Things To Do 리스트를 만드는 방법도 유용하다. 완료한 일은 체크하면서 중요한 일부터 수행하는 것으로 계획을 미세 조정해나가면 누구보다 변화에 빠르게 적응하고 그만큼 더 많은 기회를 얻을 수 있다.

집단지성 활용하기

보통 혼자서 공부하고 혼자서 일하는 게 능률적이라고 생각하기 쉽지만 혼자 할 때 더 효과적인 일은 제한되어 있다. 앞에서 하브루타 공부법이 홀로 인풋만 하는 공부법보다 훨씬 효과적이라고 했는데 혼자 하는 것보다 온라인으로 스터디를 하거나 동료를 만들어서 설명해주고 의견을 반영하고 이해의 폭을 넓히는 것이 공부든 업무든 효과를 극대화하는 지름길이다. 이를 집단지성이라고 보는데 혼자 일을 진행할 때는 해결되지 않던 문제도 다른 사람들과 토론이나 회의를 하다보면 해결되곤 하는 것이 그 예시다.

집단지성을 잘 활용하는 사람이 타인의 지식과 능력을 활용해 혼자서는 하지 못했던 성과를 낸다. 나도 스터디할 때 내가 약한 과목은 설명을 듣고 내가 설명도 해주면서 기억력과 이해도를 넓혔다. 업무도 내가 잘하는 분야에 집중하고 못 하는 분야는 맡겨서 성과를 극대화하곤 했다. 지금 전문직 서비스업도 내가 잘하는 영업과 관리, 검토에 집중하고 업무와 실무는 다른 프로들과 배분하여 최상의 결과를 내고 있다. 이게 협업의 힘이자 집단지성의 힘이다. 이걸 깨달은 사람만이 최상위권으로 갈 수 있다.

인생은 홀로 살 수 없고 혼자 힘으로는 최고가 되기 어렵다. 협업에 능한 사람, 집단지성을 잘 활용하는 사람은 고객과 직원, 동료를 잘 끌어들이고 그들에게 새로운 가치를 주면서 자신도 큰 가치를 만들어간다. 나보다 탁월한 사람들과 소통하고 가까이하려고 노력하는 것만으로도 이러한 점을 개발할 수 있고 스스로를 그들이 공감할 수 있도록 만들어가야 한다. 이때 그들이 나와 생각이 다르더라도 인내심을 가지고 들어주고 공감해주는 연습이 출발점이다.

간접경험 극대화하기

최상위권으로 가는 지름길은 최상위권의 지식과 노하우를 훔치는 것이다. 그래서 독서법이 중요한데, 경제경영, 사회, 인문학, 정치, 기술, 과학 등 다양한 분야의 책을 읽어 새로운 변화에 적응할 수 있는 창의적 가능성을 넓혀야 한다.

기존의 틀과 지식을 넘어 탁월한 해결책을 만드는 힘은 독서에서 나온다. 나도 책을 28권 쓰고 논문을 5편 게재하면서 자발적이든 비자발적이든 독서를 5,000권 이상 해냈다. 책 하나 쓰려면 참고해야 하는 책이 기본 20권은 넘고 논문 하나 쓰려면 관련 논문과 서적 50권은 찾아보게 된다. 업무를 하려면 전문서적을 수십 권씩 빌려서 보게 된다. 이 과정에서 탁월함은 저절로 발전한다.

아무도 알려주지 않는 성공하는 사람들의 비밀 4가지

대형 로펌의 변호사로 김앤장 선배님들이나 성공한 기업 또는 그룹사 회장님들과 일할 때 느낀 점이 많다. 군대에서는 행정고시 출신 동기들과 함께 훈련받으며 느낀 점이 많았는데, 나를 포함해서 고시급 시험에 합격한 사람들이나 회계법인 부대표로, 기업 전문 변호사로 자산가들을 상대하면서 알게 된 그들만의 노하우를 공개한다. 이때 꼭 알아두어야 할 점은 1등을 목표로 해야 2등, 3등이라도 할 수 있는 게 현실이라는 것이다.

자신에게 가장 엄격하다

행정고시에 합격한 동기들이나 국내 1위 회계법인, 김앤장 선배들과 함께 일하면서 느낀 점은 그들이 보통 사람들이 생각하는 기준보다 항상 높은 수준으로 자신의 가능성을 보고 끈질길 정도로 열심히 한다는 사실이다. 웬만하면 너무 어렵고 불가능해 보이는 일도 끝까지 파고들고 물고 늘어져 결국 해내는 모습을 보고 독하다는 생각도 했다. 마찬가지로 나도 그들 기준에 맞추려고 일주일에 100시간 가까이 일하면서 스스로 한계를 시험하기도 했다.

엄청난 자산가로 알려진 회장님들이나 우리가 알 만한 대기업 임원들과 일해보면 그들도 미친 듯이 일에 매몰되어 있는 것을 알 수 있다. 그리고 보통 본능이 시키는 대로 적당히 할 만도 한데 적당이라는 기준이 없을 정도로 일중독인 분들이 많다. 대형 로펌에서 일할 때는 선배들이 새벽 3시에도 소통하고 일을 기한 안에 함께 끝내는 것을 보면서 역시 1등을 할 만하다는 생각을 했다.

목표가 비정상적으로 높다

주변의 성공한 사람들은 대부분 목표가 비정상적으로 높다. 이건 달성하기 불가능하다고 생각될 정도로 압도적으로 높은 경우가 많았다. 변호사 선배들은 매달 저렇게 일하다가 죽는 거 아닌가 생각될 정도로 일했다. 그만큼 승률도 좋았지만. 목표가 높고 엄격한 만큼 퍼포먼스도 상상을 초월할 정도로 좋다.

내가 만난 천억 자산가들은 목표가 상식을 벗어날 정도였다. 한 산업에서 순위권 안에 드는 기업을 키운 자수성가한 대표님들이나 유니콘회사 오너, 한 분야에 획을 그은 분들의 기본 목표는 1억, 10억 정도가 아니라 100억 이상이었고 가능한 전략도 매우 구체적이었다.

목표만 높은 게 아니라 그것을 달성하려고 하루하루를 보통 사람들보다 최소 10배 이상 미친 듯이 몰입했다. 새벽부터 일어나 운동하고 목표를 달성하려고 하루를 전속력으로 질주하는 것처럼 일하면서 일정을 소화했다.

가능성에만 집중한다

천억대 자산가 또는 고시에 합격하고 업계 1위에 올라선 선배님들에게 부정적인 부분은 이미 검증이 끝난 상태 같았다. 안 될 것 같다는 이야기는 최대한 간결하고 빠르게 하되 될 것 같은 가능성은 하루 종일 이야기했다. 안 되면 되게 하라는 말이 있듯이 될 때까지 집착했다. 나 또한 고시 3관왕에 김앤장 변호사, 기업전문가로 활동하기까지 이 목표를 달성하려고 거의 집착 수준으로 매달리고 잠도 줄여가며 미친 듯이 달렸다. 그리고 끊임없이 방법론을 연구했다.

세상에 공짜는 없다는 사실을 안다

미친 듯이 행동하고 실천한다고 해서 잃은 것은 없다. 그런데도 대부분 목표가 생겨도 내가 할 수 있겠냐면서 체념하거나 안 하려는 이유를 더 찾는 것 같다. 그런데 한 가지 분야에서 1등을 찍어본 사람은 고민할 시간에 미친 듯이 도전하고 실행해보자고 한다. 해봐야 될지 안 될지 알 수 있다. 그리고 행동도 대충대충 하는 게 아니라 폭포가 내리치듯이 퍼붓는다. 미친놈 같다는 평가가 나올 정도로 몰입해서 실행하는데 그 모습을 보며 가장 많이 행동해야 가장 많은 기회를 얻을 수 있다는 걸 깨달았다. 즉, 말보다는 행동으로 증명하는 사람들이 대부분 성공했다.

엄청난 분량의 일을 해내고 누가 봐도 끈질길 정도로 꾸준한 사람은 결국 성공하고야 만다. 나 역시 그랬고 수석졸업, 수석합격, 연봉 1등, 업계 1위는 다 그랬다. 한번 열심히 하기는 쉽지만 1년 내내 열심히 실행하기는 매우 어려운데 그걸 해내는 사람이 결국 성공한다. 성공이 스스로에게 달려 있다고 생각하고 잘못되어도 내 책임이고 결과도 내가 통제할 수 있다고 믿고 행동한다.

성공한 사람들은 마인드 자체가 책임감과 자신감 두 가지로 가득 차 있다. 책임 지려는 마인드로 자신감 있는 행동을 미친 듯이 지속하면 운도 따라온다. 운도 열심히 하는 사람에게 따른다. 유명 유튜브도 마찬가지고, 베스트셀러를 쓰는 작가도 그만큼 많은 책을 생산하고 끊임없이 다른 글을 읽고 연구한다. 세상에 공짜가 없다고 생각하고 노력하면 결과는 따라온다.

개정 증보판
합격비법 100문 100답

초판 1쇄 인쇄 2024년 8월 23일
초판 1쇄 발행 2024년 8월 30일

지은이 곽상빈
펴낸이 최석두

펴낸곳 도서출판 평단
출판등록 제2015–000132호(1988년 7월 6일)
주소 (10594) 경기도 고양시 덕양구 통일로 140 삼송테크노밸리 A동 351호
전화 (02) 325–8144
팩스 (02) 325–8143
이메일 pyongdan@daum.net

ISBN 978-89-7343-576-0 (13370)